ARCHITEKTEN-WETTBEWERBE

Ids Haagsma
Hilde de Haan

Architekten-Wettbewerbe

Internationale Konkurrenzen der
letzten 200 Jahre

Mit Beiträgen von
Kenneth Frampton
und Dennis Sharp

Deutsche Verlags-Anstalt

Stuttgart

Aus dem Niederländischen übertragen von Erwin Peters

CIP-Titelaufnahme der Deutschen Bibliothek

Haagsma, Ids
Architekten-Wettbewerbe, internat. Konkurrenzen d. letzten 200 Jahre/Ids Haagsma; Hilde de Haan. Mit beitr. von Kenneth Frampton u. Dennis Sharp. Aus d. Niederländ. übertr. von Erwin Peters. -Stuttgart; Dt. Verl.-Anst., 1988 Einheitssacht.: Architecten als rivalen (dt.)

ISBN 3-421-02932-6

NE: Haan, Hilde de

© 1988 Vorm + kleur, Naarden/NL
© 1988 Deutsche Verlags-Anstalt GmbH, Stuttgart (für die deutsche Ausgabe)

Originaltitel: Architecten als rivalen

Alle Rechte vorbehalten
Lektorat:
Nora von Mühlendahl
Umschlagentwurf:
Hans Peter Willberg, Eppstein

Printed in Spain
DL B -1557 - 88
Schutzumschlag:
Wettbewerbsentwurf für den Reichstag in Berlin, 1872, von George Gilbert Scott und John Oldrid Scott.

INHALTSANGABE

- 7 Vorwort
- 9 Die Schatzkammern der Architektur
- 22 Das Weisse Haus in Washington
  1792
- 30 Die Londoner Parlamentsgebäude
  1835
- 41 Die Neue Oper von Paris
  1860
- 54 Das Reichstagsgebäude in Berlin
  1882
- 64 Der Eiffelturm in Paris
  1886
- 72 Postsparkassenambt in Wien
  1903
- 82 Das Rathaus von Stockholm
  1903
- 94 Der Hauptbahnhof von Helsinki
  1903
- 105 Der Friedenspalast in Den Haag
  1905
- 115 Das Verwaltungsgebäude der Chicago Tribune
  1922
- 127 Stazione Termini in Rom
  1947
- 136 Das Opernhaus von Sydney
  1956
- 147 Die Internationale Kongresshalle in Kyoto
  1962
- 156 Das Rathaus von Amsterdam
  1967
- 168 Das Centre Georges Pompidou in Paris
  1970
- 181 Der internationale Architekturwettbewerb zwischen tradition und moderne
  Dennis Sharp
- 193 Le Corbusier in Genf: Das Debakel des Völkerbunds
  Kenneth Frampton
- 204 The Standard Regulations of UIA
- 208 Bibliographie
- 213 Abbildungsverantwortung
- 214 Register

VORWORT

In der Welt des Bauens - und nicht nur hier - ist es seit Menschengedenken üblich, die Ausführung einer Arbeit demjenigen zu übertragen, der unter festumschriebenen Bedingungen am preisgünstigsten anbietet. Bei verschiedenen Bauunternehmern wird zunächst ein Kostenvoranschlag eingeholt und dann in der Regel derjenige beauftragt, der das niedrigste Preisangebot abgegeben hat.

Es ist daher nicht verwunderlich, daß ein ähnliches Ausschreibungssystem früher oder später auch für die Planung von Bauten üblich wurde. Und tatsächlich besteht das Phänomen der Architekturwettbewerbe schon seit langer Zeit. Aber während das System der Ausschreibung kaum umstritten ist, gibt es bei fast jedem großen Architekturwettbewerb Ärger und Verleumdungen, Vorwürfe und Diskussionen.

Das Thema dieses Buches sind Wettbewerbe solcher Art. Nach einem einleitenden Essay über verschiedene Aspekte dieses Phänomens werden fünfzehn - mehr oder weniger bedeutende - Architekturwettbewerbe aus den letzten beiden Jahrhunderten vorgestellt. Dabei handelt es sich um sogenannte offene Wettbewerbe - das heißt, den Teilnehmern wurden wenig Beschränkungen auferlegt, und der Preisträger konnte seine Vorstellungen dann auch tatsächlich realisieren. Die Wahl fiel auf diese Art Wettbewerbe, weil sie größtmögliche Überraschungen bieten können. Der Traum eines jeden Auslobers kann hierbei Wirklichkeit werden: die Entdeckung eines Architekten mit einer Idee für 'das schönste Gebäude der Welt'.

Um eine möglichst breite Übersicht über die Architektur der beiden letzten Jahrhunderte zu geben, wurden vorzugsweise Bauwettbewerbe aus Städten ausgewählt, in denen sich zu diesem Zeitpunkt interessante architektonische Entwicklungen abspielten. Doch ist die endgültige Auswahl nicht nur nach diesen Kriterien getroffen worden: Ein wichtiger Gesichtspunkt war, daß auch von den anderen Preisträgern genügend Unterlagen vorliegen mußten. Oft scheinen die Auslober nur den mit dem ersten Preis ausgezeichneten Entwurf aufzubewahren. Die Einsendungen der übrigen Teilnehmer werden günstigstenfalls zurückgeschickt, meist aber vernichtet. Das mag mit Rücksicht auf die Wahrung der Anonymität verständlich sein (wer sieht sich schon gern als Verlierer registriert?), aber die Forschung wird dadurch nicht erleichtert.

Die Architekturwettbewerbe sind vorwiegend in beschreibender Form dargestellt. Um aber auch die Problematik solcher Konkurrenzen zu beleuchten, wurden Dennis Sharp und Kenneth Frampton gebeten, auf einige Fragen detaillierter einzugehen.

Junzo Sakakura: Wettbewerbsentwurf für die Internationale Kongreßhalle von Kyoto, 1962.

DIE SCHATZKAMMERN DER ARCHITEKTUR

Als der Rat der Stadt Athen nach den Perserkriegen im Jahre 448 v. Chr. auf der Akropolis ein Kriegerdenkmal errichten wollte, beschloß man, kein Risiko einzugehen. Eine Reihe von Künstlern wurde eingeladen, einen Entwurf für das Projekt anzufertigen. Danach stellte man die verschiedenen Pläne zehn Tage lang aus, und die Athener Bürger konnten in einer öffentlichen Abstimmung eine endgültige Wahl treffen. Dieses Vorgehen des Rates ist in jeder Hinsicht begreiflich, denn die Gestaltung eines Bauwerks, besonders wenn es größere Ausmaße hat, ist von tiefgreifender Wirkung. Oft beeinflußt der Bau seine Umgebung über Jahre hinweg in starkem Maße, und das kann Emotionen auslösen. Noch problematischer ist es, wenn ein symbolischer Wert ausgedrückt werden soll, sei es ein Bau, in dem sich Vertreter des Volkes versammeln, ein Tempel oder eine Kirche, ein Rathaus oder eben ein Denkmal. Die Form dieses Bauwerks bleibt für Generationen die Verkörperung dieses Symbols. Mehr noch als bei einem funktionalen Bauwerk fühlen sich in einem solchen Falle viele berufen, bereits in einem frühen Stadium ein Urteil über den Entwurf zu fällen. Deshalb sicherte sich der Rat von Athen von vornherein gegen mögliche Kritik ab und ließ die Bevölkerung der Stadt selbst über die endgültige Gestaltung des Kriegerdenkmals entscheiden.

Für einen Auftraggeber ist ein Wettbewerb also augenscheinlich der ideale Weg, die richtige Wahl für ein Projekt zu treffen, zumal sich mit der Zahl der Einsendungen die Chance für ein positives Ergebnis erhöht.

Das Kriegerdenkmal auf der Akropolis ist nicht das einzige Beispiel. So wurde 1402 von der Stadt Florenz ein Wettbewerb für die Bronzetüren der Kathedrale Santa Maria del Fiore ausgeschrieben. Bekannt ist, daß der Goldschmied Filippo di Ser Brunellesco di Lippi Lapi (genannt Brunelleschi) sich daran beteiligte, wenngleich ohne Erfolg: Lorenzo Ghiberti war der Preisträger.

Einige Jahre später, 1419, wurde für dieselbe Kirche erneut ein Wettbewerb ausgeschrieben, diesmal für die Kuppel. Jetzt war Brunelleschi - der sich inzwischen mit Baukunst beschäftigt hatte - mehr Erfolg beschieden: Er war der Preisträger, und sein inzwischen weltberühmt gewordener Entwurf wurde zwischen 1421 und 1436 realisiert. Während die Bürger von Athen noch selbst entscheiden konnten, hatten die Einwohner von Florenz weniger Mitspracherecht. Hier wurde eine Jury ernannt, um die verschiedenen Entwürfe zu beurteilen. Es versteht sich von selbst, daß Gutachter eine gewisse Willkür walten lassen können. In der zweiten Hälfte des 16. Jahrhunderts z.B. schrieb der spanische König Philipp II. einen Wettbewerb für das nordwestlich von Madrid gelegene Kloster Escorial aus. Eingeladen waren zweiundzwanzig Architekten, und der italienische Baumeister Giacomo Barozzi da Vignola sollte über die Einsendungen entscheiden. Vignola benutzte jedoch den seiner Meinung nach besten Entwurf als Vorlage für einen eigenen Plan, den er dann dem König vorlegte. Philipp II. war begeistert und gab Vignola daraufhin den Auftrag zum Bau des Klosters. Realisiert wurde der Entwurf übrigens nie, aber seine Geschichte verdeutlicht die Probleme, die sich bei solchen Bauwettbewerben ergeben können. Offensichtlich sind sie doch keine ideale Angelegenheit für alle Beteiligten.

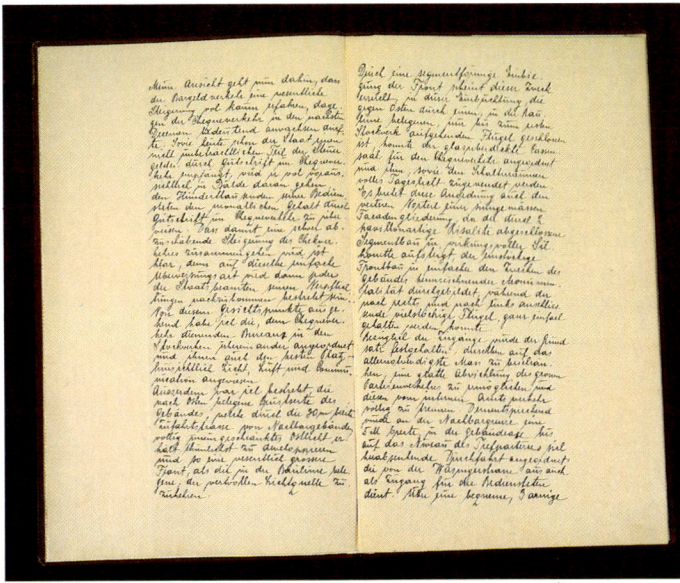

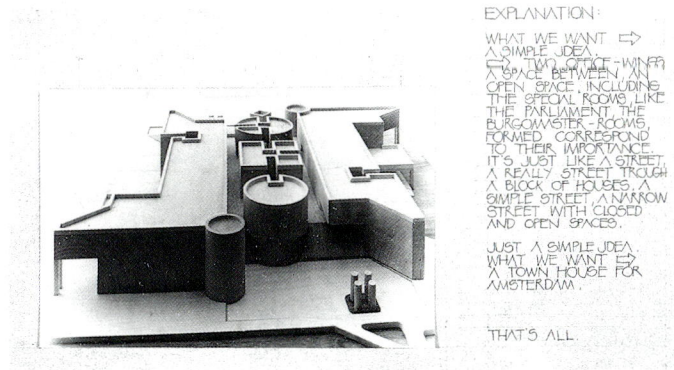

Die Zentrale der Hongkong and Shanghai Bank in Hongkong ist das Ergebnis eines engeren Wettbewerbs aus dem Jahre 1979, an dem sich sieben renommierte Architekturbüros beteiligten. Preisträger wurde das Büro Norman Foster Associates aus London, das den Bau auch ausführte (siehe auch Seiten 14-19).

Wie vieler Erläuterungen bedarf ein Wettbewerbsentwurf? Oft gibt das Programm klare Richtlinien, häufig macht der Teilnehmer auch, was ihm selbst am zweckmäßigsten erscheint. Heinrich von Ferstel reichte zusammen mit seinem Entwurf für die Österreichische Postsparkasse in Wien von 1903 ein dickes Heft mit Erläuterungen ein. Ein unbekannter

Teilnehmer am Amsterdamer Rathauswettbewerb von 1967 zog es vor, kurz und bündig zu sein.

Wer sich ein wenig in die Geschichte der Architekturwettbewerbe vertieft, stößt des öfteren auf unerfreuliche Vorfälle, beispielsweise bei der Konkurrenz zum Ausbau des Louvre in Paris. Ludwig XIV. wollte sich mit pompösen Bauwerken umgeben und ernannte deshalb seinen Finanzminister Jean Baptiste Colbert zum 'Ordonnateur général des bâtiments'. Einer der ersten Schritte Colberts war der Beschluß, den königlichen Palast, den Louvre, fertigzustellen.

An dem Palast wurde bereits seit 1546 gearbeitet, aber die Ostseite mußte noch mit einer imposanten Fassade abgeschlossen werden. Colbert organisierte eine Art Wettbewerb und erhielt eine Reihe von Vorschlägen, die er nach Rom weiterleitete, um sie dort von italienischen Baumeistern beurteilen zu lassen. Man schickte ihm eigene Vorschläge zurück, worauf Colbert beschloß, Gianlorenzo Bernini nach Paris zu holen, um den Louvre zu vollenden. Es versteht sich von selbst, daß diese Entscheidung von den französischen Architekten nicht gern gesehen wurde. Vor allem Claude Perrault - der selber am Wettbewerb teilgenommen hatte - machte sich stark und kritisierte, unterstützt von vielen anderen französischen Architekten, Berninis Entwurf. Mit Erfolg: Ludwig XIV. mißbilligte die Pläne des Italieners, und der Bau des Ostflügels wurde einer Dreiergruppe französischer Architekten übertragen: Louis Le Vau, Charles Lebrun und - natürlich - Claude Perrault.

Wen erstaunt es daher, daß der Begriff Wettbewerb in der Architektur schnell mit Streit, Gerangel und umstrittenen Entscheidungen assoziert wird? Dieses Unbehagen scheint sich späterhin nur noch zu bestätigen, denn paradoxerweise stieg die Zahl der Architekturwettbewerbe trotz ihres schlechten Rufes ständig an.

So gab es in England Ausschreibungen für die Bank of England (1788), die National Gallery (1832) und die Houses of Parliament (1835) in London. Unter der Regierung von Königin Victoria wurden jährlich oft mehr als hundert Wettbewerbe ausgeschrieben, und tatsächlich sind auch viele Gebäude daraus hervorgegangen: die Rathäuser in Cardiff, Glasgow und Manchester, die Kathedrale von Liverpool sowie das Victoria and Albert Museum in London.

Auch in den Vereinigten Staaten wuchs die Zahl der Ausschreibungen unaufhörlich. Sowohl für das Weiße Haus als auch für das Kapitol in Washington wurden 1792 Wettbewerbe organisiert, ebenso 1848 für das Washington-Denkmal der Stadt. Philadelphia schrieb 1871 eine Konkurrenz für ein neues Rathaus aus.

Bei allen diesen - ziemlich willkürlich herausgegriffenen - Beispielen handelt es sich um mehr oder weniger öffentliche Gebäude, die für viele einen symbolischen Wert haben. Aber Architekturwettbewerbe können auch anderen Zwecken dienen. In den siebziger Jahren des 19. Jahrhunderts war die Wohnungsnot für die Unterprivilegierten auch in New York City ein dringendes Problem. Es gab zwar Vorschriften für den Wohnungsbau, aber diese wurden wenn möglich umgangen. 1879 schrieb der Staat New York vor, daß jedes Schlafzimmer ein Fenster haben müsse. Das brachte die Zeitschrift *Plumber and Sanitary Engineer* auf die Idee, einen Wettbewerb für ein 'model tenement' auszuschreiben, ein Modell-Mietshaus für mehrere Familien. Preisgekrönt werden sollte das Projekt, welches maximale Sicherheit und Bequemlichkeit für den Mieter mit maximalem Profit für den Bauherrn verband. Es kamen 209 Einsendungen, und James E. Ware gewann mit seinem Projekt 'Light, Air and Health' den ersten Preis. Dieser Entwurf hat den Bau der Mietskasernen, namentlich in New York, stark beeinflußt. Ironisch wurden sie 'Dumb Bell'-Wohnungen genannt, da ihr Grundriß einer Hantel (englisch: dumb-bell) glich: Die Häuser waren 7,5 Meter breit und 27 Meter tief. In der Mitte gab es einen schmalen Durchgang mit einem kleinen Innenhof zu beiden Seiten.

Die Konkurrenz der Zeitschrift *Plumber and Sanitary Engineer* könnte man als Ideenwettbewerb umschreiben.
Bei einem solchen geht es in erster Linie nicht um die Realisierung eines bestimmten Gebäudes, sondern um die Lösung eines bautechnischen Problems.
Im Prinzip war die Ausschreibung für die Kuppel der Kathedrale in Florenz auch eine Art Ideenwettbewerb: Dort handelte es sich ebenfalls um ein bautechnisches Problem. Es ist sogar ein noch älteres Beispiel bekannt: Als die Kathedrale der englischen Stadt Canterbury 1174 weitgehend abbrannte, wurde nach Ideen gesucht, den zerstörten Chor zu erneuern.
Dem Ideenwettbewerb eng verwandt ist der Studienwettbewerb. Er wird meist während der Ausbildung oder innerhalb von Architektengruppen selbst abgehalten. Der Prix de Rome ist in verschiedenen Ländern zum Begriff geworden. Im 19. Jahrhundert wurde dieser Preis von der Ecole des Beaux-Arts in Paris etabliert; der Preisträger erhielt ein Stipendium für einen langjährigen Aufenthalt in Rom. Viele Länder haben diese Einrichtung später in mehr oder weniger veränderter Form übernommen.

Ideenwettbewerbe für Bauten des täglichen Gebrauchs sind vor allem in 20. Jahrhundert in zunehmenden Maße üblich

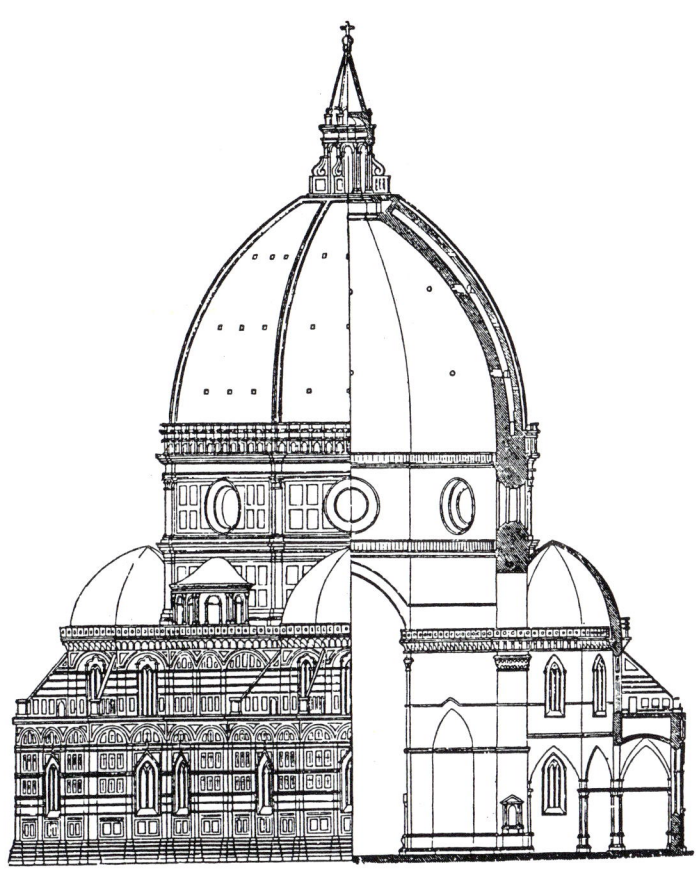

In Florenz wurde 1419 ein Wettbewerb zu dem scheinbar unlösbaren Problem ausgeschrieben, eine Kuppel auf die halbvollendete Kathedrale Santa Maria del Fiore zu bauen. Brunelleschi hatte eine brillante Idee: Statt nur eine (zu schwere) Kuppelwand vorzusehen, sollten zwei dünne Wände einander konstruktiv verstärken. Er hatte diesen Einfall, nachdem er die Gewölbe der alten Römer gründlich studiert hatte. Seine Kuppelkonstruktion wurde unzählige Male nachgeahmt.

Der Wettbewerb von 1884 für die Börse in Amsterdam erbrachte viele interessante Entwürfe, wie den von L. Klingenberg und E. Tauschenberg (oben). Dennoch war die Konkurrenz ein Fehlschlag: Der Gewinner, L.M. Cordonnier, wurde des Plagiats beschuldigt und durfte seinen Entwurf (Mitte) nicht bauen.

H.P. Berlage und Th. Sanders bekamen im Amsterdamer Börsenwettbewerb mit dem oben abgebildeten Entwurf einen dritten Preis; sie hatten ihn unter dem Kennwort 'Mercurea' eingereicht. Er hatte keine Ähnlichkeit mit dem Börsengebäude, das 1903 nach Berlages Entwurf entstand und als Durchbruch des modernen Bauens in den Niederlanden bekannt wurde. Der Umstand, daß Berlage die Börse bauen durfte, hatte nichts mit diesem dritten Preis zu tun, vielmehr war Berlages Freundschaft mit dem Stadtrat M.W.F. Treub ausschlaggebend. Dieser beauftragte ihn 1896, zehn Jahre nach dem Mißlingen des Wettbewerbs, direkt mit dem Bau der Börse.

geworden, besonders auf dem Gebiet des sozialen Wohnungsbaus und auch für neue Baukonstruktionen. Im 19. Jahrhundert war dies weniger üblich, obwohl die Ausschreibung von 1886 für den Turm auf der Pariser Weltausstellung dazu gerechnet werden kann. Die Aufgabenstellung war, wie und wo ein solcher Turm zu bauen sei. In Wirklichkeit aber ging es um etwas anderes: Von vornherein stand bereits fest, daß der allseits bekannte Entwurf von Gustave Eiffel der einzig richtige wäre. Aber es lagen noch andere Entwürfe vor, und man suchte nach einem eleganten Weg, Eiffel sein Projekt in die Tat umsetzen zu lassen, ohne alle anderen Architekten vor den Kopf zu stoßen.

Ähnliche Absichten lagen auch dem Wettbewerb für die neue Oper in Paris zugrunde, der schon früher, 1860, ausgeschrieben wurde. Baron Haussmann hatte die Idee für ein neues Opernhaus durchgesetzt und seine Vorliebe für den Architekten Rohault de Fleury geäußert, sehr zum Mißfallen von Kaiserin Eugénie, die ihrem Schützling Viollet-le-Duc den Auftrag gönnte. Ein Architekturwettbewerb sollte nun die Entscheidung bringen. Aber die Juroren, welche die Arbeiten beurteilen mußten, ließen sich nicht von den Absichten der Organisatoren beeinflussen, und weder Rohault de Fleury noch Viollet-le-Duc gehörten zu den Preisträgern. Schließlich wurde die Ehre dem jungen und noch wenig bekannten Charles Garnier zuteil.

Architekturwettbewerbe sind ebenso farbig und spannend wie das Leben selbst. Sie spielen sich auf einer Bühne vor vielen Zuschauern ab. Auch wenn ein Gebäude auf 'normale' Weise entsteht, gibt es aufregende und intrigante Szenen. Man streitet sich, stiehlt Ideen anderer. Auftraggeber und Architekt stehen sich mit hochroten Köpfen gegenüber. Das ausgeführte Gebäude zeigt oft wenig Ähnlichkeit mit dem Entwurf, der in der Vorphase auf dem Reißbrett vorlag, denn viele Projekte erleiden einen frühzeitigen Tod. Aber all diese turbulenten Ereignisse spielen sich meist nur innerhalb der vier Wände ab, und nur der realisierte Bau wird beurteilt.

Bei einem Architekturwettbewerb aber läuft dieser ganze Prozeß öffentlich ab. Dazu kommt ein weiterer nicht unwichtiger Faktor: Da gewöhnlich nur ein Architekt der erste Preisträger ist, werden die anderen Teilnehmer automatisch zu Verlierern. Also entstehen Neid und Eifersucht, und zwar in einem Maße, das einem Vielfachen der Teilnehmerzahl entspricht.
Und wenn schon Emotionen mitspielen, kommt es auf eine mehr oder weniger auch nicht an, zum Beispiel den

Der Wettbewerb von 1927 für das Völkerbundsgebäude in Genf dient oft als Musterbeispiel dafür, wieviel schiefgehen kann. Das realisierte Bauwerk ist das Resultat eines komplizierten Kompromisses: Die Jury erklärte neun Entwurfsteams zu Gewinnern des ersten Preises ex aequo, und aus diesen stellte ein Komitee von Diplomaten ein variiertes Entwurfsteam von fünf Architekten zusammen (siehe auch den Essay von Kenneth Frampton, S. 192-203).

Nationalismus. Architektur ist von alters her international orientiert. Architekten pflegen im allgemeinen viel zu reisen, um in anderen Ländern neue Ideen zu sammeln. In der Renaissance war Italien ein beliebtes Reiseziel, später fuhr man in die kulturellen Metropolen Paris, London oder Wien.

Es ist daher selbstverständlich, daß Architekturwettbewerbe oft internationalen Charakter haben: sei es, daß die Juroren Ausländer sind - wie beim Wettbewerb für den Escorial oder den Louvre -, sei es, daß man den Wettbewerb auch für Ausländer ausschreibt. Aber wenn ein solcher dann tatsächlich gewinnt, vermischen sich häufig Neid und Nationalismus zu einem merkwürdigen, nicht selten kleinlichen Verhalten.
1884 schrieb die Gemeinde Amsterdam einen internationalen Wettbewerb für eine neue Börse aus. 199 Arbeiten wurden eingereicht; eine davon wurde disqualifiziert, da sie zu spät eintraf. Die international zusammengesetzte Jury konnte sich in erster Instanz nicht auf einen Gewinner einigen. Deshalb wurden zehn Preisträger benannt, von denen fünf eine Einladung erhielten, 1885 an einem weiteren Wettbewerb teilzunehmen.
Im darauffolgenden Jahr wurde das Preisgericht sich dann einig und ernannte den Franzosen L. M. Cordonnier zum Sieger. Diese Entscheidung führte zu ziemlicher Aufregung, und die uralte Frage, ob man wirklich eine neue Börse bauen müsse, wurde wieder diskutiert. Außerdem beschuldigte man Cordonnier des Plagiats: Ein Teil seines Plans sei eine Kopie des Rathauses von La Rochelle - eine Anschuldigung, die der Architekt selbst widerlegte, indem er angab, durch das Rathaus inspiriert worden zu sein.
Monatelang brodelte es in Amsterdam, bis die Gemeinde beschloß, die Preise doch dem Preisgerichtsprotokoll entsprechend zu verleihen, allerdings mit der Einschränkung, man brauche sich nicht gebunden zu fühlen, den prämiierten Entwurf auch tatsächlich zu realisieren.
Daraufhin brach der Tumult erst recht los: Der zweite Preisträger hielt ein feuriges Plädoyer für seine eigene Arbeit, und viele Außenstehende reichten erneut Entwürfe ein.
Die Frage der Realisierung blieb noch lange ungeklärt. Schließlich beschloß die Gemeinde, von einem Neubau abzusehen. Zehn Jahre später bat man den Architekten Hendrik Petrus Berlage, einen Plan für ein neues Börsengebäude vorzulegen. Er entwarf ein Gebäude, das bis zum heutigen Tage eines der bedeutendsten in der niederländischen Architekturgeschichte ist.
Eine ähnlich unerfreuliche Geschichte wiederholte sich rund achtzig Jahre später mit der Ausschreibung für das neue Rathaus in Amsterdam. Der erste Preisträger, der Österreicher Wilhelm Holzbauer, wurde nach seinem Sieg von niederländischen Kollegen mit Kritik überhäuft, wobei einer ihm allen Ernstes vorwarf, daß er Deutsch spräche. Auch diesmal zog sich die Angelegenheit jahrelang hin. Zunächst sah man vom Bau des Rathauses ab, schließlich durfte Holzbauer jedoch sein Projekt verwirklichen, wenngleich in einer Form, die sich niemand hätte träumen lassen.

Derartige Umstände beschränken sich nicht auf die Niederlande. Das zeigt der Ablauf des Wettbewerbs für ein nationales Zentrum für Kunst und Kultur in Paris. Als die Jury 1971 einen Italiener (Renzo Piano) und einen Engländer (Richard Rogers) zu den ersten Preisträgern ernannte, waren die französischen Architekten keineswegs darüber erfreut. Die Ausschreibung für dieses Gebäude auf dem Plateau Beaubourg war ein Versuch, das bestehende, völlig veraltete

Der preisgekrönte Entwurf des Österreichers Wilhelm Holzbauer für den Rathauswettbewerb in Amsterdam, 1967: Ungeachtet der sorgfältigen Prüfung durch die Jury löste der Entwurf in den Niederlanden einen solchen Sturm der Kritik aus, daß der Stadtrat beschloß, ihn einstweilen nicht ausführen zu lassen. Gut zwanzig Jahre später wurde in Amsterdam dennoch ein neues Rathaus gebaut, aber nach einem völlig neuen Entwurf von Holzbauer und Cees Dam.

Das Büro P&T Architects and Engineers Hongkong (vormals Palmer and Turner) baute viele Bürogebäude für die Hongkong and Shanghai Bank. Ihr Wettbewerbsentwurf von 1979 für die neue Hauptverwaltung wurde nicht ausgezeichnet. In diesem Plan sollte der Neubau in zwei Phasen ausgeführt werden – zuerst nur ein Turm, dessen Gestaltung zum Büro von 1935 paßte (oben). Später wurde auch das alte Verwaltungsgebäude durch ein pyramidenförmiges Gebäude und einen zweiten Turm ersetzt (unten).

System der Architektenbenennung für öffentliche Bauten zu durchbrechen. Aber jetzt, da man auch noch Ausländer als Preisträger benannt hatte, war das Maß voll. Sechsmal versuchte eine Gruppe französischer Architekten - vereinigt unter dem Namen 'Le Geste Architectural' - durch Gerichtsbeschluß den Bau des 'Centre Beaubourg' (Centre Pompidou) zu verhindern, vergeblich übrigens, aber das tut nichts zur Sache.

Solche Geschichten über Architekturwettbewerbe mögen für das breite Publikum vielleicht eine erbauliche Lektüre sein, sie dürfen jedoch nicht vom wahren Geschehen ablenken. Wettbewerbe werden von den Organisatoren ausgeschrieben, um ein möglichst optimales Bauwerk zu verwirklichen. Manchmal ist der Auftraggeber großzügig und wünscht sich nur einen aufsehenerregenden Entwurf. Er träumt davon, durch seinen Wettbewerb das große, noch unbekannte Talent zu entdecken, das die Architektur zu neuen Höhen führt. Oft ist der Auslober weniger ehrgeizig und dafür pragmatischer eingestellt. Dann ist er nur auf der Suche nach dem zuverlässigsten und funktional besten Entwurf. In beiden Fällen sind Ausschreibungen eine geeignete Methode, Projekte zu sammeln und unter diesen dann auszuwählen. Aber alles steht und fällt mit den Juroren. Die Entscheidung für ein Bauwerk (oder einen städtebaulichen Plan) wird an die Juroren delegiert; die Wahl des Planers wird an Personen weitergegeben, von denen man annimmt, daß sie sachkundig sind. Deshalb werden Preisrichter aus verschiedenen Fachbereichen benannt: Politiker, Beamte, Unternehmer, und im Laufe der Zeit bekamen auch die Architekten eine immer wichtigere Rolle. Die Frage bleibt nur: welche von ihnen? Die wirklich guten sollen sich am Wettbewerb beteiligen, dürfen also nicht ins Preisgericht eingeladen werden. Und ist ein sachkundiger Architekt auch zugleich ein guter Preisrichter? Von einem Jurymitglied wird erwartet, daß es fähig ist, im Team zu urteilen und zu entscheiden. Wie die Erfahrung lehrt, können viele Juroren das nicht, weil ihre Standpunkte zu unterschiedlich sind. Aber ein Gremium mit gleichen Ansichten ist auch nicht optimal, denn es steht progressiven und kreativen Entwürfen nicht offen gegenüber. Kurzum, die Entscheidung für ein neues Gebäude steht und fällt eigentlich schon mit der Wahl der Jury.

Bei der Ausschreibung für das Centre Beaubourg 1971 entschied man sich für ein Gremium, das etwa zur Hälfte aus aufgeschlossenen Architekten bestand und zum anderen aus Fachleuten der Bereiche Museum und Bibliothek. Diese Zusammensetzung garantierte zwar eine gerechte Beurteilung

Der engere Wettbewerb von 1979 für die Hongkong and Shanghai Bank erbrachte eine Anzahl innovativer Entwürfe für Wolkenkratzer. Links oben der Entwurf des amerikanischen Büros Skidmore, Owings & Merrill: ein 38 Stockwerke hoher Büroturm, der von seitlich angeordneten Pfeilern getragen wird. Unter dem Turm befindet sich ein öffentlicher Platz, darüber eine ovale Schalterhalle Unten der Entwurf von Harry Seidler Ass. aus Australien mit einem gigantischen überdeckten Innenhof — zwischen einer nach außen gebogenen Glasfassade und einer nach innen gebogenen Betonfassade —, den man von der geräumigen Schalterhalle aus erreichen kann (siehe auch Fassadendetail, rechts unten).

Rechts oben die Entwürfe des englischen Büros Yorke, Rosenberg & Mardall. Der obere Plan stellte das Bauwerk in zwei Phasen dar. Zuerst sollten ein 27 Etagen hoher Turm und eine geräumige Loggia an der Südseite des vorhandenen Gebäudes entstehen, später das alte Gebäude durch zwei gleich hohe Türme ersetzt werden. Aber YRM entwickelte auch einen alternativen Entwurf, bei dem die Vorderfassade des vorhandenen Gebäudes dem Neubau einverleibt ist. In diesem Fall sollte dem alten Gebäude nur ein einziger breiter Wolkenkratzer hinzugefügt werden (unten).

15

der eingesandten Arbeiten, aber es blieb doch das Risiko bestehen, ob diese Spezialisten auch wirklich zusammenarbeiten konnten.

Eine Jury ist und bleibt unberechenbar. Im Jahre 1927 mußten beim Architekturwettbewerb für ein neues Gebäude des Völkerbunds in Genf die Preisrichter 377 Einsendungen beurteilen. Auf allen Fronten schien es sich abzuzeichnen, daß der Entwurf von Le Corbusier und Pierre Jeanneret auf den ersten Preis zusteuerte, bis ein konservatives Jurymitglied darauf hinwies, daß der Entwurf nicht mit Tusche gezeichnet sei (wie es die Bedingungen vorschrieben), sondern mechanisch reproduziert war. Mit Hartnäckigkeit sorgte dieser eine Preisrichter dafür, daß man nicht mehr zu einem einstimmigen Beschluß kommen konnte. Nur neun Preise wurden verliehen. In diesem Falle gab es keinen glanzvollen Sieger. Le Corbusier und Jeanneret gewannen zwar einen Preis, aber das war nur ein bescheidener Trost.

Wer an einem Architekturwettbewerb teilnimmt, tut gut daran, die Liste der Jurymitglieder gründlich anzusehen. Im Laufe der Jahre wurden für Bauwettbewerbe eine Reihe von Richtlinien festgelegt, die dringend empfehlen, die Zusammensetzung des Gremiums im voraus bekanntzugeben. Aber immer noch kommt es vor, daß sich die Zusammensetzung der Jury ändert, wenn die Einsendungen bereits vorliegen.
Als die Tageszeitung *Chicago Tribune* 1922 einen Wettbewerb für ein neues Zeitungsgebäude ausschrieb, war die Jury zuvor bekannt. Wer sich etwas auskannte, der wußte, daß die Preis-

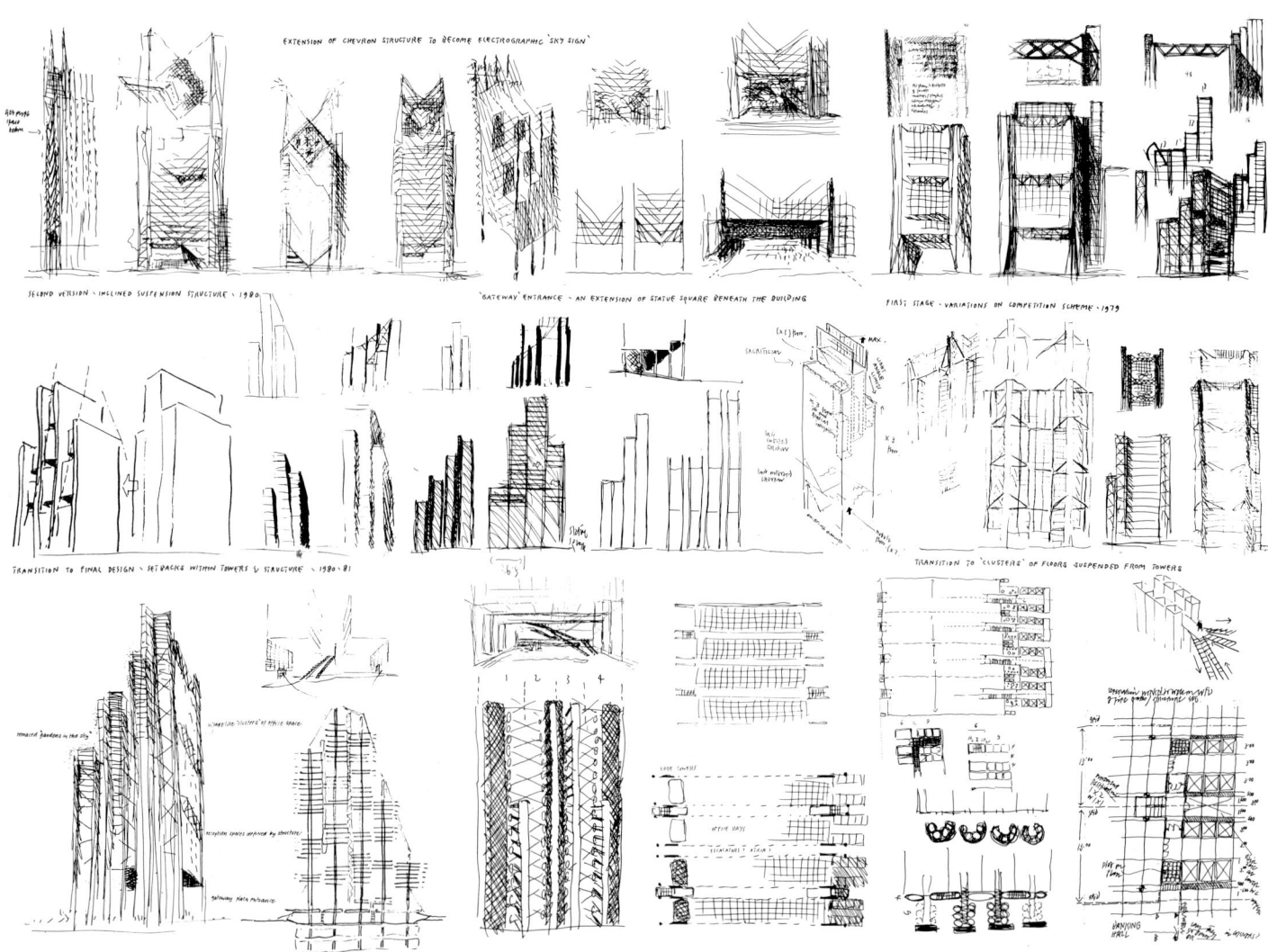

Fosters preisgekrönter Entwurf für das Verwaltungsgebäude der Hongkong and Shanghai Bank, 1979, bestand aus einem rechteckigen Block mit beiderseits fünf hohen tragenden Türmen, in denen die Aufzüge und technischen Einrichtungen untergebracht werden sollten. Zwischen diesen Türmen befanden sich an drei Stellen horizontale 48 Meter lange Binder, *welche die Entfernung zu den übrigen Türmen überspannten und an denen die Geschosse aufgehängt waren. Diese Konstruktion garantierte maximale Freiheit bei der Aufteilung der Geschosse und bei der Fassadenverkleidung. Ferner konnte das Untergeschoß frei bleiben als öffentlicher Raum für die Stadt. Die Form des Wolkenkratzers hat sich entscheidend geändert, aber das* *Prinzip blieb gewahrt. Auf diesen Skizzen von Fosters Hand sind die wesentlichen Entwicklungen zu erkennen: rechts oben der Wettbewerbsentwurf, links oben eine Zwischenform, bei der die drei schweren Stahlbinder durch eine Vielzahl leichterer, V-förmiger Elementen ersetzt wurden (Chevron-Modell). Die mittlere Reihe zeigt den Übergang zum definitiven Entwurf:* *Die Blockform bekommt variierende Höhen, und die Geschosse werden in Gruppen an den Türmen aufgehängt. Unten ist dieser endgültige Plan weiter ausgearbeitet. Foster schreibt dazu: 'sich wiederholende Themen - eine vielfältige Mischung von Räumen und Aktivitäten innerhalb eines konstruktiven Rasters sowie Türme zur vertikalen Bewegung und für die Technik'.*

richter konservativ waren und man von ihnen keine Aufgeschlossenheit für avantgardistische Entwürfe erwarten konnte. Diese Ausschreibung erfolgte auf internationaler Ebene, und in den Auslandsausgaben der Zeitung wurde viel Reklame dafür gemacht. Manchen ausländischen Architekten sagte die Namensliste der Jury nichts, und in ihrer Unwissenheit gingen sie davon aus, daß jeder Entwurf die gleichen fairen Ausgangschancen haben müsse.

Amerikanische Architekten konnten den Abläufen entnehmen, daß bei dieser Ausschreibung nicht nach neuartiger Architektur gesucht wurde. Zwar handelte es sich um einen offenen Wettbewerb, aber die *Chicago Tribune* hatte auch eine Reihe von bevorzugten Architekten aufgefordert, sich gegen Honorar zu beteiligen. Korrekterweise wurden diese Architekten in der Ausschreibung genannt. Für aufmerksame Amerikaner wurde damit deutlich, wie die Auslober sich ihr Gebäude vorstellten: Es sollte ein historischer Wolkenkratzer werden, dem Beaux-Arts entsprechend, der damals in Amerika en vogue war.

Diese Art von Mißverständnissen kann vermieden werden, wenn sich die Auftraggeber von vornherein für einen engeren Bauwettbewerb entscheiden. Dann wird nur eine begrenzte Anzahl von Architekten aufgefordert. Werden alle eingeladenen Teilnehmer von Beginn an voll bezahlt, spricht man von einer 'mehrfachen Auftragserteilung'.

Solch ein engerer Wettbewerb ist keineswegs eine moderne Erscheinung. Obwohl wir verhältnismäßig wenig über die

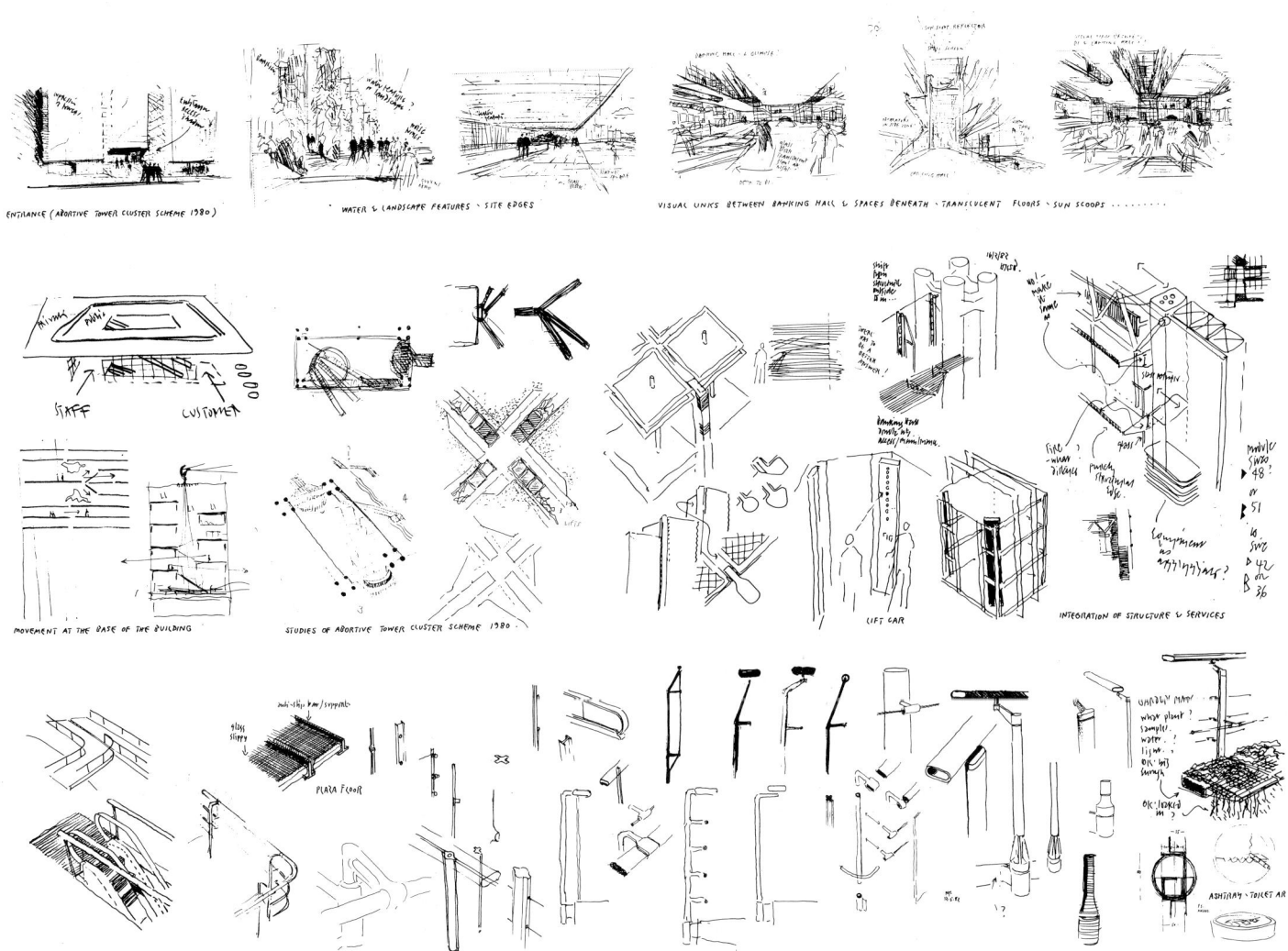

Ein Blatt mit typischen Entwurfsskizzen von Norman Foster. Oben Eingangspartie, Aussicht, unmittelbare Umgebung und Glasboden zwischen dem öffentlichen Platz und dem Keller. In der Mitte diverse Problemlösungen, wie die Integration der Tragkonstruktion, die technischen Einrichtungen und die Führung des Verkehrsflusses. Unten der Entwurf eines 'Vokabulars zur Beschreibung der Geländer, Balustraden, Rolltreppen, Blumenkästen und Hecken'.

Norman Fosters definitiver Entwurf für die Hongkong and Shanghai Bank: eine 47geschossige 'Superstruktur in Stahlskelett' mit einer Gesamthöhe von 200 Metern. Die Geschoßfläche sollte 100 000 m^2 betragen, verteilt über eine große Zahl mehr oder weniger selbständiger Einheiten, die Foster als 'Villages in the Sky' bezeichnete.

Geschichte der Baukunst wissen, ist anzunehmen, daß an den ersten Ausschreibungen nur eingeladene Künstler und Baumeister teilnahmen. Das war beim Kriegerdenkmal auf der Akropolis der Fall und auch beim Bau des Klosters Escorial. Ein engerer Bauwettbewerb kommt heutzutage auch ohne Jury aus. Der Auslober trifft selbst die Entscheidung oder läßt sich von Architekten beraten. Einige Neubauten westdeutscher Museen und Norman Fosters Hongkong and Shanghai Bank in Hongkong sind neuere Beispiele für diese Methode. Als sich die Bank 1979 zu einer Erweiterung ihres Bankgebäudes entschloß, sollten verschiedene Pläne zur Auswahl stehen. Das Beratungsbüro P. A. Management Consultants Ltd. beauftragte sieben Architekturbüros: zwei aus Großbritannien, zwei aus den Vereinigten Staaten, zwei aus Australien und ein Büro aus Hongkong selbst.

Am 11. Juli 1979 wurden alle eingeladenen Architekten über die Vorstellungen, Wünsche und Absichten der Bank informiert. Im Anschluß daran konnten sie Fragen an die Direktionsmitglieder sowie an die Fachberater stellen.

Als Abgabetermin für die Entwürfe wurde der 8. Oktober desselben Jahres festgelegt. Die endgültige Entscheidung traf die Bank dann in Zusammenarbeit mit dem Beratungsbüro und einem architektonischen Berater, Gordon Graham vom Royal Institute of British Architects in London. Vor allem Privatunternehmen tendieren eindeutig zu einer solchen Methode. Damit wird viel Aufwand vermieden, aber die Möglichkeit, ein unbekanntes Talent zu entdecken, wird ebenfalls ausgeschlossen.

Die Ausschreibung des großen offenen Wettbewerbs bleibt eigentlich nur noch eine Angelegenheit der öffentlichen Hand und vielleicht auch nur dann, wenn wirklich nach der 'größten Begabung' gesucht wird. Allein die Vielzahl von Einsendungen macht einen solchen Wettbewerb zu einem entnervenden Ereignis und stellt äußerste Anforderungen an die Organisatoren.

Der französische Staatspräsident Mitterand, dessen Anliegen es ist, Paris wieder zu einem internationalen Zentrum zu machen, hält es für eine Aufgabe der französischen Regierung, die besten Talente für seine Stadt zu gewinnen. Deshalb hat er einige große offene Architekturwettbewerbe ausgeschrieben. Zwei davon wurden zu einem großen Erfolg, auch wenn sie mit allerlei Aufregung einhergingen. 1982 wurde eine internationale Ausschreibung für den Parc de la Villette durchgeführt, der zu einer Wohnanlage des 21. Jahrhunderts werden sollte. 471 Einsendungen gingen ein, und die Jury ermittelte Bernard Tschumi als Sieger.

Der internationale Wettbewerb 1983 für einen Abschluß der Achse Louvre - La Défense erbrachte 424 Einsendungen; der Däne Johan Otto von Spreckelsen trug den Sieg davon. Aber ein weiterer Wettbewerb verlief erheblich mühsamer: die Ausschreibung 1983 für eine neue Oper an der Place de la Bastille lieferte 756 Pläne, die der Jury in einer Auslage von drei bis vier Kilometern Länge vorgestellt wurden. Und doch konnte keiner der Entwürfe die Juroren begeistern; nach langem Hin und Her beschloß man, dem Präsidenten selbst sechs Entwürfe vorzulegen. Dieser bezeichnete dann das Projekt des Kanadiers Carlos Ott als das beste.

Die Zahl der Einsendungen macht deutlich, daß solche Wettbewerbe heute zu Riesenunternehmen geworden sind. Auch wenn die Organisation noch so perfekt, die Jury noch so ausgewogen zusammengesetzt ist, selbst wenn alles gemäß den von nationalen und internationalen Verbänden erstellten Richtlinien verläuft - der wirkliche Erfolg eines Wettbewerbs hängt allein vom Niveau der eingereichten Entwürfe ab. Und Teilnehmer lassen sich nicht manipulieren.

In den achtziger Jahren dieses Jahrhunderts sind die Voraussetzungen für Architekturwettbewerbe günstig geworden. In vielen westlichen Ländern hat sich der Bau-Boom gelegt, der nach dem Zweiten Weltkrieg den meisten Architekten so viele Aufträge brachte, daß sie wenig Zeit und kaum das Bedürfnis hatten, sich an Wettbewerben zu beteiligen. Jetzt, da den Architekten die Aufträge nicht mehr ohne weiteres zufallen, sind sie offener für Ausschreibungen, die Hoffnung auf einen großen Auftrag geben und auch für die Publizität wichtig sein können.

Die achtziger Jahre sind auch in anderer Hinsicht für das Wettbewerbswesen fruchtbar. Die Architektur befindet sich in

Das Resultat des engeren Wettbewerbs von 1979 für die Hongkong and Shanghai Bank ist ein in vieler Hinsicht innovatives Gebäude. Meist werden besonders die technischen Neuerungen erwähnt, wenngleich Foster betont, daß diese nicht unabhängig von der Zielsetzung betrachtet werden sollten, auch inhaltlich eine ganz neue Großkonstruktion entstehen zu lassen.

Letzteres zeigt sich zum Beispiel im öffentlichen Bereich zu ebener Erde und vielleicht noch stärker im offenen und flexiblen Interieur, das völlig mit der Tradition von Bürotürmen mit gleichartigen Funktionen und Grundrissen bricht.
Auch das Verhältnis zur Umgebung ist durch die geräumigen Aussichten und den übermäßigen Einfall von Tageslicht außergewöhnlich. Bezeichnend dafür ist das im Foto wiedergegebene Atrium: ein überdeckter Innenhof im Mittelpunkt des Gebäudes zwischen dem dritten und elften Stockwerk. Über einen Außenspiegel in Höhe des elften Stockwerks wird das Tageslicht auf einen schrägen Spiegel nach innen reflektiert, so daß es quer durch das Atrium und dessen gläsernen Boden bis auf den Platz nach unten dringt.

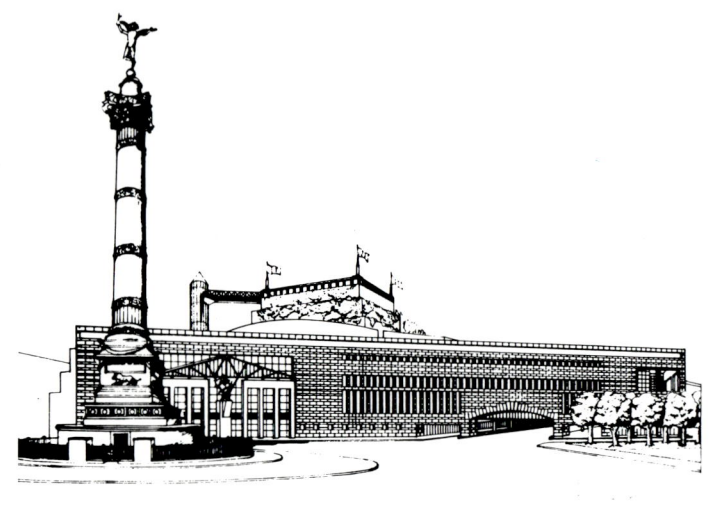

In Paris schrieb man 1983 einen internationalen Architekturwettbewerb für ein neues Opernhaus an der Place de la Bastille aus. 756 Entwürfe wurden eingereicht, einige von berühmten Architekten wie Richard Meier, Henri Ciriani, Harry Seidler, Kisho Kurokawa, Charles Moore und Christian de Portzamparc. Schließlich gewann der unbekannte Kanadier Carlos Ott den ersten Preis, wenngleich viele vermuteten, daß sich hinter seinem anonymen Entwurf Richard Meier verbarg.
Auch der Österreicher Wilhelm Holzbauer beteiligte sich, und zwar mit diesem Entwurf, der seine Verwandtschaft mit dem für das Amsterdamer Rathaus-Musiktheater nicht leugnen kann (siehe Seiten 156-167).

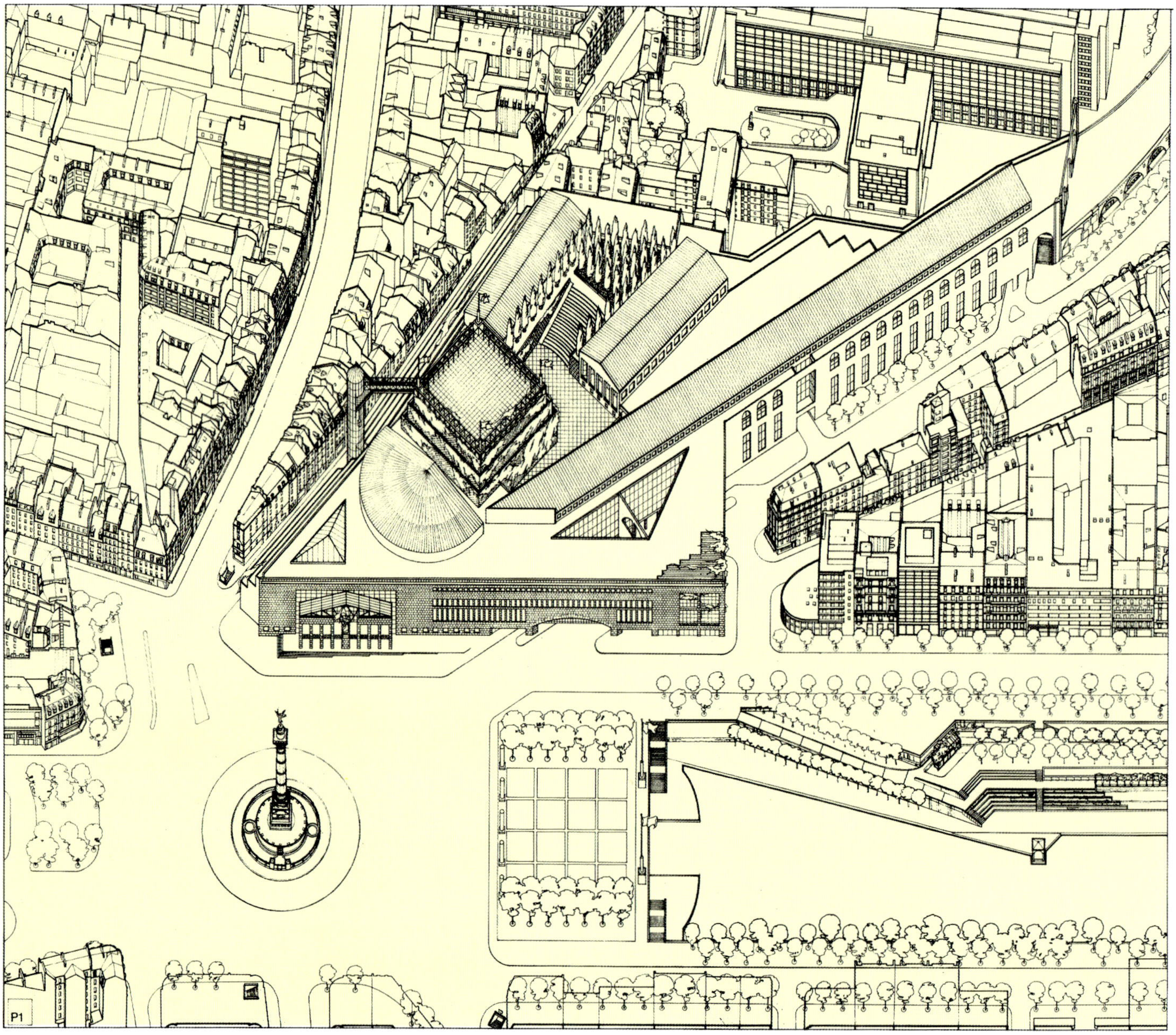

einer Übergangsphase, neue Ideen und Formen werden ausprobiert. Das verunsichert die Auftraggeber, und ein Wettbewerb bietet die Möglichkeit, aus konkreten Plänen auszuwählen. Zum andern nutzen die Teilnehmer den Wettbewerb, um neue Ideen zu propagieren.

Doch es gibt auch Architekten, die sich bewußt nie an einem Wettbewerb beteiligen. Der niederländische Architekt Jacobus Oud schrieb 1954: 'Es ist gerade diese ständige Wechselwirkung zwischen den Wünschen [des Auftraggebers] und den Vorstellungen des Architekten, die das Bauen zu einer lebendigen Verkörperung gesellschaftlicher Bedürfnisse macht. Vor allem daran mangelt es Wettbewerben hoffnungslos. Durch diesen permanenten Mangel an Kontakt führen sie zu Bauplanarchitektur und nicht zu Wirklichkeiten in Stahl und Stein. Weil der Kontakt bei der Ausschreibung so gering ist, muß man sowenig wie möglich Gebrauch davon machen.'
Oud beteiligte sich deshalb auch nie an einem Wettbewerb, und es lassen sich weitere bedeutende Architekten nennen, die selten oder nie an Ausschreibungen teilnahmen, zum Beispiel Frank Lloyd Wright, Gerrit Thomas Rietveld, Louis Kahn und Willem Dudok. Demgegenüber stehen andere, die ihr Leben lang voller Überzeugung für Architekturwettbewerbe eintraten: Alvar Aalto, der mit Sicherheit an 58 Ausschreibungen teilnahm (und 25 davon gewann), Eliel Saarinen, von dessen rund 20 Einsendungen mindestens 12 den ersten Preis erhielten, und Arne Jacobsen, der sich an fast 20 Wettbewerben beteiligte.

Wieviel Kritik auch an Wettbewerben geübt wird, wieviel Trubel jede Ausschreibung auch mit sich bringt - es wird sie im Bereich der Architektur wohl immer geben. Rivalität führt den Menschen zu größeren Leistungen. Die Organisatoren wissen das nur zu gut und rufen daher stets wieder zu großen Wettbewerben auf.

Aber außer in die Zukunft wirken Wettbewerbe auch in die Vergangenheit. Ihre Ergebnisse sind für Kunst- und Architekturhistoriker eine wahre Fundgrube. Sie geben Auskunft über den Stand der Entwicklung zu einem bestimmten Zeitpunkt, sie zeigen, wie unterschiedlich Architekten auf dieselbe Aufgabe reagieren. Vor allem in Perioden, da die Architektur Veränderungen unterliegt, erweisen Wettbewerbe sich als echte Schatzkammern, in denen man großartige Funde entdecken kann. Aber wie bei den Grabkammern verstorbener Fürsten sind auch hier manche Keller so gut wie leer. Viel Material ist verlorengegangen oder gar auf Anweisung hin vernichtet worden. Das macht einen Rundgang durch die noch erhaltenen Schatzkammern um so spannender, spannend wie das Leben selbst.

Der Wettbewerb von 1983 zum Abschluß der Achse Louvre-La Défense zog 424 Teilnehmer an, die sehr unterschiedliche Entwürfe einreichten. Das Amsterdamer Architekturbüro A. Alberts lieferte ein Projekt zu einem riesigen öffentlichen Gebäude, das sozusagen organisch aus der Erde erwachsen sollte. Gewinner wurde der Däne Johan Otto von Spreckelsen mit seinem Entwurf für einen zweiten riesigen Arc de Triomphe.

DAS WEISSE HAUS IN WASHINGTON

ARCHITEKTURWETTBEWERB FÜR EINE AMTSWOHNUNG DES PRÄSIDENTEN DER USA

AUSSCHREIBUNG: März 1792; Entscheidung: 17. Juli 1792; Teilnemerzahl: 7

JURY: Präsident George Washington mit der Regierungskommission für den District of Columbia

PREISTRÄGER: James Hoban; lobende Erwähnung: John Collins

BAUAUSFÜHRUNG: 1792 bis 1830 nach dem Entwurf von James Hoban und Benjamin Henry Latrobe

In einer bescheidenen Anzeige wurde im März 1792 eine Prämie von 500 Dollar für den 'besten Entwurf zu einer Präsidentenwohnung' ausgelobt. Achtzehn nüchterne Zeilen beschrieben alles, von dem man glaubte, daß es für die Teilnehmer wichtig sei. Einreichen sollten sie Grundrisse, Fassadenzeichnungen, Querschnitte und eine Kostenschätzung der Maurerarbeiten. Empfohlen wurde, den Mittelteil als ein gesondertes Gebäude zu planen, das erst bei Bedarf um die vorgesehenen Flügel erweitert werden könnte. Der Wettbewerb wurde von der Regierungskommission für den District of Columbia ausgeschrieben, aber man hielt eine Information über die Zusammensetzung der Jury für überflüssig.

Nichts wies auf die tragischen Umstände hin, die sich hinter der Anzeige verbargen. Der aus Frankreich stammende Architekt Pierre Charles L'Enfant hatte bereits seit über zwei Jahren an der Präsidentenwohnung gearbeitet. Genauer gesagt: Er hatte deren Umgebung, die ganze künftige Stadt Washington, schon auf dem Reißbrett entworfen und nichts anderes erwartet, als daß man ihn auch mit der Planung der wichtigsten Gebäude beauftragen würde. Der Beschluß zur Gründung dieser Stadt hatte eine besondere Vorgeschichte. Beim Friedensvertrag von Versailles im Jahre 1783, durch den die dreizehn amerikanischen Staaten offiziell ihre Unabhängigkeit von England erlangten, stand bereits fest, daß eine neue Hauptstadt entstehen sollte. Aber über deren geographische Lage konnten sich die Unabhängigkeitskämpfer lange nicht einigen. Philadelphia hatte die besten Aussichten, denn hier versammelten sich die Abgeordneten der dreizehn Staaten bereits seit 1774, und hier war auch die von Thomas Jefferson im Jahre 1776 verfaßte Unabhängigkeitserklärung verlesen worden. Aber Philadelphia verspielte seine Chancen, als es im Juni 1783 nicht rasch und energisch genug gegen meuternde Soldaten vorging, die sich vor dem State House versammelt hatten, in dem gerade der Kongreß tagte. Die Mitglieder des Kongresses fühlten sich derart beleidigt, daß sie erst nach Princeton auswichen und für die darauffolgenden Sitzungen Annapolis und Trenton anstelle von Philadelphia bevorzugten.

Ende 1784 fand der Kongreß eine befriedigende Unterkunft in New York, und dort sollte er auch bleiben, bis das Problem

So muß Pierre L'Enfant sich die Amtswohnung des Präsidenten vorgestellt haben, als er in den neunziger Jahren des achtzehnten Jahrhunderts die Stadt Washington entwarf. Die Skizze fertigte Elbert Peets nach Entwurfszeichnungen von L'Enfant an.

der Lage der Hauptstadt definitiv gelöst war.

Das ständige Herumreisen der Mitglieder war der Beschlußfähigkeit des Kongresses nicht förderlich, und das Problem der neuen Hauptstadt wurde von anderen Sorgen überschattet. Die Lage änderte sich 1787, als man sich innerhalb kurzer Frist über die Verfassung einigte. Zwei Jahre später wurde George Washington einstimmig zum Präsidenten gewählt, und jetzt konnte man eine Entscheidung über die

Rechts: Die Rück- oder Südseite des Weißen Hauses auf einem neueren Foto. Der runde Portikus wurde 1824 nach dem Entwurf von James Hoban fertiggestellt. Im Jahre 1807 hatte auch Benjamin Latrobe im Auftrag des Präsidenten Jefferson einen Entwurf zu einem solchen Portikus gemacht, aber dieser wurde nie verwirklicht. Man hatte damals dem Interieur die Priorität gegeben. Das dritte Stockwerk, hinter dem Dachfirst gerade noch sichtbar, wurde 1927 ausgebaut.

*Unten: Das Weiße Haus, von der Pennsylvania Avenue aus gesehen. Das Gebäude überstand Brände, Zerstörungen und Revolutionen, aber man scheute auch weder Kosten noch Mühe, um es späteren Generationen zu erhalten.
Von 1949 bis 1952 wurde es gründlich renoviert, wobei Interieur und Fundament fast völlig erneuert wurden. Der Portikus gehörte nicht zu Hobans ursprünglichem Plan, wurde aber 1829 vom Architekten hinzugefügt.*

neue Hauptstadt nicht länger vor sich herschieben. Die Lösung war vor allem dem Taktiker Jefferson zu verdanken, der von Washington zum Außenminister ernannt worden war. Er verstand es so einzurichten, daß ein Kompromißvorschlag des Finanzministers Alexander Hamilton die Stimmenmehrheit erhielt. Dieser Vorschlag besagte, daß Philadelphia während der ersten zehn Jahre Regierungsstadt sein sollte, anschließend würden Regierung und Präsident definitiv in eine neu zu erbauende Stadt in der Nähe von Georgetown am Fluß Potomac umziehen. Diese Stadt sollte nicht in einem der dreizehn Staaten liegen, sondern in einem erst zu bildenden föderativen Distrikt Columbia auf einem Gebiet, das von den Staaten Virginia und Maryland zur Verfügung gestellt wurde.

Kaum hatte man 1790 die Situation der neuen Hauptstadt festgelegt, wurde mit den Bauvorbereitungen begonnen. Der Astronom und Topograph Andrew Ellicott erhielt den

Auftrag zur Anfertigung detaillierter Karten von dieser Gegend. Pierre Charles L'Enfant wurde gebeten, Zeichnungen mit Angabe der günstigsten Lage der Gebäude, Straßen und Einrichtungen anzufertigen. Im Grunde wurde er also damit beauftragt, die neue Hauptstadt zu planen.

Die ersten anderthalb Jahre, während deren L'Enfant an diesem Projekt arbeitete, verliefen problemlos. Aber L'Enfant war ein Individualist. Alles ging gut, solange er es nur mit dem Präsidenten und mit Jefferson zu tun hatte.
Die beiden hatten übrigens unterschiedliche Ansichten über die künftige Hauptstadt. Jefferson hatte einen Ort von bescheidenem Umfang vor Augen, dessen Charakter relativ ländlich war.
Washington dagegen dachte an eine Metropole, die sich mit London und Paris messen können sollte, mit Städten also, die damals 800000 bzw. 600000 Einwohner hatten. L'Enfant verfolgte selbstbewußt seine eigenen Ideen, wenngleich er die Vorstellungen der beiden Staatsmänner natürlich berücksichtigen mußte. Er ging die Aufgabe sorgfältig an, studierte zunächst die Pläne vieler amerikanischer Städte und von mindestens zwölf europäischen Städten, 'nicht etwa, um sie zu kopieren, sondern um Details zu überprüfen, wie etwa die Lage von öffentlichen Gebäuden, Arsenalen, Märkten, Häfen und so weiter'. Der Plan, den er schließlich für Washington entwarf, war prächtig und monumental, und im Stadtplan hatten die wichtigsten Gebäude eine dominierende Lage. Bezeichnend waren vor allem das rechtwinklige Straßenraster und die breiten diagonalen Alleen, die alle wesentlichen Punkte miteinander verbanden. Mit diesen Alleen wollte L'Enfant einen bestimmten Effekt erzielen: 'Sie sollen den tatsächlichen Abstand vom einen Platz zum anderen kleiner erscheinen lassen, indem sie die Aussicht aufeinander ermöglichen, so daß sie miteinander verbunden zu sein scheinen.'

Die pompöse Anlage wurde von vielen kritisiert, und auch Jefferson konnte sich mit dem an Versailles erinnernden Charakter nicht anfreunden, den der Franzose seiner amerikanischen Stadt verliehen hatte. Aber dem Präsidenten Washington erschien sie als würdige Hauptstadt für die Neue Welt, und er gab seine Zustimmung.

Im Dezember 1791 hatte L'Enfant seinen Plan fertig, der nunmehr einer Regierungskommission vorgelegt wurde. Und jetzt begannen die Probleme, und zwar mit einem Zwischenfall: L'Enfant ließ ein soeben erst fertiggestelltes Haus eines Angehörigen von einem Kommissionsmitglied abreißen, obwohl das noch einige Jahre Zeit gehabt hätte. Der Zorn der Kommission steigerte sich, als L'Enfant offenbar nicht bereit war, Einwände gegen seinen Plan hinzunehmen. Er bat den Präsidenten Washington sogar um eine Anstellung als 'Generaldirektor', denn in dieser Funktion wäre er von der Verpflichtung entbunden gewesen, 'einem anderen als dem Präsidenten Rede und Antwort zu stehen'. Als dieser Antrag abgewiesen wurde, wollte L'Enfant seinen Plan nicht mehr aus der Hand geben. Sowohl Washington als auch Jefferson versuchten mehrmals, ihn umzustimmen, aber Ende Februar 1792 verloren auch sie die Geduld.

In jenen Jahren kam es auf kurzfristige Entscheidungen an; auf persönliche Wünsche konnte keine Rücksicht genommen werden. Deshalb fiel schließlich die harte Entscheidung, L'Enfant seines Amtes zu entheben, seinen Plan durch Andrew Ellicott anpassen und abrunden zu lassen und für die wichtigsten Gebäude, das Kapitol und die Amtswohnung des Präsidenten, einen Architekturwettbewerb auszuschreiben. Am 27. Februar 1792 verfügte Jefferson L'Enfants Entlassung, und am 14. März war die Ausschreibung bereits aufgesetzt. Auch die Wettbewerbsbedingungen forderten kurzfristige Termine: Mitte Juli mußten sämtliche Entwürfe vorliegen.

Die Mitglieder der Kommission mußten sich im Frühjahr und Sommer 1792 nicht gerade mit zahlreichen Entwürfen für die wichtigsten Gebäude der neuen Nation befassen: An beiden Wettbewerben beteiligten sich insgesamt nur achtzehn Personen, von denen acht einen Entwurf für das Haus des Präsidenten vorlegten. Und von diesen acht wurde noch einer disqualifiziert, weil sein Entwurf erst nach Einsendeschluß eintraf.

Dennoch war es kein schlechtes Resultat. Architekten genossen damals ein hohes Ansehen, und es waren ihrer nicht viele. In den besseren Kreisen gab es einige Amateurarchitekten, von denen Thomas Jefferson zu den bekanntesten gehörte. Daneben bildeten Zimmerleute und Bauunternehmer sich zuweilen aus eigener Kraft zu Architekten weiter. Aber es gab nur eine kleine Gruppe, die ein richtiges Architekturstudium absolviert hatte, was damals nur in Europa möglich war. L'Enfant gehörte hierzu, und es war ihm zudem gelungen, mit diesem Beruf seinen Unterhalt zu verdienen. Viele der 'echten' Architekten verdienten ihr Geld auf andere Weise, zum Beispiel als Kaufleute, und betrieben ihre Architektenpraxis nur aus Liebhaberei.

Die Wettbewerbsentwürfe für die Präsidentenwohnung boten ein getreues Bild der Situation. Die Gestaltungsweise, in der die Teilnehmer ihre Entwürfe ausführten, war ebenso unterschiedlich wie ihr Hintergrund.

Es gibt die unsignierten Entwürfe von Jacob Small, bei denen nicht feststeht, wem sie zuzuschreiben sind: dem Bauunternehmer und Architekten Small senior in Baltimore, dessen Sohn, Zimmermann, Architekt und Holzhändler in derselben Stadt, oder möglicherweise beiden. Auf jeden Fall waren die Zeichnungen typisch für das, was man von einem Selfmade-Architekten erwarten konnte. Schon die Anzahl - wenigstens vier Entwürfe für die Präsidentenwohnung und drei weitere für das Kapitol - wies auf eine praktische, ja fast opportunistische Auffassung der Aufgabe hin. Der Zeichenstil war simpel und unbefangen, wobei man keine Hemmungen hatte, bereits anderwärts bewährte Details zu übernehmen. Es muß jedoch auch gesagt werden, daß es nicht die schlechtesten Gebäude waren, die als Vorbilder dienten: das

Regierungsgebäude von Maryland in Annapolis aus dem Jahre 1772 und der Turm desjenigen von Pennsylvania in Philadelphia.

Ganz anders war der Entwurf, den Andrew Mayfield Carshore einreichte. Dieser Amateurarchitekt irischer Herkunft hatte eine gute Ausbildung genossen und verdiente sein Brot als Lehrer. Er hatte die Details sorgfältig ausgearbeitet, und die wichtigste Fassadenzeichnung war sogar als Perspektive ausgeführt. Das war zu jener Zeit in der Architektur keineswegs üblich; perspektivische Zeichnungen wurden nur

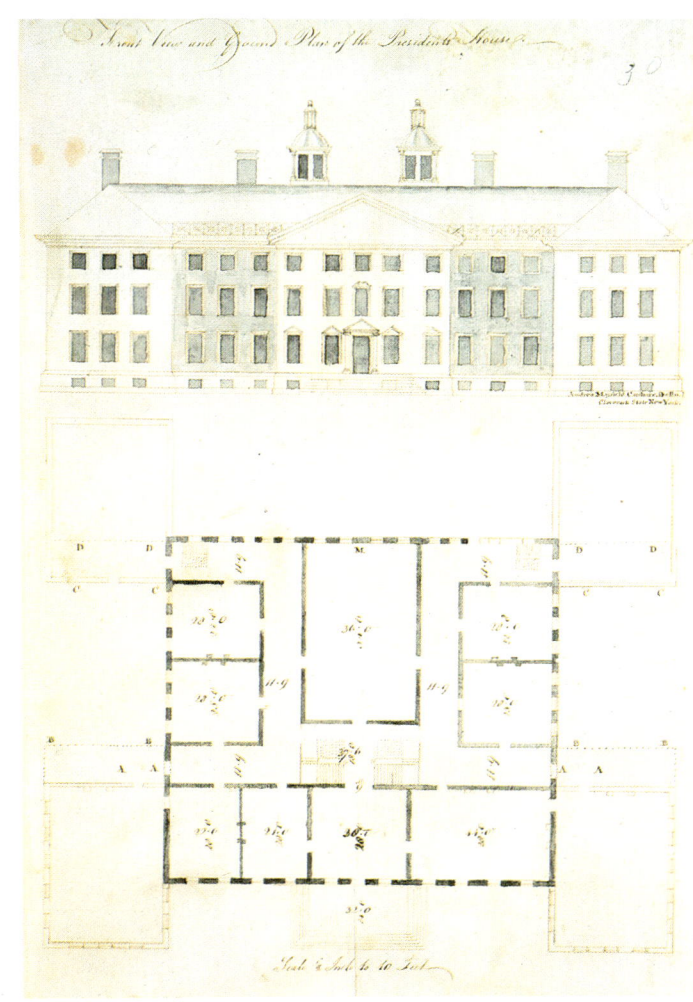

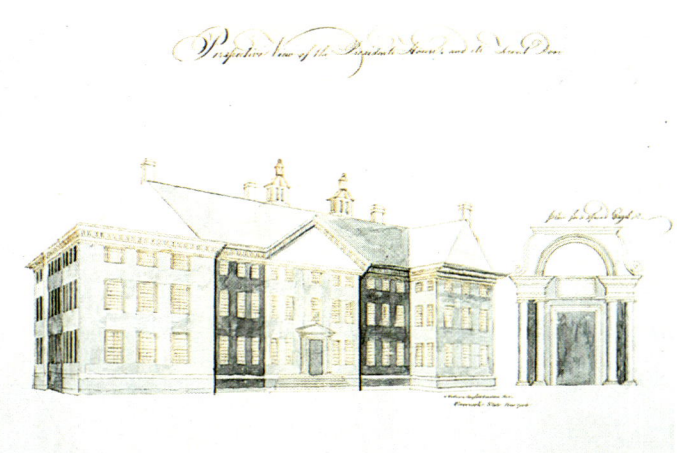

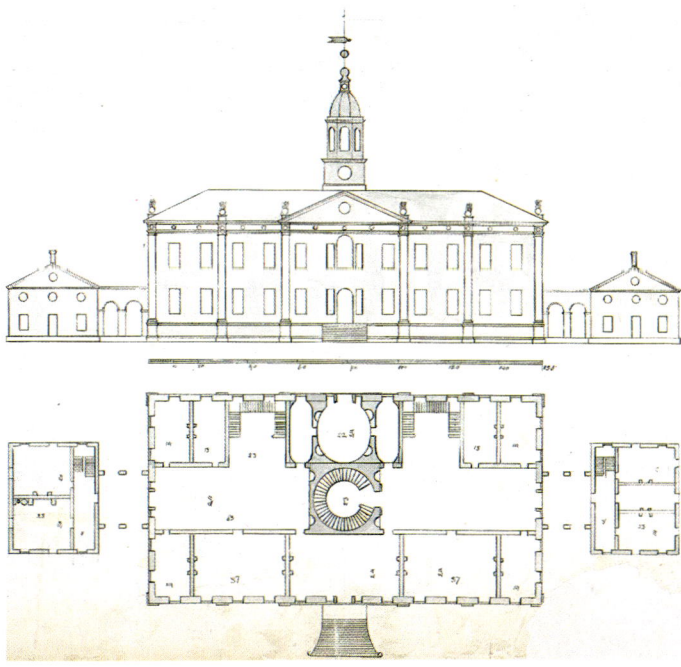

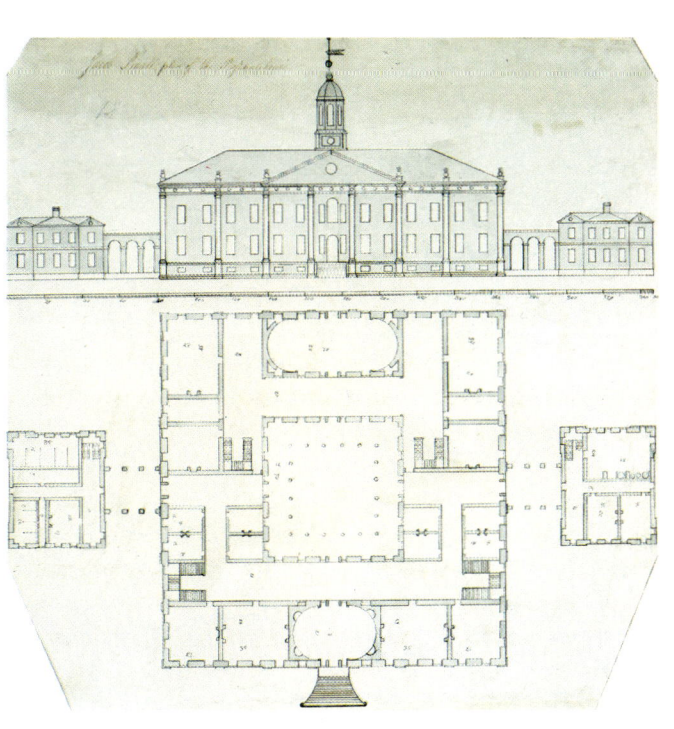

Unten: Jacob Small lieferte verschiedene Entwürfe zum Präsidentenhaus, die einander in vieler Hinsicht ähnelten. Der Haupteingang und das Fenster darüber wurden jeweils von kleinen Fenstern flankiert, und an der Frontfassade waren riesige Pilaster in regelmäßigen Abständen angeordnet. Ferner wandte Small in allen Entwürfen runde oder ovale Zimmer an, die in jenen Jahren sehr modern waren.
Oben: Der Entwurf von Andrew Carshore fiel aufgrund seiner künstlerischen Präsentation auf.

25

Über James Diamond, den Mann, der einen der professionellsten Entwürfe zum Präsidentenhaus einreichte, ist nur wenig bekannt. Fest steht, daß er 1797 starb und seinen Besitz seiner Frau und seinen drei Söhnen in Irland vererbte. Ob er eine Ausbildung als Architekt genossen oder eine Architektenpraxis ausgeübt hat, konnte bislang nicht festgestellt werden.

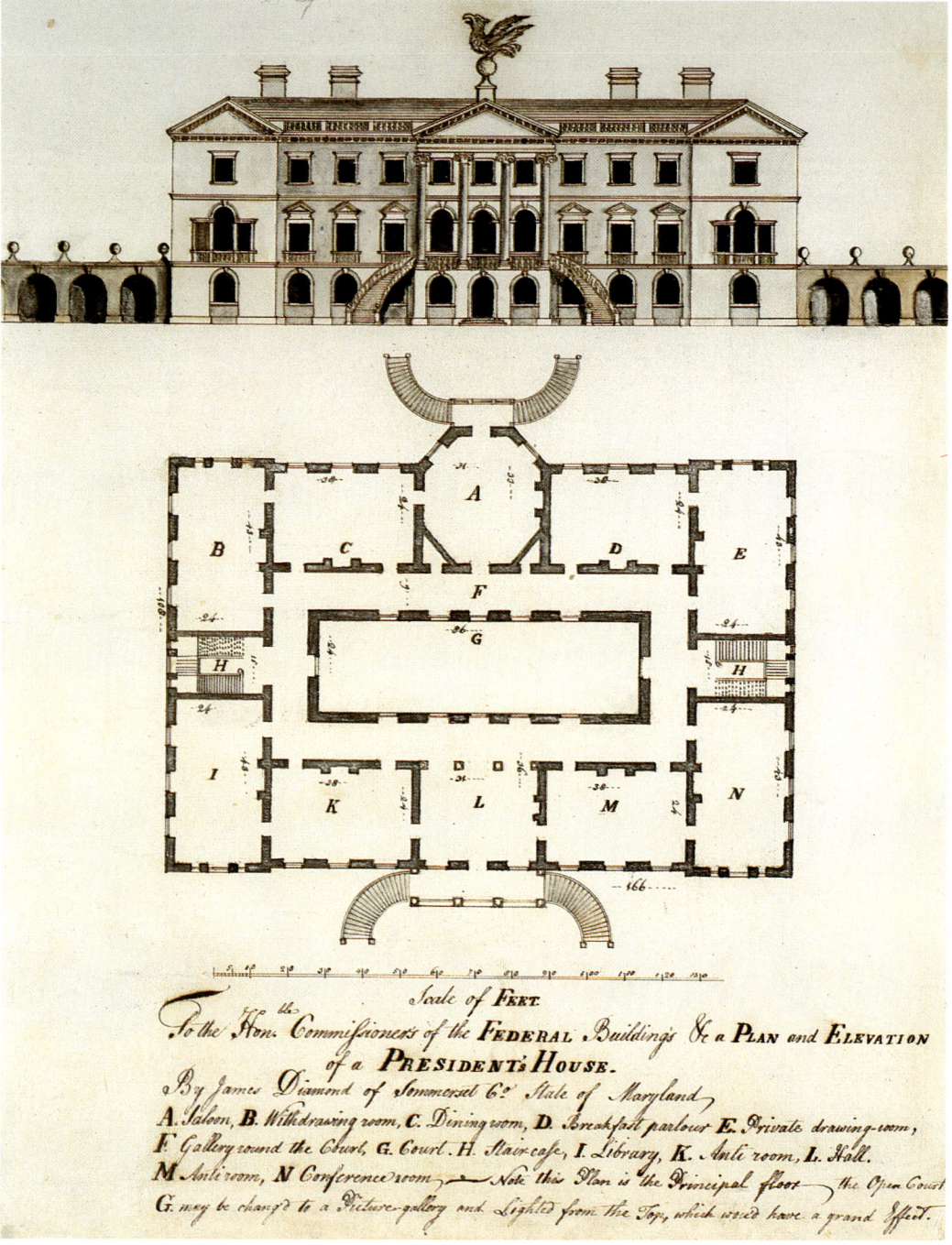

in Bildern, welche die Schönheit einer Stadt wiedergeben sollten, und in Gemälden angewandt.

Eine Sonderstellung nahm ein Entwurf ein, der unter dem Pseudonym AZ eingereicht worden war. Erst im Jahre 1915 entdeckte man, daß sich dahinter kein Geringerer als Thomas Jefferson verbarg. Der ganze Entwurf sprach dafür, daß es sich hier nicht um einen beliebigen Amateur handeln konnte: Jefferson kannte seine Klassiker und war über die jüngsten Entwicklungen in der Baukunst informiert. Sein Entwurf war fast eine Kopie der Villa Rotonda von Andrea Palladio, des italienischen Renaissance-Architekten, der im achtzehnten Jahrhundert in ganz Europa Nachfolger fand und dessen Einfluß sich jetzt auch auf Amerika auszudehnen begann. Jefferson hatte Palladios Landhaus eine auffallende Kuppel mit einem Dach aus abwechselnd gläsernen und geschlossenen Segmenten hinzugefügt. So etwas hatte man zuvor nicht zu sehen bekommen, höchstens in Paris, wo 1782 die Halle de Blé mit einer ähnlichen Kuppel eröffnet worden war, die viele Bewunderer fand. Einer davon war Thomas Jefferson, der sich von 1783 bis 1789 als amerikanischer Botschafter in Paris aufgehalten hatte.

Nur zwei akademisch gebildete Architekten beteiligten sich am Wettbewerb: Stephen Hallet aus Philadelphia und James Hoban aus Charleston. Hallets Entwurf ist leider verlorengegangen; seine Teilnahme am Wettbewerb läßt sich nur aus ein paar Sätzen in alten Dokumenten ableiten. Der bemerkenswerteste Aspekt von Hobans Teilnahme am Wettbewerb ist möglicherweise nicht einmal sein Entwurf, sondern die Art, wie er zu Werke ging. Kaum hatte er vom Wettbewerb gehört, reiste er auch schon nach Philadelphia.

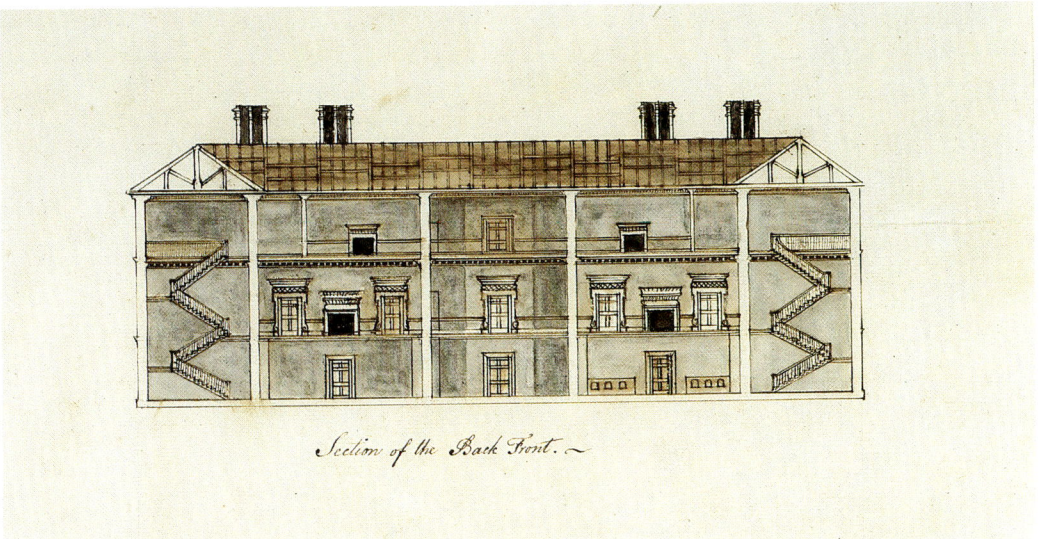

Section of the Back Front.

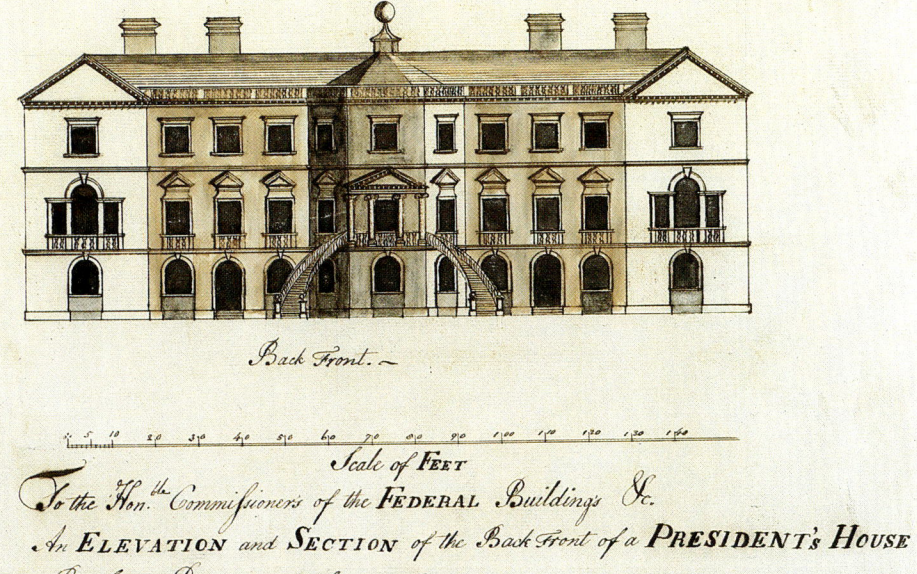

Back Front.

Scale of Feet

To the Honble. Commissioners of the FEDERAL Buildings &c.
An ELEVATION and SECTION of the Back Front of a PRESIDENT's HOUSE
By James Diamond of Somerset County

Vermutlich war James Diamond ein Fachmann. So reichte er nicht nur Fassadenzeichnungen und Grundrisse ein, sondern auch einen Aufriß — den einzigen von allen Wettbewerbsentwürfen, der erhalten blieb. Auch gab er genau den zugrunde gelegten Maßstab an und zeigte, wo er sich eventuelle Erweiterungen dachte. Merkwürdig mutet der unwahrscheinlich große Adler an, den Diamond über dem Haupteingang anbrachte.

Dort ließ er sich von einem alten Freund Washingtons dem Präsidenten vorstellen, und es besteht kein Zweifel, daß das anschließende Gespräch den Wettbewerb zum Thema hatte und daß Washington selber ihm seine Vorstellungen erläuterte. Überdies gab der Präsident Hoban einen Empfehlungsbrief an die Regierungskommission mit, um ihm die Gelegenheit zu bieten, die Kommission über seine Pläne zu unterrichten und Informationen zu sammeln, die ihm bei seiner Arbeit dienlich sein konnten. Mit diesem und noch einigen anderen Briefen angesehener Persönlichkeiten in der Tasche, lief Hoban von einem Kommissionsmitglied zum anderen, und nicht ohne Erfolg, wie aus einem Brief hervorgeht, den die Kommission am 5. Juli 1792 an Jefferson schrieb: 'Herr Hoban setzt sich in besonderem Maße für seinen Entwurf zum Haus des Präsidenten ein. Er hat auf uns einen sehr vorteilhaften Eindruck gemacht.'

Am 16. Juli 1792 kam Washington nach Georgetown, um gemeinsam mit der Kommission die Wettbewerbsentwürfe zu beurteilen. Bereits am folgenden Tage war das Ergebnis bekannt: James Hoban erhielt die ausgelobte Prämie und den Bauauftrag; eine nicht erwartete ehrenvolle Erwähnung fiel dem New Yorker Collin Williamson zu. Bedauerlicherweise ist keine von Williamsons Zeichnungen erhalten geblieben, und auch über ihn selbst war kaum etwas zu erfahren.

Hatte Hoban den Wettbewerb zu Recht gewonnen, und verdiente er den Auftrag zum Bau des Präsidentenhauses? Wer sich heute mit den Vorgängen um diesen Wettbewerb befaßt, der kann sich über die damaligen Zustände nur wundern. Aber in jenen Jahren galten andere Normen. Hoban war ein gerissener Bursche, jedoch er verstieß nicht gegen die Vorschriften. Seine Arbeitsweise führte dazu, daß er in späteren Jahren zu den wenigen Architekten gehörte, die durch ihren Beruf zu Wohlstand gekommen waren. Und sein Entwurf zeugte von solidem fachlichen Können.

Der Vorwurf des Plagiats, den man Hoban schon gleich nach der Preisverleihung machte, hatte einen wahren Kern. Benjamin Henry Latrobe, der die Bauarbeiten des Präsidentenhauses in den Jahren überwachte, in denen Hoban anderwärts beschäftigt war, sagte dazu 1806: 'Es handelt sich nicht einmal um einen originalen Entwurf, sondern um die mangelhafte Kopie eines schlecht entworfenen Gebäudes aus der Nähe von Dublin.' Damit meinte Latrobe den Palast des Duke of Leinster, und er war nicht der einzige, der diese Verwandtschaft bemerkte.

Dennoch dürfte die Aussage wohl korrekter sein, daß Hoban Elemente von vorhandenen Gebäuden übernommen und diese zu einem neuen Ganzen zusammengefügt hatte. Das war in der Baukunst jener Jahre üblich, die meisten Gebäude kamen auf diese Weise zustande. Hoban war - wie Jefferson - mit den Klassikern vertraut und ging in der Anwendung dieser Kenntnisse noch raffinierter zu Werke als der kluge Staatsmann. So legte er den Grundrißbezügen das mathematische Schema von Palladios Villen zugrunde, und die Proportionen aller Fassadenelemente entsprachen den Regeln der klassischen Baukunst.
Hoban machte sich sofort an die Arbeit, wenngleich er zunächst einige eingreifende Wünsche des Präsidenten in seinem Entwurf verarbeiten mußte: Die Fassaden sollten reichlicher dekoriert sein, und das ganze Gebäude mußte um ein Fünftel vergrößert werden. Die Kommission errechnete, daß es dann viel zu teuer würde. Dieses Problem wurde im Oktober 1783 dadurch gelöst, daß man sich für zwei anstelle von drei Etagen entschied. Aber damals war der Bau des Hauses bereits im Gange.

Der Zeitdruck war groß: Im Jahre 1800 sollte die ganze Stadt Washington soweit fertiggestellt sein, daß Regierung und Präsident dort einziehen konnten. In diesen zehn Jahren muß am Potomac ein regelrechtes Baufieber geherrscht haben, wobei verschiedene Prioritäten einander wiederholt verdrängten. Hoban selbst arbeitete schon bald nicht mehr nur am Präsidentenhaus, sondern unter anderem auch an einem Hotel, verschiedenen Behördengebäuden und eine Weile sogar am Kapitol. Undurchsichtige Interessenverstrickungen erschwerten oftmals die Bauarbeiten, und die

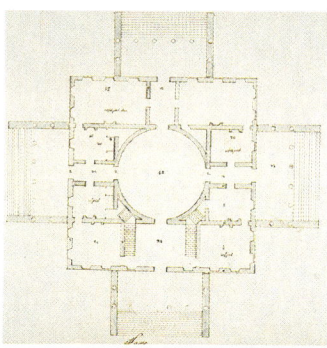

Der Staatsmann Thomas Jefferson konnte der Versuchung, sich am Wettbewerb zu beteiligen, nicht widerstehen, obwohl er auch an dessen Organisation beteiligt war. Sein palladianischer Entwurf hatte keinen Erfolg, seine Geheimniskrämerei wohl: Erst 1915 fand man heraus, wer sich hinter dem Kennwort 'AZ' verbarg.

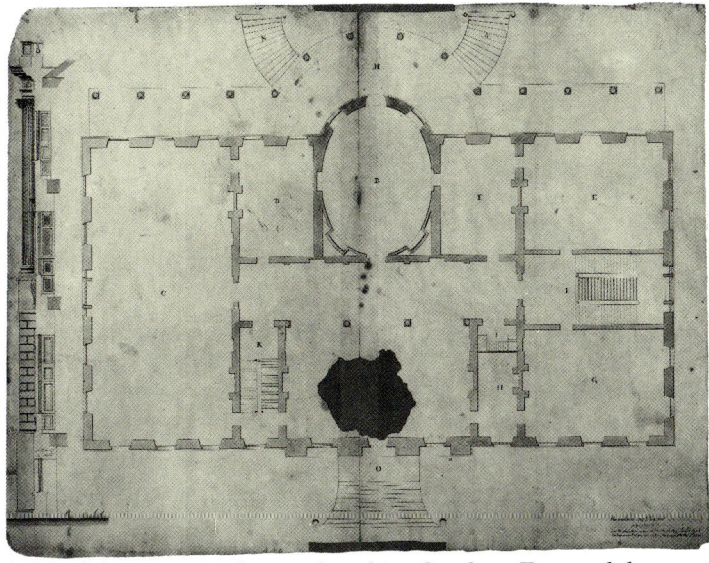

Von den vielen Zeichnungen, die James Hoban für das Haus des Präsidenten anfertigte, sind nur wenige erhalten geblieben. Die Zeichnung oben stammt aus dem achtzehnten Jahrhundert und ist mit größter Wahrscheinlichkeit von Hoban, aber sie gehörte wohl nicht zum originalen Wettbewerbsentwurf. Spätere Untersuchungen zeigten, daß Hoban für den Wettbewerb ein dreistöckiges Gebäude entwarf. Im Jahre 1793 entschied man aber, daß nur ein zweigeschossiges Haus gebaut werden durfte. Wahrscheinlich machte Hoban diese Zeichnung kurze Zeit danach.

Der nebenstehende Grundriß war vermutlich Bestandteil des originalen Wettbewerbsentwurfs von Hoban. An der linken Seite ist ein Aufriß der Fassade an der Stelle des Haupteingangs zu sehen; das Haus sollte damals tatsächlich noch dreistöckig werden. Auch die Pilaster sind darauf angedeutet; sie sollten vor den beiden oberen Geschossen angebracht werden.

Geldzufuhr geriet auch manchmal ins Stocken. Es war daher fast ein Wunder, daß der damalige Präsident John Adams das Haus tatsächlich am 1. November 1800 beziehen konnte. Allerdings waren nur wenige Zimmer recht und schlecht bewohnbar.
Als Jefferson dann einzog, ließ er noch vieles verbessern. Dazu stellte er den Architekten Benjamin Henry Latrobe ein, nachdem Hobans Vertrag 1802 ausgelaufen war. Aber obwohl Jefferson seinem Nachfolger James Madison im Jahre 1809 ein recht komfortables Haus überließ, fertig war das Gebäude auch damals noch keineswegs.
Im Jahre 1814 schienen die Bauarbeiten endgültig abgeschlossen zu sein. Amerika war seit 1812 wieder im Krieg mit England, und im August 1814 erreichten die englischen Truppen Washington, wo sie zuerst das im Jahre 1811 fertiggestellte Kapitol in Brand setzten, anschließend auch das Präsidentenhaus. Anfangs erschien der Schaden irreparabel, aber er erwies sich dann als weniger schlimm.

Später ist erklärt worden, daß gerade dieser Brand vielen bewußt gemacht habe, welch große Bedeutung der Hauptstadt zukam. Der Wiederaufbau wurde energisch angefaßt, und Hoban selbst wurde im Jahre 1815 mit der Restaurierung des Präsidentenhauses beauftragt.
Flügel wurden angebaut, ebenso die riesigen Torbogen, die noch heute die Nord- und Südfassade schmücken. Auch den Gärten und dem Interieur der Räume wurde nunmehr die größte Sorgfalt zuteil. Hoban erhielt endlich die Gelegenheit, dem Präsidentenhaus das angemessene Format zu geben, und das wäre ihm ohne den Brand vielleicht niemals ermöglicht worden.
Offiziell wird als Jahr der Fertigstellung des Präsidentenhauses meist 1830 genannt, das Jahr nach Hobans Tod. Sowohl das Interieur als auch der Außenbau waren damals nach seinen Entwürfen fertiggestellt. Über die Veränderungen, die später vorgenommen wurden, ließen sich dicke Bücher füllen. Die Bezeichnung 'Das Weiße Haus' kam erst auf, nachdem die Existenz der Stadt Washington im Bürgerkrieg (1861-1865) auf dem Spiel gestanden hatte. Nach jener Zeit wurde das Gebäude zum Symbol der amerikanischen Unabhängigkeit.

Die Londoner Parlamentsgebäude

NATIONALER ARCHITEKTURWETTBEWERB FÜR DIE LONDONER PARLAMENTSGEBÄUDE, SITZ DES OBERHAUSES UND DES UNTERHAUSES

AUSSCHREIBUNG: Juni 1835; Entscheidung: 31. Januar 1836; Teilnehmerzahl: 97

JURY: Charles Hanbury Tracy (Vorsitzender), Sir Edward Cust, Thomas Liddell und George Vivian

PREISTRÄGER: 1. Charles Barry; 2. John Chessell Buckler; 3. David Hamilton; 4. William Railton

BAUAUSFÜHRUNG: 1836 bis 1870 nach dem Entwurf von Charles Barry in Zusammenarbeit mit Augustus Welby Pugin, nach Barrys Tod im Jahre 1860 durch seinen Sohn Edward Middelton Barry

Selten ist eine Katastrophe derart begrüßt worden wie der Brand, der die Londoner Parlamentsgebäude am Abend des 16. Oktober 1834 zu einem großen Teil in Schutt und Asche legte. Natürlich war England zutiefst schockiert durch dieses 'entsetzliche Feuer', das zwei Tage lang wütete und ganz London in Aufruhr versetzte. Aber kaum war der Brand gelöscht, da schrieben die Zeitungen und Wochenblätter bereits, daß er zu der einmaligen Gelegenheit verholfen habe, jetzt endlich dem Britischen Empire ein würdiges Parlamentsgebäude zu errichten.

Die alten Bauten hatten den Ansprüchen schon lange nicht mehr genügt. Ursprünglich war der Palace of Westminster als königliche Residenz erbaut worden, aber 1574 hatte der König die zugehörige Kapelle, die Saint Stephen's Chapel, dem Parlament zur Verfügung gestellt. Im Lauf der Jahrhunderte war das Gebäude den Anforderungen eines Palastes immer weniger gewachsen, zumal man es ständig durch Anbauten erweitert hatte, welche die Regierung benötigte. Alles in allem war es ein unpraktisches und unübersichtliches Ganzes, in dem man mit üblen Gerüchen, ungenügender Lüftung und einer schlechten Akustik zu kämpfen hatte.

Ständig wurde daran gebaut, und noch im Jahre 1831 hatte ein Komitee unter der Leitung von Colonel Trench die Architekten Robert Smirke, Benjamin Wyatt und Sir Jeffrey Wyatville mit der Untersuchung beauftragt, welche weiteren Verbesserungen noch möglich seien. Aber kaum hatten sie ihre Ideen zu Papier gebracht, waren diese auch schon wieder überholt.

Mit der Einführung der Great Reform Bill im Jahre 1832 verschlimmerte sich der Notstand nämlich drastisch: Die Anzahl der Wahlbezirke wurde vergrößert, und nunmehr mußten sich über 600 Abgeordnete mit den Mängeln des Gebäudes herumplagen. Die Pläne zum Umbau wurden

Das Interieur der Parlamentsgebäude ist reich geschmückt mit gotischen Motiven, wie im Saal des Oberhauses. Architekt Charles Barry schaltete 1844 zum Entwurf dieser Details Augustus W. Pugin ein, den 'Maestro' der englischen Neugotik. Pugin arbeitete schon 1835 mit an Barrys Wettbewerbsentwurf, damals noch als unbekannter Zeichner, der auch für einen anderen Wettbewerbsteilnehmer tätig war. Der Saal des Oberhauses, den Pugin für Gillespie Graham zeichnete, ist auf Seite 39 zu sehen. Übrigens arbeitete auch Barry selbst an allen Details seines Gebäudes, und bis zu seinem Tode im Jahre 1860 änderte er seinen Entwurf ständig. Die Zeichnung der Südfassade auf Seite 30 stammt aus dem Jahre 1842. Wenn man sie mit den heutigen Parlamentsgebäuden vergleicht, so erkennt man, daß der Glockenturm Big Ben (in der Zeichnung rechts hinten, im Foto ganz rechts) seine Gestalt noch erheblich geändert hat.

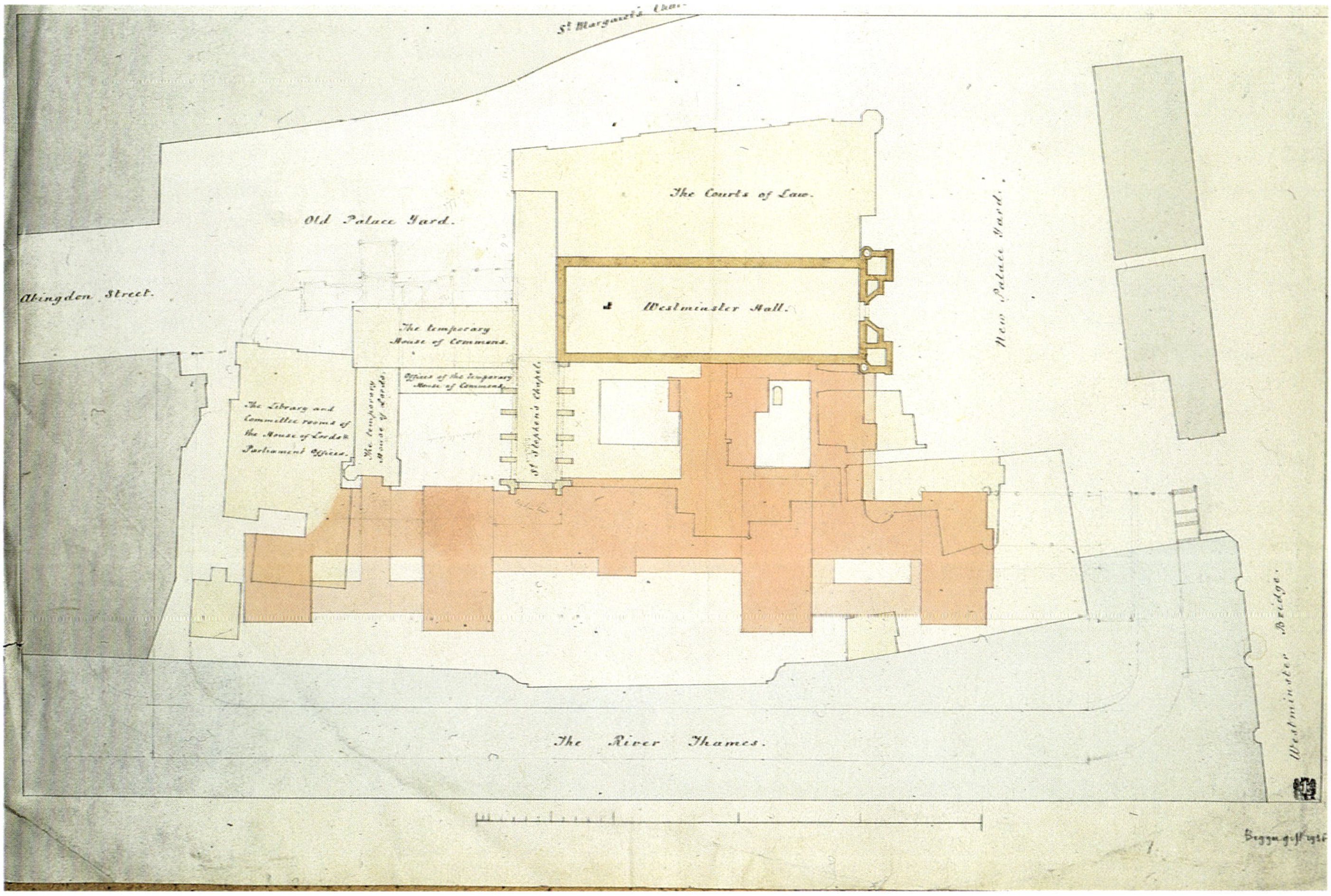

dadurch ehrgeiziger. Ein neues Komitee unter dem Vorsitz des Parlamentariers Joseph Hume konsultierte dreizehn Architekten, die alle umfangreiche Entwürfe anfertigten. Sie vertraten fast einstimmig die Ansicht, daß ein Umbau keine Abhilfe mehr schaffen könne. Allerdings meinten sie, daß die herrliche St.-Stephen's-Kapelle erhalten bleiben und als Vestibül, Bibliothek oder Kapelle in den Neubau integriert werden solle.
Aber es kam keine rechte Bewegung in die Angelegenheit, denn die Regierung hatte mit einer Wirtschaftskrise zu

Im Jahre 1835 fertigte Sir Robert Smirke im Auftrag der Regierung einen Entwurf zum Wiederaufbau der größtenteils ausgebrannten Parlamentsgebäude an: viel Restaurierung und wenig imposanter Neubau. Als dieser Plan bekannt wurde, kam es zu einem Aufruhr: Das englische Parlament sollte nach Meinung vieler eine prächtigere Unterkunft bekommen. Der Protest hatte Erfolg, noch 1835 wurde der Smirke erteilte Auftrag zurückgenommen. Dennoch war Smirkes Plan nicht ohne Ehrgeiz, und er hätte im Vergleich zu den früheren Parlamentsgebäuden eine erhebliche Verbesserung dargestellt. Das ist an diesen Zeichnungen deutlich erkennbar, in denen Smirke den von ihm vorgeschlagenen Neubau in roter Farbe über die alte Situation projizierte.

kämpfen. Der Zufall wollte es, daß gerade diese Krise Schicksal spielte. Man brauchte nämlich ein Büro, in dem Konkurse abgewickelt werden konnten. Diesem Zweck sollte ein Teil der Parlamentsgebäude dienen, in dem alte Kerbhölzer lagerten. Diese wurden deshalb an jenem 17. Oktober 1834 in den Öfen des Oberhauses verbrannt, und dabei entstand eine solche Hitze, daß 'durch die Teppiche hindurch zu fühlen war, wie der Steinboden heiß wurde'. Nichtsahnend gingen die Arbeiter, nachdem sie den ganzen Tag über die Hölzer verbrannt hatten, um fünf Uhr nach Hause, und eine Stunde später brach das Feuer aus.

Nach dem Brand herrschte Unklarheit darüber, was weiterhin geschehen sollte. Zuerst wurde dem Parlament der nahezu vollendete Buckingham Palace angeboten, aber nach langwierigen Diskussionen kam man zu der Einsicht, daß dieses Gebäude sich doch besser als Königspalast eignete. Dann erhoben sich Stimmen, die forderten, die Brandruine zu restaurieren, und kurz vor ihrem Sturz beauftragte die Regierung von Lord Melbourne (die im November 1834 gestürzt wurde) den Architekten Robert Smirke mit dem Entwurf 'zu einem bescheidenen Wiederaufbau' der Parlamentsgebäude.

Aber als dies durchsickerte, erhob sich in der Öffentlichkeit ein Sturm der Entrüstung. Eine wahre Pressekampagne wurde entfesselt, denn die Angelegenheit sollte jetzt endlich vernünftig angegangen werden. Führende Parlamentarier, wie Sir Edward Cust, plädierten bewegt für eine große Geste. Es dauerte nicht lange, da wurde der Smirke erteilte Auftrag rückgängig gemacht, und man beschloß, einen Architekturwettbewerb für einen richtigen Parlamentspalast auszuschreiben.

Architekturwettbewerbe waren im England jener Tage schon nichts Ungewöhnliches mehr. Aber sie unterlagen auch heftiger Kritik, weil sie oft zu Mißständen geführt hatten. Deshalb setzte das im Jahre 1835 gegründete Wettbewerbskomitee - mit Abgeordneten aus dem Oberhaus und Unterhaus - alles daran, das Verfahren so zu organisieren, daß es nichts daran auszusetzen gab.

Das Programm war wohldurchdacht und detailliert, und es beschrieb ausführlich, in welcher Form die Pläne abzuliefern seien. So war die Verwendung von Farben bei den Zeichnungen nicht erlaubt, weil die Jury dadurch möglicherweise beeinflußt werden könnte. Nur die Perspektiven - zu denen genau angegeben wurde, aus welchen drei Blickwinkeln sie gemacht werden sollten - durften sepiafarbig getönt werden. Ferner mußten sämtliche Einsender anonym bleiben - verborgen hinter einem Kennwort oder Pseudonym -, und es stand von vornherein fest, daß maximal

Der Wettbewerb zu den neuen Parlamentsgebäuden stellte die Architekten vor eine schwierige Aufgabe: Nie zuvor war ein Entwurf zu einem Gebäude von solchem Umfang und mit einer Fassade von 90 Metern Länge gefordert worden. Viele versuchten, vor allem Eintönigkeit zu vermeiden. Lewis Nockalls Cottingham (Entwurf oben rechts) wählte eine eigene Interpretation des elisabethanischen Stils; Thomas Rickman (oben links und nebenstehend) reichte einen eklektizistischen Entwurf mit vielen gotischen Elementen ein.

fünf Preise von je 500 Pfund überreicht werden sollten. Der Gewinner des ersten Preises sollte darüber hinaus noch einmal 1000 Pfund bekommen, falls sein Entwurf nicht ausgeführt würde.

Dennoch führte der Wettbewerb zu Verstimmungen, insbesondere unter den Architekten. Sie durften nämlich nur Entwürfe im gotischen oder elisabethanischen Stil einreichen. Damit hatte man Partei ergriffen in einer Diskussion, die in jener Zeit unter den Architekten mit großer Heftigkeit geführt wurde.

Der Klassizismus erreichte in England gerade damals seinen Höhepunkt, was zur Folge hatte, daß die Mehrzahl der Architekten in strenger Befolgung der aus der griechischen und römischen Antike abgeleiteten Gesetze baute. Zu einer Wiederbelebung der Gotik - dem Baustil des Mittelalters - war es schon seit 1750 gekommen, und zögernd begann man, auch schon häufiger im neugotischen Stil zu bauen, aber dieser beschränkte sich überwiegend auf Kirchen.

Der 'elisabethanische Stil' war sehr umstritten. Damit bezeichnete man eine noch junge Randströmung in der Architektur, bei der man seine Vorbilder der Zeit der Königin Elisabeth I. (1558-1603) entlehnte, während der die Kunst eine große Blüte erlebt hatte. Die Bezeichnung 'elisabethanisch' wurde eigentlich häufiger in der (Landschafts-)Malerei und (Dramen-)Literatur verwendet als in der Architektur, und es gab keinerlei Richtlinien, die darauf hinwiesen, wie in einem solchen Stil zu bauen sei. Einzelne Vorbilder bezeichnete man als 'elisabethanisch', aber hier handelte es sich nur um Landhäuser. Der anonyme Architekt Candidus beschrieb diese im 'Architectural Magazine' so: 'Sie haben zuweilen eine gewisse formelle Würde und altmodischen Prunk, und sie werden sogar geschätzt, weil sie so merkwürdig und apart aussehen. Aber es gibt an ihnen tatsächlich nichts Schönes.'

Das Wettbewerbskomitee hatte ernsthafte Gründe, gerade diese Baustile vorzuschreiben. Die Gotik galt, im Gegensatz zum Klassizismus, als nationaler Stil, und der neue Palast von Westminster sollte der Stolz der ganzen englischen Nation werden. Außerdem wurde auf die besondere Bindung zwischen der Gotik und dem Parlament hingewiesen: Beide waren im Mittelalter entstanden. Schließlich sprach für die Gotik auch noch, daß es sich bei ihr um einen Stil mit christlichem Ursprung handelte. Das Elisabethanische hatte eigentlich nur

Den zweiten Preis erhielt der hübsch gezeichnete Entwurf von John Chessell Buckler. Später wurde dies kritisiert: Buckler habe ein zu leicht durchschaubares Pseudonym verwendet — den Buchstaben R in der Mitte einer Spange (englisch: buckle — Spange) —, und seine Auszeichnung verdanke er der Freundschaft mit einem der Juroren, Hanbury-Tracy.

den Vorzug, ausgesprochen britisch zu sein.

Kurz gesagt, es handelte sich größtenteils um gefühlsmäßige Erwägungen, die bei weitem nicht alle Architekten überzeugten. Aber da der Gewinn eines Auftrags für das neue Parlamentsgebäude derart verlockend war, überwanden die meisten ihre Bedenken. Hinzu kam noch, daß die Gotik beim breiten Publikum sehr beliebt war. Das ging selbst so weit, daß 1819 die klassizistische Fassade eines neuen Anbaus an die alten Parlamentsgebäude wieder abgerissen werden mußte, um durch eine gotische Fassade ersetzt zu werden. Als Hauptgrund führte man damals an, daß diese besser zur - ebenfalls gotischen - Westminster Hall passe.

Noch etwas wurde von vielen Architekten kritisiert: die Zusammensetzung der Jury. Sie bestand ausschließlich aus (ehemaligen) Parlamentariern; Architekten hatte man nicht zugelassen, weil man sie verdächtigte, parteiisch zu sein. Man darf aber wohl annehmen, daß auch die parlamentarischen Juroren ihre architektonischen Vorurteile besaßen. Der Vorsitzende, Charles Hanbury Tracy, und Thomas Liddell waren fanatische Verfechter der Gotik; beide entwarfen auch als Amateurarchitekten hin und wieder Landhäuser in diesem Stil. Sir Edward Cust hatte sich zwar selbst niemals in der Baukunst betätigt, aber seine persönliche Freundschaft mit dem Architekten Charles Barry war allgemein bekannt, vor allem nachdem er sich bei einer Kritik über die National Gallery von William Wilkins durch Barry hatte beraten lassen. George Vivian hatte ebenfalls manche Streitschrift über Neubauten in London veröffentlicht und dabei eine ausgesprochene Vorliebe für Bauwerke im romanischen Stil offenbart.

Im Juni 1835 wurde entschieden, daß der Wettbewerb ausgeschrieben werden sollte. Als Einsendeschluß hatte man den 1. November bestimmt, aber nach Protesten gegen die zu kurze Frist wurde das Schlußdatum um einem Monat hinausgeschoben. Vom 2. Dezember an beugte sich die Jury über die 97 Einsendungen - insgesamt zwischen 1200 und 1400 Zeichnungen -, um sie zu beurteilen und zu vergleichen. Leider wissen wir nicht mehr, wie sie dabei zu Werke ging, wohl aber, daß sie die damit verbundene Arbeit unterschätzt hatte. Vorgesehen war, die Entscheidung am 15. Januar 1836 bekanntzugeben, aber die Jury erbat sich noch eine Fristverlängerung bis zum Monatsende. Und als die Gewinner schließlich am 31. Januar bekanntgegeben wurden, stellte sich heraus, daß nur vier statt fünf Preise zuerkannt worden waren. Natürlich waren nicht alle mit der getroffenen Entscheidung einverstanden. Insbesondere der zweite, dritte und vierte Preis (Entwürfe von John Chessell Buckler, David Hamilton und William Railton) wurden kritisiert. Aber diese Widersprüche wurden übertönt durch Kritik über den Wettbewerb insgesamt, die jetzt erst in voller Härte ausbrach. Das führende 'Architectural Magazine' erklärte, daß man den Architekten bei der Stilfrage Freiheiten hätte zugestehen sollen: 'Wir hätten den hellenistischen Baustil bevorzugt oder eine Variante dessen, wie den altrömischen; denn die Schönheit dieser Baustile ist örtlichen und modischen Neigungen weniger unterworfen, als es die Gotik ist. Ein öffentliches Gebäude, das man für Jahrhunderte errichtet, darf seine Schönheit nicht einer Modetorheit verdanken.'

Der schottische Architekt Hamilton hatte mit einem elisabethanischen Entwurf den dritten Preis gewonnen. Dennoch schrieb er jetzt in einem Pamphlet, daß 'gotische Barbarei schon wieder über die griechischen und italienischen Meisterwerke triumphieren durfte'. 'Ein jeder Architekt erlernt

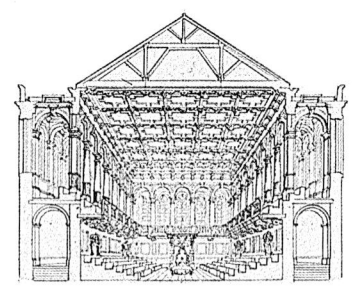
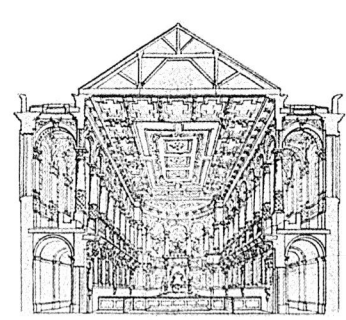

Der dritte Preis wurde dem schottischen Architekten David Hamilton zuerkannt, der einen elisabethanischen Entwurf eingereicht hatte, auch wenn das nicht für jedermann erkennbar war. Gotisch war der Entwurf auf jeden Fall nicht; Hamilton führte später noch einen verbissenen Kampf gegen 'den gotischen Barbarismus' (siehe Seite 35).

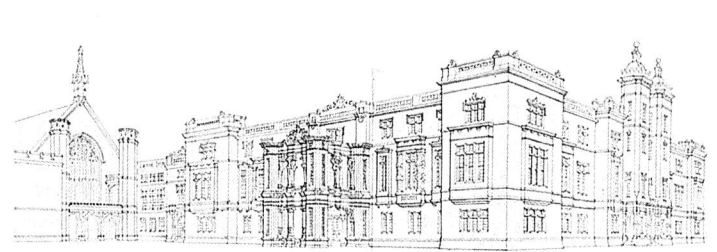

am Anfang seines Studiums die kennzeichnenden Eigenschaften der griechischen Ordnung, das Verhältnis von Höhe zu Durchmesser einer Säule, die Verhältnisse von Echinus, Mutulus und Abakus, von Sockel und Giebel. Laßt uns jetzt nicht unseren eigenen Prinzipien untreu werden, da wir ganz Europa zeigen müssen, wozu wir imstande sind. Auch wenn die gotische Architektur tatsächlich vor jeder Kritik gefeit ist, da es keine strikten Vorschriften gibt, an die man sich halten muß, und da Proportionen, Dekors, Maße und Simse sämtlich willkürlich sind...'

Auch mit den Argumenten des Wettbewerbskomitees machte Hamilton jetzt kurzen Prozeß. Wenn die neuen Parlamentsgebäude zur Westminster Hall passen mußten, weshalb waren dann auch elisabethanische Entwürfe gestattet? Und weshalb hatte man sich für einen Stil entschieden, der zur Geburt der englischen Verfassung gehörte, statt für einen Stil, der am Geburtsort der ganzen westlichen Kultur entstanden war?

Alle Kritik wurde jedoch dadurch entkräftet, daß selbst die entschiedensten Kritiker mit der Zuerkennung des ersten Preises an den Londoner Architekten Charles Barry einverstanden waren. Dieser war bereits vor dem Wettbewerb ein angesehener Architekt gewesen, der beeindruckende Gebäude, wie die Kirche St. Paul's in Manchester und den Traveller's Club in London, entworfen hatte. Auch war er einer der ersten, die mit der 'sklavischen Nachfolge' der Klassiker gebrochen hatten, wenngleich er seine neuen Vorbilder nicht in der Gotik, sondern in der italienischen Renaissance gesucht hatte.

Er hatte aber auch einen guten Griff getan, als er für seinen gotischen Wettbewerbsentwurf einen jungen, unbekannten Zeichner einschaltete: Augustus Welby Pugin. Dieser erwies sich als Meister im Zeichnen gotischer Details, für die er die Liebe von Haus aus mitgebracht hatte. Barry blieb der Alleinverantwortliche für den Wettbewerbsentwurf, aber es steht fest, daß Pugin einen wesentlichen Beitrag leistete. Die Jury erklärte wörtlich, daß der Entwurf insbesondere dadurch herausragte, 'daß die Fassadenzeichnungen von einem guten Gefühl für die gotische Architektur und einem gründlichen Wissen darum zeugten'.

Die meisterhaften Grundzüge des Entwurfs hatte Barry aber selbst gestaltet, und auch diese fielen erheblich ins Gewicht. Daß die schönen gotischen Details nicht allein ausschlaggebend waren, geht auch aus der Tatsache hervor, daß Pugin gleichzeitig am Wettbewerbsentwurf des Architekten James Gillespie Graham mitgearbeitet hatte, aber dieser hatte weniger Erfolg.

Selten hat ein Wettbewerb zu einem derart schönen Gebäude geführt, wie dies bei den neuen Parlamentsbauten in London der Fall war. Es wurde 'ein Traum aus Stein', wie der russische Zar Nikolaus I. sagte, und bereits 1899 stellte die 'Architectural

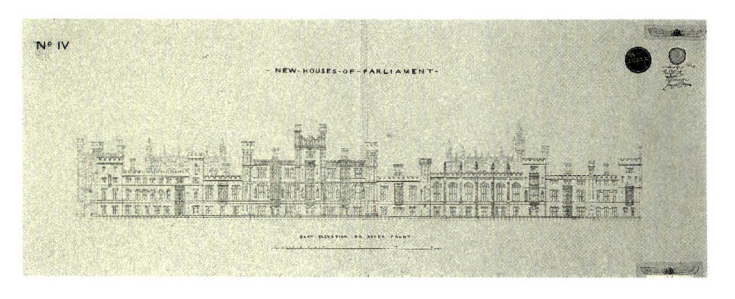

William Railtons Entwurf, mit dem vierten Preis ausgezeichnet, fiel vor allem durch den pittoresken Zeichenstil auf. Dieser konnte aber nicht verschleiern, daß die Fassade entlang der Themse sehr uneinheitlich war.

NORTH FRONT OF THE SPEAKERS RESIDENCE

Die Jury erklärte Charles Barry einstimmig zum Sieger. Seinen Entwurf hatte man laut Hanbury Tracy als 'im Vergleich zu allen anderen Entwürfen weit überlegen' empfunden. Barry unterschied sich von den übrigen Teilnehmern vor allem dadurch, daß es ihm gelungen war, eine einheitliche, würdige Gesamtform zu schaffen. Er war einer der wenigen Teilnehmer, die nicht vor einer langen Fassade entlang der Themse zurückschreckten. Auch der Grundriß war sehr übersichtlich, auch wenn er noch vieler Änderungen bedurfte, ehe der Bau fertiggestellt war. Denn wenngleich der Grundgedanke erhalten blieb — mit der zentralen Halle zwischen Ober- und Unterhaus, den langen Korridoren, den vielen Innenhöfen, den spezifischen Eckausbildungen und der Reihe von Ausschuß- und Bibliotheksräumen auf der Flußseite —, die Grundform einer 'Tortenschnitte' wurde bereits 1836 fallengelassen und durch ein Rechteck ersetzt.

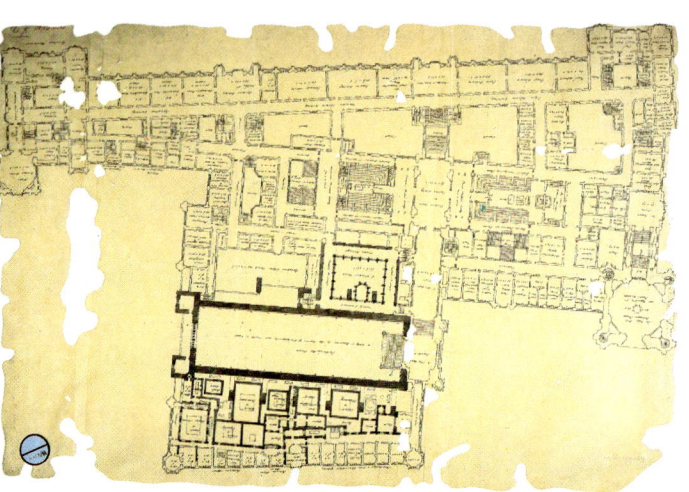

WESTMINSTER HALL IN ITS PRESENT STATE. NEW FRONT TO LAW COURTS.

FRONT TOWARDS NEW PALACE YARD.

Review' fest, daß ganz England das Gebäude in sein Herz geschlossen habe. Selten mußten aber auch derart viele Hindernisse überwunden werden, ehe ein Bauwerk ausgeführt werden konnte.

Gleich nachdem die Jury das Ergebnis bekanntgegeben hatte, wurden hartnäckige Gerüchte über eine Bevorzugung von seiten der Jury gründlich geprüft, und der Entwurf von Barry war dabei lange der Kritik preisgegeben. Aber der Architekt erhielt ausreichende politische Unterstützung, und er war flexibel genug, um seinen Entwurf - jeweils in einigermaßen angepaßter Form - an allen Einwänden vorbeizulotsen.

Während der Bauarbeiten begannen die Schwierigkeiten aber erst richtig. Ständige Kritik von jeweils anderen Personen und mit jeder neuen Regierung wechselnde Wünsche, Forderungen und Möglichkeiten erschwerten die doch ohnehin schon schwierigen Aufgaben beim Bau.

Wäre alles planmäßig verlaufen, dann hätte das Gebäude bereits 1837 vollendet sein können. Jetzt schlug Barry sich aber noch 1844 mit einem Bauwerk herum, das keineswegs fertig war und für dessen Interieur es keine detaillierten Entwürfe gab. Außerdem hatte er es mit einer unzufriedenen Regierung zu tun, die keinen weiteren Aufschub duldete als bis 1845. Deshalb nahm Barry nochmals Pugin zu Hilfe, diesmal mit noch größerem Erfolg als früher.

Pugin war inzwischen kein Unbekannter mehr. Er hatte eine Reihe aufsehenerregender Gebäude realisiert und sich - in Wort und Tat - zu einem der überzeugendsten Befürworter der Gotik entwickelt. Vor allem nachdem er 1835 zum Katholizismus übergetreten war und die großen französischen Kathedralen besucht hatte, war er in der Handhabung

RIVER FRONT OF Mr GILLESPIE GRAHAM'S

gotischer Formen Meister geworden. Auch bei dieser neuerlichen Zusammenarbeit beschränkte sich sein Beitrag auf das Ausarbeiten von Einzelteilen, zu denen Barry ihm detaillierte Anweisungen gab. Aber Barry war auch einsichtig genug, Pugin die Freiheit zu lassen, sich als 'gotischer Meister' auszuleben.

Auch aus anderen Gründen hatten die Verzögerungen schließlich vorteilhafte Nebenwirkungen. Gegen Ende der vierziger Jahre kam das Handwerk zu höherem Ansehen, und die neuen Parlamentsgebäude konnten zum Beweis dessen dienen, was die englischen Handwerker auf dem Gebiet der Schnitzkunst, des Kunstschmiedens und der Möbelschreinerei zu leisten imstande waren.

Weder Barry noch Pugin erlebten die Fertigstellung der neuen Parlamentsgebäude. Pugin starb 1852, im selben Jahr, in dem das Gebäude durch das Oberhaus und das Unterhaus in Gebrauch genommen wurde, obwohl es noch lange nicht fertig war. Charles Barry starb 1860; das Gebäude näherte sich der Fertigstellung, aber insbesondere im Innern fehlten noch viele Details. Unter der Verantwortung von Barrys Sohn Edward Middleton erhielt das Gebäude seinen 'finishing touch', was aufgrund zahlreicher Probleme noch zehn Jahre dauern sollte.

Aber als das Parlamentsgebäude 1870 endlich als vollendet angesehen werden konnte, stellte es tatsächlich das dar, was dem Wettbewerbskomitee einmal vorgeschwebt haben muß: ein Palast als Zeichen nationalen Selbstbewußtseins, in dem Englands beste Kräfte zueinander gefunden hatten.

FOR THE NEW HOUSES OF PARLIAMENT;
Chapel, & with Westminster Hall, & Abbey

Der Edinburgher Architekt James Graham (später Gillespie Graham) ließ sich bei der Anfertigung seines Wettbewerbsentwurfs von Augustus Welby Pugin helfen, der auch für Barry zeichnete. Pugins Hand ist deutlich erkennbar: Sowohl in der Perspektivzeichnung als auch im Interieur des Oberhauses sind die gotischen Details äußerst liebevoll und sachkundig wiedergegeben. Im übrigen hatte Grahams Entwurf wenig mit dem von Barry gemeinsam. Der Grundgedanke war völlig verschieden: Wo Barry die Parlamentsgebäude als eine geschlossene Einheit darstellte, entwarf Graham eine Komposition aus zahlreichen Elementen, die jeweils für sich erkennbar blieben.

Die Vorderseite der Großen Oper: der 'Palast von Garnier' von der Avenue de l'Opéra. Von hier lassen sich drei Gebäudeteile unterscheiden: die Vorderfassade mit ihren 16 massiven korinthischen Säulen über der Reihe runder Türöffnungen. Zwischen den Säulen befinden sich Balkons, die von kleineren Marmorsäulen flankiert werden. Über den Balkons runde Fenster mit vergoldeten Büsten bedeutender Komponisten.
Die Vorderfassade hat an den Ecken leichte Vorsprünge, Risalite, die in der Attika mit halbrunden Frontispizen versehen sind. An beiden Ecken Bildnisse der Musen Terpsichore (links) und Thalia.
Die Fassade ist reich an Farben, womit Garnier sich den damals neuen Entdeckungen anschloß — u.a. denen des Jurors Hittorf —, daß griechische Tempel ursprünglich vielfarbig waren. Über der Vorderfassade der zweite Teil: die kupferne Kuppel, die den Zuschauerraum überdeckt. Sie wird von einem vergoldeten Fleuron gekrönt. Dahinter die Fassade des Bühnenraums mit geflügelten Pferden zu beiden Seiten und (oben) einem Bildnis Apollos.

DIE NEUE OPER VON PARIS

ARCHITEKTURWETTBEWERB FÜR EIN OPERNHAUS IN PARIS

AUSSCHREIBUNG: 29. Dezember 1860; Entscheidung: Februar 1861; Teilnehmerzahl: 170 (171 Entwürfe) Danach Veranstaltung eines engeren Wettbewerbs, Ausschreibung: Anfang März 1861; Entscheidung: Ende Mai 1861

JURY: Graf A. de Walewski, Staatsminister (Vorsitzender), und die Architekten Cardeillac, A. N. Caristie, S. C. Constant-Dufeux, J. F. Duban, H. A. de Gisors, E. J. Gilbert, H. Lebas, J. I. Hittorf, J. B. C. Lesueur, H. Lefuel, H. Lenormand und Ch. A. Questel

PREISTRÄGER: P. R. L. Ginain; Botrel und A. Crépinet; A. M. Garnaud; J. L. Duc; Ch. Garnier
Gewinner des engeren Wettbewerbs: Charles Garnier

BAUAUSFÜHRUNG: 1861 bis 1874 nach dem Entwurf von Charles Garnier

---

Im Jahre 1858 erfolgte, umittelbar vor dem Eingang der Salle Le Peletier in Paris, ein Attentat auf Napoleon III. Der Kaiser, der auf dem Weg zu einer Opernvorstellung war, blieb zwar unverletzt, aber das Geschehen hinterließ Spuren. Napoleons Schützling, Georges-Eugène Baron Haussmann, Präfekt von Paris, nutzte die Gelegenheit, den Kaiser darauf hinzuweisen, daß es jetzt endlich an der Zeit sei, die erbärmliche Unterbringung der Pariser Oper zu beenden. Die Salle Le Peletier galt immer nur als eine vorübergehende Unterkunft, und der Platz inmitten der engen Gassen an der Rue Peletier war völlig ungeeignet. Paris, so meinte Haussmann, müsse eine freistehende Oper bekommen, so daß es künftig schwerer würde, solche Attentate zu verüben.

Der Kaiser war für Haussmanns Vorschlag aufgeschlossen. Schließlich paßte die derzeitige Unterbringung der Pariser Oper keineswegs zu Napoleons Vorstellung von der Größe seines Kaiserreichs. Überdies sprach man schon seit langem über die Errichtung eines neuen Opernhauses an anderer Stelle.

Von alters her war die Pariser Oper in der Nähe der Palais Royal untergebracht, des einstigen Palasts von Kardinal Richelieu (1585-1642). Im heutigen rechten Palastflügel richtete Richelieu ein Theater ein, in dem nicht nur Schauspiele, sondern auch Opern aufgeführt wurden. Im Jahre 1763 brannte dieses Theater aus. Etwas weiter, in der Rue St. Honoré, wurde danach ein neuer Saal gebaut, aber auch dieser fiel 1781 einem Brand zum Opfer. Noch im selben Jahr wurde am Boulevard St. Martin mit dem Bau einer provisorischen Oper begonnen, die den Namen 'Théâtre de la Porte St. Martin' erhielt.

Gleichzeitig gab es lebhafte Diskussionen darüber, wo die neue, endgültige Oper entstehen sollte. Einige Architekten bevorzugten die Place du Carrousel zwischen dem Louvre und den Tuilerien. Schon 1781 fertigten François Bélanger und Joseph Peyre Entwürfe für eine Oper an dieser Stelle an. In späteren Jahren folgten andere Architekten ihrem Beispiel. Aber Etienne-Louis Boullée verfertigte, ebenfalls 1781, einen Entwurf zu einer Oper auf dem Terrain des Capucines, nördlich von der Place Vendôme. B. Poyet sah 1789 die Place Louis XV. (heute Place de la Concorde) für seinen Entwurf vor. Alle diese Architekten arbeiteten ohne einen speziellen Auftrag. Niemand bestritt, daß die für das kulturelle Leben der Pariser so wichtige Oper möglichst bald gut und monumental untergebracht werden mußte. Und welcher Architekt träumte nicht davon, einen solchen Kulturtempel zu bauen? Mit ihren Entwürfen, die sie ohne Auftrag gemacht hatten, versuchten diese Architekten, sich schon im Vorfeld um den Auftrag zu bewerben. Aber ihre Bemühungen waren vergeblich. In Frankreich spielten sich damals ganz andere Dinge ab. Im Jahre 1789 brach die Revolution aus, die das Land bis 1795 erschütterte.

1794 wurde die Opéra National in die neue Salle Montansier gegenüber der Bibliothèque Nationale verlegt, aber hierbei handelte es sich noch immer um eine vorläufige Unterbringung. Deshalb meldeten sich viele Architekten weiterhin mit Entwürfen. So machte zum Beispiel J. Ch. Huet einen Plan, um die Oper wieder im Palais Royal unterzubringen, aber auch sein Entwurf gedieh nicht über das Reißbrett hinaus.

Im Jahre 1809 schien es ernst zu werden: Man schrieb eine Konkurrenz aus, um das Gebiet zwischen dem Louvre und den Tuilerien zu bebauen. Diesen Wettbewerb gewannen die Architekten Charles Percier und Pierre Fontaine. Sie sahen in ihrem Plan auch eine neue Oper vor, die gegenüber vom Palais Royal entstehen sollte. Aber die politische Situation war im Frankreich jener Tage noch nicht so stabil, daß man tatsächlich mit dem Bau beginnen konnte.

Die Opernvorstellungen fanden weiterhin in der Salle Montansier statt.

Ein Problem stellte auch die Brandgefahr dar.

Das Musikdrama mit seinen lebendigen Szenen, bei denen beeindruckende Lichteffekte nicht gescheut wurden - man benutzte dazu Öllampen, Fackeln und später auch Gaslicht -, war stets von der Gefahr eines Großbrandes begleitet gewesen. Die Salle Montansier stand dicht bei der Nationalbibliothek. Deshalb wurde das Gebäude 1820 abgerissen, und die Oper kam in einem neuen, wenngleich wiederum vorläufigen Gebäude in der Rue Le Peletier unter. Diese 'Salle Le Peletier' entwarf F. Debret, der aber den Auftrag hatte, den Zuschauerraum der Salle Montansier insgesamt in den Neubau zu übernehmen. Für lange Zeit wurde dies die Bleibe der Opéra National.

Als 1841 auch in der Salle Le Peletier ein Brand gewütet hatte (übrigens nicht mit einem fatalen Ausgang wie beim Brand von 1873), lebte die Diskussion über die endgültige Unterkunft der Opéra National wieder auf.

Innenminister Ch. M. T. Duchâtel schlug vor, einen Wettbewerb unter Architekten auszuschreiben. Anfangs stieß sein Vorschlag auf kein Interesse, aber der Minister blieb hartnäckig. In den darauffolgenden Jahren warb er für seine Idee, indem er mit einer Lobby politischen Druck ausübte, und im Januar 1847 gab die Regierung den Beschluß bekannt, innerhalb kurzer Frist einen solchen Wettbewerb auszuschreiben. Das Klima war dafür günstig. Zahlreiche Architekten hatten zu jener Zeit wieder aus eigenem Antrieb Entwürfe für eine neue Oper gemacht, wobei besonders die

Entwürfe von Hector Horeau (1843-1845), von J. B. A. Couder (1845) und von L. A. Lusson (1846) bei der Presse Anklang fanden. Ein Wettbewerb war sicher die richtige Methode, den besten Architekten zu ermitteln. Nur stand die Frage noch immer im Raum, an welcher Stelle die neue Oper errichtet werden sollte. Aus den vielen bereits vorliegenden Entwürfen ging hervor, daß die Meinungen darüber auseinandergingen. Der Architekt Charles Rohault de Fleury verfertigte neun Pläne zur Oper an verschiedenen Stellen der Stadt. Seine aufsehenerregende Studie spielte dann bei der definitiven Ortsbestimmung eine große Rolle, wenngleich dies nicht durch den vom Minister Duchâtel gewünschten Wettbewerb erfolgte - dieser konnte wegen fehlender Mittel nicht durchgeführt werden. Da aber aufgrund der keineswegs idealen Unterbringung der Oper endlich etwas geschehen mußte, erhielt Charles Rohault de Fleury 1850 den Auftrag, die Salle Le Peletier umzubauen.

So bedeutend die Oper für das Pariser Kulturleben auch war, der Bau des endgültigen Musiktheaters war offenbar nicht vom Glück begleitet. Nach dem Umbau der ungeeigneten Salle Le Peletier trat zunächst Ruhe unter den französischen Architekten ein. Aber 1852 ließ Präsident Louis Napoleon sich mittels eines Plebiszits zum Kaiser der Franzosen ausrufen. Frankreich war wieder ein Kaiserreich, und nach dem Willen des neuen Kaisers Napoleon III. sollte es dieselbe Bedeutung erlangen wie unter dem ersten Kaiser Napoleon.
Wichtiges Ziel des Kaisers war es, Paris zur schönsten Stadt der Welt zu machen. Er war fest entschlossen, das Werk seines Onkels Napoleon zu vollenden. Ein glücklicher Ansatz dazu war der Entschluß, Georges-Eugène Baron Haussmann 1853 zum Präfekten des Departements Seine zu ernennen. Haussmann war für Napoleon III. der richtige Mann, der französischen Hauptstadt neuen, mitreißenden Schwung zu verleihen.
Eine der von Haussmann gesetzten Prioritäten war die spürbare Verbesserung des Pariser Straßennetzes. Er wollte die Stadt von den vielen übervölkerten Vierteln und engen Gassen befreien; ihm schwebten breite, übersichtliche Boulevards vor, welche die wichtigsten Punkte der Stadt miteinander verbanden. Zugleich sollte dem 'Pöbel' die Möglichkeit genommen werden, die schmalen Straßen mit Barrikaden zu versperren, was in jüngster Vergangenheit nur allzuoft geschehen war. Innerhalb des neuen, großangelegten Straßennetzes sollten monumentale, auffällige Gebäude entstehen.
Noch 1857 beschäftigte Napoleon III. sich persönlich mit dem erwünschten Neubau der Oper. Der russische Architekt A. Cavos sandte ihm einen Entwurf, den der Kaiser auch tatsächlich eingehend geprüft haben muß. Zur selben Zeit machte Rohault de Fleury ebenfalls eine Planung. Entscheidungen wurden aber noch nicht getroffen.
Am 14. Januar 1858 erfolgte der Anschlag auf den Kaiser vor der Salle Le Peletier.

Bereits im März 1858 beschloß Hausmann, daß die neue Oper am Boulevard des Capucines gebaut werden sollte, nördlich der Place Vendôme an der Kreuzung von sechs Boulevards, von denen drei neu anzulegen waren. Er ging geschickt vor. Im Jahre 1860 beauftragte er eine Kommission mit der Untersuchung, wo man eine neue Oper bauen könne. Keine zwei Monate später legte diese 'Commission d'Enquête' einen Bericht vor, in dem die verschiedenen Möglichkeiten aufgezählt wurden. Und tatsächlich erhielt der von Haussmann gewünschte Platz den Vorzug. Der Kommission gab den Ausschlag, daß in dieser Gegend viele Opernbesucher wohnten und daß man ein Gebäude realisieren konnte, ohne viele alte, wertvolle Gebäude abreißen zu müssen.

Im September 1860 fand die Empfehlung der Kommission die Zustimmung der Regierung, und man entschied sich zum Neubau der Oper. Inzwischen hatte Haussmann die Zeit genutzt. Schon 1858 begann er mit der Anlage der Avenue Napoleon III - der heutigen Avenue de l'Opéra -, und schon

1841 war in der Salle Le Peletier ein Brand ausgebrochen, jedoch ohne das Gebäude zu vernichten. Viele verstanden das als einen Hinweis, einen neuen Opernbau zu planen. Im Jahre 1844 fertigte Auguste Lejeune in eigener Initiative einen Entwurf für ein neues Opernhaus an (Seite 42). Fast alle großen Pariser Opernhäuser erlebten ihr Ende in einem Feuermeer. Als Bauplatz wählte er vermutlich den Rand des Bois de Boulogne. Ein Jahr zuvor muß auch Antoine Etex (auf dieser Seite) einen Skizzenentwurf für eine 'Grand Opéra' aus Naturstein und Stahl angefertigt haben. Jedenfalls zeigte er diesen Entwurf bei der Ausstellung von 1861 mit der Erklärung, daß er aus dem Jahre 1843 stamme und es sich dabei um eine 'Kathedrale der Kunst' handele.

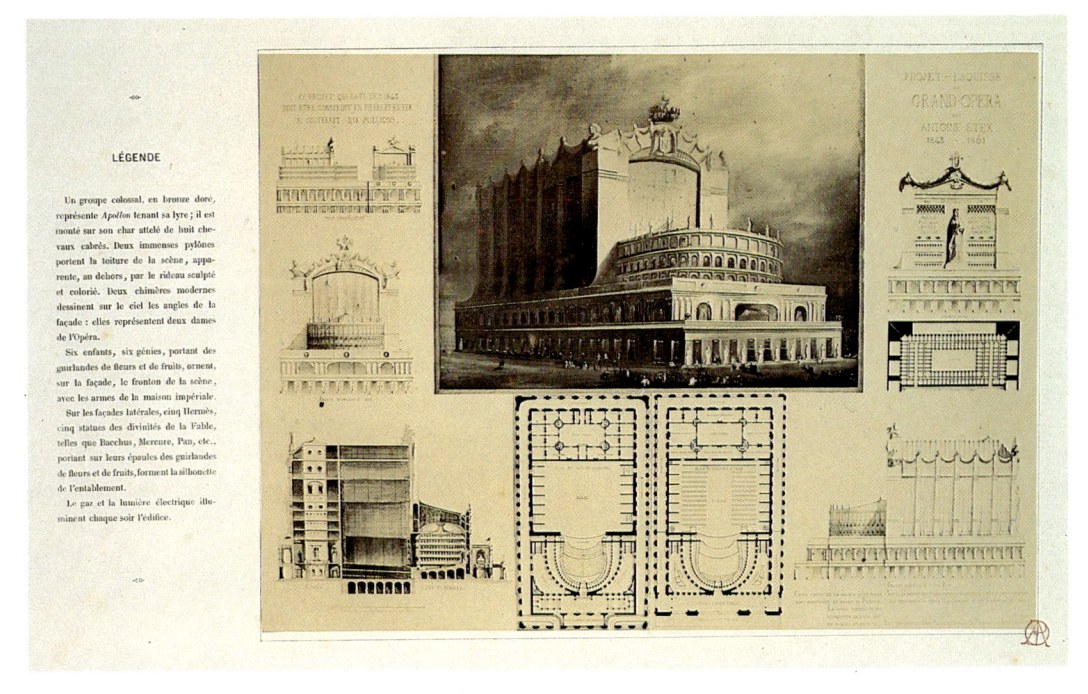

Im Archiv der Pariser Oper befinden sich Zeichnungen eines Entwurfs der Architekten Viguet und Max Berthelin zu einem neuen Opernhaus. Eine Jahreszahl auf den Zeichnungen veranlaßt zu der Vermutung, daß er 1834 entstand, aber das ist angesichts der Situation nicht wahrscheinlich: rechts die Rue de la Paix mit der Place Vendôme, ganz links die Börse (ohne die späteren Seitenflügel) in der Achse der Verlängerung der Rue de la Bourse. Diese Verlängerung und die Avenue de l'Opéra (rechts von der Mitte) stimmen mit dem neuen Straßenplan des Barons Haussmann vom Ende der fünfziger Jahre überein. Garniers Opernhaus entstand auf dem Platz im Vordergrund.

1860 entstanden die ersten neuen Häuserblöcke rund um das Gelände des künftigen Musiktheaters nach Planungen von Rohault de Fleury und Henri Blondel. Als Haussmann im April 1860 einen Plan mit der von ihm gewünschten Anlage vorlegte, sah man darauf die Umrisse der Oper nach dem Entwurf von Rohault de Fleury. Im Dezember desselben Jahres fertigte Rohault de Fleury eine verbesserte Planung für die Oper an. Er galt daher auch als der aussichtsreichste Kandidat für den endgültigen Entwurf des so begehrten Auftrags.

Am 29. Dezember 1860 schrieb die Regierung jedoch unerwartet einen Wettbewerb für die neue Oper aus. In jenen Tagen kursierte das Gerücht, daß vor allem Kaiserin Eugénie den Anstoß dazu gegeben habe. Sie wollte verhindern, daß Rohault de Fleury die Oper plante, denn sie bevorzugte ihren Schützling, den Architekten Eugène-Emmanuel Viollet-le-Duc, den sie ebenso bewunderte wie ihr kaiserlicher Gemahl. Aber die Zeiten, in denen ein Kaiser, von einem Präfekten ganz zu schweigen, eigenmächtig seine Wünsche durchsetzen konnte, waren vorüber. Das Paris des Jahres 1860 war die Stadt der Bourgeoisie, und die Oper sollte deren Monument in der erneuerten Stadt darstellen. Nicht ohne Grund erschien der Untersuchungskommission Haussmanns neue Baustelle so gut geeignet, denn sie lag mitten in einem Bürgerviertel.

Wenn schon der Kaiser und die Kaiserin einen bestimmten Architekten durchsetzen wollten, dann mußte es wenigstens den Anschein haben, daß sie selbst mit der Entscheidung nichts zu tun hätten. Wie Haussmann zu seiner Ortsbestimmung eine Kommission zu Hilfe nahm, so mußte sich auch das kaiserliche Paar mit einer Wettbewerbsjury abfinden.

Das Wettbewerbsprogramm war sehr allgemein gehalten. Jedermann, ohne Rücksicht auf Beruf oder Nationalität, durfte sich beteiligen. Die Teilnehmer erhielten kaum einen Monat Zeit, die Einsendungen mußten am 31. Januar 1861 vorliegen. Staatsminister Graf de Walewski erklärte die kurz angesetzte Frist damit, daß nur Entwurfsskizzen verlangt wurden. Jeder Teilnehmer mußte drei Zeichnungen einreichen: einen Grundriß, einen Längsschnitt und eine Frontansicht; den Zeichnungen durften kurze Erläuterungen beigegeben werden. Sämtliche Einsendungen waren mit einem Kennwort zu versehen und in einem versiegelten Umschlag einzureichen, in dem sich auch Name und Anschrift des Verfassers befanden. Die Forderungen an den Entwurf waren ebenso allgemein gehalten. Man begnügte sich mit der Mitteilung, daß eine Auffahrt für Kutschen erforderlich sei, ein gesonderter Eingang für die Inhaber von Abonnements und mehrere Vestibüle sowie Schalter zum Kartenverkauf und Räume für

Im Jahre 1860 wurde der große Wettbewerb für das neue Opernhaus ausgeschrieben. Als Ende Januar 1861 sämtliche Einsendungen vorlagen, wurden sie im Palais de l'Industrie (anonym) ausgestellt, und die Presse erhielt — noch vor der Entscheidung der Jury — freien Zugang. In der französischen Presse erschienen gleich darauf Karikaturen zu den Einsendungen (ganz unten). Im einzelnen ist nicht bekannt, wer alles sich am Wettbewerb beteiligte, wenngleich von einigen Teilnehmern, wie von Jules Charles Simonet (Seite 44 unten), später Entwürfe veröffentlicht wurden.

Für die Presse war Eugène-Emmanuel Viollet-le-Duc der aussichtsreichste Kandidat. Sein Projekt (rechts) ist vorwiegend bedeutsam, weil es sich bei ihm um einen seiner wenigen Entwürfe zu einem Neubau handelt. Tragischerweise konnte er kaum irgendwelche Neubauten realisieren; seine architektonische Praxis bestand vorwiegend im Restaurieren. In seinen einflußreichen Schriften erwies er sich als großer Befürworter rationeller und wissenschaftlicher Baumethoden, wobei er besonders für die Neogotik plädierte.

In 'Le Moniteur Universel' vom 11. Februar 1861 bezeichnete Théophile Gautier, ein eifriger Anhänger Garniers, den Entwurf von Viollet-le-Duc als den 'individualistischsten der ganzen Ausstellung'.
Viollet-le-Duc berücksichtigte in seinem Projekt weitgehend die bereits projektierte Bebauung durch Ch. Rohault de Fleury und H. Blondel. Beim Interieur widmete er effizienten Verbindungen viel Aufmerksamkeit, und der Akzent wurde auf den Entwurf des Saales gelegt (siehe auch Seite 49).

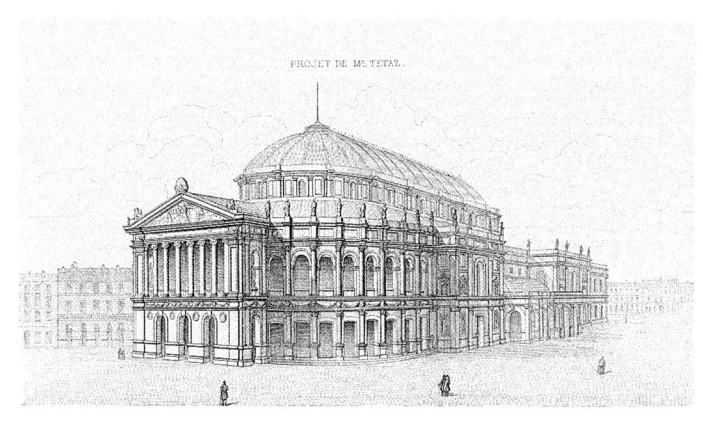

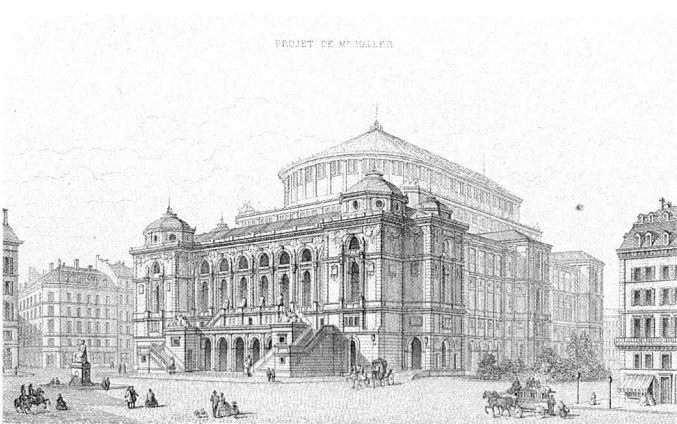

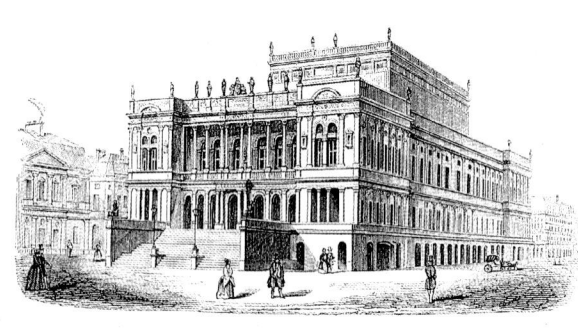

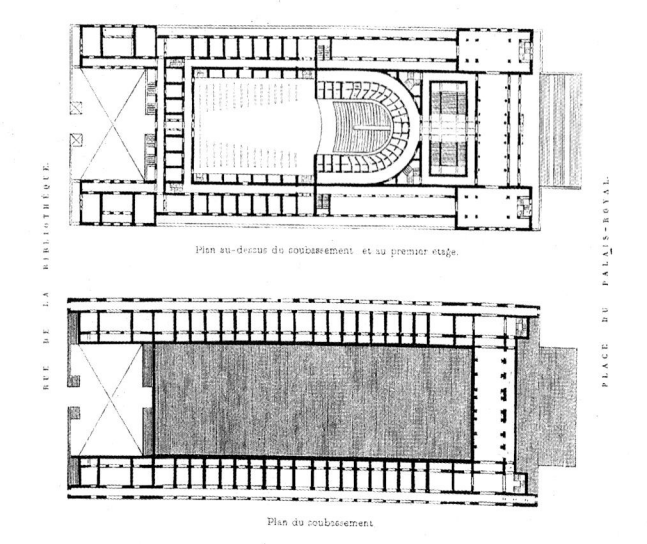

das Dienstpersonal. Unmittelbar an den Vestibülen sollten sich Treppen befinden, die auf bequeme Weise in die oberen Etagen führten. Für den Kaiser mußte ein besonderer Eingang vorgesehen werden, und der Saal sollte 1800 bis 2000 Zuschauer fassen. Die Bühne mußte 14 Meter breit und 32 Meter tief sein und 400 Personen Raum bieten. Ferner wurden einige Forderungen hinsichtlich der Foyers, der Logen und der Lagerräume für Kostüme gestellt, die sämtlich in Bühnennähe liegen sollten.

Zwar wurde behauptet, daß dieses allgemein gehaltene Wettbewerbsprogramm mit seinem Akzent auf der Effizienz des Theaters genau auf Viollet-le-Duc zugeschnitten sei, denn er betonte ja besonders die Funktionen eines Bauwerks. Aber der Jury mußte zumindest die gleiche Bedeutung zugemessen werden.

Staatsminister de Walewski, der den Wettbewerb ankündigte, wurde selbst Vorsitzender des Preisgerichts. Die übrigen zwölf Juroren waren sämtlich Architekten, von denen acht von der Architekturabteilung der Académie des Beaux-Arts gestellt wurden (Caristie, Duban, de Gisors, Gilbert, Hittorf, Lebas, Lefuel und Lesueur), während die übrigen vier den Rat für privates Bauen vertraten (mit den Beamten Cardeillac, Constant-Dufeux, Lenormand und Questel). Es handelte sich also um eine überaus sachkundige Jury.

Ende Januar 1861 waren 171 Einsendungen eingetroffen, darunter - wie sich später herausstellte - viele von Architekten, die sich schon zuvor mit der Oper beschäftigt hatten. Aber es gab auch viele Entwürfe jüngerer Architekten, die ihr Glück versuchen wollten. Einer der Teilnehmer war der Engländer E. M. Barry, der Sohn von Charles Barry - ein Beweis dafür, daß der Wettbewerb auch außerhalb von Frankreich Beachtung fand.

Sämtliche Entwürfe wurden im Palais de l'Industrie auf den Champs-Elysées ausgestellt, wo nicht nur die Jury sie begutachten konnte, sondern auch die Presse freien Zutritt hatte. Noch vor der Entscheidung der Jury begann in Zeitungen und Fachzeitschriften eine Diskussion über die bis dahin anonymen Entwürfe. Die Presse war fast einstimmig der Ansicht, daß der Entwurf, der mit großer Wahrscheinlichkeit Viollet-le-Duc zuzuschreiben war, die besten Aussichten hatte - weniger aufgrund der Qualität des Entwurfs als vielmehr wegen der guten Beziehungen des Architekten zur Kaiserin. Begeistert war die Fachpresse über den Entwurf von Botrel und Crépinet, der angeblich über einen klaren Grundriß und eine ansprechende Dekoration verfügte.

Über das Gesamtniveau der Einsendungen hatte die Presse keine gute Meinung. Zwar stellte man fest, daß sich die

Im Jahre 1861 veröffentlichte die Zeitschrift 'Revue Générale de l'Architecture et des Travaux Publics' eine Anzahl von Einsendungen aus der ersten Wettbewerbsstufe. Ganz oben der Entwurf von Jacques Martin Tétaz, von vielen als einer der aussichtsreichsten Kandidaten angesehen. Er war damals ein noch junger Architekt, der als Gewinner des Grand Prix der Ecole des Beaux-Arts von sich reden machte. Darunter der Entwurf des damals 26jährigen Martin Haller. Links: Perspektive und Grundrisse des Entwurfs von Amédée Gouder.

Aus einer zweiten, engeren Wettbewerbsstufe ging Jean Louis Charles Garnier zur Überraschung vieler als Gewinner hervor. Er war nunmehr 36 Jahre alt; seine Ausbildung hatte er an der Ecole des Beaux-Arts genossen, an der Juror Hippolyte Lebas sein Lehrer gewesen war. Im Jahre 1848 erhielt Garnier den Großen Preis von Rom; daraufhin ging er nach Italien, wo er bis 1858 blieb.

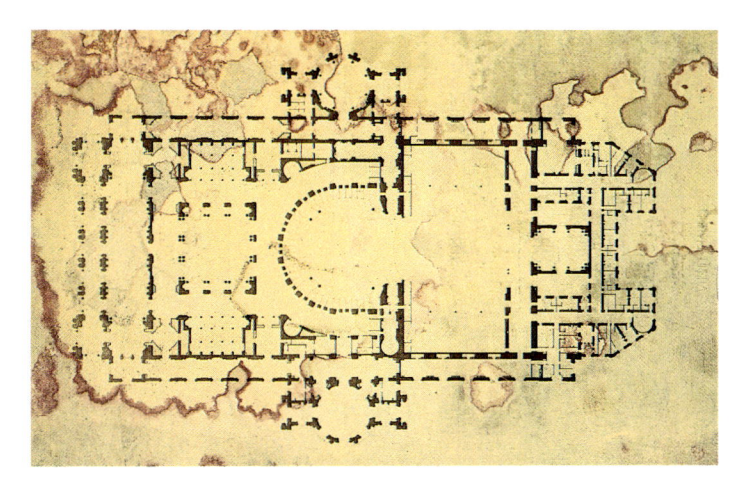

Garniers erster Entwurf zum Wettbewerb ging wahrscheinlich verloren, jedenfalls ist keine Abbildung davon bekannt. Im Archiv der Oper gibt es viele Zeichnungen von ihm, aber es handelt sich vermutlich um Entwürfe aus der Zeit nach dem Gewinn des Wettbewerbs. Wahrscheinlich ging auch der Entwurf zur zweiten Stufe verloren.
Links oben: Ein Grundriß der ersten Logen.
Rechts oben: Der kaiserliche Eingang an der Rue Auber, der Westseite der Oper. Der besondere Eingang sollte der Sicherheit des Kaisers dienen, auf den ein Anschlag verübt worden war, als er eine Vorstellung in der Salle Le Peletier besuchen wollte.
Darüber zeichnete Garnier noch eine mögliche Form für die hohe Auffahrt. Es wird behauptet, daß diese Kutschenrampe angelegt wurde, weil Napoleon III. die Fahrt im Aufzug nicht vertrug. Die Anlage einer derart hohen Kutschenauffahrt war keine Kleinigkeit, da nur sehr wenig Raum zur Verfügung stand. Garnier fertigte eine Skizze für die Auffahrt an und ließ diese dann in natürlicher Größe versuchsweise auf einem sandigen Grundstück anlegen. Eine vierspännige Kutsche mußte die Kurve fahren, woraufhin Garnier seinen Entwurf anhand der Sandspuren korrigieren konnte.
Oben: Einer der früheren Entwürfe zur Vorderfassade (siehe auch Seite 40).
Links: Der kaiserliche Pavillon mit der Auffahrt, die nur vage zu sehen ist.

Oben: Die Rückseite der Oper am Boulevard Haussmann. Rechts der 'Pavillon de l'Empereur', der kaiserliche Pavillon, mit der Auffahrt (siehe auch Seite 47).

Rechts: Ein Schnitt durch die Oper.

Folgende Seite: So stellte Viollet-le-Duc sich die Gänge an den Foyers vor – kurze Verbindungen mit zurückhaltender Gestaltung (weitere Abbildungen von Viollet-le-Ducs Entwurf auf Seite 45).

scharfen Grenzen zwischen der 'klassischen' und der 'gotischen' Schule zum Glück verwischten, aber anstelle dessen hatte man sich in recht oberflächlicher Weise aller möglichen Baustile der Vergangenheit bedient, und das trotz der Tatsache, daß alle gespannt einen neuen, speziell auf das Opernhaus zugeschnittenen Baustil erwarteten.

Die Jury prüfte alle Einsendungen und wendete ein Ausscheidungssystem an. Nach der ersten Abstimmung verblieben noch 43 Projekte, nach der zweiten 16. Nachträglich läßt sich rekonstruieren, daß aussichtsreiche Kandidaten wie Barry, Viollet-le-Duc, Rohault de Fleury und Tétaz noch im Rennen lagen. Angesichts ihrer fachlichen Qualifikation dürften die meisten Juroren wohl geahnt haben, welche Architekten sich hinter den Kennworten verbargen. Mit Sicherheit waren Arbeitsweise und Zeichenstil von Viollet-le-Duc und Rohault de Fleury allgemein bekannt. Offensichtlich meinte auch die Jury, daß ein Opernhaus besonders geeignet sei, neue, individuellere Wege in der Architektur zu gehen. Vielleicht war sie auch in der Idee befangen, daß das Zweite Kaiserreich mit einem eigenen Baustil hervortreten sollte. Das könnte jedenfalls erklären, weshalb die Jury bei der nächsten, der dritten Abstimmung die aussichtsreichen Kandidaten fallenließ: Viollet-le-Duc und Rohault de Fleury schieden aus. Nur sieben Projekte blieben übrig, darunter das von Tétaz. Aber auch er sollte es nicht schaffen. Bei der vierten Abstimmung verblieben nur noch die Entwürfe von Ginain, Botrel und Crépinet, Garnaud, Duc und Garnier. Bei Ginain und Garnier handelte es sich um junge Architekten, die dem breiten Publikum nicht bekannt waren, der Jury aber vermutlich wohl. Beide waren Schüler des Jurymitglieds (und stellvertretenden Vorsitzenden) Lebas gewesen.

Nach eingehender Beratung beschloß die Jury einstimmig, daß keiner dieser fünf Entwürfe für den 'Grand Prix' in Frage käme. Die Gründe dazu lassen sich nur erraten. Erschien das Niveau der Projekte unzureichend? Hatte man aufgrund der allgemein gehaltenen Wettbewerbsbedingungen noch zuwenig Einblick in das fachliche Können der letzten fünf Kandidaten? Oder konnte die große Jury sich einfach nicht einigen? Tatsache ist jedenfalls, daß man die Entwürfe wie folgt honorierte, obwohl anfangs festgelegt worden war, daß nur drei Preise vergeben werden sollten: Den ersten Preis - 6000

Francs - erhielt Ginain. Der zweite Preis von 4000 Francs wurde Botrel und Crépinet zugesprochen. Als dritter Preisträger bekam Garnaud 2000 Francs und Viollet-le-Duc als vierter 1500 Francs. Garnier, als letzter, erhielt den fünften Preis: 1000 Francs.

Der echte Preis, der Auftrag zum Bau des Opernhauses, wurde überhaupt nicht vergeben. Obwohl laut Wettbewerbsbedingungen die Regierung in solch einem Falle selbst eine Entscheidung treffen konnte, halt diese sich an die Empfehlung der Jury, unter den fünf Gewinnern einen engeren Wettbewerb zu veranstalten. Dieser wurde Anfang März 1861 ausgeschrieben. Viollet-le-Duc machte nicht mehr mit. Das Duo Botrel und Crépinet trennte sich, und beide bewarben sich einzeln. Im Jahre 1925 hat Garniers Witwe enthüllt, daß ihr Mann dem ersten Preisträger, Ginain, vorgeschlagen hatte, mit ihm zusammen ein Projekt zu erarbeiten, aber Ginain soll abgelehnt haben.

Den Teilnehmern wurde nunmehr zwei Monate Zeit eingeräumt, aber dem stand entgegen, daß die Anforderungen jetzt viel ausführlicher und detaillierter waren als beim ersten Wettbewerb. Man sprach sogar von einer äußerst komplizierten Aufgabe. Nachdem die Entwürfe vorlagen, brauchte die Jury knapp einen Monat, um eine Entscheidung zu treffen, und Ende Mai 1861 fiel diese einstimmig: Charles Garnier sollte den Auftrag bekommen. Die Jury lobte die Gestaltung und die geglückte Einteilung des Grundrisses. Ferner war sie sehr angetan von den monumentalen Fassaden. Die Würfel waren gefallen. Am 6. Juni 1861 ernannte Graf de Walewski Charles Garnier offiziell zum Architekten der Pariser Oper und beauftragte ihn mit der Anfertigung eines definitiven Entwurfs.

Garniers Oper wurde auch gebaut, wenngleich nicht ohne Probleme. Garnier war mit dem gewählten Bauplatz nicht zufrieden. Vor allem störten ihn die inzwischen fertiggestellten Wohnhäuser von Rohault de Fleury, die den Platz umgaben. Berücksichtigte ein Viollet-le-Duc diese Bebauung in seinem Entwurf noch gründlich - er paßte sein Opernhaus der Umgebung an -, so konzentrierte Garnier sich ausschließlich auf seine eigene Kreation. Am liebsten wäre es ihm gewesen, wenn diese an einer anderen Stelle der Stadt besser zur Geltung gekommen wäre. Jedoch am Bauplatz war nichts mehr zu ändern.

Am 27. August 1861 begann man mit der Arbeit, aber es dauerte noch fast ein Jahr, bis der Grundstein gelegt werden konnte. Bei der Erschließung des Bauplatzes stieß man auf

50

51

Auf den beiden vorangegangenen Seiten Garniers Entwurf zum Treppenhaus. Er wandte dabei nach eigenen Worten ein 'système des oppositions' an, ein System der Gegensätze. Dadurch entstand ein Überraschungseffekt, der vor allem durch den unter der Haupttreppe gelegenen Raum hervorgerufen wird. Der Besucher, der auf die Treppe zugeht, bemerkt diesen Raum kaum (siehe Seite 53 unten), aber von der Seite ergibt sich ein völlig anderes Bild (rechts).

einen unterirdischen Fluß, der noch viele Probleme verursachte. Im Jahre 1863 kam es zu einer weiteren Verzögerung. Napoleon III. erschien es politisch vernünftiger, dem Bau eines schräg gegenüber von Notre-Dame gelegenen Krankenhauses den Vorzug vor dem teuren Kulturpalast zu geben. Der Kaiser wollte angesichts des sozialen Elends in der Stadt unter den Arbeitern eine bessere Stimmung erreichen. Aber auch wenn es nur langsam voranging, so schritt der Bau des Opernhauses doch fort. Im Jahre 1867 konnte die Front enthüllt werden, und 1870 war der Rohbau fertig. Der Innenausbau konnte beginnen, doch dann brach der Deutsch-Französische Krieg aus, und das Kaiserreich zerbrach. Die Herren der neuen Dritten Republik konnten sich anfangs nicht dazu entschließen, noch viel Geld in Garniers Bauwerk zu stecken. Aber als die Salle Le Peletier 1873 in Flammen aufging, blieb ihnen nichts anderes übrig. Das neue Opernhaus wurde rasch vollendet, und am 5. Januar 1875 konnte Staatspräsident MacMahon das Gebäude offiziell eröffnen. Der Kaiser und die Kaiserin hatten den Bau der Oper noch erlebt, aber das fertige Gebäude nicht mehr gesehen. Napoleon III. starb 1873 in England; Eugénie blieb dort bis zum Sommer 1875 und zog dann in die Schweiz. Möglicherweise hat sie es auch gar nicht bedauert, Garniers Werk nie gesehen zu haben. Sie hatte die Entscheidung der Jury stets mißbilligt und soll sehr zornig gewesen sein, als sie hörte, daß Viollet-le-Duc aus dem Wettbewerb ausgeschieden war. Als sie Garnier einmal begegnete, fragte sie ihn: 'Welchen Stil hat Ihre Oper eigentlich? Ist es Louis XIV, Louis XV oder Louis XVI?' Und Garnier soll geantwortet haben: 'Keiner dieser Stile, Majestät, es ist der Stil Napoleons III.'

Garniers Opernhaus und das Zweite Kaiserreich sind tatsächlich unlösbar miteinander verbunden. Dennoch sprach man nicht von einem Stil Napoleons III. oder des Zweiten Kaiserreichs. Die vielen unterschiedlichen Entwürfe zum ersten Wettbewerb der Oper wiesen bereits darauf hin, daß die Auffassungen über Architektur im Umbruch begriffen waren. Man griff jetzt nicht mehr auf einen bewährten Stil der Vergangenheit zurück, sondern bevorzugte die eklektische Zusammenfügung aus vielen Baustilen.

Für den jungen Garnier - er war 35 Jahre alt, als er den Wettbewerb gewann - war das kein unbekanntes Verfahren. Im Grunde war sein Opernhaus eine neobarocke Schöpfung, jedoch mit Stilelementen der französischen und italienischen Renaissance versehen. Selbstbewußt, mit jugendlichem Elan und großer Vitalität ging Garnier sein Vorhaben an: einen Palast zu bauen, in dem der Bürger ein Fest feiern konnte, ein Vorspiel zur Opernschau, für die er viel Geld ausgegeben hatte. Garnier entwarf den 'temple de la bourgeoisie triomphante': daher diese imponierende Fassade, die alles beherrschende Treppe in der Eingangshalle. Garniers Gegenspieler, Viollet-le-Duc, verabscheute diesen Prunk und meinte, daß die Halle nüchterner und effizienter sein könnte und daß man der Einrichtung des Zuschauerraumes mehr Aufmerksamkeit hätte widmen sollen. Für Garnier war dieser Raum von untergeordneter Bedeutung - da wurden ja schließlich nur Opern aufgeführt, und damit hatte er als Architekt nichts zu schaffen. Ihm kam es auf das beeindruckende Foyer an. Garnier wurde nicht zum Begründer eines neuen Stils, wie er es möglicherweise erhofft hatte. Dafür hat er dem Opernhaus als Palast des emanzipierten Bürgers ein eigenes Gesicht gegeben. Es war das nicht zu unterschätzende Verdienst der Jury, daß sie dieses Selbstbewußtsein in Garniers Entwurf erkannte und den Mut aufbrachte, favorisierte Koryphäen fallenzulassen, und das ungeachtet des Zorns, den sie damit beim kaiserlichen Paar hervorrief. Auch die Architekten in der Jury empfanden sich als selbstbewußte Bürger.

Garnier sah das Treppenhaus als ein Vorspiel zur Opernvorstellung, die der Besucher sich ansehen wollte. Deshalb ist alles üppig dekoriert, sind hier alle Register der optischen Wirkung gezogen.
Links oben: Durchblick in ein Foyer im ersten Stock.

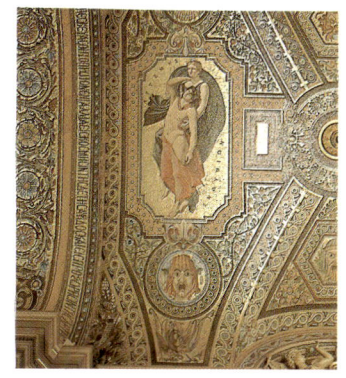

Mitte: Der Südeingang des kaiserlichen Pavillons am Ende der Auffahrt (siehe auch Seite 47).
Rechts oben: Die Decken der Foyers sind reich bemalt und geschmückt. Mit seinen Dekorationen und der Gestaltung der Räume griff Garnier auf die Schlösser und Paläste des 17. und 18. Jahrhunderts zurück.

Der Reichstag wirkt in den achtziger Jahren des zwanzigsten Jahrhunderts ganz anders, als Paul Wallot sich ihn vorgestellt hatte. Schon während der Bauausführung mußte der Architekt viele Änderungen vornehmen, und nachdem das Gebäude 1894 – zwölf Jahre nach dem Wettbewerb – fertiggestellt war, mußte es die wechselvollen Ereignisse der deutschen Geschichte erdulden.

Der Reichstag war häufig Mittelpunkt historischer Ereignisse in Deutschland: wie im Foto unten, als 1919 Tausende hierherkamen, um gegen die Ermordung von Rosa Luxemburg und Karl Liebknecht, die Führer des kommunistischen Spartakusbundes, zu protestieren. Mitte: Der Reichstag im Jahre 1930.

DAS REICHSTAGSGEBÄUDE IN BERLIN

NATIONALER ARCHITEKTURWETTBEWERB FÜR DAS REICHSTAGSGEBÄUDE IN BERLIN ALS SITZ DER VOLKSVERTRETUNG DES DEUTSCHEN KAISERREICHS

AUSSCHREIBUNG: 2. Februar 1882; Entscheidung: 24. Juni 1882; Teilnehmerzahl: 189

JURY: die Architekten Friedrich Adler, J. von Egle, Martin Haller, G. von Neureuthen, Reinhold Persius, Franz Schmidt und Vinzenz Statz, der Maler Anton von Werner und 13 Abgeordnete des Reichstags und des Bundesrats.

PREISTRÄGER: 1. Paul Wallot, Friedrich von Thiersch; 2. Cremer und Wolffenstein, Kayser und von Großheim, Heinrich Seeling; 3. Giese und P. Weidner, Hubert Stier, L. Schupmann, August Busse und Franz Schwechten, Hermann Ende und Wilhelm Böckmann.

BAUAUSFÜHRUNG: 1884 bis 1894 nach dem Entwurf von Paul Wallot

Es war eine verlockende Konkurrenz, die Anfang 1882 in Berlin für ein neues Reichstagsgebäude öffentlich ausgeschrieben wurde. Nie zuvor wurde den Gewinnern ein derartig großzügiger Betrag in Aussicht gestellt, und nur selten hatte ein Wettbewerb ein so wichtiges Gebäude zum Gegenstand. Daher beteiligten sich Architekten in großer Zahl, und infolgedessen vermittelt das Ergebnis ein umfassendes Bild vom Deutschland jener Tage, nicht nur auf dem Gebiet der Architektur. Das Zweite Deutsche Kaiserreich konnte 1882 auf ein elfjähriges Bestehen zurückblicken. Die Entstehung dieses Reiches war vor allem Otto von Bismarck zu verdanken, den der preußische König Wilhelm I. im Jahre 1862 zum Ministerpräsidenten ernannt hatte.

Bismarck gelang es nicht nur, das preußische Heer innerhalb kürzester Frist zu einer der stärksten europäischen Armeen zu machen, sondern er verstand es überdies, durch eine Reihe von taktischen Kriegen den Vorrang Österreichs zu brechen und die anderen deutschen Länder unter Preußischer Führung zu einen. Am 18. Januar 1871 wurde König Wilhelm I. in Versailles zum Deutschen Kaiser proklamiert. Hauptstadt des Kaiserreichs war Berlin. In der Praxis herrschte in diesem Kaiserreich eine autoritäre Verwaltung, die vom Kaiser und vor allem von Bismarck dominiert wurde. Aber die Länder behielten eine gewisse Autonomie, Preußen fungierte als 'Primus inter pares. Es gab sogar ein Symbol der Demokratie: den Reichstag. Dieser war eine echte

Ein jüngeres Foto vom Reichstag am Platz der Republik, dem früheren Königsplatz, in West-Berlin. Direkt hinter dem Gebäude verläuft die Mauer, die seit 1961 den westlichen vom östlichen Teil der Stadt trennt.

Unten: Der endgültige Entwurf von Wallot.

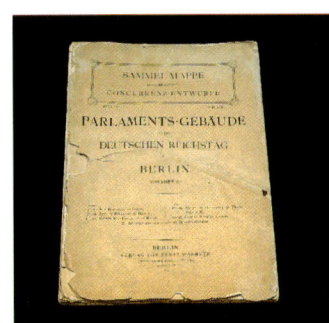

Der Wettbewerb von 1882 war der zweite für den Berliner Reichstag. Zehn Jahre zuvor, 1872, hatte es bereits eine Konkurrenz gegeben, die zwar einen Gewinner, aber kein Gebäude zustande gebracht hatte. Sämtliche ausgezeichneten Entwürfe wurden damals in einer Sammelmappe veröffentlicht.

*Nach langwierigen Diskussionen beschloß die Jury des Wettbewerbs von 1872, Ludwig Bohnstedt aus Gotha (oben) den ersten Preis zu verleihen. Das Projekt wurde nicht ausgeführt, und als Bohnstedt im Jahre 1882 einen nahezu identischen Entwurf einreichte, erhielt er dafür überhaupt keinen Preis.
Unten: Der Entwurf von Heinrich Strack und Heinrich Hermann aus dem Jahre 1872.*

Der große Konferenzsaal des Entwurfs von Martin Gropius und Heino Schmieden aus dem Jahre 1872. Paul Wallot hatte von 1864 bis 1868 bei diesen Architekten gearbeitet und sich im Auftragen von Deckweiß in den Zeichnungen spezialisiert, um so eine größere Tiefenwirkung zu erzielen. Gropius und Schmieden wandten diese Technik auch nach Wallots Fortgang weiterhin an.

Volksvertretung, deren Mitglieder in gleicher, direkter und geheimer Wahl gewählt wurden und zu der eine Voraussetzung bereits mit dem 1867 in Berlin gewählten Norddeutschen Reichstag geschaffen worden war.

Der neue Reichstag für das ganze Kaiserreich trat am 21. März 1871 erstmals zusammen. Kaum zwei Monate nach der Krönung des Kaisers gab das Wirtschaftministerium seinen Plan bekannt, ein neues 'parlamentarisches Dienstgebäude' zu errichten, das sowohl für den Reichstag als auch für den Bundesrat bestimmt war. (Der Bundesrat bestand aus den Vertretern der Bundesstaaten.) Nun aber zeigte es sich, daß die deutchen Bürger der Institution des Reichtags großen Wert beimaßen. Die deutsche Architekturpresse - insbesondere die *Deutsche Bauzeitung* - widersetzte sich der Behandlung des Entwurfs für ein solches Gebäude als amtliche Routineangelegenheit. Es galt, einen besseren Platz zu finden, und man förderte die Ausschreibung eines internationalen Architekturwettbewerbs.

Nur so könne 'ein würdiges Haus für die Repräsentativ-Körperschaft des deutschen Volkes' entstehen. Die Fachpresse wurde vom Reichstag und vom Bundesrat unterstützt. Und schließlich erklärte sich die Reichsregierung tatsächlich bereit, einen solchen Wettbewerb durchzuführen. Im Jahre 1872 wurde das Programm bekanntgegeben. Es gingen 102 Einsendungen ein, von denen 17 von Ausländern

Der Wettbewerb von 1872 wurde international ausgeschrieben. Neben den 70 deutschen Teilnehmern gab es noch 15 englische, sieben österreichische, vier niederländische, drei französische, zwei italienische und einen amerikanischen Konkurrenten. Vor allem die englischen Entwürfe fanden reges Interesse, zumal man gespannt war, wie die Engländer sich das deutsche Parlamentsgebäude vorstellten. Rechts: Der Entwurf von George Gilbert Scott und seinem Sohn John Oldrid, die bis zuletzt gute Aussichten auf den ersten Preis hatten.

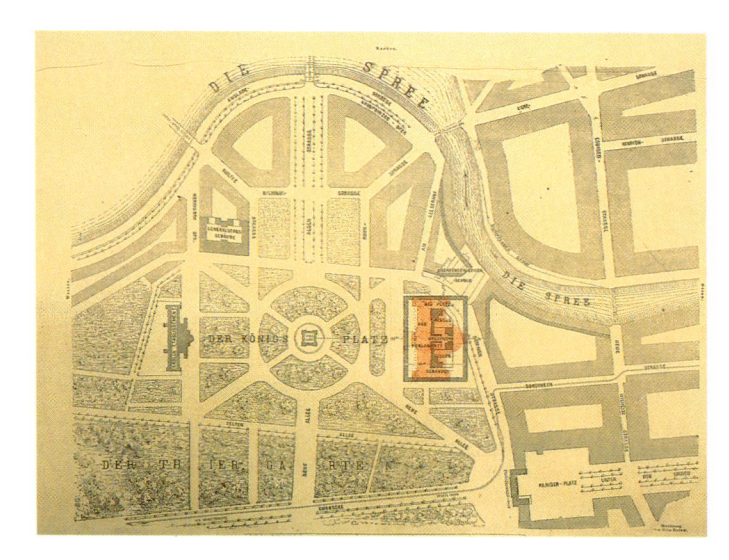

Emil von Lange und Joseph Bühlmann aus München fertigten 1872 diese Aufriß- und Lagezeichnung. Der Entwurf erhielt keine Auszeichnung, und nur Bühlmann beteiligte sich, wenngleich ohne Erfolg, am Wettbewerb von 1882.

stammten. Vor allem weil das Programm unklar war, bot keiner der Entwürfe genügend Anhaltspunkte für einen Neubau, nicht einmal der Plan von L. Bohnstedt aus Gotha, dem die 19 köpfige Jury durch Akklamation den ersten Preis zuerkannt hatte. Zu allem Übel stellte sich ferner heraus, daß das von Bismarck zugesagte Baugelände - ein Grundstück am Königsplatz, das dem Fürsten Raczynski gehörte - zur Zeit der Bekanntgabe des Ergebnisses nicht mehr zur Verfügung stand; der Besitzer verzichtete plötzlich auf den Verkauf.

Zum Glück war bereits 1871 in aller Eile eine zeitweilige Unterkunft für den Reichstag nach einem Entwurf von Friedrich Hitzig errichtet worden. Infolgedessen konnte man sich jetzt zur Organisation eines besseren und auch erfolgversprechenderen Wettbewerbs genügend Zeit nehmen. An den Vorbereitungen beteiligten sich neben Abgeordneten des Reichstags und Bundesrats auch Mitarbeiter der Berliner Akademie der Baukunst. Als am 2. Februar 1882 der neue Wettbewerb ausgeschrieben wurde, äußerte sich sogar die kritische *Deutsche Bauzeitung* befriedigt. Das Programm wurde als solide und ausführlich bezeichnet, und merkwürdigerweise freute man sich auch darüber, daß sich diesmal nur Deutsche beteiligen durften - das Nationalbewußtsein war innerhalb eines Jahrzehnts nach der Gründung des Kaiserreichs beachtlich gestiegen. Auch die hohen Prämien ernteten Lob: insgesamt stand ein Betrag von gut 100 000 Reichsmark für die Preise zur Verfügung. (Im Jahre 1872 waren es nur 30 000 Reichsmark gewesen.) Merkwürdigerweise machte die *Deutsche Bauzeitung* Einwände gegen zwei Aspekte der Ausschreibung geltend, die von anderer Seite gerade als Verbesserung gegenüber früheren Wettbewerben gewürdigt wurden: die vorgeschriebene Anonymität der Teilnehmer und der Umstand, daß die Einsendungen erst nach Verkündigung des Ergebnisses veröffentlicht werden sollten: 'Das bedauern wir im Interesse der jüngeren Kollegen, denen damit die Gelegenheit genommen wird, bekannt zu werden.' Eine leichte Verärgerung äußerte die Redaktion der Zeitschrift schließlich noch über die Zusammensetzung der Jury: bei acht Künstlern gegenüber dreizehn Abgeordneten sah sie die Sachverständigen als stark

Rechts: Eine Perspektivzeichnung und ein Grundriß aus dem Jahre 1872 von Hermann Ende und Wilhelm Böckmann aus Berlin. Der Plan schied damals schon bald aus, aber im Jahre 1882 erhielten die Architekten für einen nahezu gleichen Entwurf den dritten Preis. Ihr Kennwort war 'Endlich'.

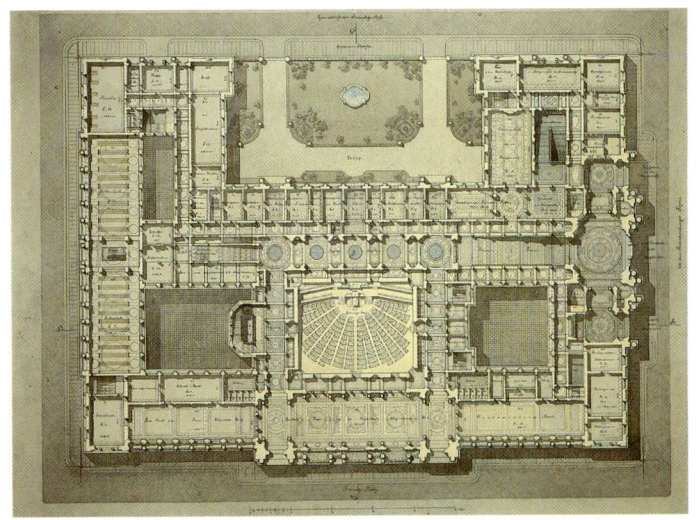

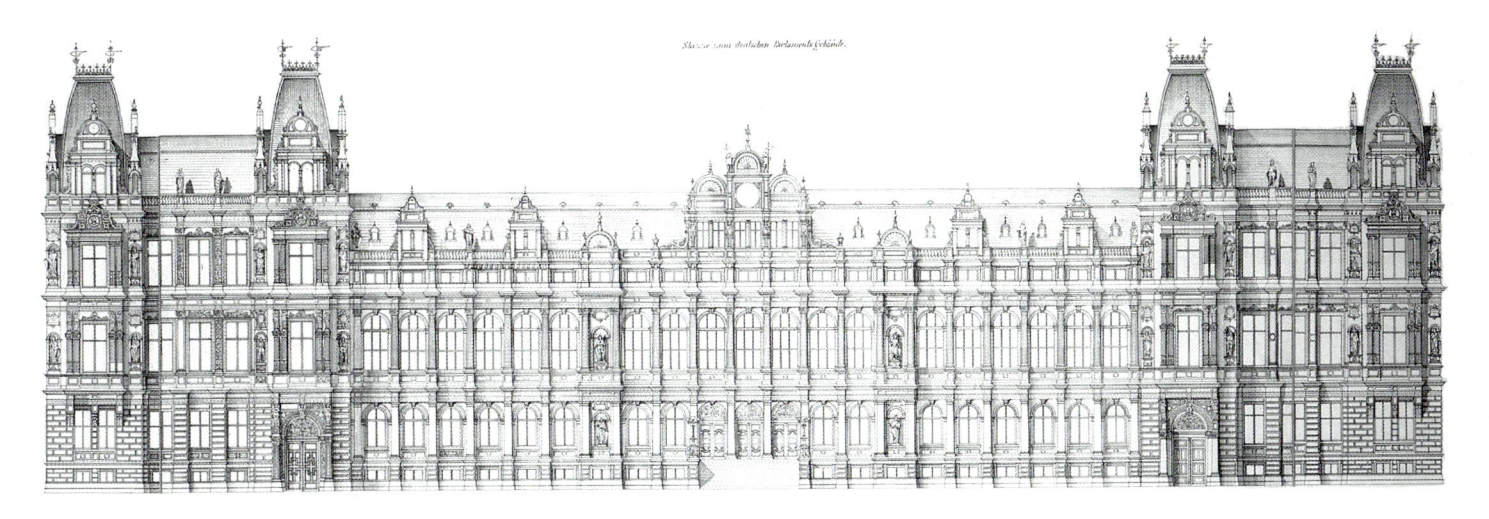

Ein Entwurf im Neo-Renaissancestil aus dem Jahre 1872, den Robert Cremer aus Aachen einreichte.

Perspektive (links) und Grundriß des Entwurfs von Friedrich von Thiersch, der mit Wallot zusammen 1882 den geteilten ersten Preis erhielt. Thiersch bekam aber von den Juroren nur 11 Stimmen, Wallot dagegen 19.

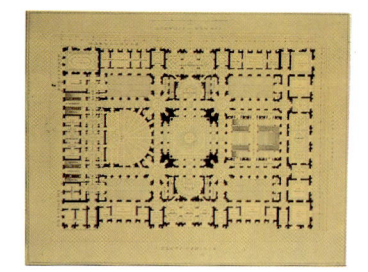

Drei Entwürfe aus dem Jahre 1882 von seinerzeit sehr renommierten Architekten. Von oben nach unten: Friedrich von Thiersch aus München, Heinrich von Ferstel aus Wien sowie Franz Schwechten und August Busse aus Berlin.

August Busse hatte als Beamter am Programm für den Wettbewerb mitgewirkt. Als seine Teilnahme bekannt wurde, erhob sich ein so starker Protest, daß Busse öffentlich erklärte, auf einen ihm eventuell zuerkannten Preis verzichten zu wollen. Nach vielen politischen Streitereien wurde dennoch beschlossen, daß Schwechten und er ihren geteilten dritten Preis behalten durften.
Ferstels Entwurf wurde von der Preisverleihung ausgeschlossen, weil die Auffahrt außerhalb der vorgeschriebenen Fluchtlinie vorgesehen war. Aber man erkannte, daß der Entwurf viele gute Eigenschaften hatte, und deshalb wurde er dennoch angekauft. Wallot überschritt schließlich bei seinem Reichstagsgebäude ebenfalls die Fluchtlinie, und zwar auf derselben Seite, wie Ferstel es hier gemacht hatte.

in der Minderheit an. Am 10. Juni 1882 war Einsendeschluß. Die genaue Anzahl der Teilnehmer ist nicht bekannt. Schätzungen schwanken zwischen 186 und 194, auf jeden Fall eine beachtliche Zahl. Eine Kommission aus vier Beamten überprüfte die Einsendungen auf ihre Gültigkeit. Wie viele Entwürfe damals ausgeschlossen wurden, ist ebenfalls nicht bekannt. Vier Entwürfe wurden offenbar disqualifiziert, weil sie nicht rechtzeitig eingegangen waren, und etwa zwanzig Einsender sollen sich nicht nach den Vorschriften des Programms gerichtet haben. Unter letzteren war der führende österreichische Architekt Heinrich von Ferstel, der die Begrenzung der Baustelle im Westen für eine Auffahrt überschritten haben soll.

Am 17. Juni trat die Jury erstmals zusammen. Nach einer Reihe von Selektionsrunden wurde den Architekten unter den Juroren durch Los jeweils eine Anzahl von Entwürfen zugewiesen, über die sie während der Schlußsitzung am 23. Juni ein Referat zu halten hatten. Nach Beendigung eines solchen Vortrags stimmte die gesamte Jury dann ab. An der letzten Runde waren noch 16 Entwürfe beteiligt, von denen während der Schlußsitzung nach einer ersten Beratung sechs ausschieden. Die verbliebenen zehn Entwürfe kamen sämtlich für einen Preis in Frage; die entsprechende Verteilung der Preise erfolgte durch Abstimmung. Die meisten Stimmen für den ersten Preis, 19 von 21, erhielt der Entwurf unter dem Kennwort 'Für Staat und Stadt', und in der folgenden Abstimmung wurde der zweite Preis dem Entwurf unter dem Kennwort 'Voluntas regum labia justa' zuerkannt. Auch die übrigen Gewinner wurden jeweils durch Abstimmung ermittelt. Danach beschloß die Jury, daß die Gewinner innerhalb jeder Kategorie in alphabetischer Reihenfolge bekanntgegeben werden sollten. Der Vorsitzende öffnete die Umschläge mit den preisgekrönten Kennwörtern und las die Namen der Entwerfer vor. Den ersten Preis erhielten Friedrich von Thiersch aus München und Paul Wallot aus Frankfurt am Main.

'Der deutschen Architektenschaft gereicht es zu höchster Ehre, daß sie die Lösung der großen nationalen Aufgabe mit solchem Ernst und solcher Hingebung angestrebt hat,' schrieb der Architekturkritiker Hermann Eggert, nachdem das Wettbewerbsergebnis am 24. Juni 1882 bekanntgegen worden war. 'Im allgemeinen hat die Concurrenz eine unerwartet große Zahl wertvoller Arbeiten hervorgebracht und steht, wie der Augenschein lehrt, im großen und ganzen auf Achtung gebietender Höhe. Unter den prämiierten Arbeiten befinden sich mehrere Entwürfe, welche von großartigster Auffassung der Aufgabe und kühner Schöpfungskraft ihrer Verfasser sowie von unbedingter Beherrschung des Apparates architektonischer Formgebung und glänzender Darstellungsweise Zeugnis ablegen.' Zwar meinte Eggert, daß keiner der Entwürfe sich zur direkten Ausführung eigne, aber dies führte er vornehmlich auf das zu kleine Baugelände zurück. Bei diesem handelte es sich übrigens um dasselbe, das beim Wettbewerb von 1872 vorgesehen gewesen war: das Grundstück am Königsplatz, das durch den Tod des Fürsten Raczynski wieder zur Verfügung stand. Die Einsendungen stellten in ihrer Gesamtheit ein interessantes und getreues Spiegelbild der deutschen Architektur jener Tage dar. Der Eklektizismus war Trumpf, Elemente aller möglichen alten Baustile wurden zusammengefügt. Die Entwürfe im Renaissancestil waren in der Mehrzahl, wie überhaupt zu jener Zeit in ganz Europa vor allem die Nachahmung der italienischen Renaissance bevorzugt wurde. Auch die Nachfolge der deutschen Renaissance, die während der letzten Jahre stark aufgelebt war, fand sich bei den Teilnehmern wieder. Klassizistische Entwürfe gab es weniger. Vor allem die griechische Baukunst hatte zu Beginn des 19. Jahrhunderts

Vor allem fand Wallots klarer und zweckmäßiger Grundriß aber wurden bezeichnenderweise von Laien abgegeben. Zustimmung, aber auch die äußere Formgebung des Entwurfs erntete Lob, wenngleich diese nicht eindeutig eingeordnet werden konnte. Als etwas Besonderes sah man es jedenfalls an, daß der Entwurf sehr individuell war und viele typisch deutschen Elemente enthielt. Der niederländische Kunsthistoriker E. Gugel sprach von 'einer Nuance der Hochrenaissance, wobei die Dekors von viel persönlicher Phantasie mit einem Überfluß an nationalen Auffassungen zeugen'. Das *Centralblatt der Bauverwaltung*, eine Ausgabe des Bauministeriums, meinte, daß Wallot 'nicht den breiten, ausgetretenen Weg der schulmäßig reinen italienischen Renaissance eingeschlagen, sondern sich der deutschen Renaissance als vaterländischem Stil angeschlossen hat.' Diese Zeitschrift rühmte Wallots Entwurf auch wegen seiner 'kraftvollen, herben Männlichkeit, gepaart mit vornehmem Ernst und würdevoller Größe. Er steht deshalb in bewußtem Gegensatz zur Stilauffassung der neufranzösischen und der Wiener Renaissance.'

Es erschien folgerichtig, daß man Wallot den Bauauftrag für den Reichstag erteilen würde. Ehe es soweit war, mußte der Architekt jedoch einer Vielzahl von Einwänden begegnen. Die einschneidendsten kamen vom Bundesrat, und sie bezogen

Der Wiener Architekt Otto Wagner reichte einen Entwurf mit dem Kennwort 'Res publica, Res populi' ein. Es handelte sich um einen von Wagners letzten klassizistischen Entwürfen; einige Jahre später wurde er einer der Bahnbrecher des modernen Bauens in Wien, dessen Architekten sich in der Wiener Secession zusammenschlossen.

vielen Architekten als Vorbild gedient, aber jetzt war sie ein wenig aus der Mode gekommen. Die Gotik - der Baustil des Mittelalters - war dagegen zu einer wieder populären Quelle der Inspiration geworden. Dennoch gab es unter den Einsendungen nur sechs gotische Entwürfe, eine relativ geringe Anzahl. Wallots Entwurf im Stil der Renaissance fand auch außerhalb der Jury allgemeine Anerkennung, und die Zeitschrift *Der Baumeister* spottete über zwei Juroren, die dagegen gestimmt hatten: 'Die beiden gegnerischen [Stimmen]

sich unter anderem auf die Lage des Sitzungssaals im ersten Stockwerk, der 'nur über eine Treppe mit nahezu siebzig Stufen zugänglich ist'. Aber als Wallot seinen Plan so umarbeitete, daß der Sitzungssaal tiefer gelegt wurde, warf die Akademie der Baukunst ein, er liege nunmehr so tief unter der Glaskuppel, daß der Lichteinfall zu schwach sei. Nun ließ Wallot die Kuppel über dem Saal entfallen und verlegte sie nach vorn; es war die einzige Möglichkeit, dieses Wahrzeichen für das breite Publikum in seinem Entwurf aufrechtzuerhalten. Aber das führte wiederum zu vielen architektonischen Problemen, die kaum lösbar erschienen. Wallot verstand es jedoch, alle Änderungen, so eingreifend sie auch waren, innerhalb bemerkenswert kurzer Frist in seine Pläne einzuarbeiten. Und er machte dies so hervorragend, daß selbst einer der wenigen echten Gegner des Projekts - der Abgeordnete Reichensperger, ein notorischer Verfechter der Gotik und einer der beiden Juroren, die dagegengestimmt hatten - beschloß. 'dem Architekten das Leben nicht weiterhin schwerzumachen.' Der offizielle Bauauftrag wurde noch 1883 erteilt, und am 9. Juni 1884 legte Kaiser Wilhelm I. den Grundstein.

Der Bau des Reichstags dauerte zehn Jahre; 1894 wurde das Gebäude bezogen. Im Lauf der Zeit hatte der Entwurf in den Details zunehmend typisch deutsche Elemente erhalten, was sich vor allem in den vielen Dekorationen und Ornamenten äußerte. 1889 war es dem Ingenieur und Mathematiker Heinrich Zimmermann gelungen, ein dreidimensionales Stahlskelett zu konstruieren, aus dem die Kuppel aufgebaut werden konnte - eine großartige Leistung, wenn man bedenkt, daß die Kuppel eine Fläche von 38 mal 34 Meter überspannen mußte. Nach ihrer Fertigstellung wog die Kuppel, von Wallot 'Volkskuppel' genannt, 450 Tonnen. Sie befand sich jetzt übrigens wieder über dem Sitzungssaal und war etwas niedriger als im ursprünglichen Entwurf (angeblich auf Drängen von Kaiser Wilhelm II., der nicht wünschte, daß der Reichstag höher sei als sein Palast an der Spree), aber die Fassade war viel eindrucksvoller geworden, als es sich im Jahre 1882 hatte absehen lassen. Übrigens trug der Giebel über dem Frontportal noch keine Inschrift. Erst 1916 wurde dort der vermutlich von Wallot selbst vorgeschlagene Text 'Dem deutschen Volke' angebracht, und zwar nach einem

Paul Wallots preisgekrönter Entwurf von 1882. Im Laufe der Jahre änderte sich noch vieles daran, man vergleiche zum Beispiel die Eingangspartie mit der des ausgeführten Bauwerks auf Seite 54. Auch im Grundriß sollten sich noch erhebliche Verschiebungen ergeben; kaum ein anderes Element als der große Versammlungssaal behielt in etwa die gleiche Position und Form.

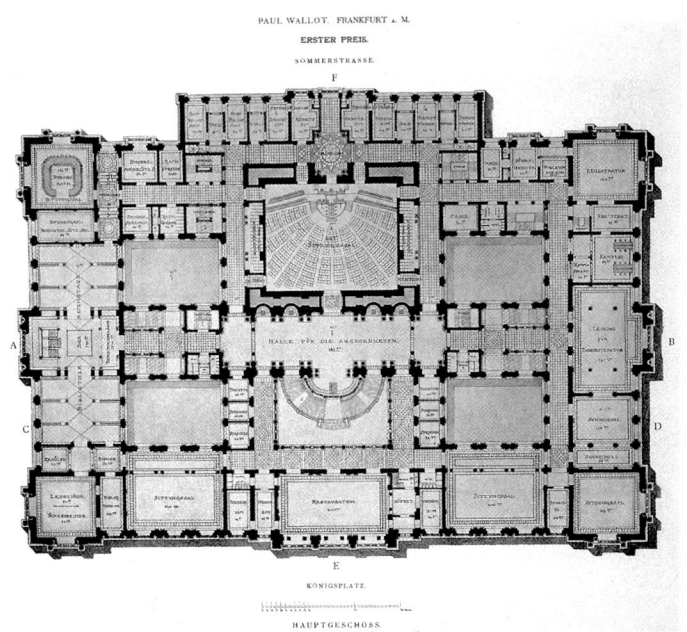

typographischen Entwurf des Architekten Peter Behrens. Für die Bronze der 60 Zentimeter hohen Buchstaben wurden erbeutete Kanonen verwendet. Auch gegen diesen Text scheint Kaiser Wilhelm II. sich jahrelang gesträubt zu haben. Aber wenngleich es diese Inschrift damals noch nicht gab, dem deutschen Volk wurde 1894 ein Gebäude geschenkt, das Anlaß zu nationalem Stolz sein konnte. Im Jahrzehnt seines Baues hatte das Deutsche Kaiserreich eine gigantische Wirtschaftsblüte erlebt, Reichtum und Wohlstand schienen unerschöpflich zu sein. Obwohl Kaiser Wilhelm II., 1888 auf dem Thron gelangt, Bismarck 1890 entlassen hatte, bezeichnete die Architekturzeitschrift *Der Baumeister* das Gebäude im Jahre 1903 als das bedeutendste Monument der Bismarck-Ära. 'Ein wunderbar getreues Spiegelbild ist es in dieser gewaltigen Volksbewegung und That, die zur Reichsgründung führte, die nicht von *einem* Kopf, sondern von einem ganzen Volke geleistet ist, die aus der Notwendigkeit und aus einer tausendjährigen Entwicklung hervorging, die nicht bloß die Notdurft des gärenden Jahrhunderts befriedigte, sondern zugleich das Fundament legte für das Dasein einer unabsehbaren Reihe von Geschlechtern.' Pathetische Worte in einer vom Pathos erfüllten Zeit, der aber keine Dauer beschieden war. Als Deutschland zu Beginn der dreißiger Jahre vor der düstersten Zeit seiner Geschichte stand. mußte dies - fast symbolisch - auch das Reichstagsgebäude entgelten. Beim großen Brand vom 27. Februar 1933, der dem Niederländer Marinus van der Lubbe zur Last gelegt wurde, erlitt das Gebäude schwere Schäden, so auch die stolze Kuppel aus Stahl und Glas, welche die Vertreter einer zeitgenössischen Architektur in den neunziger Jahren des vorigen Jahrhunderts noch als 'Meisterwerk der Ingenieurtechnik' gerühmt hatten. Durch den Brand waren alle Fenster gesprungen, und viele Einzelteile hatten sich gelöst. Die Kuppel verblieb in diesem trostlosen Zustand, die Öffnungen wurden mit Brettern verschlagen. Auch die Zeit nach dem Zweiten Weltkrieg ließ ihre Spuren am Gebäude zurück. Beim Endkampf um Berlin 1945 war das Reichstagsgebäude zerstört worden, und jahrelang kümmerte man sich nicht um die Ruine. Deutschland war zweigeteilt, und an eine Wiederverwendung dieses Gebäudes zu parlamentarischen Zwecken wagte keiner zu denken. Im Jahre 1954 sprengte man die Kuppel wegen Baufälligkeit. Drei Jahre später wurde ein Teil des Fassade versuchsweise restauriert. Dabei wurden alle Dekorationen und Ornamente entfernt, als wolle man das Gebäude seiner Vergangenheit entkleiden. Noch einmal wurde ein Wettbewerb für das Gebäude ausgeschrieben: 1960 wurde eine begrenzte Anzahl von Architekten dazu eingelade, einen Entwurf für das Interieur zu machen. Anfang 1961 fiel die Wahl auf das Projekt von Paul Baumgarten. Der 'Wiederaufbau' wurde 1971 fertiggestellt Eine neue Kuppel bekam das Gebäude nicht, das hatte die Bonner Regierung 1967 beschlossen.

Entwürfe aus dem Jahre 1882. Von oben nach unten: Wilhelm Cremer aus Aachen, Oskar Sommer aus Frankfurt am Main, Heinrich Josef Kayser aus Berlin und ein unbekannter Einsender.

Der Eiffelturm in Paris

IDEENWETTBEWERB ZUR WELTAUSTELLUNG DES JAHRES 1889 IN PARIS, UNTER ANDEREM FÜR EINEN STÄHLERNEN TURM AUF DEM CHAMPS-DE-MARS

AUSSCHREIBUNG: 1. Mai 1886; Einsendeschluß 18. Mai 1886; Teilnehmerzahl 107

JURY: Adolphe Alphand, Direktor der Ausstellung (Vorsitzender), sowie Politiker, Wissenschaftler, Architekten und Ingenieure, darunter Emmanuel Brune, Edouard Collignon, Victor Contamin, Hersent, Léon Molinos, Edouard Philipps und Admiral Mouchez

PREISTRÄGER: Gustave Eiffel und Stephen Sauvestre; Jean Camille Formigé, Ferdinand Dutert

BAUAUSFÜHRUNG: 1886 bis 1889 nach dem Entwurf des Büros Eiffel

Nachdem das Büro Eiffel im Mai 1886 nach einem Wettbewerb den Auftrag zum Bau eines 300 m hohen eisernen Turms erhielt, fertigte der Ingenieur Gustave Eiffel einen mehr oder weniger neuen Entwurf an. Darin finden sich zwar noch viele Elemente des Wettbewerbsentwurfs (Seite 67), aber vor allem der untere Teil der Füße wurde wegen einer anderen Aufzugskonstruktion geändert. Ferner ist die zweite Etage einfacher ausgeführt, was möglicherweise finanzielle Gründe hatte. Eiffel mußte den Turm größtenteils selbst finanzieren. Schließlich wurde der Bau noch nüchterner (links).

Hohe Gebäude haben die Menschheit zu allen Zeiten fasziniert und Bewunderung erweckt. Immer wieder hat man versucht, Gebäude zu errichten, die höher waren als alles bisher Erbaute. Die Ägypter brachten es mit der Cheopspyramide schon auf eine Höhe von etwa 146 Meter. Im Mittelalter versahen die Europäer ihre Kathedralen und Kirchen mit hohen Türmen. Im neunzehnten Jahrhundert erwachte vor allem in Europa und in den Vereinigten Staaten ein großes Interesse an noch höheren Gebäuden. In Turin wurde 1863 der Mole Antonelliana fertiggestellt, ein 170 Meter hoher Turm, der einige Jahrzehnte der höchste der Welt war. In der Hauptstadt der USA, in Washington, begann man bereits 1848 mit dem Bau eines Obelisken aus Stein zum Gedenken an den Präsidenten George Washington. Man beabsichtigte, das Monument auf eine Höhe von 183 Meter ansteigen zu lassen, aber das erwies sich als technisch unausführbar. Nach Fertigstellung im Jahre 1885 erreichte es schließlich eine Gesamthöhe von 169 Meter.

Mehr noch als in der Realität wurde der Kampf um den höchsten Turm auf dem Zeichenpapier ausgetragen. Das magische Ziel war ein Turm von 1000 Fuß Höhe, etwas mehr als 300 Meter. Etwa 60 Jahre lang träumten Architekten und Ingenieure davon, diese Barriere im Bauen zu überwinden.

Im Jahre 1831 plante der aus Cornwall stammende Ingenieur Richard Threvithick einen 1000 Fuß hohen Turm anläßlich der Verabschiedung der Reform Bill, des Gesetzes zur Reformation des Wahlrechts in England. Das Monument war als eine runde, konisch zulaufende Säule aus Gußeisen mit einem unteren Durchmesser von 30 Meter gedacht, der sich nach oben hin auf etwa 4 Meter verjüngen sollte. Der Turm sollte aus 1500 gußeisernen Teilen von gut 3 mal 3 Meter bestehen, die in der Mitte je eine runde Öffnung von fast 2 Meter Durchmesser und in jeder Ecke noch runde Aussparungen von ungefähr 0,45 Meter aufwiesen. Diese Ausschnitte würden einerseits die Gesamtkonstruktion etwas leichter machen und andererseits dem Wind weniger Widerstand bieten. Die Platten sollten 2 Zoll dick sein, also etwa 5 Zentimeter, und ein Gewicht von ungefähr je 3000 Kilogramm haben. Innerhalb der Gußeisenkonstruktion war ein runder Aufzugsschacht von etwa 3 Meter Durchmesser vorgesehen, damit die Besucher bis an die Spitze fahren konnten.

Oben sollte ein riesiges gußeisernes Bildnis stehen. Aber Trevithick starb im Jahre 1832, und mit ihm erlosch die

Jahrzehntelang wetteiferten die Architekten in aller Welt, wem es als erstem gelingen werde, einen 1000 Fuß, also 300 m hohen Turm zu bauen. Ab 1831 wurden ehrgeizige Projekte gezeichnet. So fertigten die Amerikaner Clarke und Reeves einen Entwurf für einen solchen Turm an, der 1876 zur Jahrhundertfeier der USA erbaut werden sollte. Die Spitze der eisernen Konstruktion sollte abends mit elektrischen Lampen erhellt werden. Möglicherweise hatte der Franzose Sebillot diesen nicht ausgeführten Entwurf zu Gesicht bekommen. 1881 trat er mit dem eisernen 'Tour Soleil' hervor, von dessen Spitze aus Paris beleuchtet werden sollte. Drei Jahre später fertigte er gemeinsam mit Bourdais einen neuen Entwurf an, nunmehr aus Stein (rechts).

65

treibende Kraft zur Realisierung dieses Entwurfs.
Im Jahre 1852 wurde die Londoner Weltausstellung geschlossen, deren große Attraktion der Kristallpalast gewesen war. Obwohl das Parlament beschloß, ihn abbrechen zu lassen, suchten andere nach einer neuen Nutzung für diesen gewaltigen Glaspalast. In der Zeitschrift *The Builder* schlug C. Burton vor, das Material der Ausstellungshallen dazu zu verwenden, neben dem Kristallpalast einen 1000 Fuß hohen Turm zu erbauen. Der Gedanke eines solch hohen Gebäudes übte also weiterhin seinen Reiz aus, wenngleich Burtons Plan vorerst keine Aussicht auf Realisierung hatte.
Zu Beginn der siebziger Jahre des neunzehnten Jahrhunderts bereitete man sich in den Vereinigten Staaten auf das Jahrhundertfest der Unabhängigkeit vor. Natürlich wollte man dazu auch ein eindrucksvolles Monument haben. Eines der aufsehenerregendsten Projekte dafür stammte von den Ingenieuren Clarke und Reeves. Sie schlugen einen runden, eisernen Turm vor, der - auch wieder - 1000 Fuß hoch werden sollte. Als Konstruktionselemente sahen sie runde, schmiedeeiserne Träger vor, wie sie diese in ihrer eigenen Fabrik für den Brückenbau produzierten. Diese Träger sollten vertikal montiert und durch diagonal angebrachte kleinere Eisenrohre miteinander verbunden werden.
Die Planer regten an, den Turm auf der Centennial Exposition in Philadelphia 1876 zu errichten. Bei Dunkelheit sollte der Bau beleuchtet werden.
Das Auffälligste am Entwurf war, daß Clarke und Reeves sich ausschließlich mit der Konstruktion des Turms beschäftigten. Jedes architektonische Dekor fehlte. Es handelte sich um ein rein technisches Bauwerk mit einem Aufzugsschacht in der Mitte, um die Besucher zur Aussichtsplattform zu befördern. Obwohl das Projekt großen Beifall erntete, setzte sich niemand ernsthaft für seine Verwirklichung ein. Im Jahre 1881 entwarf der Franzose Sébillot einen 'Tour Soleil'. Vermutlich hatte er das Projekt von Clarke und Reeves während einer Amerikareise kennengelernt. Er schlug einen eisernen Turm von 300 Meter Höhe vor, von dessen Spitze aus man die Stadt Paris beleuchten könne. Offenbar war die Idee nicht richtig durchdacht. Drei Jahre später legte Sébillot einen neuen Entwurf zum Tour Soleil vor, nunmehr aber in Zusammenarbeit mit dem Architekten Jules Désiré Bourdais. Diesmal handelte es sich um einen steinernen Turm, ebenfalls 300 Meter hoch und in Anlehnung an den Schiefen Turm von Pisa reich dekoriert. Daß Sébillot und Bourdais einen derart auffälligen Entwurf erarbeiteten, ist vor allem aus der Sicht der bevorstehenden Jahrhundertfeier der Französischen Revolution zu verstehen.

Am 6. Juni 1884 fertigten Emile Nouguier und Maurice Koechlin eine Skizze zu einem 300 m hohen eisernen Turm. Da Eiffel nichts dagegen hatte, daß sie daran weiterarbeiteten, baten sie den Architekten Stephen Saurestre, den Entwurf zu stilisieren. Dieser verlich dem Bauwerk einen runden, ornamentreichen Bogen zwischen den Füßen, der als riesiges Eingangstor zur Weltausstellung von 1889 dienen sollte. Erst als sie Anfang September 1884 Eiffel diesen Entwurf zeigten, konnte dieser sich dafür begeistern, und er beantragte nunmehr ein Patent unter seinem eigenen und den Namen seiner Mitarbeiter. Am 12. Dezember 1984 fand Eiffel die beiden mit einem Prozent der Bausumme ab, falls der Turm gebaut werden sollte und sagte er zu, ihre Namen anzugeben.

Ähnlich dachten vermutlich auch die Ingenieure Emile Nouguier und Maurice Koechlin, die beide im Büro von Gustave Eiffel tätig waren. Im Mai 1884 äußerten sie den Gedanken, zur Weltausstellung, die 1889 in Paris veranstaltet werden sollte, einen sehr hohen Turm zu entwerfen. Anfang Juni machten sie eine Skizze: ein eiserner Turm von - natürlich - 300 Meter Höhe und auf vier Beinen, die in der Spitze zusammenliefen. Die Beine setzten sich aus genieteten Trägern zusammen. Damit war die Idee des Eiffelturms geboren. Nouguier und Koechlin zeigten Eiffel die Skizze, aber dieser war nicht sonderlich begeistert, wenngleich er ihnen gestattete, am Entwurf weiterzuarbeiten. Zur Ausgestaltung ihrer Idee nahmen sie Verbindung mit dem Architekten Sauvestre auf, der vorschlug, die Beine durch einen reichornamentierten Bogen zu verbinden, über dem sich im ersten Stockwerk ein großer verglaster Saal befinden sollte.

Die neuen Zeichnungen wurden im Palais de l'Industrie in Paris ausgestellt. Eiffel war überrascht und sah bei näherer Betrachtung ein, daß die Idee seiner Mitarbeiter erfolgversprechend war. Am 18. September 1884 beantragte er ein Patent für den Entwurf, das unter den Namen Eiffel, Nouguier und Koechlin erteilt wurde. Sowohl Sébillot und Bourdais als auch Eiffel warben in der Öffentlichkeit für ihre Entwürfe. Das brachte andere auf den gleichen Gedanken: Weitere Vorschläge zu noch höheren Türmen wurden gemacht und diskutiert, darunter zu einem Gebäude aus Holz und Backstein von Néve und François Hennebique. Es kam zu einem wahren Wettlauf in hohen Türmen auf dem Papier!

Eiffel war zu dieser Zeit bereits ein angesehener Ingenieur, dessen Entwürfe - vor allem von Brücken und Viadukten - große Anerkennung fanden. Als er den Entwurf von Sébillot und Bourdais als unausführbar ablehnte (die Steinkonstruktion würde zu schwer sein und der Bau viel zu lange dauern), fand er bei vielen Gehör, so bei Edouard Lockroy - und das sollte Folgen haben. Im Dezember 1885 wurde Lockroy zum Handelsminister berufen und außerdem mit verschiedenen weiteren Aufgaben betraut, zum Beispiel als Organisator der geplanten Weltausstellung. In dieser Eigenschaft schrieb er am 1. Mai 1886 einen Ideenwettbewerb unter französischen Architekten und Ingenieuren aus.

Der Wettbewerb forderte auch eine Untersuchung der Möglichkeiten für Situierung und Gestaltung eines eisernen Turms von 300 Meter Höhe auf einer Fläche von 125 Meter im Quadrat auf dem Marsfeld. Der Minister dürfte dabei bereits an Eiffels Entwurf gedacht haben. Obwohl die Einsendefrist bereits am 18. Mai ablief, wurden insgesamt 107 Entwürfe

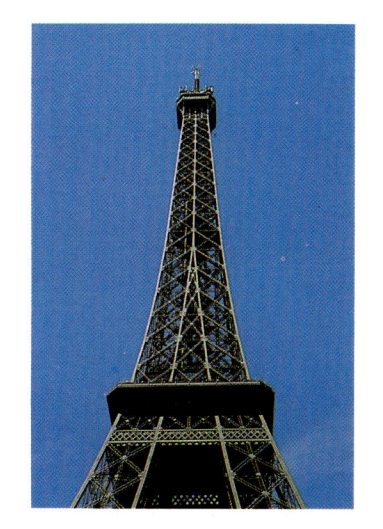

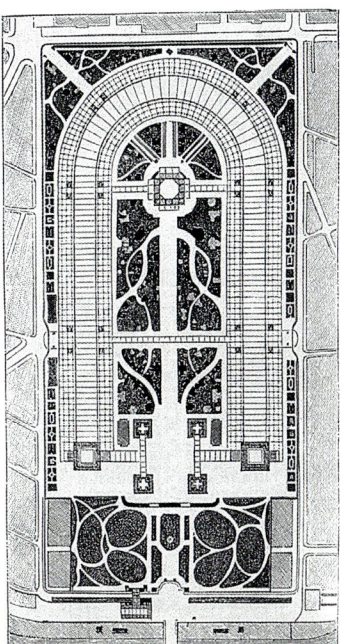

Auf Initiative des Ministers Edouard Lockroy wurde am 1. Mai 1886 ein Wettbewerb zur globalen Einrichtung der Weltausstellung von 1889 ausgeschrieben. Vorgesehen war die Ausstellung im Palais de l'Industrie und dessen Umgebung, auf der Esplanade des Invalides, auf dem Champ-de-Mars und an den Ufern der Seine zwischen der Esplanade des Invalides und dem Champ-de-Mars. Der Artikel 9 des Wettbewerbsprogramms forderte dazu auf, die Möglichkeit eines 300 m hohen eisernen Turms mit einer Fläche vom 125 m im Quadrat zu untersuchen. Der Turm sollte auf dem Champ-de-Mars errichtet werden, aber die Wettbewerbsteilnehmer konnten auch einen Entwurf ohne einen solchen Turm einreichen.

Der Entwurf von Gustave Eiffel und Stephen Sauvestre für den Wettbewerb von 1886. Der Bogen des Turms ist zugleich Zugang zur Ausstellung auf dem Champ-de-Mars. Der Turm wird halb umringt von einer Ausstellungshalle aus Eisen und Glas. Der Grundriß gibt die Situation wieder: Zwischen der Seine (unten) und dem Turm (durch vier kleine Quadrate angedeutet) liegt eine Grünanlage, dahinter die hufeisenförmige Halle mit einem Innengarten. Die Halle wird an beiden Vorderseiten durch kuppelförmige Pavillons begrenzt, die den Turm flankieren. Der Turm selbst basiert auf Sauvestres Entwurf aus dem Jahre 1884. Aber die dritte Etage ist verschwunden, ebenso der Bogen zwischen den Füßen an der zweiten Etage; die erste Etage hat ein weniger imposantes Glasdach.

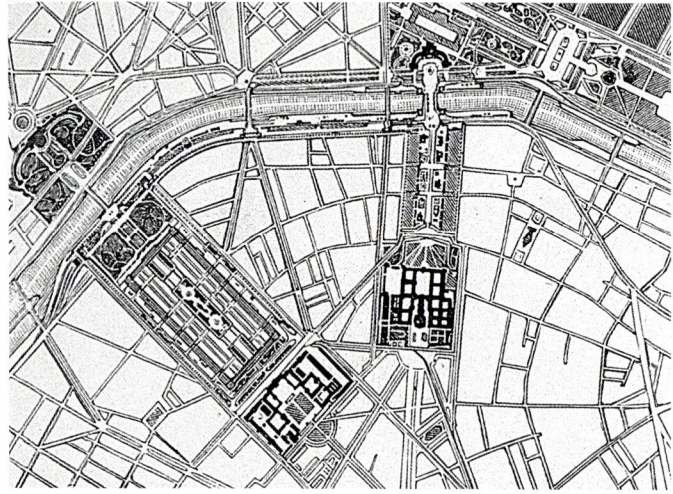

eingereicht, von denen sich viele übrigens nur als Scherz erwiesen. Die Jury unter dem Vorsitz des Ausstellungsdirektors Adolphe Alphand beauftragte eine spezielle Kommission - bestehend aus Edouard Philipps, Edouard Collignon und Victor Contamin -, die Pläne für den Turm näher zu prüfen. Außer dem Projekt von Eiffel und Sauvestre erwiesen sich acht weitere Entwürfe der Prüfung wert. Bourdais hatte seinen steinernen Turm durch einen eisernen, mit Kupferplatten verkleideten ersetzt. Daneben gab es noch Entwürfe von Boucher, Henry, Marion, Pochet, Robert, Rouyer und Speyser, die aber, ebenso wie der von Bourdais, nicht mit einem Preis ausgezeichnet wurden. Die Jury entschied sich für drei erste Preisträger, darunter Eiffel und Sauvestre. Ebenso wie die beiden anderen Gewinner, Formigé und Dutert, erhielten sie einen Preis von je 4000 Francs. Drei Projekte wurden mit dem zweiten Preis von 2000 Francs ausgezeichnet und sieben Projekte mit dem dritten von je 1000 Francs. Daneben erwähnte die Jury noch sechs Entwürfe, die Beachtung verdienten. Die Gewinner des ersten Preises erhielten die großen Aufträge für die Ausstellung: Eiffel durfte den Turm bauen (wenngleich er sich noch eine bessere Lösung für die Aufzüge einfallen lassen mußte). Dutert erhielt den Auftrag für die Galérie des Machines, und Formigé konnte den Palais des Arts Libéraux bauen. Beim Turm handelte es sich sicher um eine bereits vorher ausgemachte Sache. Der Wettbewerb diente nur dazu, mehr Sicherheit über die technische Ausführbarkeit eines so hohen Gebäudes zu gewinnen und einen eleganten Weg zu finden, aus den vielen vorhandenen Entwürfen den Eiffels nach vorn zu schieben. Eindeutig erklärte die Jury in ihrem Abschlußbericht, daß sie 'ein originales Meisterwerk von der französischen metallverarbeitenden Industrie' gewünscht und 'nur Eiffels Turm diese Bedingung erfüllt' habe.

Gleich nach der Entscheidung erhob sich ein Sturm der Entrüstung, weniger über die Entscheidung der Jury als über den Entwurf des Büros Eiffel. Jetzt, da der Traum von einem immens hohen Turm endlich Wirklichkeit werden konnte, traten konservative Urinstinkte an die Oberfläche. In der Zeitschrift *L'Illustration* regte Paul Eudel sich über die Wettbewerbsentwürfe auf: 'Bereits beim Betreten des Saales, in dem die Zeichnungen der glücklichen Gewinner zur Schau gestellt sind, fallen einem die dürftige Phantasie und der Ideenmangel der teilnehmenden Künstler auf.' Am meisten wurmte es ihn, daß viele Teilnehmer anstandslos Eiffels Turm imitiert hatten, und dann brach es aus ihm heraus: 'Ach, dieser Turm, so sinnlos, so störend, so wenig dekorativ,

Die Architekten Marie-Joseph Cassien-Bernard und Francis Nachon kamen mit einem überraschenden Plan, der aber nicht dem Wettbewerbsprogramm entsprach. Sie stellten ihren Turm über der Seine auf, nicht in Höhe des Champ-de-Mars, sondern bei der Esplanade des Invalides. Sie verwendeten den Entwurf von Eiffel und Sauvestre, da sie begriffen hatten, daß der Wettbewerb hinsichtlich des Turms eine beschlossene Sache war, und sie konzentrierten sich auf die Organisation der Ausstellung. Auffällig ist, daß sie den Schwerpunkt durchaus logischerweise auf die Esplanade des Invalides legten. Am rechten Ufer der Seine befand sich dort das Palais de l'Industrie (das im Jahre 1900 dem Petit und Grand Palais weichen mußte). Durch die Plazierung des Turms über der Seine wurde dieser Palast — auf der oberen Zeichnung rechts — stärker in die Ausstellung einbezogen. Links auf dieser Zeichnung die Esplanade und darüber — als gerade Streifen — das Champ-de-Mars.

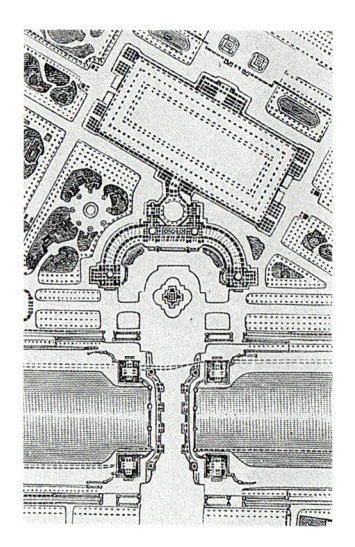

Auf dem mittleren Grundriß liegt das Champ-de-Mars diagonal links zur Zeichnung, daneben vertikal die Esplanade des Invalides mit dem Palais de l'Industrie auf dem anderen Ufer.
Auf dem unteren Grundriß die Plazierung des Turms über der Seine. Die Füße (zwei kleine Vierecke) stehen beiderseits des Pont Alexandre III.

doppelt so hoch wie die Cheopspyramide und sechsmal höher als die Säule der Bastille, für diese armseligen Architekten muß es doch ein wahrer Alptraum sein, der ihnen schlaflose Nächte besorgt!' Die französische Fachzeitschrift *La Construction Moderne* setzte sich nach der Entscheidung noch für Boudais' Entwurf ein und behauptete, es sei unmöglich, in den 'krummen Pfoten' von Eiffels Entwurf Aufzüge unterzubringen.

Anfangs kümmerte Eiffel sich nur wenig um die Kritik. Für ihn war es das Wichtigste, daß er den Turm bauen konnte, wenngleich noch einige Probleme zu überwinden waren, zum Beispiel die Finanzierung. Schließlich verbürgte Eiffel sich persönlich für die noch fehlende Summe, die drei Viertel der Kosten ausmachte. Kaum hatte man mit dem Bau begonnen, da erschien in der Tageszeitung *Le Temps* auch schon eine 'Protestation contre la Tour de M. Eiffel', unterzeichnet von vielen bedeutenden Persönlichkeiten des französischen kulturellen Lebens, wie Guy de Maupassant, Alexandre Dumas fils und Charles Gounod. Auch andere gaben ihre Geringschätzung zu erkennen. Charles Garnier, der Architekt des Opernhauses, verlangte, daß der Turm wieder abgebrochen würde, und der Dichter Paul Verlaine sprach von einem 'squelette de beffroi', einem Glockenstuhl-Gerüst. Es wird behauptet, daß er den Stadtteil von Paris, in dem der

Der Wettbewerbsentwurf des Architekten Charles Dutert (oben) fand die Zustimmung der Juroren. Er gab fast zwei Dritteln des Geländes einen gartenartigen Charakter mit vielen einzelnen kleinen Gebäuden und dem Turm in der Mitte, der auch der von Eiffel und Sauvestre war. Das Gelände sollte von großen Ausstellungshallen umsäumt werden.
Dutert gehörte zu den Gewinnern des ersten Preises.

Architekt Raulin verwendete zwar den Turm von Eiffel und Sauvestre als Ausgangspunkt, aber er verfügte über genügend Originalität, um noch etwas hinzuzufügen. Auch er umgab den Turm zur Hälfte mit einem großen, hufeisenförmigen Palast für die Ausstellungen (siehe Grundriß Seite 67), aber der Turm bildet mit diesem Palast aus Stahl und Glas eine Einheit. So wird die Vorderseite des Bogens zwischen den Füßen vollständig verglast, während die Seitenteile mit riesigen Nebensälen versehen sind, die zum größeren dahinterliegenden Palast gehören. Raulin erhielt für seinen Entwurf einen zweiten Preis in Höhe von 2000 Francs. Auch die Architekten Cassien-Bernard und Nachon, ebenso wie Edouard Deperthes, erhielten einen zweiten Preis. Mit dem dritten Preis wurden die Architekten Ballu, Fouquiau, Hochereau und Girault, Paulin, Pierron und Vaudoyer ausgezeichnet.

Der Entwurf von Raulin (oben) zeigt einen reich mit Ornamenten geschmückten Eiffelturm als Bestandteil des großen gläsernen Ausstellungspalasts, der an den Londoner Kristallpalast aus dem Jahre 1851 erinnert. Auf der Seite zur Seine hat die Halle zwei reichgeschmückte Bogen. Neben dem Turm wird der Eingang noch einmal durch zwei kleinere Türme markiert, die 100 m hoch werden sollten.

Turm steht, niemals mehr besucht habe.
Eiffel ließ das nicht auf sich beruhen, und in einem Interview derselben Zeitung schlug er zurück: 'Ich bin davon überzeugt, daß der Turm seine eigene Schönheit bekommen wird. Weil wir Ingenieure sind, glaubt man, daß wir uns in unseren Konstruktionen nicht mit dem Schönen beschäftigen und daß wir uns, während wir uns um Solidität und Standfestigkeit kümmern, keine Mühe geben, die Dinge elegant zu gestalten? Sind die wahren Funktionen der Kräfte denn nicht stets in Übereinstimmung mit den geheimen Ursprüngen der Harmonie? Über welchen Ausgangspunkt habe ich mir beim Turm am meisten Rechenschaft abgelegt?
Über die Windstabilität. Nun, ich behaupte, daß die Krümmungen der vier Beine des Bauwerks, die sich aus den Berechnungen ergeben, einen überwältigenden Eindruck von Kraft und Schönheit bieten werden.' Dank Eiffels Selbstvertrauen und seinem Glauben an die technischen Möglichkeiten wuchs der Bau heran. Nach 26 Monaten war der Eiffelturm vollendet, und mit ihm besaß die Welt endlich den langersehnten '1000 Fuß hohen Turm'. Der Traum war Wirklichkeit geworden.

Beim Wettbewerb von 1886 erhielt auch Jean Camille Formigé einen ersten Preis. Die Juroren bewerteten seine Gestaltung der Ausstellungshallen sehr positiv. Man sprach von vornehmer Anmut und Grandeur. Deshalb wurde er mit dem Bau des Palais des Arts Libéraux beauftragt. Auch Formigé wagte sich nicht an den Entwurf des Turms, er plazierte den von Eiffel auf das Champ-de-Mars und umgab ihn mit einer weiten Grünanlage. Darum herum ordnete er auf drei Seiten seine Hallen an, deren Eingänge hinter den Turm gelegt wurden. Die Besucher sollten also unter dem Turm hindurch zu den Hallen gehen. Oben die Ansicht von der Seine aus; der Turm ist weggelassen. Auf dem Grundriß darunter ist zu sehen, wie Formigé den Turm plazieren wollte. Von links: die Seine, die Kais, die Grünanlage und dann der Turm inmitten einer gartenartigen Umgebung. (Die Fundierung ist durch kleine Vierecke angedeutet.) Auf drei Seiten des Turms die Ausstellungshallen; in der Achse der Brücke liegt der Haupteingang.

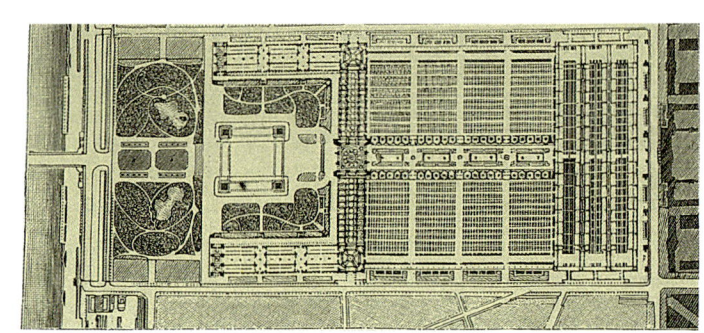

Der Eiffelturm inspirierte viele. Als 1894 im Londoner Wembley Park eine große Ausstellung veranstaltet werden sollte, wünschte man einen hohen Turm als Blickfänger. Auch hier wurde ein Wettbewerb ausgeschrieben, und die Epigonen konnten sich an die Arbeit begeben. Oben sind 24 Einsendungen zum Wettbewerb für 'einen 350 m hohen Turm' zu sehen. Obwohl man tatsächlich mit den Arbeiten am Fundament begann, ist der Turm im Wembley Park niemals ausgeführt worden.

Nach dem Wettbewerb erhielt Eiffel den Auftrag zum Bau 'seines' Turms. Die Ausführung dauerte 26 Monate, ein Arbeiter kam dabei ums Leben. Im Juni 1887 waren die Fundamente fertig, und am 1. Juli begann man mit dem Bau des eigentlichen Turms. Sämtliche 12 000 Einzelteile waren von der Fabrik Levallois-Perret auf den Zehntelmillimeter genau vorgefertigt. Zwei Jahre lang hatten 40 Konstrukteure und Rechner daran zu arbeiten. Insgesamt wurden im Turm 2 500 000 Nieten verarbeitet. Am Bau waren zwischen 150 und 300 Arbeiter tätig, die schon vorher bei Eiffels Viadukten Erfahrung gesammelt hatten.

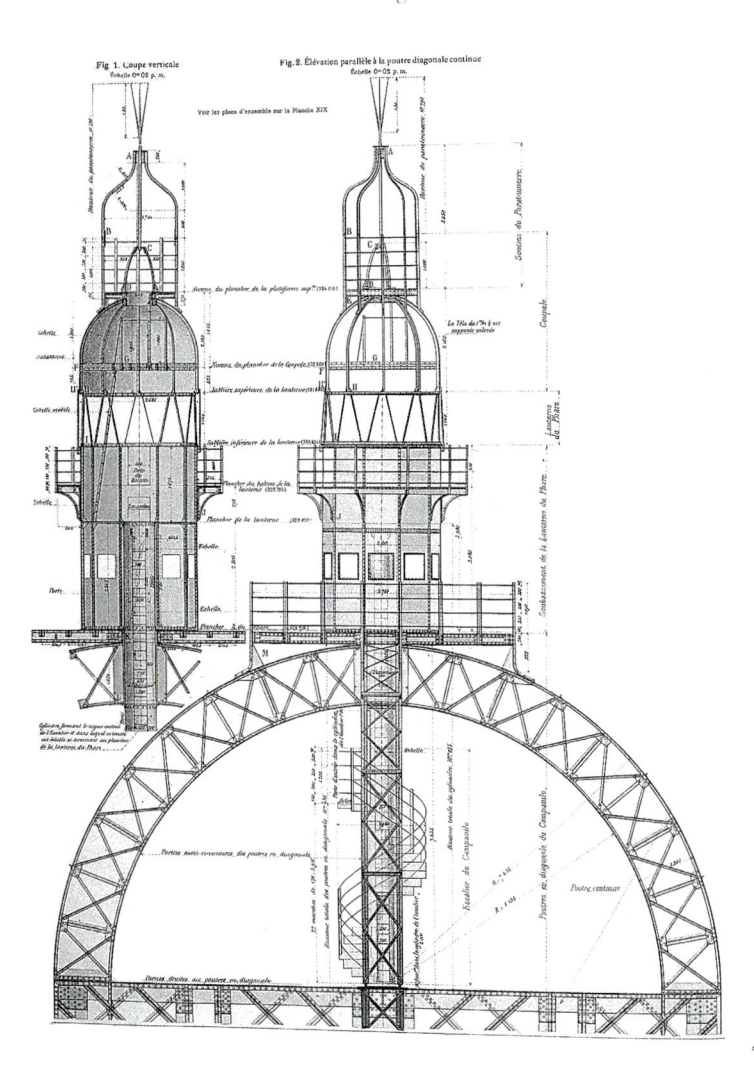

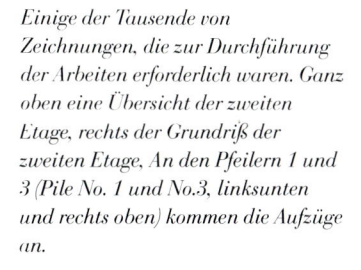

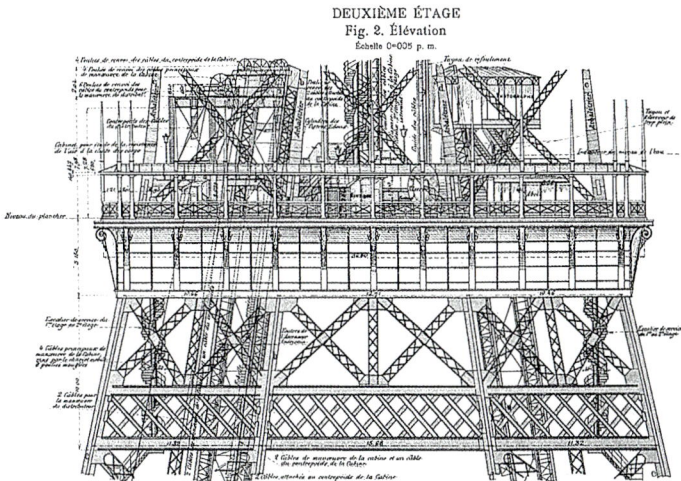

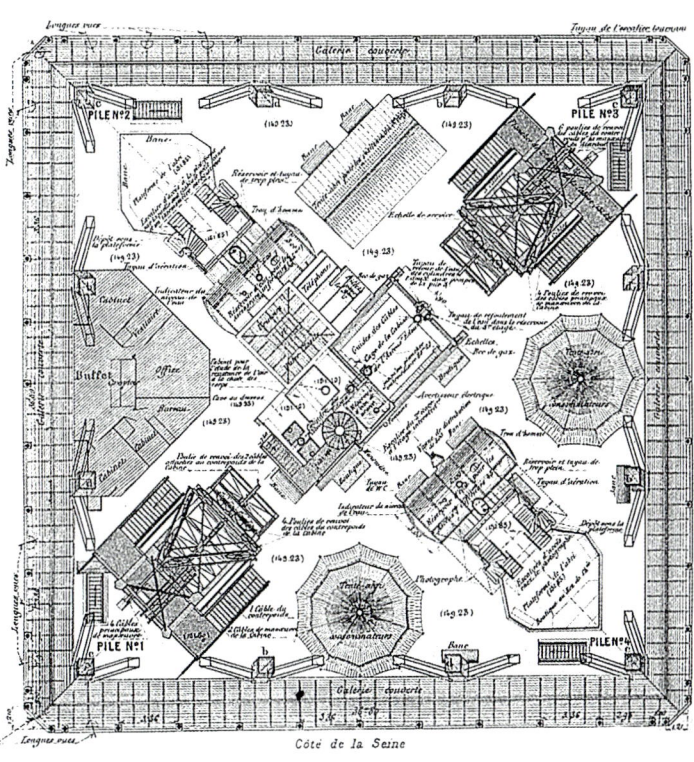

Einige der Tausende von Zeichnungen, die zur Durchführung der Arbeiten erforderlich waren. Ganz oben eine Übersicht der zweiten Etage, rechts der Grundriß der zweiten Etage. An den Pfeilern 1 und 3 (Pile No. 1 und No.3, linksunten und rechts oben) kommen die Aufzüge an.

Links die Spitze des Turms. Lange Zeit wurden hier wissenschaftliche Daten gesammelt.

71

POSTSPARKASSENAMT IN WIEN

ARCHITEKTURWETTBEWERB FÜR EIN NEUES BÜROGEBÄUDE DER POSTSPARKASSE ZU WIEN

AUSSCHREIBUNG: 25. Januar 1903, Entscheidung: 10. Juni 1903; Teilnehmerzahl: 32

JURY: Dr. Mansuet Kosel (Sektionschef und Direktor des Postsparkassenamtes), Vorsitzender; Gustav Bamberger (Architekt und Maler); Leopold Bauer (Architekt); Emil von Förster (Ministerialrat und Vorstand des Hochbaudepartementes im Ministerium des Innern); Michael Koch (Oberbaurat und Direktor der Dikasterialgebäude-Direktion); Josef Künstler (Sektionsrat im Finanzministerium); Franz von Neumann (Architekt); George Niemann (Professor und Prorektor der Akademie der bildenden Künste in Wien); Andreas Streit (Architekt); Christian Ulrich; Alexander Wielemans (Architekt); Karl von Wiener (Ministerialrat und Referent des Kunstrates im Ministerium für Kultus und Unterricht)

PREISTRÄGER: Eugen Faßbender, Otto Wagner, Heinrich von Ferstel, die Architektengemeinschaft Franz von Krauß und Josef Tölk sowie Theodor Bach. Der Entwurf von Wagner wurde zum Erwerb vorgeschlagen.

BAUAUSFÜHRUNG: Juli 1904 bis Dezember 1906 (in den Jahren 1910 bis 1913 Erweiterung an der Rückseite nach Entwurf von Wagner)

Das Wien der Jahrhundertwende erhielt im Laufe des zwanzigsten Jahrhunderts eine zunehmend romantische, ja legendäre Bedeutung. Man verband es mit Namen wie Klimt, Freud, Wittgenstein, Kokoschka und Schönberg. Es war die Stadt der Secession, der Wiener Werkstätte, der Wiener Schule.

Aber vor allem war Wien zu jener Zeit die Hauptstadt einer großen 'Doppelmonarchie' mit mehr als 50 Millionen Einwohnern, die über Österreich ('die Königreiche und Länder, die im Reichsrat vertreten sind'), Ungarn ('die Länder der ungarischen Krone'), Bosnien und die Herzegowina verteilt waren. Von der Tatsache, daß die Doppelmonarchie keine Einheit darstellte, war in Wien relativ wenig zu spüren. Die Stadt wuchs, die Industrialisierung nahm in großem Umfang zu, und das Stadtbild veränderte sich eingreifend. Vor allem nachdem Kaiser Franz Joseph I. im Jahre 1857 beschlossen hatte, die Basteien zu schleifen und diesen Teil der Stadt zur Anlage der Ringstraße zu bestimmen, erhielt Wien ein anderes Gesicht. Die Prachtbauten an der Ringstraße stellten monumentale Äußerungen von Macht, Größe und Selbstvertrauen dar.

Im Jahre 1883 wurde für die 'Königreiche und Länder' die Postsparkasse gegründet. Von Anfang an war diese Sparkasse für den kleinen Mann - von dem behauptet wurde, daß er ein Gegner der 'von Juden beherrschten Banken' sei - ein großer Erfolg. Zunächst war die Postsparkasse im Dominikanerkloster in der Wollzeile 37 untergebracht, aber schon 1885 mußte sie in die alte Universitätsbibliothek in der Postgasse 7-9 umziehen.

Die Universität selbst hatte im Jahr davor ein prächtiges neues Gebäude in der Ringstraße bezogen. Das Sparkassengeschäft nahm weiterhin zu, und im gleichen Verhältnis stieg auch der Personalbestand, während die Arbeitsbedingungen für die Angestellten sich verschlechterten. Das Personal klagte über die Mäuse, die sich über die Frühstücksbrote hermachten, und die üble Angewohnheit der Besucher und des Personals, auf den Boden zu spucken, machte das Gebäude zu einer wahren Brutstätte für die Tuberkulose.

Die Lüftung bereitete besondere Probleme. In einzelnen Abteilungen war es unmöglich, die Fenster zu öffnen. Im Jahre 1906 brachen unter dem Personal Unruhen aus, als eine 32jährige Angestellte starb. Trotzdem machte die Direktion keine Anstalten, auf die Beschwerden einzugehen. Das neue Gebäude der Postsparkasse stand kurz vor der Vollendung, und beim Entwurf hatte man gerade der Betriebshygiene besondere Aufmerksamkeit gewidmet. Dieses neue Bürohaus wurde auf dem Gelände der ehemaligen Franz-Joseph-Kaserne aus den Jahren 1854-1857 errichtet. Sie lag am Rande der Wiener Innenstadt und wurde 1898 abgerissen; damit konnte der letzte Abschnitt der Ringstraße Gestalt annehmen. Im Jahre 1902 kaufte die Postsparkasse die brachliegenden Grundstücke, und am 25. Januar 1903 wurde ein Wettbewerb für Architekten ausgeschrieben, die ihren Wohnsitz im

*Die Österreichische Postsparkasse in den achtziger Jahren unseres Jahrhunderts: ein für den Zeitpunkt des Entwurfs sehr fortschrittliches Gebäude mit wenig Ornament und Dekor. Zum Vergleich: Die Wohnhäuser beiderseits der Anlage wurden wenige Jahre nach dem Sparkassengebäude fertiggestellt. Das Gebäude hat seinen Eingang mit Aluminiumsäulen unter dem Vordach am Georg-Coch-Platz, der bis 1913 Lisztstraße hieß, von der Ringstraße aus deutlich sichtbar.
Das untere Foto gibt die Ansicht von der Ringbahn aus wieder. Im Vordergrund das Denkmal des Gründers der Sparkasse, Georg Coch.*

damaligen Österreich (ohne Ungarn oder Bosnien) hatten.
Im Wettbewerbsprogramm war einer möglichst zweckmäßigen und hygienischen Austattung viel Aufmerksamkeit gewidmet: 'Das Tiefparterre, soweit ein solches nach den örtlichen Verhältnissen möglich und zweckmäßig ist, soll den Vorschriften für Bewohnbarkeit von Räumen entsprechen, für Bureauzwecke geeignet sein und gute, natürliche Ventilation sichern.' Das Programm forderte außerdem einen Eingang von der Bibergasse, und zwar in dem Teil der Straße, der über die Lisztstraße (den späteren Georg-Coch-Platz) von der Ringstraße aus sichtbar ist. Der Baustil wurde dem Entwerfer freigestellt, aber 'das Haus soll bei einfacher und würdiger Ausstattung sowie Vermeidung jeder überflüssigen Außen- und Innendekoration den Charakter eines Staatsgebäudes tragen. Bei allen Dekorationen wird auf Dauerhaftigkeit und geringe Erhaltungskosten Wert gelegt.' Wichtig waren - dem Programm zufolge - die Verbindungen innerhalb des Gebäudes: 'sicherer, bequemer und rascher Verkehr zwischen allen Amstabteilungen. Es müssen deshalb alle Teile des Gebäudes durch gute Kommunikation miteinander so verbunden sein, daß es nicht notwendig ist, Höfe und Bureauräume zu passieren.'
Ein Aspekt der Ausschreibung darf nicht außer acht gelassen werden, weil er im Anschluß an den Wettbewerb noch eine wesentliche Rolle spielte. Hinter dem Haupteingang in der Bibergasse war ein geräumiges Vorportal mit Zugängen zu den Direktionsräumen und den 'Kassensälen' vorgesehen. An späterer Stelle des Programms wurde ausführlich beschrieben, welchen Bedingungen die 'Kassensäle' zu genügen hatten. Es war die Rede von einem Kassensaal für den Scheckverkehr und einem für den Sparverkehr, und daneben wurde noch eine 'zentrale Kasse' erwähnt. Von jedem dieser Räume war genau gesagt, wie groß er sein sollte, wie viele Schalter er enthalten durfte, wieviel Platz für das Personal benötigt wurde und welche Anforderungen sonst noch gestellt wurden.

Am 30. April 1903, mittags zwölf Uhr, war die Einsendefrist abgelaufen. Die Architekten hatten gut drei Monate Zeit zum Ausarbeiten ihrer Entwürfe gehabt. Zu diesem Zeitpunkt waren bei der Postsparkasse 32 Sendungen eingegangen. Eine Woche später trat die Jury - unter dem Vorsitz des Direktors der Postsparkasse - erstmals zusammen. Und gleich zeigte sich ein Problem: Sechs Projekte waren ohne Namensangabe des Verfassers eingesandt worden, und das war dem Programm zufolge nicht zulässig. Man beschloß nach weitläufigen Diskussionen, die Namen der anonymen Einsender über Zeitungsinserate zu erfragen.
Als die Jury am 6. Juni 1903 zum zweiten Mal zusammentrat, zeigte sich, daß dieses Verfahren richtig gewesen war. Sämtliche anonymen Einsender hatten sich gemeldet. Während dieser Versammlung nahm die Jury eine erste Selektion der Entwürfe vor. Aufgrund des allgemeinen Eindrucks, der Einteilung der Räume, der Belichtung, der Anordnung der Treppen und der Konstruktion des Gebäudes sollte projektweise abgestimmt werden, und natürlich wurde auch die ästhetische Seite des Entwurfs in die Überlegungen einbezogen. In zweieinhalb Stunden passierten sämtliche 32 Projekte Revue, wobei 14 Projekte einstimmig abgewiesen wurden, während sechs einstimmig in die folgende Beurteilungsrunde gelangten. Bei zwölf Projekten entschied die Stimmenmehrheit; acht wurden abgelehnt, und vier erreichten die nächste Runde. Im Jurybericht wurden die Ablehnungsgründe kurz wiedergegeben.
Vier Tage später, am 10. Juni 1903, fand die dritte Versammlung der Jury statt. Auf Vorschlag des Vorsitzenden wurden zuerst die vier Projekte besprochen, die diesen Rundgang nicht einstimmig erreicht hatten. Man stimmte darüber ab: Kein einziges wurde gutgeheißen. Anschließend blieben sechs Projekte übrig.
Angesichts der Tatsache, daß fünf Preise zu vergeben waren, lief es im Grunde darauf hinaus, daß nur ein Projekt herausfiel. Auch diese Entwürfe wurden ausführlich diskutiert, und aus dem Bericht der Jury ging hervor, daß man am meisten und am längsten über das Projekt Nr. 2 von Otto Wagner gesprochen hatte. Im allgemeinen wurde dieser Entwurf positiv beurteilt, wenngleich man beanstandete, daß die Treppe zu den Direktionsräumen sich nicht an der rechten Stelle befinde und einzelne Bürobereiche nicht ausreichend belichtet seien. Ferner gab es Kommentare zum zweiten Glasdach, und es wurde darauf hingewiesen, daß 2000 Quadratmeter Raum fehlten. 'Was den ästhetischen Teil betrifft, so kann er nicht befürwortet werden.' Aber die Diskussion entfachte sich erst richtig an dem Umstand, daß Wagner die Kassenräume in seinem Entwurf zu einem großen Saal zusammenfügte. Man wies darauf hin, daß dies im Widerspruch zu den Wettbewerbsbedingungen stehe, wenngleich eingesehen wurde, daß diese Lösung auch ihre Vorteile hatte. Der Vorsitzende und Direktor der Sparkasse

Auch beim Interieur zeigte Wagner sich in der Verwendung von Dekor sehr zurückhaltend. Als Architekt kümmerte Wagner sich um sämtliche Details. So entwarf er auch das Mobiliar, schwarz lackierte Holzstühle und Schränke mit Beschlägen aus Aluminium. Das Foto zeigt den Konferenzraum des Vorstands. Im Hintergrund ein Gemälde des Kaisers Franz Joseph.

erklärte, daß der Entwurf seiner Meinung nach ganz im Sinne der Wettbewerbsbedingungen gehalten sei, und auch der Referent des Kunstrates, Wiener, meinte, daß das Wettbewerbsprogramm die Trennung dieser Hallen nicht ausdrücklich vorschreibe.

Als sämtliche Projekte besprochen waren, schritt man zur Abstimmung. Nur ein Projekt - das von Krauß und Tölk - wurde einstimmung für einen Preis vorgeschlagen. Projekt Nummer 18 von Brang fand nur zwei positive Stimmen und entfiel daher für eine Auszeichnung. Die übrigen vier Projekte wurden, wenngleich nicht einstimmig, zur Preisverleihung vorgeschlagen. Nachdem der Vorsitzende die Entscheidung bekanntgegeben hatte (die Entwürfe von Faßbender und Tremmel, von Wagner, von Ferstel, Krauß und Tölk und Bach erhielten je 3000 Kronen), bat der Architekt von Neumann darum, seine Gegenstimme gegen Wagners Entwurf noch einmal ausdrücklich im Bericht der Jury zu erwähnen. Seiner Meinung nach stand Wagners Entwurf im Gegensatz zu den Bedingungen des Wettbewerbs, so daß er für einen Preis nicht in Frage kommen konnte. Überdies wünschte er die schriftliche Erklärung, daß dieses Projekt der Postsparkasse dessenungeachtet zum Erwerb vorgeschlagen werden sollte. Nach diesem Antrag schloß der Vorsitzende die Versammlung, die dreieinviertel Stunden gedauert hatte.

In der zentral gelegenen Schalterhalle brachte Wagner viele Ventilationsrohre aus Aluminium unter, die für ein angenehmes Klima sorgen sollten. Der Fußboden besteht zum großen Teil aus Glasfliesen, die das Licht zum Tiefgeschoß durchlassen. Die Halle gilt im allgemeinen als einer der ersten Ansätze zum modernen Bauen des zwanzigsten Jahrhunderts.

Es gab also fünf Preisträger, von denen Otto Wagner als ausführender Architekt in Frage kam. Er war damals bereits über sechzig Jahre alt und in dieser Phase seiner Laufbahn voll absorbiert vom Phänomen der Verkehrsverbindungen. Nachdem er in den ersten Jahrzehnten seiner Architektenpraxis noch Bauwerke in historisierenden, klassizistischen Formen geplant hatte, die im Wien der zweiten Hälfte des Jahrhunderts kaum aus dem Rahmen fielen, änderte er seine Auffassungen um 1890. Es wurde gesagt, daß Wagner bewußt danach gestrebt habe, sich zuerst als Architekt und Spekulant eine sowohl finanzielle als auch gesellschaftliche Sicherheit zu verschaffen. Als dieses Fundament zu seiner Zufriedenheit etabliert gewesen sei, habe er sich die Freiheit genommen, eigene Ideen zu entwickeln. Im Jahre 1893 gewann er einen stadtplanerischen Wettbewerb in Wien, wobei er den Verkehrsfluß bewußt als Basis seines Entwurfs nutzte. Diente die damals bereits berühmte Ringstraße als Darstellung der Macht und der architektonischen Leistungen der Stadt, so verwendete Wagner die Ringbahn als Ausgangspunkt für eine neue Planung des Wiener Verkehrsnetzes. Zwischen 1894 und 1897 konnte er sich ganz auf die Realisierung dieser neuen Verkehrsverbindungen konzentrieren: Er erhielt den Auftrag zur Anlage der Wiener Stadtbahn. Zur gleichen Zeit wurde er auch als Dozent für Architektur an die Wiener Akademie berufen.

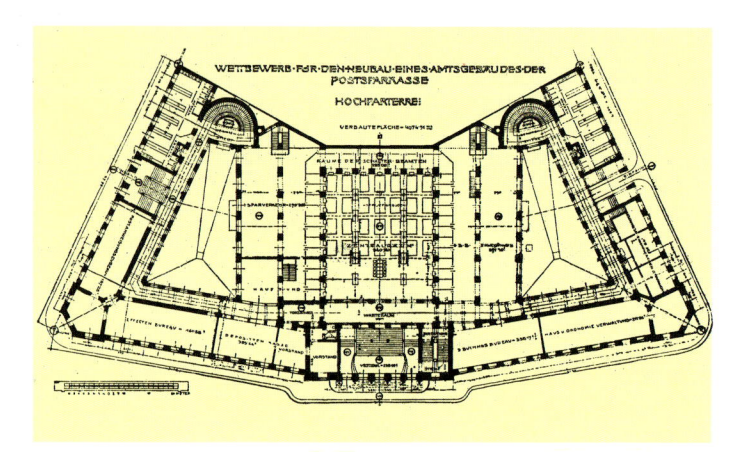

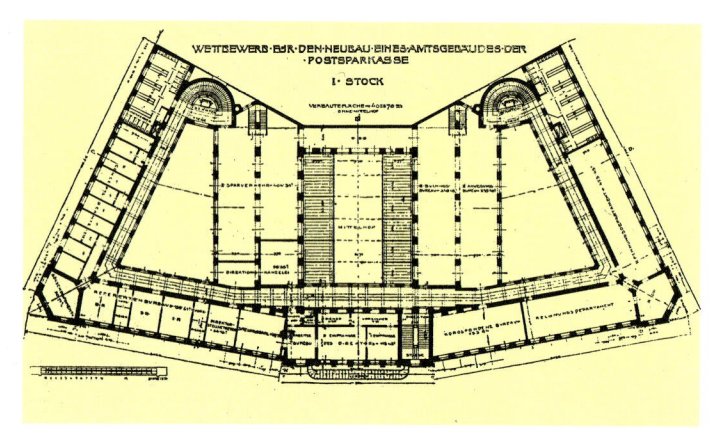

Seither entwickelte er in zunehmendem Maße eine funktionale Auffassung der Architektur. Sein Motto war: 'Artis sola domina necessitas' (Die einzige Herrin der Kunst ist die Notwendigkeit). In Wagners Denken sollte die Form eines Gebäudes nicht von der Schönheit, sondern durch seinen Nutzwert bestimmt werden. Die Notwendigkeit, welche die Architektur beherrschen sollte, sah Wagner vor allem im 'modernen Leben' und, zugespitzt, im zunehmenden Reisetrieb des modernen Großstadtmenschen. Zweifellos sind Wagners Gedankengänge hier sehr global wiedergegeben. Er äußerte solche Auffassungen niemals derart radikal.
In den neunziger Jahren und in den ersten Jahren dieses Jahrhunderts stand er auch wesentlich unter dem Einfluß der Secession, einer Gruppe großenteils junger Künstler, die - in gewisser Ähnlichkeit zum Art Nouveau in Frankreich und Belgien und zur Arts-and-Crafts-Bewegung in Schottland - nach einer neuen Kunst strebten, wobei sie ihre Zuflucht in expressiven, oftmals der Pflanzenwelt entlehnten Formen suchten. Vor allem sein Schüler und Mitarbeiter Joseph Olbrich muß zu jener Zeit starken Einfluß auf Wagner ausgeübt haben. Aber um 1903 dürfte dieser sich davon befreit haben, und er war jetzt imstande, seinen funktional bestimmten Stil im Denken und Handeln zu praktizieren. Der Wettbewerb für die Postsparkasse gab ihm die Möglichkeit, seine Vorstellung von der Sparkasse in eine eigene Formensprache zu übertragen, auch wenn diese mit dem Wettbewerbsprogramm offenbar nicht im Einklang stand. Beim Äußeren des Gebäudes hatte er sich mehr denn je vom Ornament befreit.
Die Auffassungen Wagners mögen beim Direktor der

Oben: Der Grundriß der Beletage in Wagners Wettbewerbsentwurf. In diesem Geschoß befindet sich der Kassenraum im Zentrum des Gebäudes.

Mitte: Wagners Grundriß für das erste Stockwerk.

Sparkasse auf fruchtbaren Boden gefallen sein, aber umstritten blieben sie dennoch. Vor allem die Außenform des Gebäudes erweckte Widerspruch. Konservative Wiener unternahmen noch einen Versuch, den Entwurf von Heinrich von Ferstel - im vertrauten Renaissancestil - durchzusetzen. Dennoch wurde Wagners Entwurf gebaut. Zwar beklagte sich das Personal, das Gebäude ähnle einer 'beschlagenen Postkutsche', und wenige Monate nach der Eröffnung schrieb die *Neue Freie Presse* von einem 'abscheulichen Entwurf mit Marmorplatten, die wie Dachschindeln mit Nägeln oder Schrauben an den Mauern befestigt sind'. Die internationale Architekturkritik urteilte günstiger, und nach einiger Zeit wurde das Gebäude als eines der besten Werke Wagners angesehen, man betrachtet es sogar als einen wesentlichen Ansatz zum neuen, funktionalen Bauen.

Dennoch hatte der Wettbewerb noch ein bemerkenswertes Nachspiel: Der Architekt Peter Paul Brang - Einsender des Projekts Nummer 18, das als letztes abgewiesen wurde - war mit dem Urteil der Jury nicht einverstanden. Am 3. November 1903 schrieb er einen Brief an die Österreichische Ingenieurs- und Architektenvereinigung. Darin bat er um ein Urteil der Wettbewerbskommission der Vereinigung über den Ablauf dieser Konkurrenz. Brang war der Meinung, man hätte Wagner nicht mit einem Preis auszeichnen dürfen. Am 4. Dezember 1903 trat eine Kommission der Vereinigung zusammen, um ein Urteil zu fällen. Ausführlich ging sie auf die Abwicklung des Wettbewerbs ein. Als erstes erklärte sie ganz allgemein, es müsse einer Jury unter allen Umständen möglich sein, Wettbewerbsentwürfe, die gegen die Bedingungen verstoßen, nach Ablauf der Beurteilung einer erneuten Bewertung zu

Wagners Wettbewerbsentwurf enthielt neben einem Glasdach direkt über dem Kassensaal auch noch eine zweite gläserne Lichtkuppel, die in beeindruckender Weise über das Dach hinausragte. Die Jury fand nur kritische Worte für diese großartige Konstruktion. Sie sei nicht nur sehr kostspielig, sondern könnte sich überdies beim Bau der Wohnungen, die später in der Umgebung gebaut werden sollten, als hinderlich erweisen. Im ausgeführten Entwurf ist die Dachkuppel verschwunden. Damit das Dach dennoch eine visuelle Krönung erhielt, entwarf Wagner ein neues, straffes Dachgesims mit acht kranzförmigen Dekors, welches sich an der Hinterfassade befindet, aber so hoch ist, daß es, von der Straßenseite gesehen, zur Vorderfassade zu gehören scheint (siehe auch Seite 73).

Die Wettbewerbsentwürfe für die Postsparkasse wurden nicht anonym eingereicht. Man erwartete, daß die Architekten ihre Projekte unter dem eigenen Namen einsandten. Einige Teilnehmer waren allerdings der Meinung, daß es sich doch um einen mehr oder weniger anonymen Wettbewerb handele. Sie reichten ihre Entwürfe unter einem Kennwort ein. Die Zeichnungen der Architekten Franz von Krauß und Josef Tölk lagen in einem geschmackvollen, mit hellblauem Leinen beklebten Karton, der die beiden Namen in einem Rechteck nannte. Das gleiche Rechteck fand sich rechts unten auf allen Zeichnungen.

Während der Beratungen bemerkten einige Juroren, der Entwurf sei wegen seiner Schlichtheit zu loben, wenngleich man meinte, daß die Kuppeln an den Ecken verschwinden sollten (siehe auch folgende Seite, oben).

Sowohl im Zeichenstil als auch in der Präsentation waren beide Architekten von der Secession beeinflußt, was auch an der Gestaltung zu erkennen ist, zum Beispiel an der Form der Vordächer über dem Eingang. Aber an anderen Stellen konnten sie sich noch nicht vom Eklektizismus des neunzehnten Jahrhunderts befreien. In dieser Hinsicht hatte die Jury recht mit ihrer Behauptung, daß die Kuppeln an den Ecken nicht zum Entwurf paßten.

Die Juroren fanden den Aufbau des Entwurfs von Franz von Krauß und Josef Tölk übersichtlich und einfach, äußerten aber Kritik an der Situierung der Kassenräume. Die Architekten legten den großen Kassensaal für den Scheckverkehr in die Gebäudemitte: ein großer, halbkreisförmiger Raum, umringt von Schaltern. Drei weitere Kassenräume sind im rechten Flügel untergebracht (siehe unteren Grundriß). Die Kritik an dieser Anordnung änderte nichts daran, daß der Entwurf als einziger mit allgemeiner Zustimmung für einen Preis vorgeschlagen wurde.

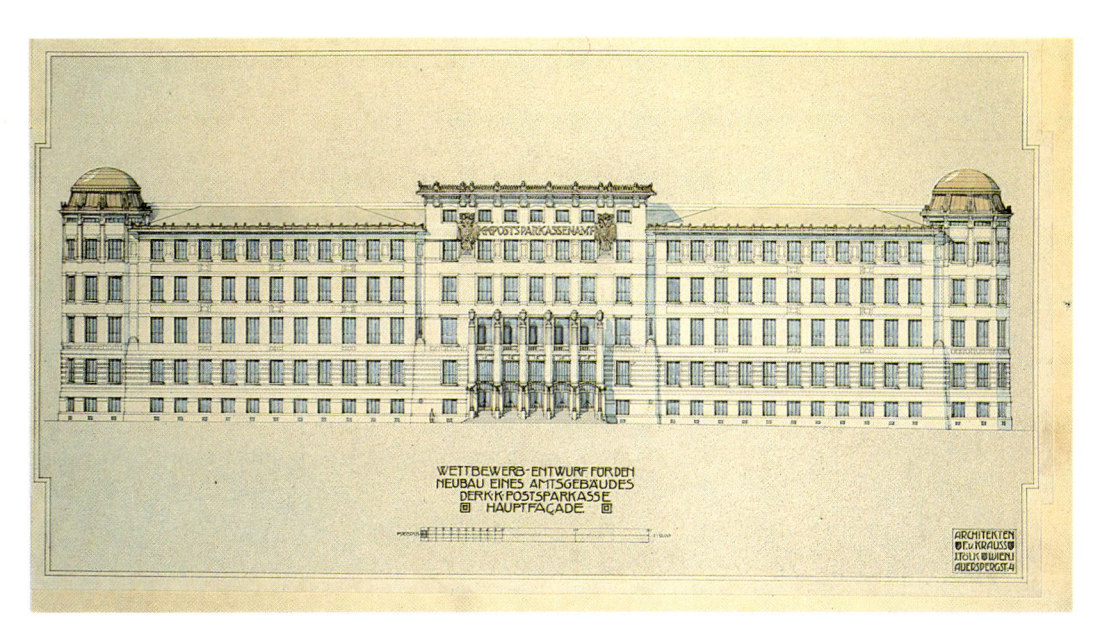

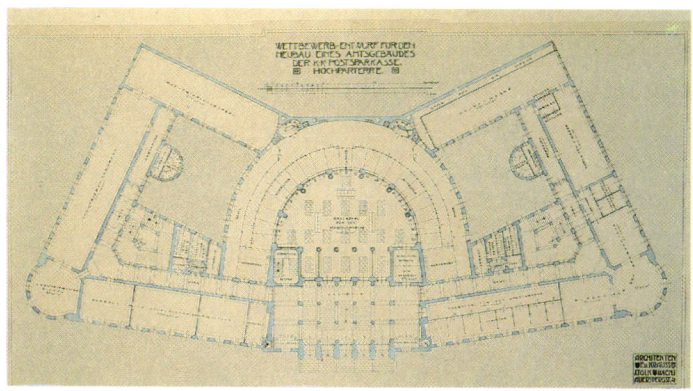

Der Entwurf von Theodor Bach - der übrigens auch ausgezeichnet wurde - fand das Lob der Jury wegen seines klaren und einfachen Aufbaus und der guten Verbindungen, während 'die Fassade allen Anforderungen genügt, wenngleich sie etwas einfacher gestaltet werden könnte'.

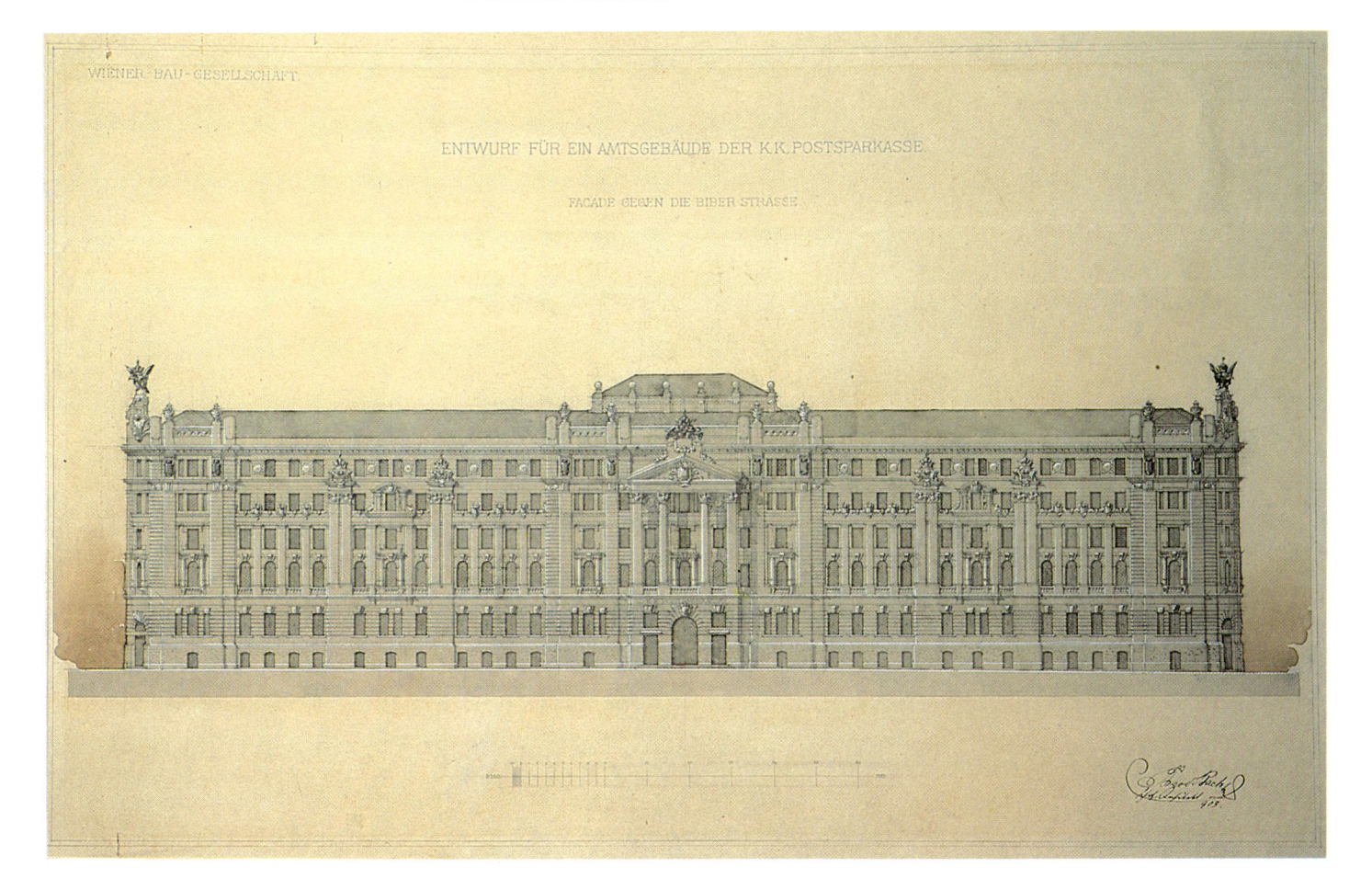

unterziehen und dann unter Umständen zum Erwerb zu empfehlen. Um richtig beurteilen zu können, ob ein Entwurf gegen die Bedingungen verstieß, verwies die Kommission auf die Wettbewerbsbestimmungen der Vereinigung. Diese besagten, daß in einer Jury die Fachleute dominieren müßten, damit sie nicht von Laien überstimmt werden könnten. Überdies machte die Kommission auf die Bestimmung aufmerksam, daß ein Preisgericht die Wettbewerbsentwürfe nur im Geiste des Programms beurteilen dürfe. Beim Wettbewerb für den Berliner Reichstag wurde einer der angesehensten Architekten jener Zeit von der Teilnahme ausgeschlossen, weil er sich nicht an die Bedingungen gehalten hatte. Dies sei eine vorbildliche Handlungsweise gewesen, meinte die Kommission, die den Namen dieses Einsenders, Heinrich von Ferstel (1828-1883), nicht erwähnte und auch die Tatsache überging, daß Ferstels Entwurf seinerzeit von der Berliner Jury trotzdem erworben wurde.

Die Kommission entschied, es sei als 'Formfehler' zu beanstanden, daß die Jury die Einsendungen für die Postsparkasse bei der Beurteilung nicht sorgfältig daraufhin überprüfte, ob sie im Widerspruch zu den Wettbewerbsbedingungen stünden. Es bleibt natürlich die Frage, ob das Projekt Nummer 2 - von Otto Wagner - als im Widerspruch zu den Wettbewerbsbedingungen anzusehen war. Diese wurden nunmehr gründlich analysiert. Das Programm sprach von einem Vestibül, von dem aus Zugänge zu den Direktionsräumen und Schalterhallen führen sollten. Die Kommission meinte aber, daß die Wettbewerbsbedingungen keine Zusammenfügung der Säle vorsähen. Am Schluß ihrer Ausführungen glaubte die Kommission, ohne Einschränkung die folgende Ansicht äußern zu müssen: Projekt Nummer 2 steht im Widerspruch zum Wettbewerbsprogramm und hätte nicht mit einem Preis ausgezeichnet werden dürfen. Zugleich wurde gefolgert, daß dem Projekt Nummer 18 des Architekten Peter Paul Brang ein Preis zuerkannt werden müßte. Als dritten Punkt erklärte die Kommission, daß dem Erwerb des Projekts Nummer 2 - und der Entscheidung zur Ausführung - nichts im Wege stehe.

Brang bekam sein Recht, wenngleich man nicht mehr ermitteln kann, ob die Sparkasse ihm auch seinen Gewinn ausgezahlt hat. Es mag befriedigend sein, wenn die eigene Berufsorganisation einem zum Recht verhilft, aber in der Praxis ist ein solcher Erfolg doch wohl fragwürdig. Für Otto Wagner hatte dieses Urteil keine Nachteile. Er blieb der Sieger an allen Fronten.

Der Entwurf von Franz Skowron, der schon beim ersten Durchgang von der Jury abgelehnt wurde. Den Juroren erschien es schwierig, den runden Saal mit dem Oberlicht zu bauen, und überdies war ihnen der Grundriß für eine Sparkasse nicht funktionell genug. Zum Schluß besagt der Bericht der Jury, daß der ästhetische Teil dieses Projekts nicht so recht befriedigte.

Skowron war einer der Architekten, die sich eines Kennworts bedienten. Sein Name wurde in einem gesonderten, versiegelten Umschlag genannt. Deshalb erscheint er auch nicht auf den Zeichnungen wie die Namen der meisten Teilnehmer. Da der Wettbewerb nicht anonym war, wurde Skowrons versiegelter Umschlag sofort geöffnet.

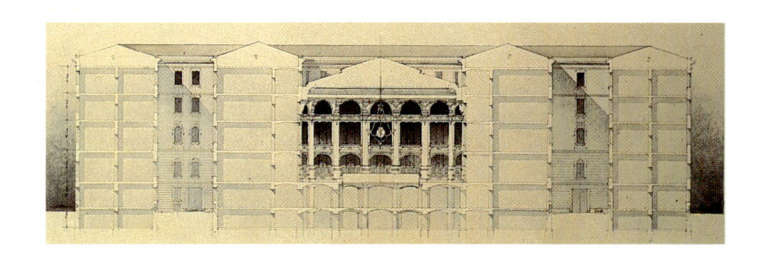

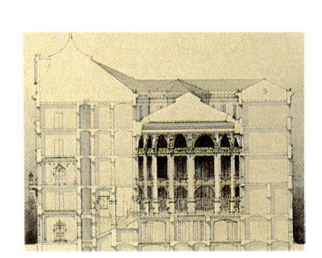

Der Beitrag von Max Freiherr von Ferstel, dem Sohn eines sehr angesehen Wiener Architekten. Sein Vater hatte sich am Wettbewerb zum Berliner Reichstag beteiligt. Die Jury war von diesem Entwurf begeistert: Er wurde daher auch mit einem Preis honoriert. Allerdings hatte die Jury an den Publikumseingängen zu den Kassenräumen einiges auszusetzen, aber dafür fand man die Unterbringung der Schalter sehr vorteilhaft: Man konnte sie mit einem Blick übersehen. Vom ästhetischen Standpunkt aus erschien der Jury dieses Projekt sehr befriedigend. Nachdem bekannt wurde, daß Wagners Entwurf ausgeführt werden sollte, setzten sich zahlreiche Wiener dafür ein, dennoch Ferstels Entwurf zu realisieren.

DAS RATHAUS VON STOCKHOLM

Einer der berühmtesten Räume des Stadthauses von Stockholm ist der Blaue Saal: ein festlich gestalteter, überdeckter Innenhof mit Bodenfliesen, beeindruckender Treppe und Balkon aus Marmor, prächtigen Säulengalerien und einer Decke mit blaßblau bemalter Täfelung.

NATIONALER ARCHITEKTURWETTBEWERB FÜR EINEN JUSTIZPALAST IN STOCKHOLM

AUSSCHREIBUNG ERSTE STUFE: Herbst 1903; Entscheidung: 26. März 1904; Ausschreibung zweite Stufe: 11. Oktober 1904; Entscheidung: März 1905
Teilnehmerzahl erste Stufe: 25; zweite Stufe: 5

JURY: Carolus Lindhagen, Bürgermeister von Stockholm; Richter Richard Ohnell, Sekretär der Stadtratskommission; Junker G. Tamm, ehemaliger Gouverneur von Stockholm, sowie die Architekten Professor I. Gustav Clason, Vorsitzender der Bauabteilung der schwedischen Architekten- und Ingenieursvereinigung, M. Nyrop (Dänemark) und Gustav Wickman (Schweden)

PREISTRÄGER: 1. Ragnar Östberg; 2. Ivar Tengbom und Ernst Torulf; 3. Carl Westman; Carl Bersten; Charles Lindholm (geteilter 3. Preis)

BAUAUSFÜHRUNG: 1911 bis 1923 nach dem Entwurf von Ragnar Östberg

Eine Mauer des Stadthauses trägt eine Plakette mit dem Bildnis des Architekten.

Östberg hatte bereits verschiedene Entwürfe zu einem neuen Stockholmer Stadthaus gemacht, noch ehe ein Wettbewerb ausgeschrieben war. Den oberen, der am 15. November 1901 in der Tageszeitung 'Aftonbladet' veröffentlicht wurde, fertigte er aus eigener Initiative an. Den mittleren aus dem Jahre 1902 schuf er auf Bitten des Richters Ohnell, der seine Stadtratskollegen dadurch von der Eignung der Baustelle überzeugen wollte. Die untere Zeichnung datiert aus dem Jahre 1904 und gehört zum Wettbewerbsentwurf. Die Einsendung erfolgte anonym, aber eine Ähnlichkeit mit dem früheren Entwurf ist erkennbar. Wahrscheinlich ahnten die Juroren aus dem Stadtrat wohl, wer der Architekt war.

Man erzählt, daß der Architekt Ragnar Östberg als alter Mann während eines Spaziergangs am Mälarsee in Stockholm seufzte: 'Ich habe keine Seele mehr, ich habe sie in dieses Gebäude gelegt.' Und dabei soll er auf das Rathaus von Stockholm gedeutet haben, an dem er gut zwanzig Jahre lang intensiv gearbeitet hatte. Architekten können nicht immer voraussehen, wie Kunst- und Bauhistoriker ihre Bauwerke später beurteilen werden. Östberg aber mußte dies wissen, denn heutzutage wird das Rathaus von Stockholm fast immer als 'die eigenwillige Schöpfung von Ragnar Östberg' bezeichnet oder so: '…an erster Stelle ein sehr persönliches Bauwerk, wenngleich bewußt versucht wurde, hier alles Edle zusammenzufügen, das Schweden je hervorgebracht hat.' Wer das Rathaus von Stockholm nennt, spricht also über Östberg. Und dieser mußte einen langen, mühsamen Weg gehen, ehe er sein Lebenswerk verwirklichen konnte. Ursprünglich hatte er ein völlig anderes Ziel im Auge gehabt.

Um 1890 hatte sich der Stadtrat von Stockholm bereits seit Jahren mit Plänen zum Ersatz des alten Stadthauses befaßt. Darin war, neben der Verwaltung, auch ein Bezirksgericht untergebracht, eine Mischung aus richterlicher und verwaltungsbeamtlicher Macht, die auf das mittelalterliche Stadtgesetz von Stockholm zurückgeht, wonach dieselben Personen, 'Radman' genannt, sowohl die Stadt regieren als auch Recht sprechen. Der Bau eines neuen Rathauses war eine langwierige Angelegenheit, aber 1892 erschien durch den Beschluß des Stadtrats, Stadtverwaltung und Gericht zu trennen, endlich eine Lösung in Sicht. Für jede dieser Aufgaben sollte ein gesondertes Gebäude errichtet werden: ein Rathaus und ein Justizgebäude. Aber über den Ort, an dem diese Bauten entstehen sollten, wurden wieder endlose Diskussionen geführt, die von den Einwohnern Stockholms

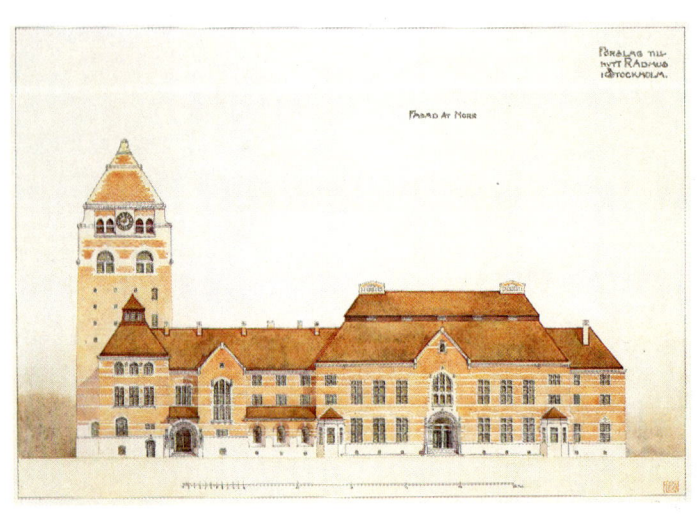

Einer der aussichtsreichsten Kandidaten der ersten Runde war Carl Westman, der sein Gebäude ganz auf die Ecke der Halbinsel setzte. Diese Lösung fand bei den Juroren viel Zustimmung, weil dadurch Raum für schöne Plätze frei wurde.

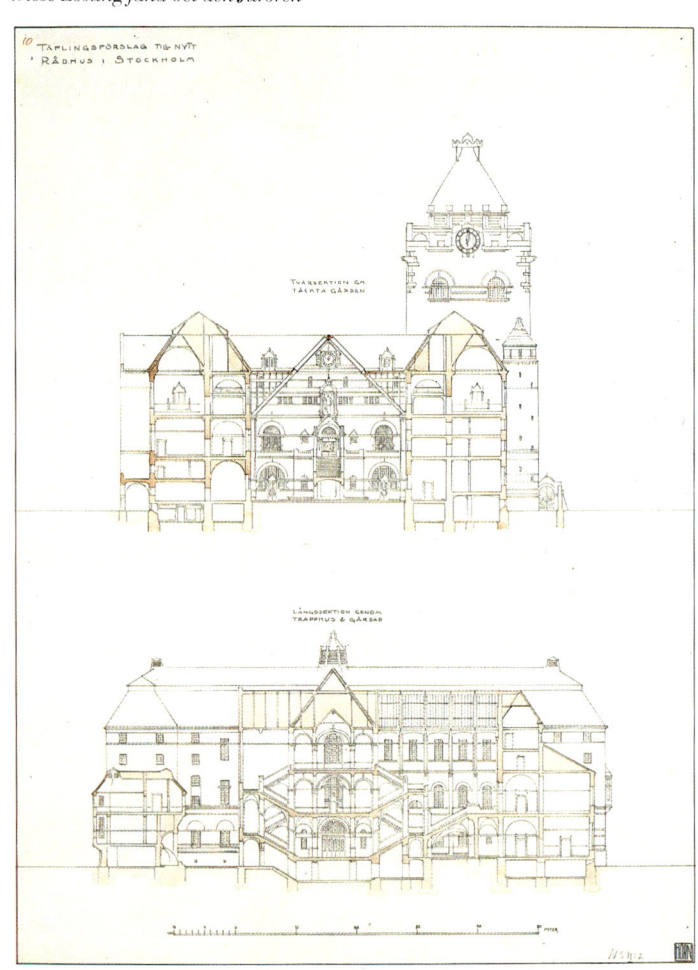

*Von Westmans erstem Entwurf war die Jury nicht begeistert; er erschien ihr zu unausgewogen. Der Turm war plump, aber das nahm man schließlich hin: Er sollte ja als Gefängnis dienen.
In seinem Entwurf zur zweiten Runde, rechts, machte Westman den Turm etwas schlanker, und die Fassade gestaltete er symmetrisch. Dennoch erhielt er nur den dritten Preis.*

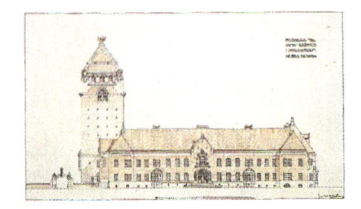

mit lebhaftem Interesse verfolgt wurden. Der junge Architekt Ragnar Östberg (1866-1945) beobachtete die Entwicklung mit besonderer Anteilnahme. Er arbeitete in den neunziger Jahren bei dem älteren Architekten I. G. Clason und war, nach seinen eigenen Worten, 'begeistert von der monumentalen Aufgabe eines Rathauses, das die Phantasie von der Arbeit des Alltags befreit'. Als die Stockholmer Kunstvereinigung im Jahre 1901 die Initiative ergriff, neben bildenden Künstlern erstmals auch Architekten zur Teilnahme an der alljährlichen Ausstellung einzuladen, nahm Östberg die Gelegenheit wahr. Er trat mit einem aufsehenerregenden Entwurf zu einem Rathaus hervor, welches Gericht und Verwaltung in sich vereinigte und im alten Stadtzentrum entstehen sollte. Östberg ging in seiner Planung sehr gewissenhaft vor: Bei der Aufstellung des Raumprogramms besprach er sich eingehend mit dem einflußreichen 'Radman' R. Ohnell, und das war später von Vorteil für ihn.

Im Jahre 1902 schlug der Stadtrat wieder den gordischen Knoten durch und verlieh dem Bau des Justizgebäudes Priorität. Ohnell, nunmehr Sekretär der Stadtratskommissionen, welche die beiden Bauwerke vorbereiteten, nahm sofort Verbindung zu Östberg auf, 'weil dieser sein Interesse für die Sache schon früher erwiesen hatte'. Gemeinsam prüften sie die möglichen Bauplätze für das neue Gericht und beschlossen dann, dem Stadtrat das sogenannte 'Dampfmühlengelände' (Eldkvarnen) vorzuschlagen. Dieses befand sich zwar nicht auf der Insel Staden, welche die Altstadt bildet, aber es lag doch in deren Nähe. Überdies handelte es sich um eine der schönsten Stellen von Stockholm, einen leicht herausragenden Eckpunkt der Insel Kungsholm mit markanter Lage am Mälarsee. Unverzüglich fertigte Östberg einen Entwurf zu einem monumentalen Justizgebäude an dieser Stelle an, den Ohnell mitnahm, um seine Stadtratskollegen von der Eignung dieses Standorts zu überzeugen. Er hatte Erfolg: Bereits am 27. Oktober traf der Stadtrat die wichtige Entscheidung, das Dampfmühlengelände zu erwerben. Aber man wollte noch nicht beschließen, wer das neue Gerichtsgebäude entwerfen durfte; dazu sollte ein öffentlicher Architekturwettbewerb ausgeschrieben werden. Der Wettbewerb wurde rasch und sorgfältig vorbereitet. Kein Geringerer als Östbergs früherer Arbeitgeber I. G. Clason, Vorsitzender der Bauabteilung der schwedischen Architekten- und Ingenieursvereinigung, wurde mit dem Erstellen der Wettbewerbsbedingungen beauftragt. Bei deren Bekanntgabe im Herbst 1903 zeigte sich, daß man sich für eine bemerkenswerte Form entschieden hatte. Der Wettbewerb sollte in zwei Stufen durchgeführt werden. Die erste Stufe stand allen schwedischen Architekten offen, und mit ihr waren keine Geldpreise verbunden. Unter den Teilnehmern sollten sechs ausgewählt werden, die sich an der zweiten Stufe beteiligen durften. Diese sechs sollten sämtlich eine Vergütung von 1500 schwedischen Kronen erhalten und Aussicht auf den Hauptpreis von 3500 Kronen oder einen Teil der 5000 Kronen haben, die zur Verteilung unter den fünf übrigen Mitbewerbern zur Verfügung standen. Natürlich hatte der Gewinner des ersten Preises auch gute Aussichten, das

Justizgebäude zu bauen.

Das Wettbewerbsprogramm war sehr detailliert und vollständig. Ganz genau wurde beschrieben, wie die eingereichten Zeichnungen anzufertigen seien, welchen Maßstab sie haben und in welcher Perspektive die Ansichten das Gebäude zeigen sollten. Die Verwendung von Farben wurde nicht verboten, aber die Einsendungen mußten anonym sein. Diese Anonymität wurde in beiden Stufen gewahrt: Bei der Bekanntgabe der zur zweiten Stufe Zugelassenen sollten nur die Kennworte genannt werden. Auch wurde im voraus genau mitgeteilt, aufgrund welcher Gesichtspunkte die Einsendungen beurteilt werden sollten, nach 'ihrer Zweckmäßigkeit, ihrem künstlerischen Wert und auch ihrer finanziellen Ausführbarkeit'. Selbst die Namen der

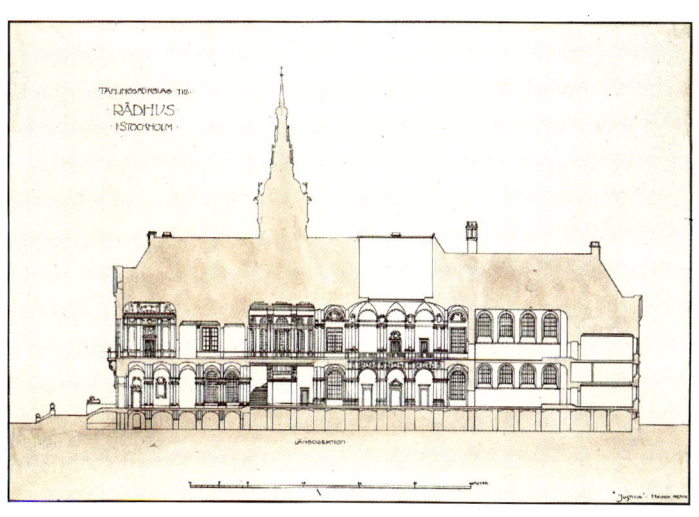

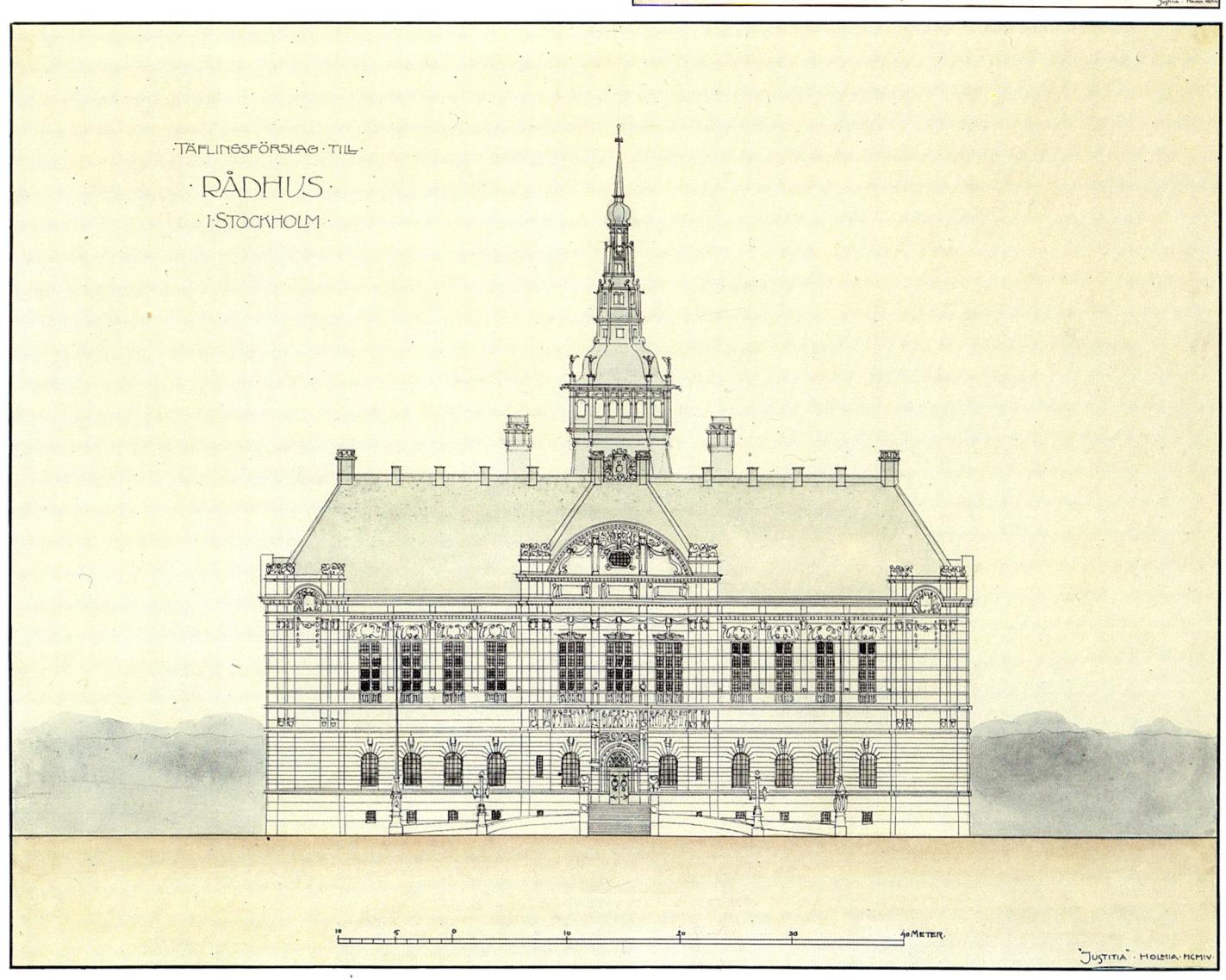

Lindholm entwarf zur ersten Runde ein anmutiges Gebäude, das von der Jury als 'gut proportionierte monumentale Architektur' bezeichnet wurde. Aber das Preisgericht beanstandete auch, daß die markante Lage auf der Halbinsel nicht genutzt war; nicht einmal die Eckpartie auf dem Mälarstrand hatte einen besonderen Akzent erhalten. Lindholm nahm sich die Kritik sehr zu Herzen, wie sein zweiter Entwurf auf Seite 90 zeigt.

85

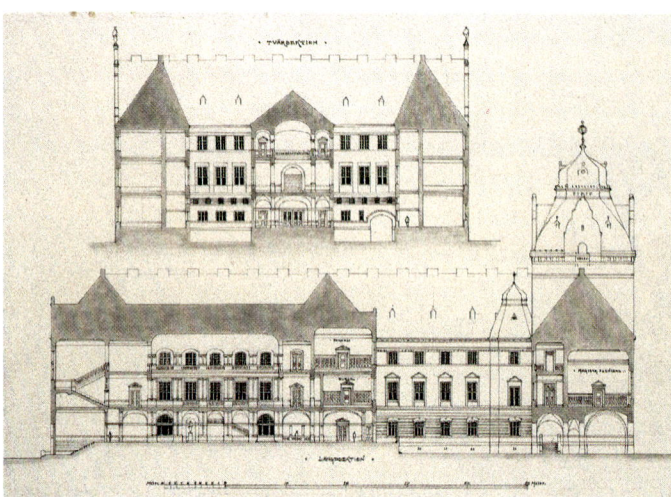

Juroren - und ihrer eventuellen Stellvertreter - wurden zuvor bekanntgegeben. Unter ihnen befanden sich ebenso viele Architekten wie Vertreter der Gemeinde.

Natürlich beteiligte Östberg sich am Wettbewerb, anonym, zusammen mit vierundzwanzig anderen. Am 15. März 1904 war Einsendeschluß, und innerhalb einer Woche hatte die Jury die sechs Teilnehmer der zweiten Stufe ausgewählt. Als die Kennworte ihrer Entwürfe am 26. März bekanntgegeben wurden, konnte Östberg feststellen, daß er mit seinem Entwurf Mälardrott noch im Rennen lag. Mälardrott bedeutet soviel wie 'König des Mälarsees' - Stockholm hat den Beinamen Mälardrottingen: Königin des Mälarsees. Wahrscheinlich behauptete Östbergs Biograph, Elias Cornell, im Jahre 1965 zu Recht, daß die Jury Östbergs Entwurf wohl gleich erkannt haben dürfte. Sein Vorschlag für ein Gerichtsgebäude auf dem Dampfmühlengelände war, so läßt sich vermuten, allen Juroren bekannt. Aber von einer deutlichen Bevorzugung kann keine Rede sein: Im Bericht der Jury wurde Mälardrott kein größeres Lob zuteil als den fünf anderen Entwürfen.

Der Bericht war äußerst nüchtern abgefaßt. Die Lage, der Grundriß, die Fassaden und die Perspektiven der sechs Projekte wurden so objektiv wie möglich kommentiert.
In einer allgemein gehaltenen Einleitung erklärte die Jury, daß sie vom Niveau der Einsendungen im großen ganzen nicht begeistert sei: Nur wenigen Einsendern waren ausgewogene Entwürfe gelungen, in denen Grundriß, Aufriß und Fassaden in Harmonie miteinander standen. Viele hatten bei den Verbindungen der diversen Abteilungen versagt, und ihre Korridore und Innenhöfe waren unpraktisch, dunkel und unfreundlich. Die sechs ausgewählten Projekte stachen dagegen vorteilhaft ab, wenngleich jedes sowohl Lob als auch Kritik erntete. Zwei dieser Entwürfe wurden günstiger beurteilt als die übrigen vier. Es handelte sich dabei um das Projekt mit dem Kennwort Hjörn ('Ecke') von Carl Westman und um Mälardrott. Hjörn fiel vor allem durch seine Situierung auf: das ganze Gebäude war gewissermaßen an die Ecke des Kais verschoben, 'wodurch sich die Möglichkeit zur Anlage eines schönen Platzes am Zugang von Kungsholm ergab; dabei gewann man mehr Raum sowohl für die nördliche Fassade mit dem Haupteingang als auch für die östliche Fassade'.

Das Äußere gefiel der Jury jedoch weniger gut: 'Der Entwerfer neigt etwas zu sehr zu malerischer Wirkung und Effekthascherei, und dabei ließe sich insbesondere der Oberteil des Turms ansehnlich verbessern.' Bei Mälardrott lobte man vor allem den Grundriß mit sechs Sitzungssälen rund um eine zentrale Halle, wenngleich 'diese Halle eine Form hat, welche die Säle eher zu trennen als zu verbinden scheint, und außerdem ist der Lichteinfall dürftig'. Die Jury war ferner von den Zeichnungen beeindruckt, auch wenn sie dabei kritisch blieb: 'Der Turm, dessen Linienspiel so reizvoll erscheint, wäre vielleicht von größerem, praktischem Nutzen, wenn man dort das Stadtarchiv unterbringen würde.' Es kam der Jury also nicht nur auf die Schönheit, sondern auch auf die Brauchbarkeit an.

Im ersten Entwurf von Tengbom und Torulf erchien die Fassade den Juroren zu nichtssagend, während 'der Giebel von einem turmartigen Bauwerk niedergedrückt wird, zu niedrig und zu breit für einen Turm, und zu hoch für eine Mittelpartie'. Wenngleich der zweite Entwurf (unten) völlig anders war, blieben die Juroren kritisch: 'Die Fassaden könnten besser sein.'

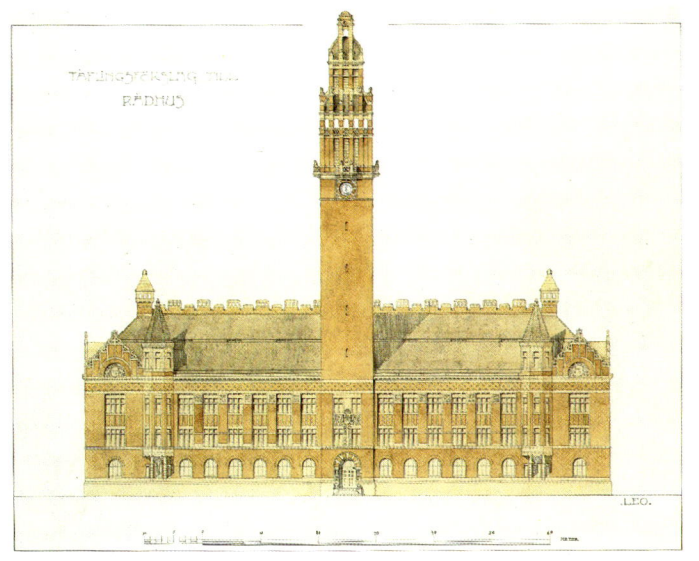

Den sechs ausgewählten Architekten blieb nur verhältnismäßig wenig Zeit: am 11. Oktober wurde die zweite Stufe offiziell eröffnet, und am 25. Januar 1905 mußten die neuen Entwürfe bereits vorliegen. Einer der sechs, Axel Ahlberg, verzichtete auf die Teilnahme an der Zweiten Stufe. Das Wettbewerbsprogramm war detaillierter als das der ersten Stufe; bemerkenswert war, daß die Jury den Teilnehmern teils mehr, teils weniger Freiheit einräumte. So gab sie eine deutliche Vorliebe für einen Grundriß, wie den von Östberg, zu erkennen, bei dem alle Sitzungssäle sich um eine zentrale Halle gruppierten, während sie hinsichtlich der Situierung mehr Möglichkeiten offenließ. Selbst die Brücken nach Kungsholm durften diesmal ein wenig verschoben werden

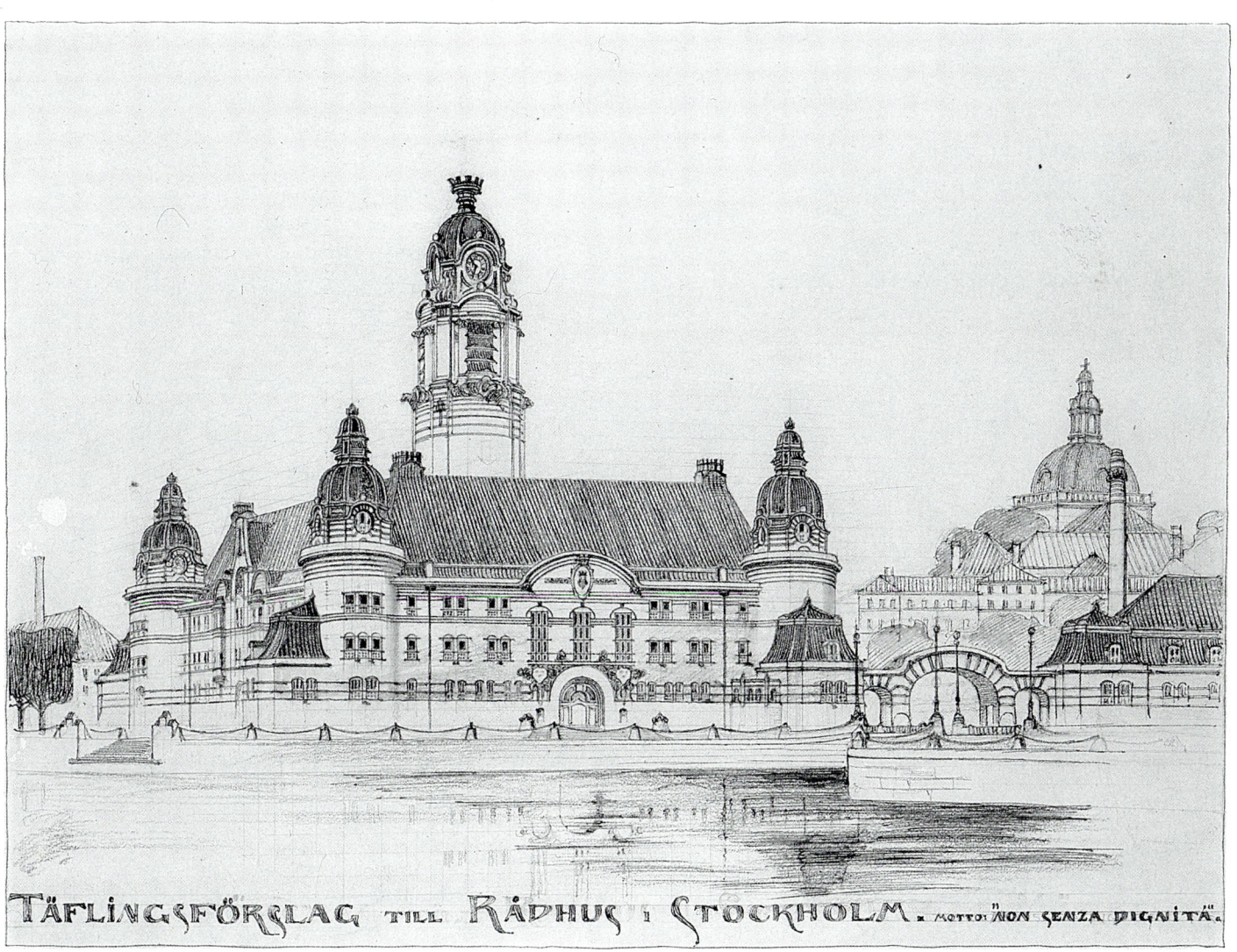

'Non senza dignita' war laut Urteil der Jury so genial gezeichnet, daß eine Reihe von Mängeln verschleiert wurde, wie der merkwürdige Ausbau der Ecken und das überflüssige Kesselhaus. Architekt Axel Ahlberg verzichtete auf eine Beteiligung an der zweiten Runde, obwohl man ihn dazu eingeladen hatte. Der Schöpfer des oberen Entwurfs ist unbekannt.

'oder in einem anderen Winkel projiziert werden, sofern sich das als zweckmäßiger erweist'.

Erst im März 1905 traf die Jury die endgültige Entscheidung, und Ragnar Östberg erhielt den ersten Preis, es ist diesmal ebensowenig anzunehmen, daß er durch Juroren, wie Ohnell und Clason, bevorzugt wurde, denn auch jetzt zeigte sich, daß die Jury sich nicht beeinflussen ließ. So schritt man erst zur Beurteilung der Entwürfe, nachdem man zuvor genaue Berechnungen der Gesamtkosten eines jeden Entwurfs

TÄFLINGSRITNING · TILL · RÅDHUS · I · STOCKHOLM

sowie der Grundflächen der Innenhöfe hatte durchführen lassen. Die Ergebnisse dieser Berechnungen, zusammen mit den Urteilen über Funktionalität und künstlerischen Wert, ließen die Kommission einstimmig beschließen, daß Mälardrott den ersten Preis erhalten sollte. Aber auch jetzt noch wurden sämtliche Projekte ausführlich und nach demselben Schema besprochen: Situierung, Grundrisse, Fassaden und Perspektive. Und ebenso erfuhren alle Projekte sowohl Lob als auch Kritik. Carl Westman mußte sich mit

Bergsten fertigte für den ersten Wettbewerb einen romantischen Entwurf an. Aber die Jury ließ sich nicht beeinflussen und bezeichnete die Fassaden als 'nicht akzeptabel'. Den Grundriß bewertete man als hervorragend, und deshalb durfte Bergsten sich an der zweiten Runde beteiligen. Diesmal entschied er sich für eine völlig andere Form der Architektur, wie man auf Seite 91 sieht.

einem geteilten dritten Preis zufriedengeben. Wie 'Stockholms aldsta sigill' ('Das älteste Siegel von Stockholm' von Charles Lindholm) und 'Ette öres frimarke' ('die 1-Ör-Briefmarke' von Carl Bergsten) zeigte Westmans Entwurf einige Schwächen: 'Viele Teile des Gebäudes haben einen unzureichenden Lichteinfall, und die Brücke, die über den Innenplatz führt, ist sowohl in praktischer als auch in ästhetischer Hinsicht sehr schlecht.' Mit Bergstens Entwurf konnte die Jury übrigens am wenigsten anfangen. Dieser hatte als einziger einen Entwurf eingereicht, der an die internationale Avantgarde anschloß und in dem Einflüsse der Wiener Secession zu erkennen waren. 'Dieser Beitrag hat sowohl hinsichtlich des Exteriuers als auch des Interieurs einer ausländischen Charakter, dessen Verwirklichung man sich in dieser Stadt wohl kaum vorstellen kann. Die Form des Grundrisses stimmt mit dem hier angegebenen Baugelände im übrigen wenig überein.' Zweifellos hatte die Jury eingesehen, daß der Entwurf nicht ausgereift und der junge Architekt noch auf der Suche nach

einer Ausdrucksform war: Zur ersten Stufe hatte er einen Entwurf in einem völlig anderen Stil eingereicht.
Die Zuweisung des zweiten Preises an Ivar Tengbom und Ernst Torulf für deren Entwurf 'Lilla Putte' ('Der kleine Putte', ein schwedischer Jungenname) beruhte vor allem auf 'dem einfachen, klaren Grundriß mit seinem schönen, offenen Vorhof am Haupteingang'. Aber anschließend wurde umständlich erklärt, weshalb der Entwurf sowohl aus Gründen der Zweckmäßigkeit als auch in künstlerischer Hinsicht nicht von gleicher Bedeutung wie Mälardrott war. Vom preisgekrönten Entwurf war die Jury begeistert. Östberg hatte sein Mälardrott aber auch in vieler Hinsicht gründlich verbessert. Das Preisgericht vertrat die Ansicht, daß das Projekt die einzigartige Lage des vorgesehenen Baugeländes künstlerisch am besten nutzte, wobei der Gesamtentwurf als organisch, zweckmäßig und würdig bezeichnet wurde. Das Äußere bewertete man als monumental und dennoch schlicht, das Interieur wurde wegen seiner vielen prächtigen Partien und der beeindruckenden zentralen Halle gepriesen. 'Wenn dieses Projekt hier gebaut wird, dann werden Stockholm und Schweden damit um ein Gebäude bereichert, auf das die ganze Nation stolz sein kann.' Der wesentliche Punkt der Kritik bezog sich auf 'die Fassaden aus Granit und den überdeckten Innenhof, welche die vorgesehenen Kosten übersteigen könnten', aber diese Elemente erschienen der Jury als noch 'zur Änderung geeignet'.

Das Verfahren, nach dem die Jury die Einsendungen beurteilte, wurde fast überall in Architektenkreisen gewürdigt. Das ging vor allem aus verschiedenen Artikeln in der tonangebenden Fachzeitschrift *Arkitektur* hervor, deren Redaktion dem Wettbewerb anfangs besonders skeptisch gegenübergestanden hatte. In der Juli/August-Nummer von 1904 gab das Blatt noch die Meinung vieler Architekten wieder, die Aufgabe sei unausführbar: Das Dampfmühlengelände erfordere eine kräftige Silhouette, möglichst mit einem Turm, während es vernünftigerweise überhaupt keinen Grund geben könne, ein Justizgebäude mit einem Turm oder Aufbau zu versehen, zumal eine der wichtigsten Forderungen lautete, die Kosten möglichst niedrig zu halten. Die Zeitschrift prophezeite daher auch eine nur mittelmäßige Qualität der Einsendungen und sah der Entscheidung der Jury mit wenig Vertrauen entgegen. Aber schon in der September/Oktober-Ausgabe hatte sogar der Chefredakteur Torben Grut seine Meinung geändert. Zufrieden stellte er fest, daß das Wettbewerbskomitee 'die Anforderungen der Lokalität' respektiert hatte: 'Jene Teilnehmer, die sich strikt nach dem Programm richteten und das Exterieur diesem opferten, haben versagt und sich ausgeschieden.' Für Grut war zu diesem Zeitpunkt übrigens nicht Mälardrott der aussichtsreichste Entwurf, sondern er verband seine Erwartungen mit dem Entwurf Hjörn von Westman. Grut schrieb: 'Dieser Entwurf ragt aufgrund zweier genialer Einfälle aus den übrigen heraus: zum ersten durch das Verschieben des Gebäudes in Richtung auf den Mälarsee, wodurch an der Brücke ein hübscher Platz entsteht, und zum zweiten dadurch, daß man die Gefängniszellen im Turm unterbrachte, so daß dieses durch die Lage bedingte Element auch organisch und künstlerisch gerechtfertigt ist.'

Lindholms zweiter Entwurf war völlig anders als sein erster, auf Seite 85 wiedergegebener. Das Gebäude hatte nunmehr kräftigere Eingangs- und Eckpartien sowie einen massiven, zentralen Turm. Dennoch war die Jury auch jetzt nicht zufrieden: 'Es handelt sich um einen Schablonenentwurf; hoffentlich tritt der begabte Architekt beim nächsten Mal etwas selbständiger auf.'

Vor allem in den Fassadenzeichnungen von Lindholms zweitem Entwurf erkennt man, was die Jury am Plan schätzte: 'Er ist mit großer Sorgfalt und fachlichem Können ausgearbeitet. Er hat einen monumentalen Charakter, auf schwedischen Barock- und Renaissancemotiven basierend, die in überzeugender Weise miteinander kombiniert wurden.'

Über Mälardrott äußerte er sich erheblich weniger positiv: Dieser Entwurf sei 'voller Räume mit ungünstigem Lichteinfall und dunklen, engen Innenhöfen', und im Turm sah er nicht mehr als eine poetische Zutat, 'würdevoll, aber leer und ohne Zweck'.
Aber selbst Grut stellte sich nach der Bekanntgabe der Gewinner im Januar 1905 öffentlich hinter die Entscheidung der Jury. Jetzt schrieb er, daß es keinen interessanteren Architekturwettbewerb im Lande gegeben habe und daß 'seit Menschengedenken kein besserer Entwurf eingereicht worden ist als jener, der nunmehr mit dem ersten Preis gekrönt wurde'. Den zuvor favorisierten Hjörn charakterisierte er jetzt als 'von nicht ganz geglückter Form'. Die Verschiebung auf dem Grundstück bezeichnete er noch immer als geistreich, aber 'der definitive Entwurf scheint doch nicht ganz ausgearbeitet zu sein. Der überdeckte Innenhof leidet unter einer Laufbrücke (...) und die einfache Ausführung der Fassade geht so weit, daß man sich fragt, ob dies durch Zeitmangel oder durch vorsätzlichen Architekturnihilismus verursacht wurde.' Östberg hatte zwar den Wettbewerb gewonnen, aber den Bauauftrag für das Justizgebäude erhielt er noch nicht.
Die kommenden Jahre brachten eine Reihe eigentümlicher Verwicklungen.
Zunächst wollte der Stadtrat den Bauauftrag nicht direkt an Östberg vergeben. Vor allem die hohen Baukosten hielten viele davon ab, und so faßte man den merkwürdigen Entschluß, nunmehr einen engeren Wettbewerb für Östberg und Westman zu veranstalten, die ihre Entwürfe vor allem bezüglich der Kosten überarbeiten sollten. Daß man Westman anstatt Tengbom und Torulf dazu einlud, erklärte sich wohl durch die Tatsache, daß sein Entwurf mehr dem Geist von Mälardrott entsprach als der des zweiten Preises. Überdies war Hjörn mit geschätzten Baukosten von 2,9 Millionen Kronen bei weitem am preiswertesten, während Lilla Putte mit 3,5 Millionen nicht weit hinter Mälardrott mit seinen 4 Millionen zurückstand.

Östberg entschloß sich nun, den Granit der Fassaden durch Ziegelmauerwerk zu ersetzen, dadurch verringerten sich die geschätzten Baukosten auf 3,3 Millionen. Sein Entwurf wäre also nur noch eine halbe Million Kronen teurer gewesen als der von Westman, der von vornherein mit Ziegeln hatte bauen wollen. Westman veranschlagte seinen Entwurf nun etwas höher als beim ersten Mal und kam so auf fast 3 Millionen. Diese Differenz sah man als akzeptabel an, und im Juni 1906 erhielt Östberg endlich den Auftrag zum Bau des Gerichtsgebäudes. Aber als er seinen Entwurf dafür Mitte 1907 fertiggestellt hatte, zeigte sich, daß er noch weitere wesentliche Änderungen vorgenommen hatte. Eine davon war die Verschiebung des Gebäudes in der Richtung, die Westman in Hjörn angegeben hatte. Man sagte, daß Östberg lange um diese Entscheidung gerungen und schließlich sogar Westman schriftlich um Zustimmung gebeten habe. Auch sonstige Änderungen verliehen dem Entwurf mehr Qualitäten, so daß Östberg sich damit ungewollt in Schwierigkeiten brachte. Der Bau sah so prächtig aus, daß immer mehr Leute meinten, ein derartiges Gebäude an einem solchen Platz solle kein Gerichtsgebäude, sondern ein Rathaus werden. Bereits am 10. Juni 1907 widerrief der Stadtrat seinen Östberg erteilten Bauauftrag und beschloß, für das Gerichtsgebäude einen anderen Standort zu wählen. Auf dem Dampfmühlengelände sollte das neue Rathaus entstehen. Ein Zeitgenosse formulierte es folgendermaßen: 'Der Stadtrat spürte, daß die Zeit psychologisch reif war zur Errichtung eines Rathauses, das mehr sein sollte als nur ein Verwaltungsgebäude mit einem Ratssaal und das die Bedeutung dieser Stadt symbolisieren sollte.'

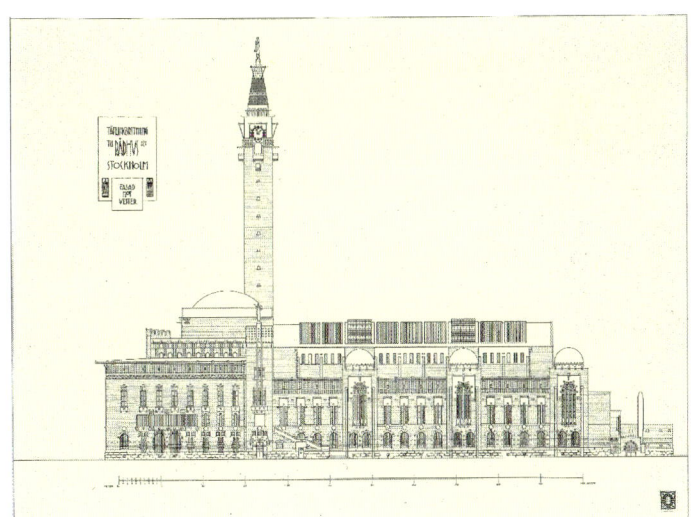

In Bergstens zweitem Entwurf ist nichts mehr vom Düster-Dramatischen des ersten Entwurfs (Seite 88/89) enthalten. Die Juroren fanden den Plan außerordentlich interessant: 'Das Minarett, die Kuppeln, die imposante Anlage, die strenge, kühle Gestaltung, all dies atmet sowohl den Geist von Byzanz als auch den der modernen Wiener Schule.'

Uneingeschränktes Lob erntete Bergsten mit der Aufmachung seines zweiten Entwurfs, diesmal fand sein eleganter Zeichenstil Anerkennung. Aber im Gegensatz zum ersten Entwurf (Seite 88/89) genügte jetzt der Grundriß nicht den Ansprüchen: 'Mit seinen sehr kleinen Innenhöfen und seiner großen Fläche eignet er sich nicht zur Realisierung.'

Es kam zu einer unklaren Situation, für welche die Politiker erst im Mai 1908 eine Lösung fanden, die niemals von einem Architekten erdacht sein konnte. Östberg erhielt den Auftrag, das neue Rathaus auf dem Dampfmühlengelände zu bauen, aber er sollte die Außenform seines Justizgebäudes so gut wie möglich beibehalten. Ein völlig neues Programm in ein altes Kleid zu stecken, war eine schwierige Aufgabe, deren Lösung Östberg erst im Herbst 1909 gelang. Die veranschlagten Baukosten beliefen sich inzwischen wieder auf sechs Millionen Kronen, aber dank privater Spenden konnte der Entwurf dennoch realisiert werden. Am 27. März 1911 erhielt Östberg den Auftrag zum Bau des neuen Rathauses.

Genau zehn Jahre waren seit seinen ersten Plänen zu einem Rathaus mit Gerichtsgebäude verstrichen. In den zehn folgenden Jahren änderte Östberg seinen Entwurf fortwährend, um sich immer mehr vom Projekt des Gerichtsgebäudes zu befreien. Fortwährend wurde der Grundriß verschoben und nach optimaler Raumwirkung gesucht. Natürlich hatte das Folgen für das Äußere, aber die Veränderungen vollzogen sich so allmählich, daß der Auftraggeber, der Stadtrat, sich von deren Notwendigkeit überzeugen ließ, wenngleich zuweilen nur mühsam. Nur einmal erhob nicht nur der Rat, sondern sogar die Öffentlichkeit Protest: als Östberg im Jahre 1917 seinen Turm änderte. Statt der früheren Form, die dem ursprünglichen Entwurf aus Granit noch immer sehr verwandt war, entschied er sich jetzt für einen schlanken Turm, der besser zu den verwendeten Ziegeln paßte. Der Stadtrat mißtraute diesem Vorhaben, und deshalb zog man einen Fachmann zu Rate und veranstaltete eine öffentliche Diskussion über diese Frage. Carl Westman war es, der im Namen der schwedischen Architektenvereinigung zur Feder griff, um Östberg zu verteidigen: 'Glaubt man etwa, daß es möglich sei, unter dem Geschrei der Menge Gebäude mit Erfolg zu errichten?' Und er fuhr fort: 'Der Gemütszustand dessen, der sich jetzt über den Wegfall dieses Rathausturms ärgert, ist verständlich. Man hat ihm einmal ein deutliches Bild von diesem Rathausturm vermittelt, dem er zustimmte, und er liebte es wie einen Traum, von dem er hoffte, daß er einmal Wirklichkeit werden möge. Aber er hat nicht gemerkt, daß der Architekt handelte, während er selbst vor sich hinträumte. Der Architekt ist im Laufe der Jahre vollständig in seiner Aufgabe aufgegangen, er hat experimentiert, abgewägt und entschieden.

Das Rathaus ist gewachsen wie ein lebendiges Wesen: eine Äußerung nicht nur der Ideen, die der Architekt zu Beginn der Bauarbeiten hatte, sondern auch seiner Entwicklung während des Bauens. Es wird eine Phantasie in Mauerziegeln, die sowohl die Arbeiten als auch das Feiern der Feste, die dort stattfinden sollen, ausdrücken muß, ebenso wie den Geist von Stockholm mit seiner Sonne und seinem Wasser: eine authentische Mischung verschiedener Charakterzüge in seinen Türmen, Giebeln und Galerien, etwas von den steinernen Monumenten aus verschiedenen vergangenen Perioden widerspiegelnd und dennoch unserer eigenen, nervösen Zeit gehörig. Und derjenige, der dies alles erschafft, sollte nicht Manns genug sein zu bestimmen, wie der Knotenpunkt, der Turm, gestaltet werden soll? Bis dahin sollte er kommen und nicht weiter? Jetzt sollte die Öffentlichkeit eingreifen, damit

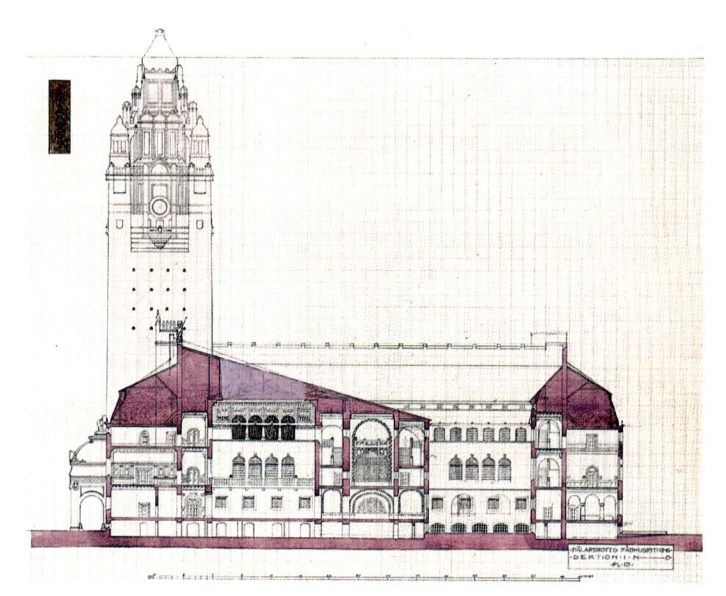

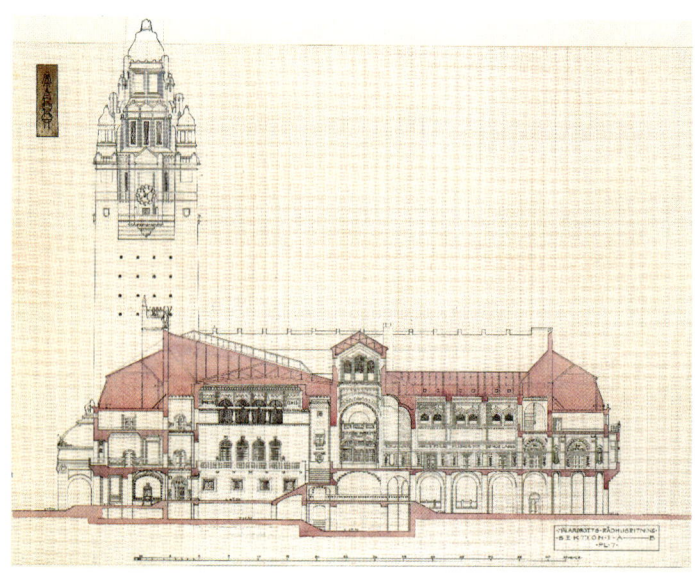

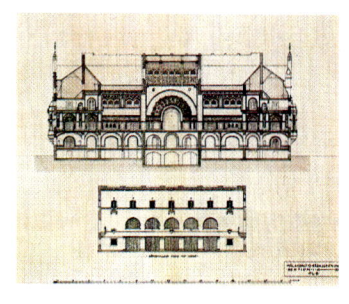

Östbergs Entwurf von 1915, mit dem er die veranschlagten Baukosten von 4 auf 3,3 Millionen Kronen verringerte. Hierfür reduzierte er den Turm, strich Holzschnitzereien und Bronzeschmuck und verkleinerte große Räume. Überdies ersetzte er den Granit der Mauern durch Backsteine.

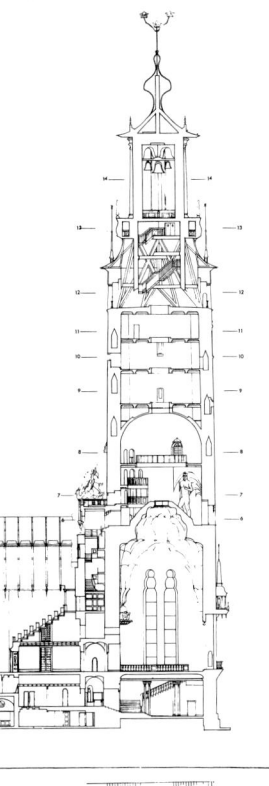

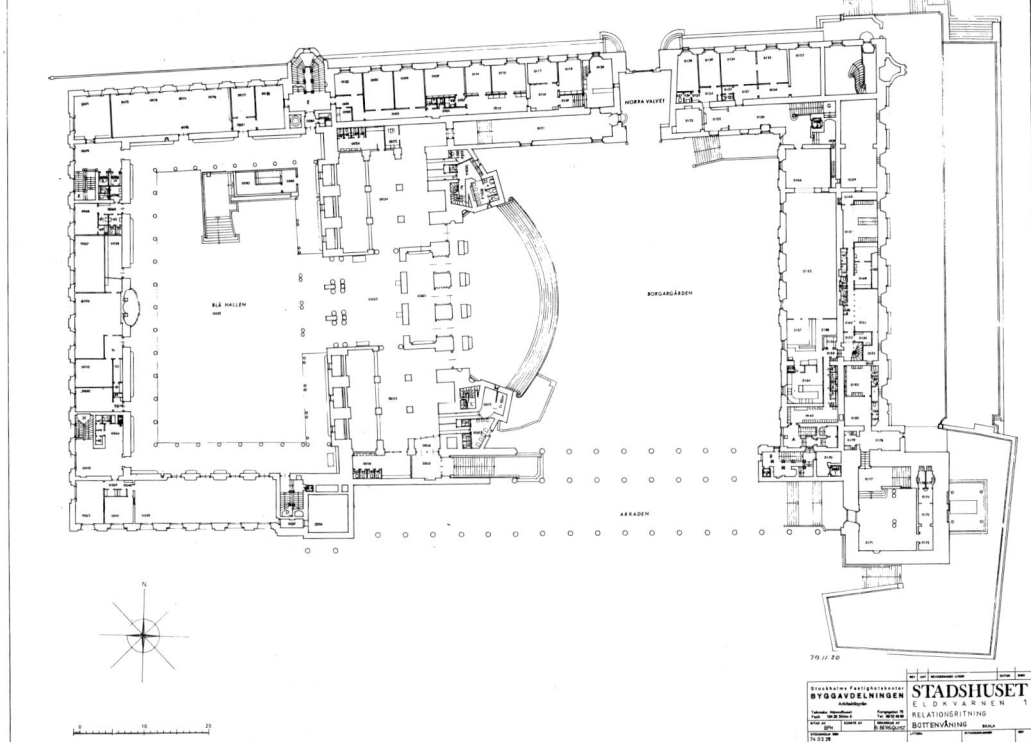

Der endgültige Entwurf zum Stadthaus von Stockholm hatte nur noch wenig mit Mälardrott zu tun. Was als Justizgebäude geplant war, wurde zum Rathaus, wo Granit vorgesehen war, verwandte man Backstein, und im Jahre 1917 beschloß Östberg, auch dem markantesten Teil seines Entwurfs, dem Turm, ein völlig neues Aussehen zu geben.
Auch der Standort des Turms hatte sich inzwischen geändert; im Verlauf der Planung hatte Östberg seinen Turm immer weiter außerhalb des Gebäudes verschoben. Viele behaupten, daß er damit dem Beispiel von Westman folgte: Dieser hatte den Turm bereits in seinem ersten Entwurf (Seite 84) an einer so markanten Stelle vorgesehen.

das Rathaus nicht zerstört wird? Jetzt sollte die Bürgerwacht zusammengetrommelt werden, um die Stadt zu verteidigen? Vielleicht wird man im Stadtrat darüber debattieren und abstimmen. Ebensogut könnte man die Entscheidung durch Hochwerfen einer Münze herbeiführen.' Und im Namen der ganzen Architektenvereinigung schloß er: 'Östberg kann alleine mit dem Turm seines Rathauses fertigwerden.' Westman sollte recht behalten. Östberg durfte weitermachen, und sein Entwurf zum Turm wurde realisiert. Die Bauarbeiten schritten, auch infolge des Ersten Weltkriegs, nur langsam voran, und das Rathaus wurde im Jahre 1923 am 23. Juni eröffnet, zum schwedischen Mittsommernachtsfest.

DER HAUPTBAHNHOF VON HELSINKI

NATIONALER ARCHITEKTURWETTBEWERB FÜR EINEN BAHNHOF IN HELSINKI

AUSSCHREIBUNG: 15. Dezember 1903; Entscheidung: 27. April 1904; Teilnehmerzahl: 21

JURY: die Architekten Sebastian Gripenberg, Direktor des Nationalen Baurats, Hugo Lindberg und Gustav Nyström; ferner August Granfelt, Direktor, und Colonel Dratschewski, Bahndirektor der finnischen Eisenbahngesellschaft

PREISTRÄGER: 1. Eliel Saarinen; 2. Onni Törnquist; 3. Hjalmar Åberg; Usko Nyström (geteilter dritter Preis); 4. Paavo Uotila; 5. Lindahl und Thomé

BAUAUSFÜHRUNG: 1904 bis 1914 nach dem Entwurf von Eliel Saarinen

Zum Verständnis der Architektur um 1900 in Finnland muß man wissen, welche Zustände damals im Lande herrschten. Dem Namen nach war Finnland zu jener Zeit ein autonomes Großfürstentum, aber in Wirklichkeit unterstand es dem russischen Zaren. Dieser hatte das Land 1809 von den Schweden 'erobert', die bereits seit dem zwölften Jahrhundert über Finnland herrschten. Die relative Autonomie im

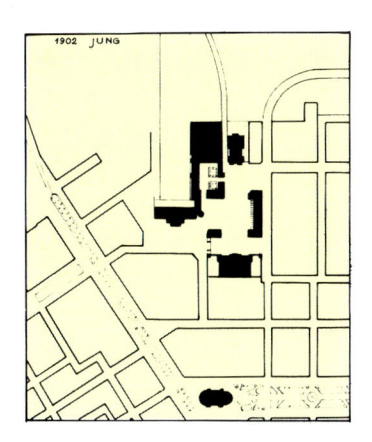

Im Jahre 1902 schrieb die finnische Architektenvereinigung einen Ideenwettbewerb für den Bahnhofsplatz aus. Links der Entwurf von Bertel Jung, der den Platz – ebenso wie die fünf übrigen Teilnehmer – verkleinern wollte und die Fluchtlinien des Bahnhofs in dieser Richtung verschob. Rechts der Grundriß der finnischen Eisenbahn aus dem Jahre 1902, der 1903 zur Richtschnur für den Bahnhofswettbewerb wurde.

neunzehnten Jahrhundert führte zu einem starken Wachstum des finnischen Nationalbewußtseins. Die finnische Sprache, welche die Jahrhunderte der Fremdherrschaft nur mühsam überdauert hatte, gewann allmählich wieder an Beliebtheit. Ein starker Katalysator dazu war die 'Kalevala', das mythologische Heldenepos der Finnen, das der Landarzt Elias Lonnröt 1835 veröffentlichte. Es basiert auf Dutzenden von Sagen und Legenden, die Lonnröt nach Erzählungen aus dem Volksmund aufgezeichnet hatte, und man betrachtete es als den Träger der finnischen Kultur. Das zunehmende Nationalbewußtsein machte sich zu dieser Zeit in allen Kunstformen bemerkbar. Der einflußreiche Maler Akseli Gallen-Kallela widmete sein Leben der Wiederbelebung der finnischen Kultur und wählte nahezu alle seine Themen aus der 'Kalevala'. Auch die Architekten begaben sich auf die Suche nach Urformen aus der finnischen Baukunst.

Im Jahre 1893 erschien eines der ersten schriftlichen Plädoyers für eine typisch finnische Architektur, die zwar modern und rationell sein, aber auch an die Tradition anschließen sollte.

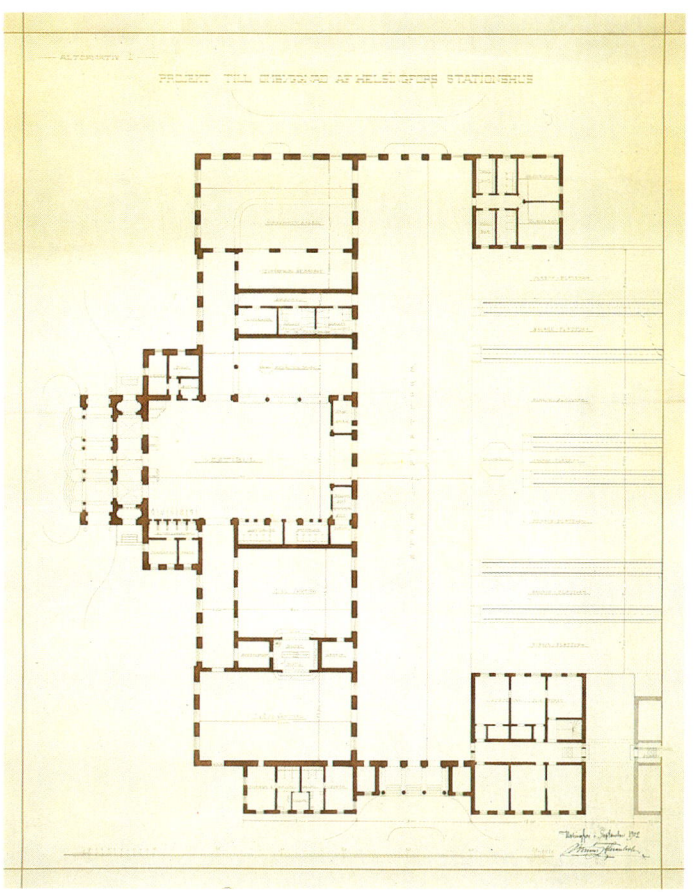

Der zweite Preisträger Törnquist war einer der bedeutendsten Vorkämpfer einer typisch finnischen, nationalromantischen Architektur. Sein Bahnhofsentwurf – unten – hatte große Ähnlichkeit mit seinem Nationaltheater, das 1901 am Bahnhofsplatz fertiggestellt wurde (siehe Seite 96).

Viele Architekten bemühten sich, die wichtigsten Merkmale dieser Baukunst ze erkennen. Insbesondere mittelalterliche Gebäude studierte man als Beispiele einer nationalen Architektur mit typisch nordischen Merkmalen.
Die Aufmerksamkeit wandte sich den damals verwendeten Baumaterialien und Baumethoden zu. Holz verstand man als spezifisch finnisches Material, aber auch Granit, der als Symbol für den unbeirrbaren finnischen Volkscharakter galt.

Gegen Ende des neunzehnten Jahrhunderts änderte sich die politische Situation in Finnland. Ein neuer russischer Zar, Nikolaus II., versagte dem Großfürstentum plötzlich alle Rechte, setzte das Grundgesetz außer Kraft und besetzte alle hohen Positionen mit Russen.
Auch für die Architektur hatte das Folgen. In Helsinki ließ der russische Generalgouverneur viele große Regierungsgebäude errichten, die vom deutschen Architekten Carl Ludwig Engel fast sämtlich im neoklassizistischen Stil entworfen wurden. Dies führte zu einer starken Belebung des Eifers, mit dem finnische Architekten nach einem eigenen Baustil suchten. Allgemein gilt das Nationaltheater in Helsinki als das erste große öffentliche Gebäude im 'national-romantischen' Baustil. Der Architekt war Onni Törnquist, der seinen Namen später zu Tarjanne finnisierte. Ehe er seinen Entwurf ausführen durfte, wurde 1899 ein Architekturwettbewerb für die Fassaden veranstaltet, weil Tarjannes Entwurf den Vorstellungen nicht ganz entsprach. Das Ergebnis dieser Konkurrenz war, daß man drei Preise für Entwürfe verlieh, die allesamt nicht besser waren. Schließlich gelang Tarjanne gemeinsam mit Yrjö Sadenius ein Entwurf, der den Erwartungen an eine nationale Architektur entgegenkam. Das Gebäude wurde 1901 vollendet und übte mit seinen plastischen Fassaden aus Granit und den mittelalterlich wirkenden Details für kurze Zeit einen großen Einfluß aus.

Der Wettbewerb des Jahres 1904 für einen neuen Bahnhof in Helsinki kann nicht unabhängig von dieser Entwicklung gesehen werden. Das Nationaltheater wirkte als Richtschnur. Es stand am großen Bahnhofsvorplatz, der damals noch eine sumpfige Fläche war. Der Bau des Nationaltheaters konnte nach Meinung vieler Architekten den Beginn der Neugestaltung des Platzes zu einem Monument der nationalen Baukunst darstellen. Diese Vorstellung hatte auch die finnische Architektenvereinigung 'Arkitektklubben', als sie 1902 einen Ideenwettbewerb für den Bahnhofsvorplatz ausschrieb. Es fanden sich nur sechs Teilnehmer, deren Pläne den Platz drastisch verkleinerten, indem der Bahnhof nach vorn gezogen wurde und an den Platzrändern große Gebäude errichtet werden sollten. Alle vorgeschlagenen Architekturen lehnten sich an die des Nationaltheaters an und hatten einen national-romantischen Charakter.
Die finnischen Eisenbahnen und der nationale Baurat, die gemeinsamen Auftraggeber für einen neuen Bahnhof, kümmerten sich anfangs nur wenig um das, was die

Der preisgekrönte Entwurf von Eliel Saarinen war mit seinen vielen mittelalterlichen Elementen ausgesprochen nationalromantisch. Saarinen wollte auch deutlich erkennbar an Törnquists Nationaltheater — rechts auf der Zeichnung halb im Bild — anschließen, das er durch eine Fußgängerbrücke mit dem Bahnhofsgebäude verband.

Architekten bewegte. Bereits seit 1895 hatten sie sich mit Plänen zu einem neuen Bahnhof beschäftigt. Im Jahre 1898 wurde dafür C. O. Gleim angestellt, ein deutscher Ingenieur, der im selben Jahr zwei internationale Architekturwettbewerbe für Bahnhöfe im Nachbarland Schweden gewonnen hatte.

1903 hatte Gleim seine Grundplanung für den neuen Bahnhof fertig: Es sollte, ebenso wie das alte Gebäude, ein Kopfbahnhof mit einem U-förmigen Grundriß werden. Die vorhandenen Fluchtlinien sollten gewahrt bleiben und der Bahnhofsvorplatz nicht verändert werden. Anschließend wurden die Pläne für den ganzen Komplex angefertigt, der neben dem eigentlichen Bahnhof auch ein Verwaltungsgebäude und einen kaiserlichen Warteraum enthalten sollte. Dieser Entwurf war großenteils das Werk eines gewissen Bruno Granholm, wenngleich die Verantwortlichkeit dafür beim Baurat und bei den Eisenbahnen lag. Granholm entwarf eine neoklassizistische Fassade im Stil der Gebäude von Engel.

Wie zu erwarten war, riefen diese Pläne bei den finnischen Architekten große Entrüstung hervor. Nicht nur, daß man die Resultate ihres Wettbewerbs zum Bahnhofsvorplatz negierte, indem die Fluchtlinien und der Platz unverändert blieben, sondern der Bahnhof bekam überdies ein verabscheutes neoklassizistisches Äußeres. Die Angelegenheit wurde in der Öffentlichkeit ausgiebig diskutiert, wobei die Bevölkerung die Architekten unterstützte. Schließlich setzte der Arkitektklubben die finnischen Eisenbahnen derart unter Druck, daß die Gesellschaft sich zu einem öffentlichen Architekturwettbewerb für den Bahnhof entschloß. Offizieller Organisator sollte der finnische Staat sein.

Am 15. Dezember 1903 wurde dieser Wettbewerb ausge-

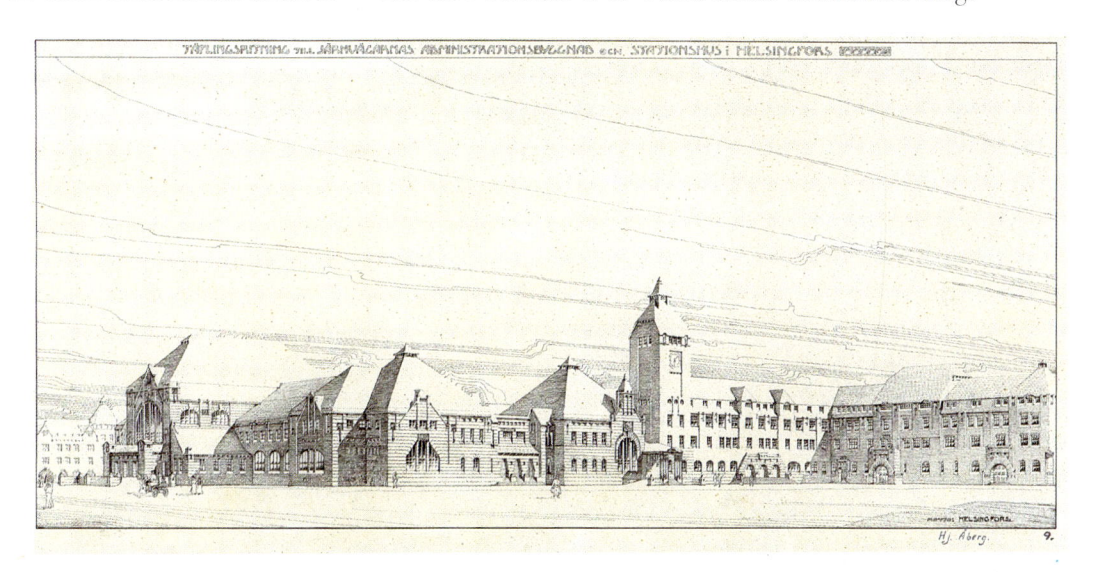

Hjalmar Åberg gewann den dritten Preis mit seinem Entwurf 'Helsingfors': ein massives Gebäude mit umfangreicher Dachlandschaft. Die Jury bezeichnete den Entwurf als 'korrekt und ruhig', aber auch als 'ein wenig langweilig'.

Der vierte Preis wurde dem nicht national-romantischen Entwurf des noch jungen Paavo Uotila zuerkannt. Der Zeichenstil und die Fassade des Verwaltungsgebäudes, rechts, bezeugen Uotilas Tendenz zum europäischen Art Nouveau.

schrieben, zur Zufriedenheit der Architekten, wenngleich es sich eindeutig um einen Kompromiß handelte: Gleims Aufbau mußte gewahrt bleiben, die Fluchtlinien durften nicht verlegt werden. Selbst Granholms Grundrisse mußten eingehalten werden, 'es sei denn, die Komposition der Fassade machte Änderungen notwendig.' Kurz: Der Wettbewerb bezog sich nur auf das Äußere des Bahnhofs.
In einem wesentlichen Punkt berücksichtigten die Organisatoren jedoch die Wünsche der Architekten: Die Fassaden des Bahnhofs sollten zu einem großen Teil in Naturstein (das heißt Granit) ausgeführt werden. Damit ging man auf die Pläne ein, den Bahnhofsvorplatz zu einem echten finnischen Platz zu gestalten, wenngleich man das nicht offiziell zugab.

Die Wettbewerbsteilnehmer erhielten genau vier Monate Zeit; am 15. April 1904, mittags zwölf Uhr, mußten sämtliche Entwürfe eingereicht sein. Am 16. April, mittags ein Uhr, trat die Jury erstmals zusammen. Man wählte einen Vorsitzenden (Gripenberg) und einen Sekretär (Lindberg), die 21 versiegelten Einsendungen wurden geöffnet und die Kennworte registriert. Anschließend stellte man eine Kommission aus den drei Architekten der Jury zusammen: Gripenberg, Nyström und Lindberg. Diese sollten die Einsendungen 'als sachkundige Juroren' mit dem Wettbewerbsprogramm und danach miteinander vergleichen. Am 27. April trat die Jury nochmals zusammen, und man veröffentlichte den Bericht der Kommission.
Zwei Einsendungen wurden von der Teilnahme ausgeschlossen: Kennwort 'H-fors-Europa', weil die Verfasser die Verkleidung der Fassaden 'in keiner Weise angedeutet hatten', und Kennwort 'Stephenson', weil die 'geforderten Schnitte, sowohl des Bahnhofsgebäudes als auch des kaiserlichen Warteraumes', fehlten. Die verbliebenen 19 Einsendungen hatte die Kommission in zwei Kategorien aufgeteilt: eine für Entwürfe, die eventuell für einen Preis in Frage kamen, und die andere für Entwürfe, die gewiß ausscheiden würden. Zehn Teilnehmer gelangten in die letztgenannte Kategorie, von den neun übrigen wurden fünf für eine Auszeichnung vorgesehen. Fast alle 21 Entwürfe wurden ausführlich kommentiert.
Es war eindeutig, daß die Kommissionsmitglieder die National-Romantik hoch bewerteten. Dies wurde zwar nicht explizit erklärt, aber so gut wie alle Entwürfe mit anderem Charakter wurden verworfen. Bezeichnend war der Kommentar, mit dem das Projekt 'Eureka' von Sigurd Fosterus von der Preisverleihung ausgeschlossen wurde. Das ganze architektonische Konzept sei 'importiert, ausgefallen und nicht sonderlich reizvoll'. Und die Überdachung des Bahnhofs könne 'angesichts des finnischen Klimas nicht als zweckmäßig angesehen werden'.
Tatsächlich basierte Fosterus' Entwurf nicht auf finnischen Traditionen, sondern auf dem Studium, das er in den vorangegangenen Jahren beim Belgier Henry van de Velde absolviert hatte. Der Entwurf war aufsehenerregend und modern, aber von allen Beiträgen der am wenigsten finnische. Die Projekte, die für einen Preis ausgewählt wurden, waren dagegen sämtlich national-romantisch. Für den ersten Preis

Der Entwurf von Lindahl und Thomé erhielt den fünften Preis. Die Jury fand den Turm 'besonders gut gelungen mit einer interessanten Spitze' und lobte auch den Gesamteindruck, der als 'ruhig, solide und deutlich' bezeichnet wurde. Aber es gab auch Einwände, zum Beispiel gegen die viel zu schmalen Eingänge. Auch der kaiserliche Eingang fand keinen Anklang.

schlug man einen Entwurf vor, der nicht nur in diesem Stil hervorstach, sondern der auch durch seine außergewöhnliche Präsentation auffiel: Die Perspektiv- und Fassadenzeichnungen waren als Gemälde ausgeführt, vollkommen freihändig gezeichnet. Dieser Entwurf trug das - gezeichnete - Symbol eines geflügelten Rades auf einer Erdkugel, und es stammte von einem jungen Architekten namens Eliel Saarinen. Es war der einzige Entwurf, den die Kommission kritiklos lobte: 'Die Einsendung ist zweifellos interessant und außerordentlich schön ausgeführt. Die sensibel ausgearbeiteten Fassaden sind überaus reizvoll. Die beiden Hauptteile des Komplexes sind in guter und fachmännischer Weise aufeinander abgestimmt, und der Naturstein kommt im Bahnhofsgebäude in zweckmäßiger und wohldurchdachter Weise so zur Geltung, daß die Stukkatur hervorragend damit harmoniert. Das Ganze trägt den Stempel monumentaler Ruhe, und die gute, moderne Gestaltung sorgt für eine noble Gesamtwirkung. Die Einsendung, die mit dem feinsten Formgefühl konzipiert und durch einen hervorragenden künstlerischen Geschmack inspiriert ist, wird von einem bezaubernden Charme und einem besonders individuellen Empfinden beherrscht.'

Für den zweiten Preis wurde ein ebenfalls national-romantischer Entwurf mit dem Kennwort 'P' vorgesehen, der von Tarjanne stammte, dem Architekten des Nationaltheaters. Die Kommission faßte sich in ihrer Begründung kurz und nüchtern: 'Das Ganze hat einen monumentalen, harmonischen Charakter', aber auch: 'Eine gewisse langweilige Steifheit ist spürbar.' Ähnliche Worte hatte man auch für die übrigen Preisträger bereit. Der Entwurf, der für den dritten Preis vorgeschlagen wurde, Kennwort 'Helsingfors' von Hjalmar Åberg, wurde 'korrekt, ruhig', aber auch 'ein wenig langweilig' genannt. Für den fünften Preis schlug man einen Entwurf von Paavo Uotila vor, der nicht ausgesprochen national-romantisch war, aber von dem 'vor allem die Vorderfassade einen ansprechenden Eindruck machte'. Dem fügte die Kommission aber die Randbemerkung bei, daß 'der kleine Turm mit seiner plumpen Spitze weniger gut gelungen ist, während die Fassade des kaiserlichen Warteraumes geradezu im Kontrast zur übrigen Architektur steht'.

Eine Ausnahme bei der Beurteilung bildete der Entwurf mit dem Kennwort 'Semafor', der für den vierten Preis vorgeschlagen wurde. Leider blieb diese Arbeit nicht erhalten, so daß sich nicht mehr feststellen läßt, inwiefern sie der von Saarinen ähnelte. Die Kommission konstatierte jedenfalls sofort, daß 'Semafor' der gleichen Geisteshaltung entstammte wie Nummer 18 (Saarinen), und behandelte ihn ausführlicher als die übrigen Entwürfe. Sie bezeichnete ihn als 'in vielerlei Hinsicht sehr lobenswert', aber fügte auch hinzu, daß er doch von geringerer Qualität sei als Nummer 18, zumal er auch keine neuen Ideen enthielte. Daneben fürchtete man, daß 'Semafor', 'vor allem wegen der Höhe der Frontfassade', teurer zu bauen sein werde als die übrigen Entwürfe.

Die Kommission empfahl, 'Semafor' nicht mit einem Preis auszuzeichnen, sofern beide Entwürfe tatsächlich vom selben Einsender stammen sollten, und den vierten Preis in diesem Falle der Arbeit mit dem Kennwort 'Tunneliaukko' (dem anderen Gewinner des fünften Preises) zu vergeben. Dieser letzte Preis sollte dann dem 'ruhigen, soliden und klaren', unter dem Kennwort 'La Gare' (Lindahl und Thomé) eingereichten Entwurf zuerkannt werden, der stark an Tarjannes Entwurf erinnerte.

Die Preise wurden weitgehend gemäß den Empfehlungen der Kommission vergeben. Nur hatte diese offenbar einen peinlichen Irrtum begangen, indem sie den Entwurf 'Stephenson' vom Wettbewerb ausschloß. Die fehlenden Schnitte waren vorhanden: Auf der Ausstellung, die der

Die finnischen Architekten waren über die architektonische Entwicklung in anderen Ländern im allgemeinen gut unterrichtet. Im oberen Entwurf von Jung und Bomanson ist der Einfluß des Amerikaners Richardson erkennbar. Die Planer Gyldén und Ullberg hatten sich vom Wiener Architekten Otto Wagner beeinflussen lassen. Jarl Eklund – unten – entwarf eines der wohl bemerkenswertesten Projekte: eine Mischung aus verschiedenen englischen und skandinavischen Stilen. Diese drei Entwürfe wurden übrigens nicht preisgekrönt.

ATENEUMIN KESKIPORTAALTA KATSOTTUNA ··· SEDT FRÅN ATENEUMS MIDTELTRAPPA ··· D=5

Der Jury unterlief ein peinlicher Irrtum, als sie den Entwurf unter dem Kennwort 'Stephenson' anfangs von der Bewertung ausschloß, weil die geforderten Schnitte angeblich fehlten. Bei der Ausstellung, die dem Wettbewerb folgte, stellte sich heraus, daß diese Zeichnungen unter einem anderen Plan klebten. Als der Entwurf dann einbezogen wurde, erhielt er auch einen Preis. Die Architekten Usko Nyström und Alarik Tavastsjerna mußten sich mit einem sehr allgemein gehaltenen Kommentar der Jury zufriedengeben: Ihr Beitrag habe zwar 'gute Elemente' und mache 'einen künstlerischen Eindruck', aber er sei dennoch 'unzulänglich ausgearbeitet'.

MOTTO: Stephenson 10.

Entscheidung folgte, zeigte sich, daß sie unter einer anderen Zeichnung verborgen waren. In größter Hast wurde dieser Entwurf noch rasch mit einem - geteilten - dritten Preis ausgezeichnet.

Außerordentlich zu bedauern war es, daß man 'Semafor', dem Kandidaten für den vierten Preis, tatsächlich eine Auszeichnung versagte. Der Entwurf stammte aus dem Büro Gesellius, Saarinen, Lindgren, während das ausgezeichnete Projekt von Eliel Saarinen allein angefertigt worden war. Der Verlust des Preises war nicht nur eine Enttäuschung für Saarinens engste Mitarbeiter, sondern er bewirkte auch eine Krise in der Zusammenarbeit. Es war das erste Mal, daß Saarinen allein an einem Wettbewerb teilnahm, ohne seine Kollegen und Freunde Herman Gesellius und Armas Lindgren. Mit ihnen hatte Saarinen studiert und ein Jahr vor dem gemeinsamen Examen, 1889, eine enge und erfolgreiche Zusammenarbeit begründet. Gemeinsam zeichneten sie im Jahre 1904 bereits für etwa fünfzig Gebäude verantwortlich, wobei sie sich innerhalb weniger Jahre wohl zu den qualifiziertesten Vertretern eines nationalen Baustils profiliert hatten. In manchen ihrer Entwürfe waren noch Einflüsse der schottischen Arts-and-Crafts-Bewegung und der Wiener Secession erkennbar. Aber ihre Entwürfe aus der Zeit um die Jahrhundertwende - zum Beispiel für den finnischen Pavillon auf der Pariser Weltausstellung (1900) und die Versicherungsgesellschaft Pohjola mit Ornamenten aus der 'Kalevala' (1902) - waren eigentlich alle national-romantisch. Die Bindung zwischen den drei jungen Architekten war so stark, daß Beiträge, die sie unabhängig voneinander erarbeiteten, meist nicht als solche zu erkennen waren. Im Jahre 1902 bauten sie ein gemeinsames Wohn- und Arbeitshaus mit dem Namen Hvittrask, das sich schon bald zu einer Werkstatt für nationale Baukunst entwickeln sollte.

Der Einfluß beschränkte sich übrigens nicht auf die Architektur: Geistesverwandte, wie der Maler Gallen-Kallela und der Komponist Jean Sibelius, gingen hier schon bald ein und aus.

Daß Saarinen im Jahre 1904 neben dem gemeinsamen Entwurf auch noch einen eigenen Plan einreichte, kennzeichnete den Beginn einer Entfremdung zwischen den Freunden. Dabei spielten vermutlich auch persönliche Verhältnisse eine Rolle: Im selben Jahr heiratete Gesellius Saarinens erste Frau, Mathilde Gylden, und Saarinen heiratete Gesellius' Schwester Loja. Armas Lindgren hielt immer größeren Abstand zu den Freunden und verließ die Gemeinschaft im Jahre 1905.

Aber vermutlich suchte Saarinen auch auf dem Gebiet der Architektur seinen eigenen Weg. Kaum hatte er den Auftrag für den neuen Bahnhof erhalten, brach er zu einer langen Hochzeitsreise nach Westeuropa auf, wo er sich eingehend über die jüngsten Entwicklungen der Architektur informierte. Sowohl in Deutschland als auch in England und Schottland besichtigte er viele Bahnhöfe, um neue Ideen in sich aufzunehmen. Erst im Herbst 1904 kehrte er nach Finnland zurück und legte im Dezember einen erheblich geänderten Entwurf für den neuen Bahnhof vor. Dieses Projekt war von vielen national-romantischen Merkmalen befreit, und dadurch war die Verwandtschaft zum Nationaltheater geringer geworden. Es war der Beginn einer langen Reihe von Änderungen in gleicher Richtung, bis im Jahre 1910 der definitive Entwurf fertiggestellt war - jetzt für ein eigenwilliges, strenges und modernes Gebäude.

Diese Umkehr läßt sich nicht eindeutig erklären, aber man kann dafür mindestens drei Gründe anführen. Zunächst waren auch in Finnland zunehmend Signale einer modernen Architektur in anderen Ländern Europas und in den Vereinigten Staaten spürbar. Jedes Land, jedes kulturelle Gebiet hatte zwar seine eigenen Äußerungsformen, aber alle diese Strömungen hatten auch einzelne Merkmale gemeinsam: die Befreiung von Stilimitationen, das Streben nach sinnvoller Materialverwendung und die Anwendung neuer Werkstoffe. Es ist anzunehmen, daß Saarinen sich dafür schon früher interessierte als seine beiden Freunde. Dieses Interesse wurde übrigens während seines Auslandsaufenthalts erheblich verstärkt.

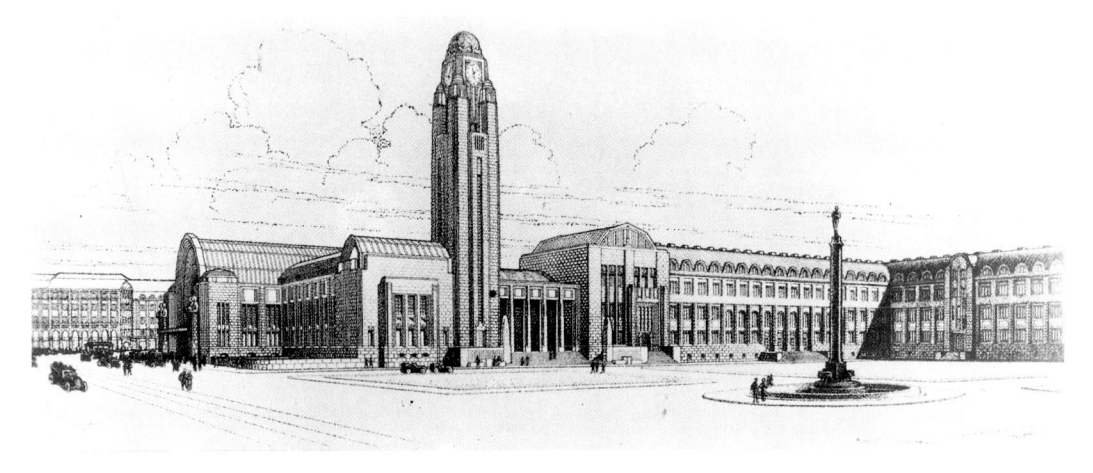

Hinzu kam, daß Saarinens Entwurf für den Bahnhof von Helsinki auch in Finnland selbst nicht nur Bewunderung erntete. Insbesondere Gustav Strengell und Sigurd Fosterus gaben sich als Propheten der neuen Zeit. Strengell behauptete in einem Pamphlet, daß das Bauen den veränderten technischen, finanziellen und kulturellen Umständen der Gegenwart entsprechen müsse. Die National-Romantik verwarf er, und einen früheren Entwurf von Gesellius, Saarinen und

Ende 1904 präsentierte Eliel Saarinen völlig neue Pläne für den Bahnhof. Alle national-romantischen Elemente waren verschwunden, der Entwurf war nunmehr streng und modern. Selbst die kapriziösen Bären am Eingang des ersten Projekts waren durch starre Laternenhalter ersetzt. Saarinen war aufgrund vielerlei Einflüsse zu dieser Kehrtwendung gekommen: durch seine Begegnung mit modernen Strömungen im Ausland, die Trennung von den Freunden und die Kritik an seinem ersten Entwurf von Leuten wie Sigurd Fosterus (rechts).

Lindgren in diesem Stil bezeichnete er als 'aufgeblasenes, prähistorisches Monstrum'.
Fosterus verkündete in seinem Angriff gegen Saarinen die Botschaft seines Lehrmeisters, Henry van de Velde.
Er plädierte für eine nationale Architektur, bei der die Form durch die Funktion bestimmt wird. Der moderne Architekt sollte laut Fosterus endlich einmal lernen, 'die Schönheit der Formen zu erkennen, zu denen die Ehrlichkeit ihn führt'.
Und er behauptete: 'Ein Bahnhof als Exponent eines neuen Kommunikationsmittels muß die moderne Zeit symbolisieren.'
Leider ist kein einziges schriftliches Dokument bekannt, in dem Saarinen auf diese Angriffe reagierte, aber gewiß ist, daß er sich die Kritik sehr zu Herzen nahm. Die großen Änderungen, die Saarinen in seinem Entwurf anbrachte, führten unverkennbar in die von Strengell und stärker noch von Fosterus aufgezeigte Richtung.
Der Entwurf vom Dezember 1904 hat, oberflächlich betrachtet, mehr mit Fosterus' Entwurf gemeinsam als mit Saarinens eigenem ausgezeichneten Entwurf vom Januar.

Aber auch ein dritter Grund ist denkbar, weshalb Saarinen seine Auffassungen aufgab. Möglicherweise ahnte er 1904 schon, daß die National-Romantik bald ihrer Existenzgrundlage beraubt werden würde. Der Winter 1904/05 spielte in dieser Hinsicht eine wesentliche Rolle: Der Druck, den Rußland auf Finnland ausübte, wurde schwächer, einerseits weil der russische Generalgouverneur in Finnland ermordet worden war, andererseits weil Rußland selbst Schwierigkeiten hatte.
Das Nationalbewußtsein, das die Finnen in ihrem Widerstand gegen die russischen Unterdrücker miteinander verbunden hatte, schien nicht mehr so notwendig zu sein.
Hinzu kam, daß sich etwa gleichzeitig eine tiefgreifende Trennung unter den Finnen selbst bemerkbar machte. Parallel zur Situation in Rußland kam es auch hier zu schweren Konflikten zwischen der arbeitenden und der besitzenden Klasse. In den darauffolgenden Jahren nahm diese Zersplitterung zu, bis ein blutiger Bürgerkrieg im Jahre 1917 klare Verhältnisse schaffte und Finnland selbständige Republik wurde.
Es ist also kein Wunder, daß die National-Romantik in jenen politisch wirren Jahren ihr plötzliches Ende fand. Früher als viele seiner Kollegen sagte Saarinen diesem Stil ab.
Er entwickelte eine eigene Formensprache, die sich unverkennbar an moderne Strömungen im Ausland anlehnte.
Als der Bahnhof im Jahre 1914 endlich fertiggestellt war, stand hier kein Monument der National-Romantik, sondern ein Gebäude, das einen nationalen Stolz begründen konnte, das erste Beispiel moderner Architektur in Finnland.

Sigurd Fosterus lieferte einen modernen Entwurf mit vielen Jugendstil-Elementen, der bei der Jury keine Begeisterung auslöste. Aber Fosterus war der Verkünder einer neuen Epoche, was Saarinen bald erkannte. Bahnbrechend war der Artikel 'Architektur, eine Herausforderung', den Fosterus anläßlich des Bahnhofswettbewerbs veröffentlichte. Darin plädierte er für 'Dilettantismus, Internationalismus und Rationalismus' und für einen 'Eisen- und Vernunftstil' im Gegensatz zur 'Herz- und Seelenkultur, (sprich: National-Romantik), die so viele Finnen gefesselt hatte:
'Dies sind die Extreme, zwischen denen die öffentliche Meinung sich bewegen kann, sie repräsentieren den Unterschied zwischen links und rechts, zwischen Vorurteilslosigkeit und Klerikalismus.' Wie groß Fosterus' Einfluß war, geht aus Saarinens definitiven Entwurf (links) hervor, der eine gewisse Ähnlichkeit mit Fosterus' Projekt hatte.

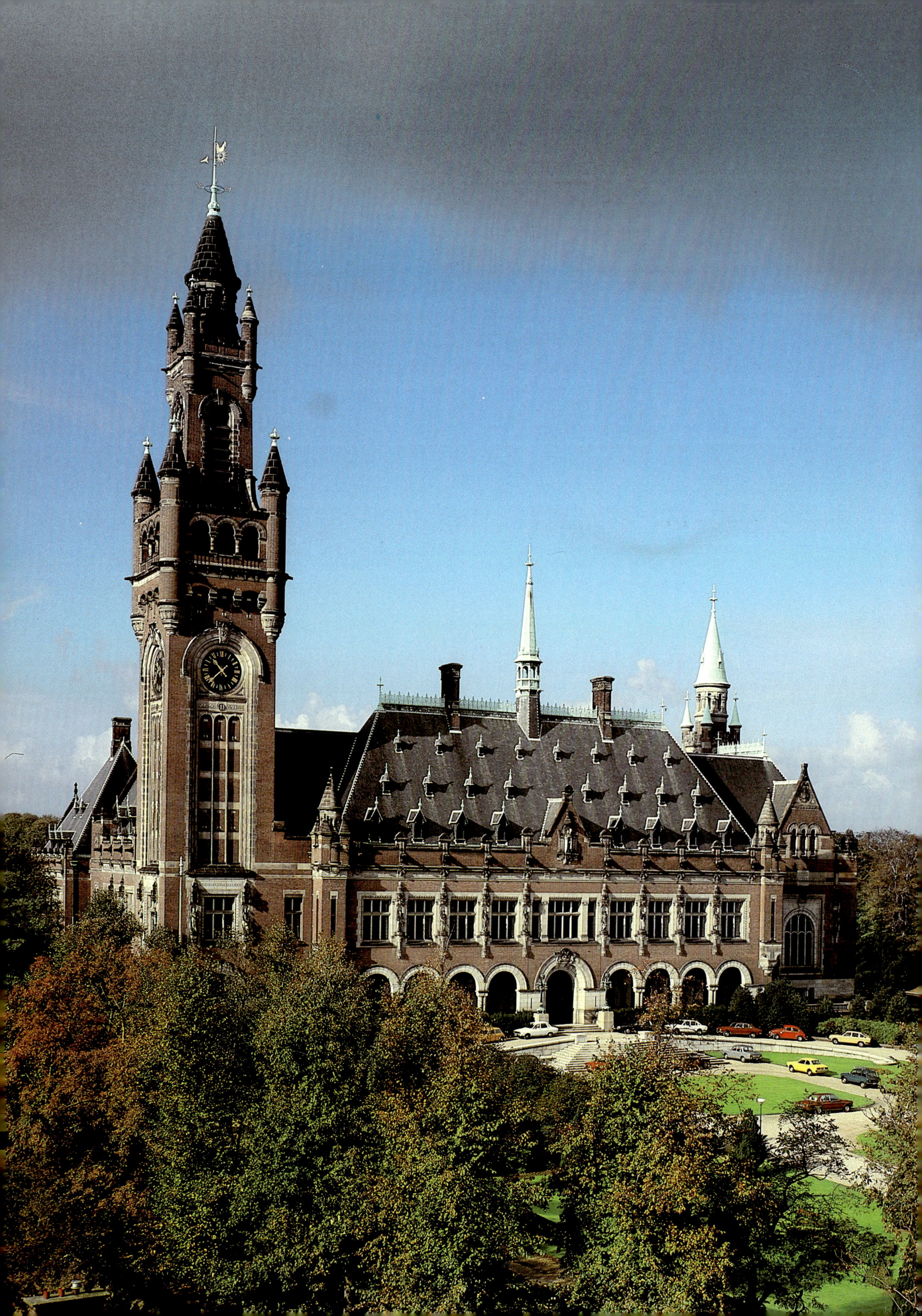

DER FRIEDENSPALAST IN DEN HAAG

INTERNATIONALER ARCHITEKTURWETTBEWERB FÜR DEN FRIEDENSPALAST IN DEN HAAG, SITZ DES STÄNDIGEN SCHIEDSHOFS, MIT BIBLIOTHEK

AUSSCHREIBUNG: August 1905; Entscheidung: Mai 1906; Teilnehmerzahl: 221

JURY: H. A. van Karnebeek, Vorsitzender der Carnegie-Stiftung, und sechs Architekten: Th. E. Colcutt, London; P. J. H. Cuypers, Amsterdam; E. Ihne, Berlin; C. König, Wien; M. H. P. Nénot, Paris; W. R. Ware, Massachusetts, USA

PREISTRÄGER: 1. L. M. Cordonnier, Lille; 2. A. Marcel, Paris; 3. F. Wendt, Berlin-Charlottenburg; 4. Otto Wagner, Wien; 5. H. Greenley und H. S. Olin, New York; F. Schwechten, Berlin

BAUAUSFÜHRUNG: 1907 bis 1913 nach dem Entwurf von L. M. Cordonnier und J. A. G. van der Steur

---

Am Vorabend des Ersten Weltkriegs wurde in der niederländischen Stadt Den Haag der Friedenspalast fertiggestellt, heutzutage eine der berühmtesten Einrichtungen der Welt. Hier haben der Internationale Gerichtshof und der Ständige Schiedshof ihren Sitz. Staaten aus der ganzen Welt senden ihre Rechtsvertreter hierhin, um ihre Differenzen vorzutragen. Dutzende internationaler Konflikte wurden hier friedlich gelöst.

Als das Gebäude im Jahre 1913 eröffnet wurde, glaubten nur wenige, daß der neue Friedenspalast seine Aufgabe erfüllen würde. Auch das Gebäude selbst fand allgemein nicht viel Zustimmung. Verschiedene Architekturzeitschriften bezeichneten es als architektonische Fehlleistung, als 'eine Schande für die Baukunst des zwanzigstens Jahrhunderts'. Das ist kaum verwunderlich: Das Gebäude war das Resultat einer Summe von Kompromissen, und der Wettbewerb, der seiner Entstehung vorausging, war von ständigen Konflikten begleitet. Es schien, als sei in diesen ersten Jahrzehnten des zwanzigsten Jahrhunderts dem Zustandekommen eines Friedenspalasts ebensowenig Erfolg beschieden wie der Begründung des Weltfriedens.

Die Idee zur Errichtung eines Friedenspalasts hat eine lange Vorgeschichte. Solange Menschen Kriege führen, hat es auch Stimmen gegeben, die für den Frieden plädierten, aber erst im neunzehnten Jahrhundert drang dieser Wunsch immer häufiger bis zu den Staatsoberhäuptern vor. Namentlich nach dem Deutsch-Französichen Krieg wuchs die Anzahl der Friedensorganisationen in der ganzen Welt, und die Parlamente, etwa in den USA, in England, Italien, Schweden, Belgien und in den Niederlanden, befürworteten einen Schiedshof zur Schlichtung internationaler Konflikte. Der russische Zar Nikolaus II. (1868-1918) ergriff die Initiative, welche direkt zum Bau des Friedenspalasts führte. Er rief zu einer internationalen Konferenz auf, die 1899 in Den Haag abgehalten wurde und deren ursprüngliches Ziel eine allgemeine Abrüstung war. Als sich dies als unerreichbar erwies, wurden wenigstens einige Konventionen verabschiedet, die eine friedliche Lösung von Differenzen fördern sollten. Zugleich wurde beschlossen, einen Ständigen Schiedshof einzurichten, der bei Konflikten zwischen einzelnen Staaten als Schiedsgericht auftreten könnte. Als Sitz entschied man sich aufgrund der Neutralität der Niederlande für Den Haag.

Der Unternehmer Andrew Carnegie (1835-1919), welcher den Friedenspalast finanzierte, wurde als Sohn eines schottischen Webers geboren. Im Jahre 1848 emigrierte er in die USA, wo er sich bei der Eisenbahn und in der Stahlindustrie ein Vermögen erwarb, das er zu einem großen Teil der 'allgemeinen Wohltätigkeit' zur Verfügung stellte.

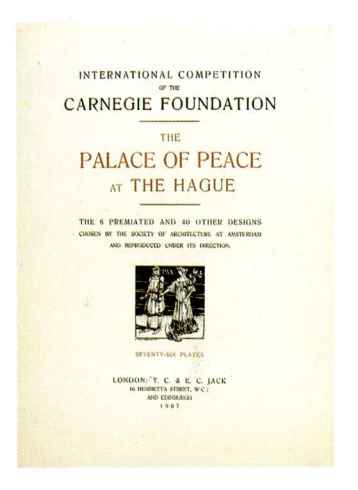

Die Carnegie-Stiftung gab 1907 einen Bildband heraus, in dem neben dem Bericht der Jury auch Abbildungen von 46 Wettbewerbsentwürfen enthalten waren. Auch die Juroren waren zusammen mit Carnegie in einer Gruppenaufnahme abgebildet.

Den ersten Preis erhielt der Franzose L.M. Cordonnier, der wie die meisten französischen Architekten stark von der Pariser Ecole des Beaux-Arts beeinflußt war. Cordonnier entwarf unter anderem das Rathaus von Dünkirchen und das Theater von Lille, und er beteiligte sich an Wettbewerben, bei denen er durch seinen Zeichenstil auffiel.

Im Jahre 1884 gewann er den Wettbewerb für die Börse in Amsterdam, aber man bezichtigte ihn des Plagiats: Sein Entwurf habe eine deutlich erkennbare Ähnlichkeit mit dem Rathaus von La Rochelle. Der Streit eskalierte derart, daß der Amsterdamer Stadtrat im Jahre 1888 vom Bau der neuen Börse Abstand nahm.

Dennoch wurde die Börse realisiert: Im Jahre 1897 erhielt der Niederländer Hendrik P. Berlage, der beim Börsenwettbewerb den dritten Preis gewonnen hatte, den Bauauftrag (siehe folgende Seite). Seine Börse wurde 1903 fertiggestellt, und sie gilt als eines des frühesten vorbildlichen Beispiele moderner Architektur.

Die Möglichkeit, tatsächlich einen derartigen Schiedshof zu gründen, ergab sich erst, als der amerikanische Stahlmagnat Andrew Carnegie (1835-1919) den Betrag von 1,5 Millionen Dollar für diesen Zweck zur Verfügung stellte. Gleich darauf berief das niederländische Außenministerium eine Kommission führender Architekten, die den Bau vorbereiten sollte. Diese suchte ein geeignetes Baugelände und erstellte auch das Programm zu einem internationalen Architekturwettbewerb, der zum besten Entwurf führen sollte. Mit der Einrichtung der Carnegie-Stiftung im Jahre 1904 endete die Existenz dieser Kommission: Die Stiftung übernahm deren Aufgaben. Diese Umstrukturierung führte jedoch auch zu zahlreichen Konflikten: Die Empfehlungen der Kommission wurden zum großen Teil in den Wind geschlagen. Es wurde nicht nur ein anderes Gelände gekauft als das von der Kommission vorgeschlagene, sondern man organisierte auch den Wettbewerb in völlig anderer Weise.

Die Carnegie-Stiftung bevorzugte eine beschränkte Ausschreibung, um sich so der Mitarbeit der erfahrensten Architekten zu versichern. Zwar kam die Carnegie-Stiftung schließlich dem Wunsch der niederländischen Architekten entgegen, indem sie die Beteiligung am Wettbewerb für jedermann freistellte, aber es blieb der Nachteil, daß den Teilnehmern jetzt keine Chancengleichheit geboten wurde. Die zwanzig Eingeladenen erhielten ein Honorar von 2000 Niederländischen Gulden; alle anderen mußten sich auf eigene Rechnung beteiligen. Dieses Problem wog um so schwerer, als sehr viel Arbeit anfiel: Das Programm forderte vollständige Entwürfe, einschließlich farbiger Perspektivzeichnungen und detaillierter Grundrisse. Dazu stand ein Zeitraum von acht Monaten zur Verfügung, was fast allen als zu kurzfristig erschien. In verschiedenen Ländern warnte die Fachpresse davor, daß viele namhafte Architekten unter diesen Umständen auf eine Beteiligung verzichten würden. Dennoch wurden über 200 Pläne eingesandt.

Im Juni 1906 wurden die Einsendungen der Öffentlichkeit vorgestellt. In einer Ausstellung im fürstlichen Palast am Kneuterdijk in Den Haag wurden 216 Entwürfe ausgestellt, insgesamt mehr als 3000 Zeichnungen. Die Fachpresse reagierte zurückhaltend: Mittelmäßigkeit schien Trumpf zu sein, konventionelle Lösungen waren bei weitem in der Überzahl. Tatsächlich hatten sich nur wenige Avantgardisten beteiligt.

Die französischen Teilnehmer gehörten nahezu alle zu den Anhängern der Académie des Beaux-Arts: Neuerer wie Auguste Perret und Tony Garnier machten nicht mit. Auch bei vielen Amerikanern zeigte sich, daß sie eine Ausbildung an der Pariser Akademie genossen hatten. In Deutschland hatte Peter Behrens schon Bahnbrechendes geleistet, aber auch sein Name fand sich nicht unter den Wettbewerbsteilnehmern. Der Belgier Henry van de Velde, der Vater des Art Nouveau und Gründer des Bauhauses in Weimar, zählte ebensowenig dazu. Aus Österreich, wo die Secession in jenen Jahren zur Blüte kam, hatte sich zwar Otto Wagner beteiligt, aber Josef Hoffmann, Adolf Loos und Joseph Maria Olbrich fehlten. Aus den Niederlanden machten Berlage und Kromhout mit, nicht aber Michel de Klerk und K.P.C. de Bazel. Aus Spanien, wo Gaudí schon berühmt war, kam nur ein Entwurf von Luig de Cafalach.

In der unabhängigen und kritischen niederländischen Architekturzeitschrift *De Opmerker* zog Architekt A.W. Weissmann einen Vergleich mit dem Wettbewerb für die Amsterdamer Börse im Jahre 1884. Damals hatte er geurteilt, daß 'die Zeichnungen in der Regel überaus schön' seien, aber zugleich gefragt, ob man dadurch nicht zuviel Effekthascherei betreibe. Nunmehr stellt er fest, daß die zeichnerische Fertigkeit sich zu einer wahren Virtuosität entwickelt hatte, sie werde jedoch an die banalsten architektonischen Gemeinplätze verschwendet: 'Die akademische Richtung siegt überall, aber sie bringt es nicht weiter als bis zur zweifelhaftesten Mittelmäßigkeit.'

Auch das nüchterne *Bouwkundig Weekblad* — das offizielle Organ der Gesellschaft zur Förderung der Baukunst, der wichtigsten Vereinigung niederländischer Architekten — konnte für die Resultate des Wettbewerbs nur wenig Begeisterung aufbringen: 'Viele Entwerfer konnten sich nicht von ihrer Vorliebe für gewisse konventionelle Formen befreien

Berlages Entwurf für den Friedenspalast erhielt keinen Preis, im Gegensatz zu seinem Wettbewerbsentwurf für die Amsterdamer Börse, der den dritten Preis bekam. Gewinner wurde damals Cordonnier. Dennoch hat Berlage schließlich die Börse gebaut — ein Vorgang, der sich nach Ansicht vieler jetzt nicht mehr wiederholen durfte (siehe auch Bildtext auf Seite 106).

(...) Das Ausgraben des klassischen Tempels, durch den man der Welt den Frieden unter den Völkern verkündigen wollte, war ebenso zu erwarten wie das Erscheinen phantastischer Kreationen, die durch ihre überwältigende Stattlichkeit, durch ihre Masse und - nicht unmittelbar verständliche - Symbolik ein Bild des endgültigen Friedens auf Erden wiedergeben sollten. Die Sammlung bietet dementsprechend Entwürfe von Pyramiden, Tempeln, Kirchen, Kasinogebäuden, Bahnhöfen, Rathäusern, Palästen bis hin zu Landhäusern. Sie zeigt auch die Arbeiten von Teilnehmern, die sich dessen nicht bewußt waren, daß ihr Geist und ihr Talent einfach nicht ausreichten.'

Das *Bouwkundig Weekblad* analysierte auch, worauf der Mangel an aufsehenerregenden Resultaten zurückzuführen sei. Zum Teil lag dies an der Grundstückswahl: Das gewählte Baugelände war so beschränkt, daß es 'keine allzu pompöse Anlage zuließ'. Überdies war die Aufgabe schwierig zu lösen; eigentlich wurden zwei Gebäude mit unterschiedlichen Bestimmungen gefordert: ein Ständiger Schiedshof und eine Bibliothek. Aber die größte Schwierigkeit lag wohl in der ästhetischen Problemlösung. Es sollte ja immerhin ein Bauwerk mit einer Bestimmung geschaffen werden, wie es sie noch niemals gegeben hatte; ein Gebäude, das durch seine äußeren Formen Symbol eines Ideals sein sollte, welches erst vor relativ kurzer Zeit aufgekommen war - das Ideal des Weltfriedens -, dessen Verwirklichung auch von manch einem Teilnehmer am Wettbewerb noch bezweifelt werden dürfte. Obwohl das Problem geeignet schien, die Architekten in hohem Maße zu begeistern, blieben ihre Entwürfe unterhalb den Erwartungen vieler. Bei genauer Betrachtung konnte das Ergebnis auch nicht anders sein. Eine neue Idee zu interpretieren, ein Symbol für einen neuen Kult zu verkörpern, ist keine Aufgabe für nur einen Menschen, für einen einzigen Künstler, und dies auch noch innerhalb einer Frist von acht Monaten.

Die Jury, die neben dem Vorsitzenden der Carnegie-Stiftung Architekten aus sechs verschiedenen Ländern umfaßte, beurteilte die mehr als 3000 Zeichnungen innerhalb von sechs Tagen. Zuerst betrachtete jedes Mitglied des Preisgerichts alle Projekte gesondert, und jeder Entwurf, der durch wenigstens eine Person einer näheren Betrachtung für würdig befunden wurde, kam in die folgende Beurteilungsrunde. Von den 44 Entwürfen, die danach verblieben, wurde 16 ausgewählt, unter denen man sich schließlich für die Gewinner entschied. Den ersten Preis in Höhe von 12 000 Gulden erhielt der Franzose L. M. Cordonnier, der zwanzig Jahre zuvor auch den Wettbewerb für die Börse in der niederländischen Hauptstadt Amsterdam gewonnen hatte. Damals hatte er einen Pyrrhussieg errungen, denn sein preisgekrönter Entwurf wurde nicht ausgeführt. Auch jetzt hatte er einen Entwurf eingereicht, der - ebenso wie damals - durch schwungvollen, ungebändigten Stil auffiel, wenngleich er aus konventionellen Formen aufgebaut war. Vermutlich war die Wirkung der Zeichnungen der Hauptgrund dafür, daß Cordonnier die Jury für sich gewann.

Auch der zweite Preis ging an einen Franzosen, A. Marcel aus Paris, der eine eigene Version des Petit Palais eingereicht hatte. Die Deutschen Wendt und Schwechten, die den dritten bzw. einen geteilten fünften Preis erhielten, und die Amerikaner H. Greenley und H. S. Olin (geteilter fünfter Preis) hatten vergleichbare Entwürfe gemacht: mit Kuppeln und klassizistischen Säulen. Einigermaßen gewagt war nur die Zuerkennung des vierten Preises an den Österreicher Otto Wagner, der mit einer Art leichtem und zierlichem Secessionsgebäude die Avantgarde vertrat.

Der Bericht der Jury fand außer in Frankreich nirgendwo rechte Zustimmung, nicht einmal so sehr wegen der getroffenen Entscheidung: Der Entwurf von Cordonnier wurde im allgemeinen zumindest als lobenswert angesehen. Mehr Kritik fand die äußerst kurzgefaßte Motivierung der Wahl. Im Bericht der Jury wurden zwar alle 44 Entwürfe aus der ersten Runde gezeigt, aber nur die sechs preisgekrönten einiger Kommentarzeilen für wert befunden. Und diese wenigen Zeilen zeichneten sich oftmals auch noch durch eine unverständliche und häßliche Formulierung aus.

Über Cordonniers Entwurf las man nur folgendes: 'Dieser Entwurf zeigt eine schöne allgemeine Anordnung; der Entwerfer wollte dem Sinnbild Ausdruck verleihen, das - da Den Haag als Sitz des Schiedshofs gewählt wurde - der Architektur des Friedenspalasts durch die niederländische Baukunst des 16. Jahrhunderts eingegeben sein muß. Solche Erwägungen verschafften diesem Entwurf schließlich die Mehrheit. Die Grundrisse genügen den Anforderungen des Programms und trennen, wie gefordert, die Bibliothek und den Palast, aber dem Architekten ist es nicht gelungen, den bei einer solchen Trennung immer so wünschenswerten Charakter einer geschlossenen Einheit zu erreichen.'

Über den Entwurf von Marcel sagte man kaum mehr als: 'Nur die allgemeine Aufteilung hat die Aufmerksamkeit der Jury erregt; die Gruppierung ist sehr gut (...) und die Anordnung des Rückgebäudes (...) hervorragend. Zu bedauern ist, daß eine übertriebene Schwülstigkeit, sowohl im Grundriß als auch in der Zeichnung der Fassaden, nicht mit dem Charakter

Der internationale Architekturwettbewerb für den Friedenspalast zog tatsächlich Architekten aus ganz unterschiedlichen Ländern an. Aus vielen Projekten ließ sich die Nationalität des Architekten gewissermaßen herauslesen, so auch aus dem 'Beaux-Arts'-Entwurf des Franzosen A. Marcel, der den zweiten Preis erhielt, oder aus dem 'Secessions'-Entwurf des Wiener Architekten Otto Wagner, der den vierten Preis bekam. Eigenwillig war der Entwurf des Budapesters Emil Töry, der durch seine warmen Farben auffiel.

Der Wettbewerb für den Friedenspalast zog Architekten aus aller Herren Länder an. Oftmals konnte man die Nationalität des Planers schon am Entwurf erkennen, wie bei den links wiedergegebenen Abbildungen. Von oben nach unten: der 'Beaux-Arts'-Entwurf des Franzosen A. Marcel; der 'Secessions'-Entwurf des Wieners Otto Wagner und der warmgetönte, östlich beeinflußte Entwurf des Budapesters Emil Töry.
Rechts zwei phantasiereiche, symbolisch befrachtete Kreationen: ein Sarkophag von G. Mancini aus Rom und eine Pyramide von Félix Debat aus Paris.

*Oben: Entwurf von Johannes Zimmermann aus Zwickau.
Unten: Entwurf von Jan F. Groll, einem Niederländer, der auch jahrelang in England arbeitete und sich dort offenbar von der englischen Neogotik hatte inspirieren lassen.*

vornehmer Schlichtheit übereinstimmt, wie er zur architektonischen Darstellung eines Friedenspalasts paßt, ohne jedoch von irgendwelcher Ursprünglichkeit zu zeugen.' Über Wagner urteilte man schließlich herablassend: 'Der Entwerfer weist darauf hin, daß er meinte, wo die eigentümlichen Bedürfnisse eines Friedenpalasts zum Ausdruck gebracht werden sollten, sich neuer Mittel und einer neuen Ästhetik bedienen zu müssen. Diese Kunstäußerung erschien der Jury wesentlich; sie ließ ein Monument entstehen, dem man eine gewisse Originalität nicht absprechen kann.' Manche Kritik bezog sich auf die angeführte Motivation: 'Weshalb hat man einen Entwurf preisgekrönt, der durch die niederländische Architektur des 16. Jahrhunderts inspiriert wurde? Weil damals in Holland der achtzigjährige Krieg wütete?' Oder: 'Weshalb einen zweiten Preis für einen Entwurf, der bar jeder Ursprünglichkeit ist?' Ein Teil der Kritiken war jedoch fundamentaler: 'Man sucht vergeblich nach einer Grundlage, von der die Beurteilenden ausgegangen sind.' Verständnislosigkeit herrschte vor allem gegenüber der Tatsache, daß gerade jene Entwürfe auserkoren worden waren, deren Schöpfer sich nicht an das Programm gehalten hatten. Von nahezu allen preisgekrönten Projekten wußte man, daß sie für den ausgesetzten Betrag von 1,6 Millionen Gulden niemals realisiert werden könnten. Überdies hätte keines auf das relativ kleine Baugelände gepaßt. Ferner war gefordert, nur die Perspektivzeichnungen in Farbe auszuführen, der Rest sollte als Strichzeichnungen eingereicht werden. Aber je überschwenglicher und farbenfroher die Entwürfe waren, desto größer war die Aussicht auf Erfolg.
Und zu allem Übel erklärte die Jury schließlich noch, daß sie es nicht als ihre Aufgabe angesehen habe, einen Entwurf auszuwählen, der auch tatsächlich gebaut werden könnte. Die endgültige Wahl des auszuführenden Entwurfs wurde vielmehr der Carnegie-Stiftung übertragen. Diese besaß nunmehr sechs preisgekrönte Projekte, die als Grundlagen für einen neuen Entwurf von 'einem auszuwählenden Architekten' dienen konnten.

Es war verständlich, daß es der vielköpfigen Jury nicht möglich war, eine Wahl zu treffen, die jedermanns Zustimmung fand. Daß zu den Preisträgern keine echten Neuerer gehörten, war bei einer Jury, deren Mitglieder ein durchschnittliches Lebensalter von über sechzig Jahren hatten, kaum verwunderlich. Aber worüber die Architektenwelt in England, Deutschland, in den USA und den Niederlanden sich besonders erregte, war der Umstand, daß es trotz der unermeßlichen Arbeit keine echten Gewinner gab.

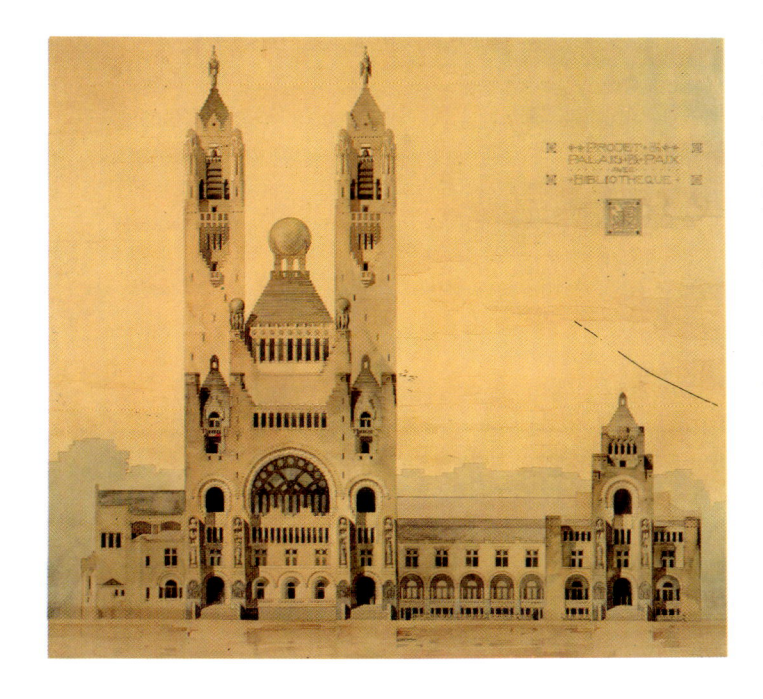

Man empfand es als absurd, sich für eine Mischung aus sechs Projekten zu entscheiden. Wie immer man über den Entwurf von Cordonnier urteilte, über eines waren sich alle einig: Nachdem dieser jetzt gewonnen hatte, sollte er auch ausgeführt werden. Vor allem die Niederländer fürchteten eine Wiederholung der Vorgänge im Zusammenhang mit der Amsterdamer Börse, und auf internationaler Ebene waren sie besorgt, das Gesicht nicht zu verlieren.

Zum Glück fand 1907 die zweite Haager Friedenskonferenz statt, diesmal auf Initiative des amerikanischen Präsidenten Theodore Roosevelt. Dadurch richtete sich nicht nur die Aufmerksamkeit noch einmal auf die Notwendigkeit eines Friedenspalasts, sondern alle vertretenen Staaten beschlossen überdies, den Bau auch materiell zu unterstützen. Angesichts der hohen Kosten, die mit dem Wettbewerb verbunden gewesen waren, erschien dieser Beitrag sehr willkommen. Die Carnegie-Stiftung geriet also unter heftigen Druck, sobald wie möglich zu bauen. Und trotz der Tatsache, daß der preisgekrönte Entwurf den finanziellen Rahmen in jeder Hinsicht sprengte, wurde Cordonnier zum Architekten gewählt. Dieser versicherte sich der Mitarbeit des Niederländers J. A. G. van der Steur, der seinen Einfluß auf

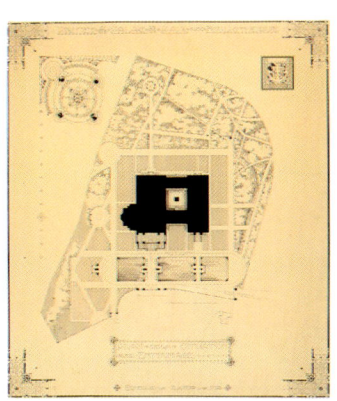

Der Niederländer Willem Kromhout gehörte zu jenen Architekten, die sich um 1900 der Imitation früherer Stile entschieden widersetzten und nach neuen Wegen suchten. Kromhout wurde zu einem Neuerer mit einer eigenen Formensprache, die sich durch ausdrucksvolle Gestaltung und neue Ornamentik auszeichnete.

den endgültigen Entwurf gründlich geltend machte.
Als der definitive Plan bekanntgegeben wurde, zeigte sich, daß Cordonniers hochfliegende Pläne stark beschnitten waren. Von den imposanten Türmen an jeder Ecke waren nur anderthalb Türmchen übriggeblieben. Die überschwenglichen Dekorationen waren verschwunden, viel Pomp und Putz war vor allem an der Vorderfassade entfernt worden. Dennoch verblieb ein Gebäude, das als 'Palast' zu erkennen war und das überdies endlich ausgeführt werden konnte.
Am 28. August 1913 wurde der Friedenspalast offiziell eröffnet, ein Jahr, ehe der Ausbruch des Ersten Weltkriegs den Schiedshof vorläufig überflüssig machte. Im Jahre 1920 jedoch, als der Genfer Völkerbund gegründet wurde, kam der Haager Friedenspalast nicht nur wieder zu Ehren, sondern er erhielt auch noch eine weitere Funktion hinzu: Neben dem Ständigen Schiedshof bekam hier auch der Ständige Hof der internationalen Justiz seinen Sitz, der Vorläufer des Internationalen Gerichtshofs. Der Völkerbund wurde 1946 offiziell aufgelöst, aber den Internationalen Gerichtshof gibt es noch heute, jetzt als Bestandteil der Vereinten Nationen.

LISTE DER EINGELADENEN ARCHITEKTEN:
Niederlande: J. L. Springer und E. Cuypers
USA: Peabody & Stearns, Boston, und Carrère & Hastings, New York
Frankreich: A. Marcel, Paris, und L. M. Cordonnier, Lille
Deutschland: F. Schwechten, Berlin, und C. Hocheder, München
Österreich: Otto Wagner, Wien
Ungarn: I. Alpar, Budapest
Schweiz: H. Auer, Bern
Belgien: E. Dieltjen, Antwerpen
Rumänien: I. D. Berindey, Bukarest
Italien: G. Calderini, Rom, und E. Basile, Palermo
Spanien: D. J. Urioste y Velada, Madrid
Portugal: J. L. Monteiro, Lissabon
Dänemark: M. Nyrop, Kopenhagen
Schweden: I. G. Clason, Stockholm
Rußland: A. de Pomeranzew, St. Petersburg, und E. Saarinen, Helsinki (damals zu Rußland gehörig)
England: H. T. Hare und J. Belcher, London

Eliel Saarinen war einer der gut zwanzig Architekten, welche die Carnegie-Stiftung speziell zur Teilnahme am Wettbewerb einlud. Zur Verwunderung und zum Zorn vieler seiner Kollegen wurde sein Entwurf nicht preisgekrönt. Man munkelte, Saarinens Projekt habe keinerlei Aussichten, weil der russische Zar nicht wünschte, daß ein Finne zum Gewinner erklärt wurde.

(Mehr über die Spannungen zwischen Rußland und Finnland ist im Kapitel über den Bahnhof von Helsinki gesagt, besonders auf den Seiten 95-96 und 103).

Einer der größten Bewunderer von Saarinens Entwurf war der Niederländer Karel P.C. de Bazel. Er hatte sich selbst nicht am Wettbewerb beteiligt, obwohl er sich in sehr idealistischer Weise mit den Fragen des Weltfriedens beschäftigte. Aber um 1905 wurde er durch einen Entwurf ganz in Anspruch genommen, der zu diesem Wettbewerb im Gegensatz stand.

Im Auftrag von Dr. P.H. Eikman und Paul Horrix, leidenschaftlichen Eiferern für den 'Internationalismus', erarbeitete De Bazel einen Entwurf für eine Weltstadt in der Nähe von Den Haag, die auch einen Friedenspalast auf dem Haager Mussenberg enthielt. Alle Hoffnung auf Realisierung dieses großartigen Projekts schwand, als die Carnegie-Stiftung beschloß, nicht den Mussenberg als Baugelände für den Friedenspalast zu erwerben, sondern Zorgvliet. Selbst Eikmans Appell an die niederländische Regierung führte nicht mehr zu einer Änderung dieser Entscheidung.

Es war also kein Wunder, daß De Bazel sich nicht am Wettbewerb beteiligte, und ebensowenig, daß er 1906 einen abfälligen Artikel darüber schrieb, in dem er die kümmerlichen Resultate an den Pranger stellte und von einer 'überwältigenden Menge geistloser Machwerke, zustande gekommen ohne das Feuer des lebendigen Glaubens', sprach.

De Bazel nannte nur eine einzige Ausnahme: den Entwurf Eliel Saarinens: 'Ein sich horizontal erstreckendes Gebäude mit einer schlank aufragenden Halbkuppel in der Mitte; dieses einfache Motiv verleiht dem Projekt den Charakter bewußter und ernsthafter Entschiedenheit. Der in guten Proportionen ausgedrückte Gegensatz in der Hauptmasse sorgt für eine vollkommene Harmonie: Ruhe und Bewegung, die Grundprinzipien allen Bauens. Dadurch auch ist es, obwohl massiv gebaut, würdig und lebendig in der Wirkung, und diese würdige Lebendigkeit wird mit wenigen Mitteln durch die Feinheit der Detaillierung und Verzierung unterstützt.'

De Bazel fuhr mahnend fort: 'Überrascht bemerkt man, wie auch bei diesem Entwurf, trotz seiner fortgeschrittenen Ausarbeitung, die Zweifel des Planers zwischen der schön ausgearbeiteten, aber geistlosen Konventionsform und der noch unreifen, aber ausdrucksvollen und lebendigen neuen Form erkennbar sind. Er entschied sich oftmals für die letztere, vergaß aber dabei, daß seine Arbeit einer Jury vorgelegt würde, die sie verurteilen mußte, weil sie nicht wie er selbst von der Liebe und dem Glauben an seine Schöpfung beseelt war, und die das Ganze ablehnen würde, weil ihr die Elemente unsympathisch erschienen.'

Im Jahre 1907 unternahm De Bazel einen letzten Rettungsversuch für sein Projekt, indem er gemeinsam mit vielen anderen Architekten – darunter Berlage und Kromhout, die sich wohl am Wettbewerb beteiligt hatten – ein Schreiben an das niederländische Parlament richtete, in dem der Jurybericht vernichtend kritisiert und die Vorteile des Mussenbergs noch einmal eingehend geschildert wurden. Aber auch dieses Unterfangen zeitigte keinen Erfolg.

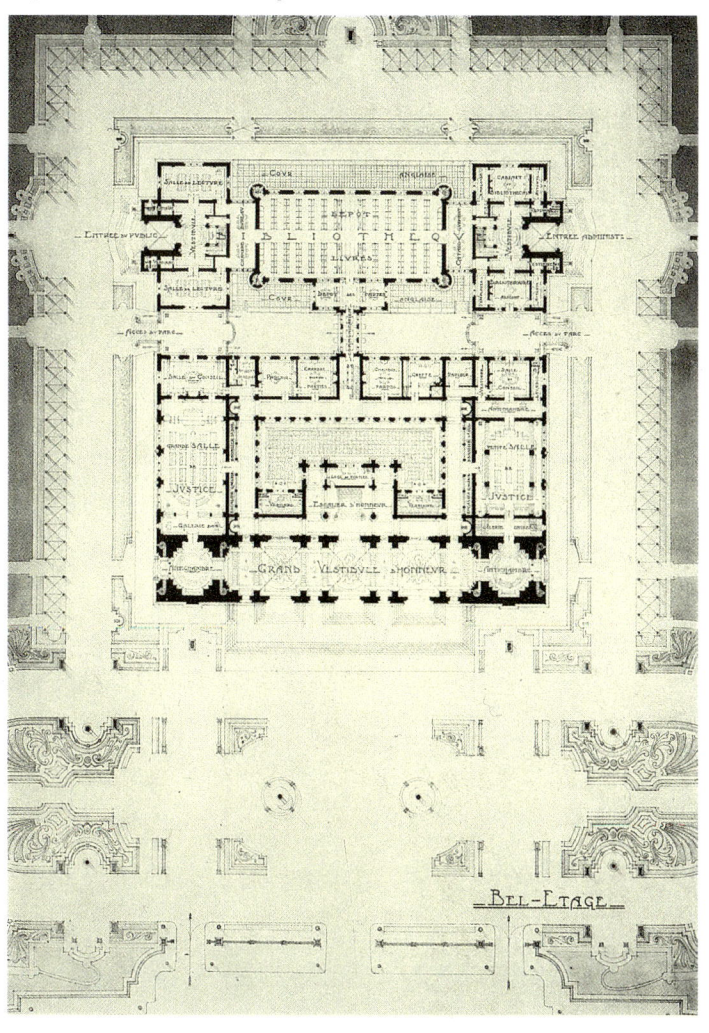

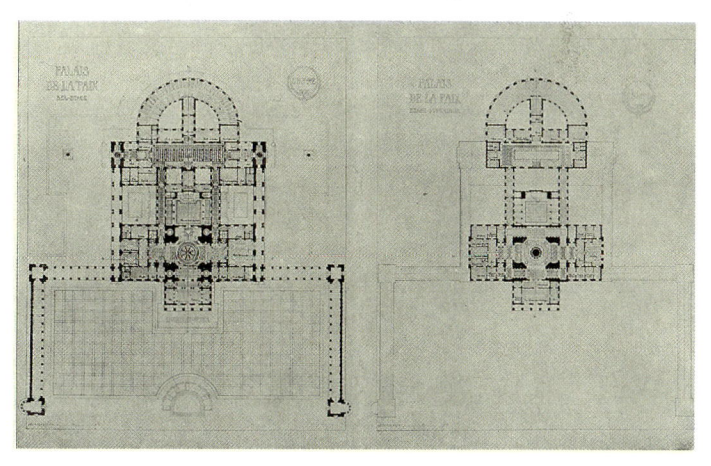

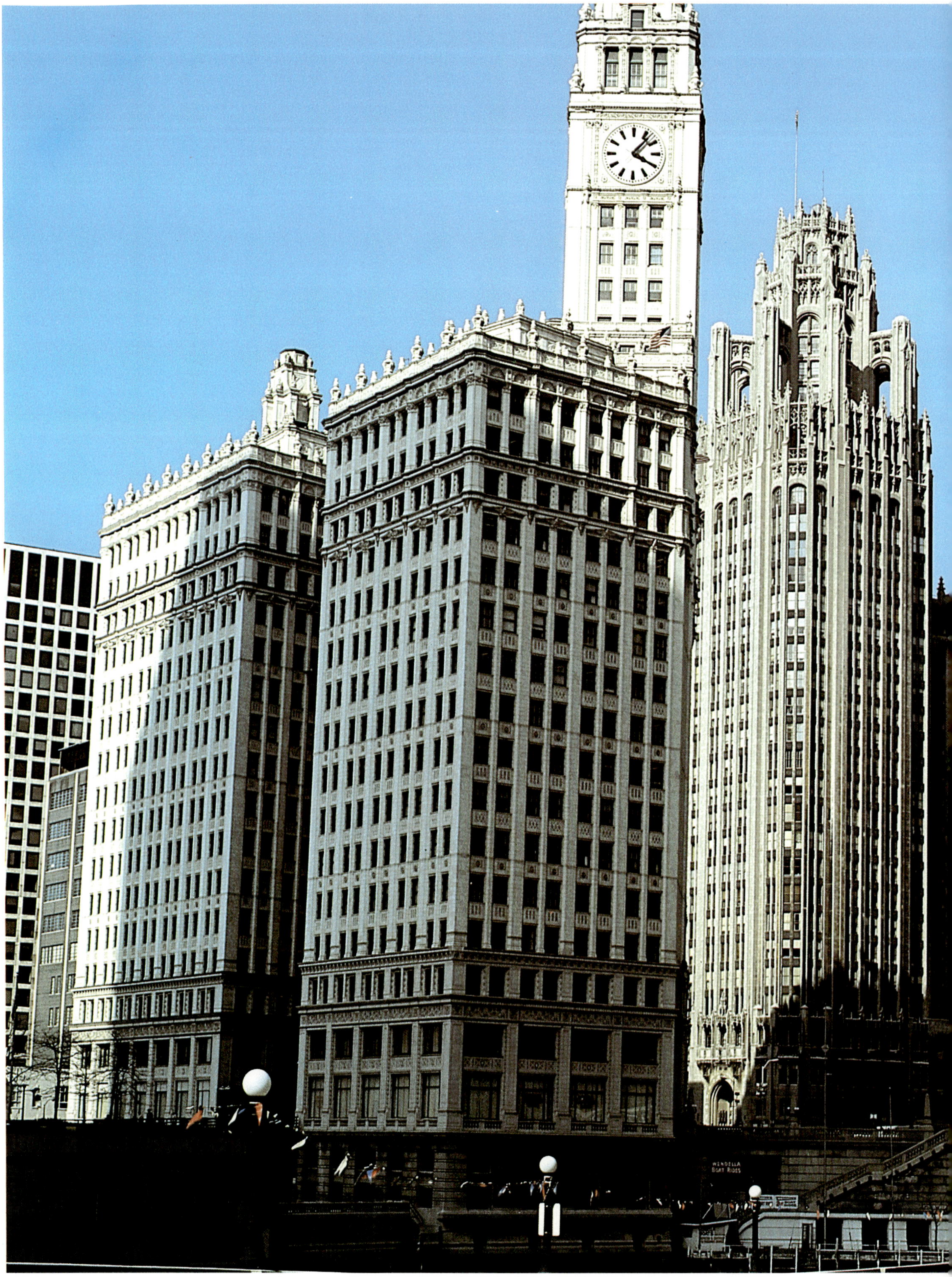

Das Verwaltungsgebäude der Chicago Tribune

Internationaler Architekturwettbewerb für ein Bürogebäude der 'Chicago Tribune'.

Ausschreibung: 10. Juni 1922; Einsendeschluß: 1. November 1922. Teilnehmerzahl: 204.

Jury: Alfred Granger, Architekt (Vorsitzender), und Edward S. Beck, Robert R. McCormick, Holmes Onderdonk und Joseph M. Patterson, Mitarbeiter der Chicago Tribune

Preisträger: 1. Raymond M. Hood und John Mead Howells; 2. Eliel Saarinen; 3. Holabird & Roche

Bauausführung: 1924-1925 nach dem Entwurf von Hood und Howells.

Am 10. Juni 1922 - die *Chicago Tribune* feierte an diesem Tag ihr 75jähriges Bestehen - wurde der Wettbewerb für ein neues Verwaltungsgebäude der Zeitung bekanntgegeben. Die Erwartungen waren alles andere als bescheiden: 'Das schönste und auffallendste Gebäude der Welt'. Und dazu

Blick auf Chicago: von der Loop nach Norden. Im Vordergrund der Chicago River mit der Brücke der North Michigan Avenue. In der Mitte — mit den riesigen Strebepfeilern oben — das Gebäude der Chicago Tribune, das 1925 fertiggestellt wurde. Links davon das Wrigley Building, der erste hier errichtete Wolkenkratzer. Er entstand 1921 nach einem Entwurf von Graham, Anderson, Probst und White und ist ein Musterbeispiel für Hochbauten im Amerika jener Zeit. Amerikanische Architekten suchten damals nach passenden Vorbildern aus der Weltarchitektur, um diese in ihren eigenen Wolkenkratzern anzuwenden. So wurde der Turm des Wrigley Buildings (dessen Spitze hier nicht mehr abgebildet ist) durch den Glockenturm 'Giralda' an der Kathedrale von Sevilla inspiriert, der 1568 auf ein maurisches Minarett gesetzt worden war. Diese Art eklektizistischer Gebäude muß der Direktion der 'Chicago Tribune' vorgeschwebt haben, als sie 1922 einen Wettbewerb für das 'schönste und auffallendste Gebäude der Welt' ausschrieb. Das ausgeführte Bauwerk von Hood und Howells entlehnte viele Formen dem 'Tour de Beurre' der Kathedrale von Rouen aus dem frühen 16. Jahrhundert und dem Turm der Kathedrale von Mecheln. Rechts das Equitable Building (von Skidmore, Owings und Merill, 1965). Die moderne Architektur, die in den zwanziger Jahren in Europa aufkam, setzte sich auch in den USA durch.

Raymond M. Hood, John Mead Howells

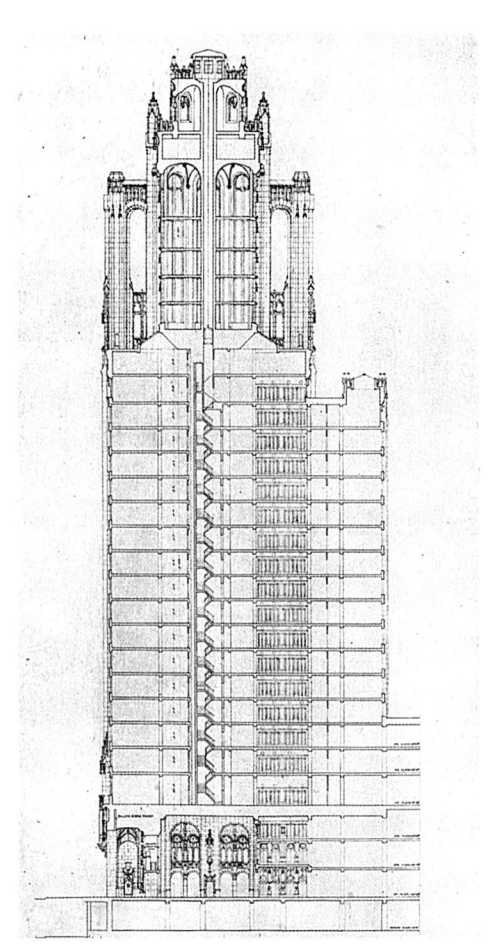

Am 1. November 1922 mußten sämtliche Einsendungen zum Wettbewerb eingegangen sein, wenngleich die ausländischen Teilnehmer noch einen Monat länger Zeit hatten. Die Überseepost wurde noch per Schiff befördert, und das dauerte erheblich länger. Dennoch wartete die Jury nicht, bis alle Projekte vorlagen: Am 13. November wurde erstmals abgestimmt, und schon jetzt war der Entwurf von Raymond M. Hood und John Mead Howells Favorit. Er verlor seine Führungsposition bei späteren Abstimmungen nicht mehr. Nach Vollendung des Gebäudes im Jahre 1925 waren nur noch wenige davon überzeugt, daß die Jury richtig entschieden hatte. Dennoch änderten sich die Auffassungen. Im Jahre 1981 schrieb Paul Goldberger in seinem Buch 'Wolkenkratzer': 'Es ist ein Gebäude, das die Zeit besonders gut überstanden hat, und im Rückblick auf die Entwürfe nach 50 Jahren läßt sich nicht sagen, daß das Preisgericht eine falsche Wahl getroffen hätte. Sein Urteil war konservativ, aber eindeutig.'

wurde ein internationaler Wettbewerb ausgeschrieben, für den nicht weniger als 100 000 Dollar an Geldpreisen zur Verfügung standen. Schon bald sprach man allgemein vom 'Hunderttausend-Dollar-Architekturwettbewerb.' Seit zwei Jahren besaß die Zeitung am Rande der Innenstadt von Chicago eine neue Druckerei. Infolge der innerstädtischen Verkehrsprobleme sah man sich genötigt, zur North Michigan Avenue, nördlich vom Chicago River, auszuweichen. Von hier aus konnte der Vertrieb schneller und effizienter abgewickelt werden. Zwischen der neuen Druckerei und der Avenue war Raum für ein Bürogebäude freigehalten. Das Gelände war nicht groß, ungefähr 30 Meter breit und etwa 40 Meter tief. Angesichts der ehrgeizigen Vorstellungen der Verlagsleitung mußte man die Lösung in der Höhe suchen.

Im Wettbewerbsprogramm war dies genau angegeben: Das gesamte Baugelände sollte bis zu einer Höhe von wenigstens 55 Metern bebaut werden. Darüber durfte das Gebäude ein wenig zurückspringen. Die lokalen Baubestimmungen besagten, daß die maximale Höhe für Bürogebäude etwa 80 Meter betrug. Wer sein Gebäude mit einem Turm schmücken wollte, durfte damit nicht über 120 Meter hinausgehen. Dort an der North Michigan Avenue sollte also unter diesen Bedingungen das schönste und auffallendste Gebäude der Welt entstehen. Der Wettbewerb - 'an dem sich jeder fähige Architekt aus jedem Land der Welt beteiligen kann' - sollte die Gewähr dazu bieten. Der Zeitungsverlag ging die Sache ernsthaft an: Die Ausschreibung entsprach den Empfehlungen des American Institute of Architects (AIA) für Wettbewerbe.

Der Sieger sollte 50 000 Dollar erhalten, der Zweite Preisträger mit 20 000 Dollar, der dritte Preisträger mit 10 000 Dollar honoriert werden. Für die damalige Zeit waren dies ungeheure Beträge. Der Rest der Geldpreise sollte unter den Zehn Architektenbüros Aufgeteilt werden, die von der *Chicago Tribune* zur Teilnahme am Wettbewerb eingeladen waren. Ihre Namen wurden zugleich mit dem Programm bekanntgegeben: Bliss & Faville aus San Francisco, Bertram G. Goodhue, James Gamble Rogers, Benjamin Wistar Morris, Howells & Hood, sämtlich aus New York City, und Holabird & Roche, Jarvis Hunt, Burnham & Co, Schmidt, Garden & Martin sowie Andrew Rebori aus Chicago. Vor allem amerikanische Architekten konnten anhand dieser Auswahl erkennen, was für ein Gebäude der Verlagsleitung vorschwebte. Die zehn eingeladenen Firmen waren für ihre soliden und traditionsgebundenen Entwürfe bekannt, und fast alle hatten Erfahrung im Bau von Bürogebäuden, deren äußeres Erscheinungsbild den Vorstellungen des breiten Publikums entsprach. Die meisten ausländischen Architekten - die mit amerikanischen Verhältnissen im allgemeinen nicht vertraut waren - mußten ohne diese Hinweise auskommen. Die amerikanischen Verhältnisse waren zu jener Zeit aber auch für Außenstehende schwer verständlich. So machte Chicago in der Errichtung hoher Bürogebäude seit 1890 eine gewaltige Entwicklung durch. Sie wurden aus Stahlskelettkonstruktionen errichtet, vor die relativ nüchterne Steinmauern gesetzt wurden. Später, vor allem im ersten Jahrzehnt unseres Jahrhunderts, griff man bei dieser Verkleidung zunehmend auf traditionelle Formen

Ganz links: Schon zu Beginn der Bewertung hatte der Entwurf von William Holabird und Martin Roche gute Aussichten auf einen Preis. Schließlich erhielt diese Arbeit den dritten Preis. Ebenso wie die späteren Gewinner Hood und Howells waren Holabird und Roche von der Zeitung zur Teilnahme am Wettbewerb eingeladen worden.

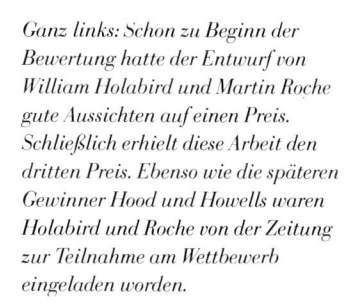

Links: Auch das Architekturbüro Daniel H. Burnham aus Chicago erhielt von der 'Chicago Tribune' eine (bezahlte) Aufforderung zur Teilnahme am Wettbewerb. Aus der Liste der eingeladenen Architekten läßt sich ablesen, daß die Inhaber der Zeitung sich ein Verwaltungsgebäude nach dem damals vorherrschenden Geschmack wünschten: imposant mit eklektizistischer Formgebung. Der Entwurf des Büros Burnham enthält Elemente des Spätrenaissance. Er erhielt eine lobende Erwähnung.

William Holabird, Martin Roche

D.H. Burnham & Co

Rechts: Der Entwurf von James Gamble Rogers aus New York (der ebenfalls eingeladen war) ist neogotisch, mit Dachreitern auf einem Schrägdach. Der Turm hat alle Merkmale des gotischen Doms, besonders der Kathedrale von Antwerpen. Die Jury gab dem Entwurf eine lobende Erwähnung.

Ganz rechts: Eine Einladung zur Teilnahme bekam auch Andrew Rebori, und sein Entwurf fand Anerkennung. Er erhielt eine lobende Erwähnung. Das Gebäude ist relativ nüchtern, die schmückenden Ornamente sind verschiedenen Baustilen entlehnt.

James Gamble Rogers

Andrew Rebori

Rechts: Eine lobende Erwähnung erhielt auch der Entwurf von Arthur Frederick Adams aus Kansas City/ Missouri. Das Wettbewerbsprogramm schrieb die Form der Zeichnungen genau vor: Abmessungen, Art der Perspektive, aber auch, daß keine Farben verwendet werden durften. Zum Größenvergleich mußte auf wenigstens einer Zeichnung ein Mensch abgebildet werden. Rechts unten die Vorderfassade.

Ganz rechts: G.S. Bliss und William B. Faville aus San Francisco inspirierten sich an der romanischen Architektur.

Arthur Frederick Adams

G.S. Bliss, William B. Faville

Ganz links: Die Gotik mit ihrer Betonung der Vertikalen eignet sich bekanntlich für hohe Gebäude. Das meinten wohl auch Frank J. Helmle und Harvey Wiley Corbett, aber es gelang ihnen nicht, ihrem Bau die selbstverständliche Schlankheit zu verleihen, die für die Gotik bezeichnend ist. Sie gehörten daher auch nicht zu den Preisträgern.

Links: Das Büro Schmidt, Garden & Martin aus Chicago wurde ebenfalls von der Zeitung zur Teilnahme eingeladen, und ihr gotischer Entwurf erhielt eine lobende Erwähnung.

Frank J. Helmle, Harvey Wiley Corbett

Schmidt, Garden & Martin

Rechts: Der Entwurf von Jarvis Hunt – der ebenfalls zur Teilnahme aufgefordert worden war – entsprach nicht dem Wettbewerbsprogramm und schied daher aus. Dennoch einigte sich die Jury auf eine lobende Erwähnung.

Ganz rechts: Benjamin Wistar Morris, eingeladen und lobend erwähnt, versuchte es mit dem Klassizismus: korinthische Säulen, Girlanden und Symbole aus der griechischen Antike, wie Sphinx und Pegasus.

Jarvis Hunt

Benjamin Wistar Morris

zurück, welche die Pariser Ecole des Beaux-Arts seit langem propagierte. Vor allem die Neogotik wurde dabei populär. Daß die traditionelle Gebäudeform bei der *Chicago Tribune* auf fruchtbaren Boden fiel, konnte der aufmerksame Leser des Wettbewerbsprogramms auch aus der Zusammensetzung der Jury folgern. Vorsitzender war Alfred Granger, ein Architekt mit einer Vorliebe für Bauten im Sinne der Beaux-Arts. Die übrigen vier Mitglieder waren Mitarbeiter der Zeitung: Colonel Robert R. McCormick, Captain Joseph Medill Patterson, Edward S. Beck und Holmes Onderdonk. Der Jury stand ein architektonischer Berater, Howard Cheney, zur Seite, den man ebenfalls dem traditionell orientierten Lager zurechnen muß. Abgabetermin war der 12. November 1922. Für Zeichnungen, die von sehr weit her kamen, räumte man eine zusätzliche Frist von einem Monat ein, aber sie mußten der Jury am 1. November angekündigt sein. Am 1. Dezember waren 204 Entwürfe eingetroffen, und nach diesem Datum gingen noch weitere 95 Beiträge bei der Zeitung ein, doch wurden diese von der Beurteilung ausgeschlossen.

Die (anonymen) Entwürfe wurden zunächst vom architektonischen Berater, Howard Cheney, daraufhin überprüft, ob sie den Vorschriften des Programms entsprachen. Fünfzehn Entwürfe fielen dabei gleich aus: einer davon stammte von einem der zehn eingeladenen Büros, von Jarvis Hunt aus Chicago. Von den übrigen 189 kamen - wie sich später zeigte - 135 aus den USA und 54 aus dem Ausland. Die Jury wartete nicht, bis alles eingegangen war. Bereits am 13. November, nachdem man die inzwischen vorliegenden Entwürfe schon tagelang geprüft hatte, traf sie eine vorläufige Entscheidung: den ersten Preis für den Entwurf Nr. 69, den zweiten für die Nr. 90 und einen dritten Preis für die Nr. 104.

Inzwischen hatte auch eine beratende Kommission aus Vertretern des Stadtrats von Chicago und einigen ortsansässigen Städtebauexperten die Entwürfe beurteilt. Am 21. November meldete sich diese Kommission mit einer Liste von zwölf Entwürfen, von denen man meinte, daß sie 'jeder für sich ein Gewinn für Chicago, für die Michigan Avenue und für die Tribune' seien. Die drei bereits zuvor von der Jury ermittelten Gewinner standen ebenfalls auf dieser Liste.

Am 27. November stimmte das Preisgericht zum zweiten Mal geheim ab. Inzwischen waren 50 Einsendungen aus dem Ausland eingetroffen, aber diese konnten die Entscheidung der Juroren offenbar nicht beeinflussen. Jedenfalls war das Ergebnis der zweiten Abstimmung mit dem der ersten vom 13. November identisch. Unter den neu eingegangenen ausländischen Beiträgen befanden sich einige avantgardistische Entwürfe, die bezeugten, daß vor allem in Europa eine neue Art des Bauens im Kommen war: strengere, oftmals hellere und von der Stijlgruppe und vom Bauhaus beeinflußte Formen. Die Jury war nicht in der Lage, die Bedeutung dieser Entwürfe zu erkennen. Im Gegenteil läßt sich vermuten, daß diese klaren Formen bei ihr Reminiszenzen an den strengen Baustil erweckten, der in Chicago zwischen 1880 und 1910 üblich gewesen war, also als altmodisch empfunden wurde. Da noch nicht sämtliche

Eliel Saarinen

Am 29. November 1922 – einen Tag vor Einsendeschluß für ausländische Teilnehmer – trafen zwei Entwürfe aus Finnland ein: einer von Einar Schostrom und Jarl Eklund (rechts) und der andere von Eliel Saarinen. Vor allem der Beitrag des letzteren gefiel den Juroren: Einen ganzen Morgen und Mittag diskutierten sie darüber. Nach einer Abstimmung landete Saarinens Entwurf auf dem zweiten Platz.
Nachträglich wurde Saarinens Werk besonders gelobt. Aber im Jahre 1981 schrieb Paul Goldberger: 'Heute erscheint der Entwurf von Saarinen, wenngleich gekonnt, so doch schwächer als der preisgekrönte. Er hat eine gewisse Anmut, aber nicht die Brillanz und die Genialität, die ihm zugeschrieben wurde' (siehe auch den Bildtext Seite 116).

angekündigten ausländischen Einsendungen vorlagen, konnte auch keine endgültige Entscheidung getroffen werden. Am 29. November traf ein Paket mit zwei Entwürfen aus Finnland ein, welche die Juroren verblüfften. Von diesem Augenblick an bis zum Mittag des 1. Dezember tagte die Jury fast ununterbrochen. Nach ausgiebigem Studium der neuen Entwürfe wurde beschlossen, die drei Entwürfe der letzten Abstimmung und den Entwurf Nummer 187 - der aus Finnland eingetroffen war - nochmals eingehend zu diskutieren. Auf diese Besprechungen folgte wieder eine Abstimmung. Einstimmig vertrat die Jury die Meinung, daß die Nummer 69 den ersten Preis verdiente. Ebenfalls einstimmig war die Meinung zum zweiten Preis: Diesen erhielt die Nummer 187, der Entwurf aus Finnland. Über den dritten Preis war man geteilter Meinung. Vier Juroren stimmten für die Nummer 90, während der Vorsitzende die Nummer 104 bevorzugte, die - wie sich später herausstellte - von A. F. Adams aus Kansas City stammte. Angesichts des großen Übergewichts zog Alfred Granger daraufhin seine Stimme zurück und bestimmte, daß der dritte Preis einstimmig der Nummer 90 zugesprochen wurde. Nachträglich ist festzustellen, daß die Jury nicht völlig korrekt handelte. Da sie bereits vorläufige Abstimmungen durchführte, obwohl noch nicht alle Einsendungen vorlagen, kam es zu einer Situation, die nicht als neutral anzusehen ist. Die Jury muß bei der Nummer 187 gewußt haben, daß diese aus dem Ausland kam, ja sogar, daß sie aus Finnland stammte. Außerdem war ihr Urteil vermutlich unbewußt - vielleicht aber sogar bewußt - von nationalistischen Gesichtspunkten bestimmt. Die Verwendung von Titeln wie 'Colonel' und 'Captain' deutet darauf hin. Und vielleicht kann man aus den recht vorschnellen einstweiligen Abstimmungen folgern, daß das Preisgericht die ausländischen Einsendungen von vornherein geringer einschätzte als jene aus dem eigenen Lande. Diese - vielleicht ein wenig kühnen - Vermutungen werden durch eine Passage aus dem Abschlußbericht der Jury bestärkt: 'Eines der mit Genugtuung erfüllenden Ergebnisse des weltweiten Wettbewerbs besteht darin, daß er die Überlegenheit der amerikanischen Entwürfe nachweist. Nur ein einziger ausländischer Entwurf ragt durch seine besondere Qualität heraus, und dieser wahrlich schöne Entwurf stammt nicht etwa aus Frankreich, Italien oder England, den allgemein anerkannten Zentren der europäischen Kultur, sondern aus dem kleinen nördlichen Finnland.' Am 3. Dezember 1922 gab die Jury ihre Entscheidung bekannt: Den ersten Preis erhielten Raymond M. Hood und John Mead Howells, eines der Büros, welche die *Tribune* zur Teilnahme eingeladen hatte. Der aufsehenerregende finnische Entwurf stammte von Eliel Saarinen aus Helsinki, er erhielt den zweiten Preis, und der dritte Preis ging an Holabird und Roche, ebenfalls ein Büro, das die *Tribune* zur Teilnahme aufgefordert hatte.
Der Bericht der Jury endete folgendermaßen: 'Wir sind davon überzeugt, daß der preisgekrönte Entwurf nach seiner Ausführung das endgültige Urteil der Jury in jeder Hinsicht rechtfertigen und daß die Tribune dann reichlich für ihr Unterfangen belohnt werden wird, die kommerzielle

Einar Sjöstrom, Jarl Eklund

Nils Tvedt

Walter Burley Griffin

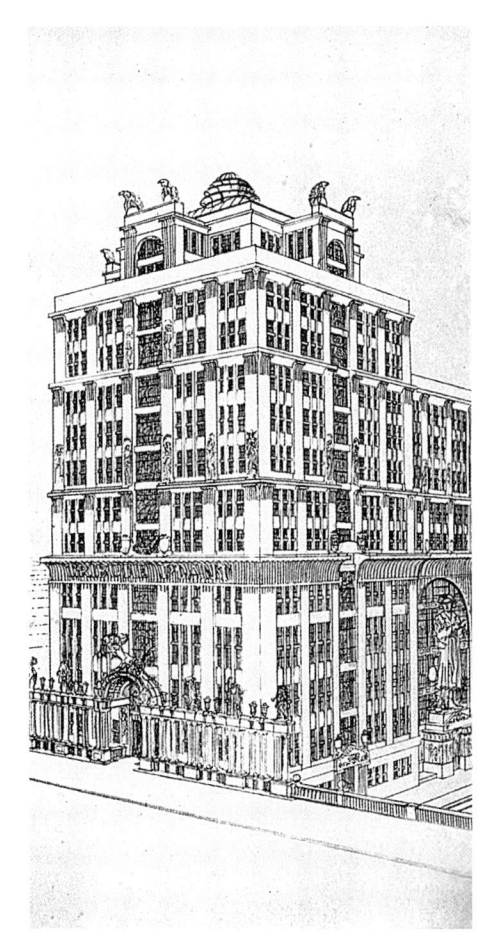

Wilhelm Hejda, Rudolf Tropsch

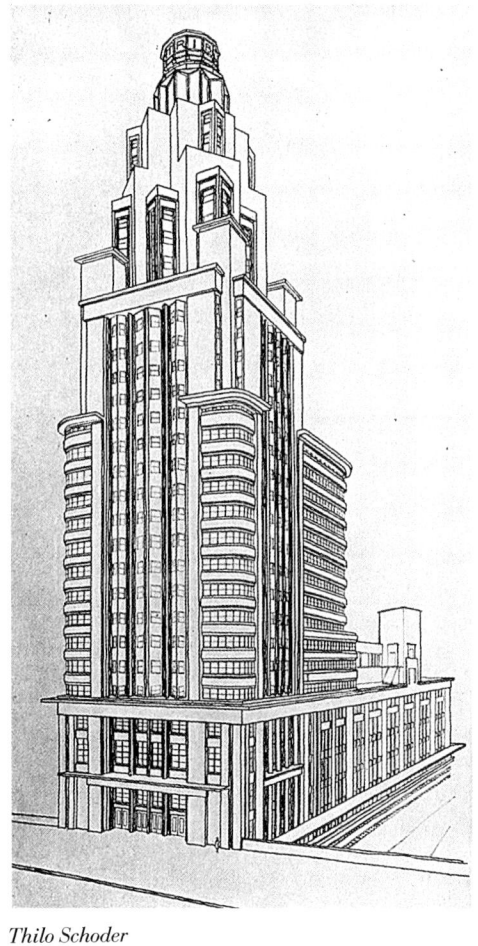

Thilo Schoder

Die ausländischen Beiträge basieren im allgemeinen weniger auf Stilreproduktionen, wenngleich der Entwurf der Finnen Einar Sjöstrom und Jarl Eklund stark gotisch beeinflußt war (links oben).
Der Norweger Nils Tvedt lieferte einen sehr einfachen klassizistischen Entwurf, der den Anforderungen des Programms nicht genügte (Mitte oben).
Rechts oben: Ein Entwurf des Australiers Walter Burley Griffin.
Ganz links unten: Die Wiener Architekten Wilhelm Hejda und Rudolf Tropsch riefen Erinnerungen an die Secession und das Wien der Jahrhundertwende wach. Auffallend groß ist die Figur, die sie sich über einem Nebeneingang vorstellten.
Links: Thilo Schoder war in seiner Gestaltung moderner, aber er wußte offenbar auch keine rechte Antwort auf die Frage der Krönung eines so hohen Gebäudes.

Architektur in die Welt der bildenden Künste zu erheben, indem sie zugleich das bislang schönste Bürohaus der Welt als ihr eigenes Verwaltungsgebäude erschaffen hat, ein angemessenes Monument für die Begründer der führenden Zeitung aus dem prächtigen Mittel-Westen.'

Als das Bürogebäude 1925 - tatsächlich nach dem Entwurf von Hood und Howells - fertiggestellt war, sprachen nur wenige noch vom 'schönsten und auffallendsten Gebäude der Welt.' Und heutzutage wird der Bau in Architekturführern nur als ein Wolkenkratzer aus den zwanziger Jahren erwähnt, wobei eventuell noch auf den damaligen Architekturwettbewerb hingewiesen ist, der solch vieldiskutierte Einsendungen zur Folge hatte. Tatsache ist, daß einige der eingereichten Entwürfe zu größerem Ruhm gelangten als das schließlich entstandene Bauwerk selbst. Das traf vor allem für den überraschenden zweiten Preis zu, den Entwurf des Finnen Eliel Saarinen. Er hatte ihn mit Hilfe der Chicagoer Architekten Dwight G. Wallace und Bertell Grenman angefertigt. Schon bald nach der Entscheidung der Jury schrieb Louis H. Sullivan - der große architektonische Erneuerer Chicagos in den achtziger Jahren des neunzehnten Jahrhunderts - in der Zeitschrift *Architectural Record* vom Februar 1923: 'Ein einziger Blick nur mit geschultem Auge, und das Urteil steht fest: ein Urteil, das beim Betrachten eines Meisterwerkes aus dem inneren Erlebnis heraus entsteht. Die Entscheidung der Jury wird sofort umgekehrt, und der zweite Preis rückt an die erste Stelle, wohin er auch aufgrund seiner großartig beherrschten und virilen Kraft gehört. Der erste Preis wird zu einem Entwurf degradiert, der von abgenutzten Ideen abgeleitet ist, auch wenn er geradezu verzweifelt danach schreit, aus der allgemeinen Sklaverei dieser Ideen befreit zu werden. (...) Das finnische Meisterbauwerk ist kein einsamer Ruf in der Wüste, es ist eine Stimme voller Klang und Reichtum, die inmitten der Pracht und der Freude des Lebens erklingt. Im Vortrag erhaben und melodisch, kündet es von einer künftigen Zeit, die nicht mehr lange auf sich warten lassen wird, einer Zeit, in der die Elenden und Bedürftigen, die Geizigen und die Bösen der Sklaverei und dem Wahn der erstarrten Ideen entfliehen werden.' Saarinens Entwurf barg für Sullivan zwei Überraschungen. '... zum ersten, daß ein Finne, der niemals zuvor Gelegenheit zur Planung eines hohen Bürogebäudes hatte, das heikle Problem des turmhohen Stahlskeletts so verarbeitet, als sei ihm diese Gabe in die Wiege gelegt - daß er die Bedeutung seiner Prinzipien ergründet und deren Lösung so unbeirrt verfolgt, und zwar in einer gründlichen und standhaften Weise, wie dies bislang noch kein einziger amerikanischer Architekt vermochte.'

Die zweite Überraschung lag für Sullivan darin, 'daß ausgerechnet ein Ausländer das Einfühlungsvermögen hat, dessen es bedarf, um den gesunden, starken, positiven und ehrgeizigen Idealismus zu erfassen, der dem amerikanischen Volk eigen ist. (...) und daß gerade er über die poetische Kraft verfügt, diese Eigenschaften verständnisvoll in eine Gebäudeform zu übersetzen, die sich als ein Symbol für alle Zeiten vom Boden erhebt.' Die Worte sind ein wenig pathetisch, aber sie treffen den Kern der Sache. Und denjenigen, die sie dennoch mißverstanden, rief Sullivan fast verzweifelt zu: 'Weshalb haben die Männer der Tribune diese kostbare Perle weggeworfen? (...) Sie haben der Welt ein feierliches Versprechen gegeben. Weshalb haben sie dieses nicht gehalten? Jeder für sich und gemeinsam machten sie als Mitglieder der Jury ein dreifaches Gelöbnis. Und noch in letzter Sekunde wurde ihnen tatsächlich der schönste Entwurf für ein hohes Bürogebäude vorgelegt, der jemals dem fruchtbaren Geist der Menschheit erwachsen ist. Ist der Schreck in sie gefahren? Weshalb wurden sie wortbrüchig?' Für Sullivan war die schließlich getroffene Entscheidung der Jury ein Akt der groben Willkür und der Unbildung, eine Untat, welche die Welt eines prächtigen Symbols beraubt und der Menschheit ein Monument der Schönheit, des Glaubens, des Mutes und der Hoffnung vorenthalten habe. Und ironisch zitierte Sullivan zum Schluß noch einmal die Passage aus der Ausschreibung, in der die *Tribune* behauptete, das Ziel des Wettbewerbs, das schönste Gebäude der Welt entstehen zu lassen, könne nicht oft genug wiederholt werden.

Was kennzeichnet Saarinens Entwurf, was veranlaßte Louis Sullivan zu derart bewundernden Worten? Das Projekt von Hood und Howells zeigt die für jene Zeit mehr oder weniger übliche Konstruktion eines hohen Bürohauses: ein modernes Stahlskelett, verkleidet mit einer neugotischen Fassade. Das Gebäude hat einen deutlichen Unterbau, einen strengen und geraden Mittelteil und darüber wieder eine ausgeprägte Krone. Saarinens Entwurf scheint auf den ersten Blick nicht so stark davon abzuweichen. Auch er macht einen etwas archaischen, gotischen Eindruck. Aber das Gebäude ist in seiner Gesamtheit einheitlicher: Es hat ebenfalls einen - bescheideneren - Unterbau, aber der geht offenbar wie von selbst in den strengen, vertikalen Aufbau der Fassade über. Fast unmerklich weicht der Giebel ein wenig zurück, und die Turmkrone klebt nicht daran, sondern entwickelt sich auch wieder, fast organisch, aus dem Gesamtentwurf: ein Gebäude von selbstverständlicher, fließender Einheitlichkeit. Die Jury verdient ein Lob dafür, daß sie das Bemerkenswerte an Saarinens Entwurf sofort erkannte, aber andererseits ist es

---

Die Wettbewerbsentwürfe waren allesamt so faszinierend, weil sie ein Bild von der Suche nach dem idealen Stil für einen Wolkenkratzer vermittelten. Die Amerikaner hatten in den vorangegangenen Jahrzehnten schon einige praktische Erfahrungen sammeln können, wobei sie anfangs die damals üblichen Gebäude einfach maßstabsgerecht vergrößerten. Als sich dieses Verfahren nicht bewährte, suchte man seine Zuflucht bei früheren Baustilen, vor allem bei der Neogotik der Beaux-Arts. Durch diese Rückkehr zur Vergangenheit geriet der Rationalismus, der die Architektur der ersten Wolkenkratzer in Chicago gekennzeichnet hatte, mehr oder weniger in Vergessenheit. Für die Amerikaner war dies um 1920 eine überholte, 'altmodische' Art des Bauens.

Europa war von dieser Vergangenheit nicht belastet. Vor allem die jungen Architekten machten nach dem Ersten Weltkrieg reinen Tisch und strebten eine völlig neue Architektur an: rationell in der Anlage, streng in der Form.

Die Jury des Wettbewerbs für das neue Bürogebäude der 'Chicago Tribune' konnte die Bedeutung dieser neuen Strömung, die durch die Bewegung De Stijl und das Bauhaus beeinflußt war, nicht einschätzen. Nach Beendigung des Wettbewerbs erkannten Kritiker und Publizisten jedoch in zunehmendem Maße, daß die Europäer möglicherweise die richtige Antwort auf die Frage gefunden hatten, wie ein Wolkenkratzer aussehen sollte.

Eines der Merkmale der Entwürfe der europäischen Avantgarde war das Bemühen um Verbindung der horizontalen und vertikalen Elemente. Dabei blieb kaum Raum für das Ornament. Die Flächen, die Einteilung und das Spiel der Linien sollten die Form des Wolkenkratzers bestimmen.
Links oben: Entwurf von Walter Gropius und Adolf Meyer.
Mitte oben: Entwurf von Heribert Freiherr von Luttwitz.
Links unten: Entwurf der Niederländer Bernard Bijvoet und Johannes Duiker.
Mitte unten: Entwurf von Max Taut; rechts der Entwurf von Bruno Taut in Zusammenarbeit mit Walter Gunther und Kurt Schütz.

Walter Gropius, Adolf Meyer

Heribert Freiherr von Luttwitz

B. Bijvoet, J. Duiker

Max Taut

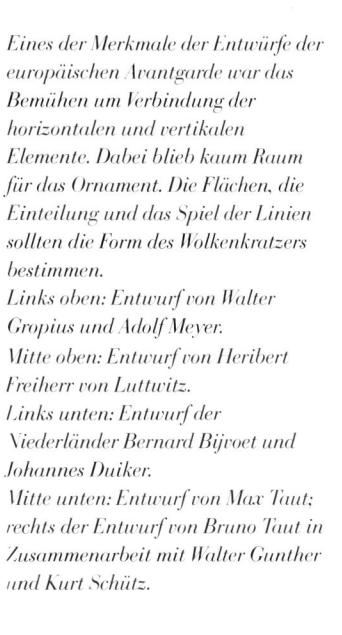

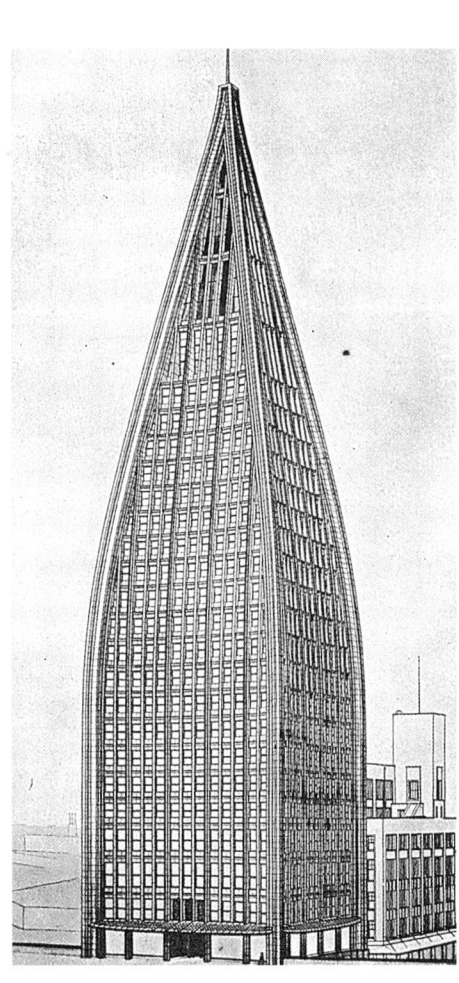

Bruno Taut, Walther Gunther, Kurt Schütz.

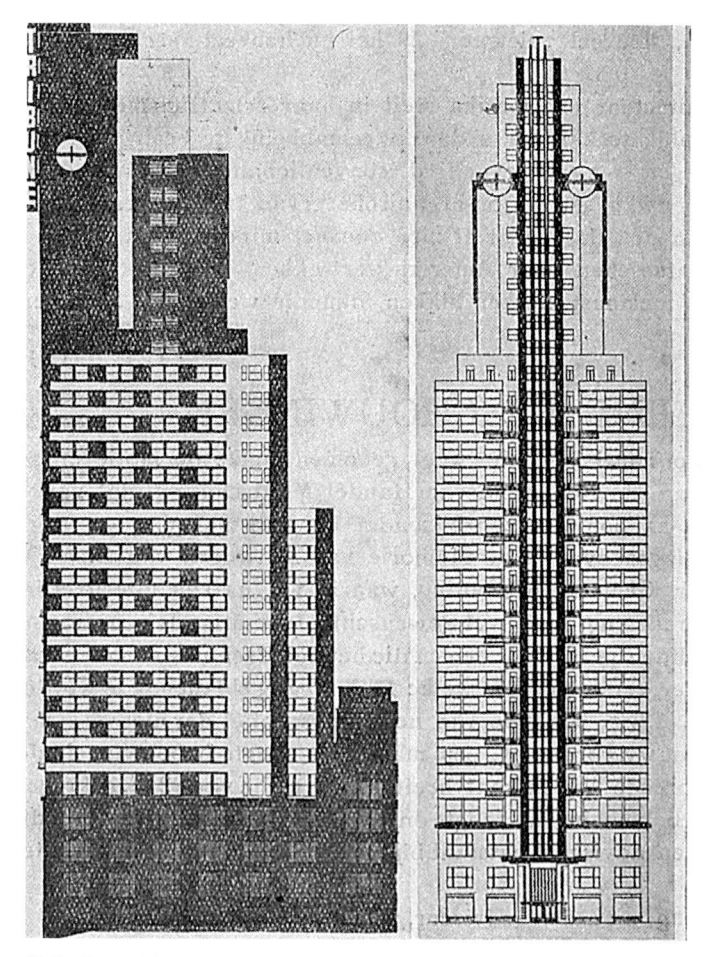

K. Lønberg-Holm

Nach Beendigung des Wettbewerbs erschien ein Buch mit fast allen eingereichten Entwürfen. Einzelne waren 'auf Bitten der Einsender' ausgelassen, wie der des jungen dänischen Architekten Knut Lönberg-Holm, aber sein Entwurf blieb nicht lange unbeachtet. So veröffentlichte der niederländische Architekt Jacobus J.P. Oud ihn im November 1923, und er schrieb dazu, daß er 'nach meiner Meinung zum Besten gehört, das der Wettbewerb erbrachte'.
Oud fuhr fort: 'Der mit dem ersten sowie der mit dem zweiten Preis gekrönte Entwurf sind 'pseudomorphose': moderne Forderungen, versteinert in traditionellen, mehr oder weniger gotisierenden Gegenschablonen. (...) Wie jung und frisch mutet zwischen diesen betagten Herren das aller Formüberlieferung fern gebliebene Werk von Lönberg-Holm an. Es mag zwar nicht ganz 'gebaut' durchdacht erscheinen, aber um wieviel 'neuer' ist es, und um wie vieles realer erscheint es aus der Aufgabe erwachsen!'
Einflüsse dieses Entwurfs finden sich in späteren amerikanischen Wolkenkratzern wieder, wie im PSFS-Gebäude in Philadelphia von George Howe und William Lescaze (1929-1932).

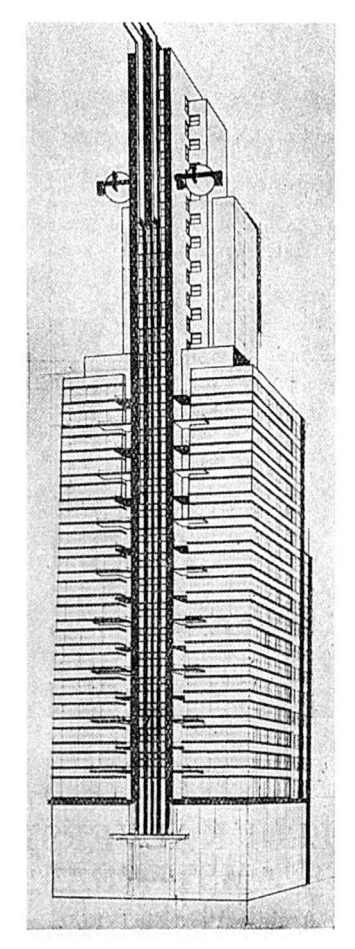

auch verständlich, daß sie am vertrauten Entwurf Nummer 69 festhielt. Vertraut war dieser nicht nur wegen der zu jener Zeit modernen Gestaltung, sondern auch, weil die Jury ihn bereits seit einem Monat eingehend betrachtet und geprüft hatte. Zwei Tage waren eine zu kurze Frist, um die Qualitäten von Saarinens Entwurf voll zu erkennen oder vielleicht auch eine unbewußte Abneigung zu überwinden, weil er aus dem Ausland kam. Nicht zu leugnen ist, daß Saarinens Projekt einen starken Einfluß ausübte. Im Jahre 1930 wurde Raymond Hoods Gebäude für die *New York Daily News* in New York City fertiggestellt, und darin war Saarinens Einfluß deutlich erkennbar. Saarinen ließ sich bereits 1923 als Architekt in den USA nieder. Für ihn war der Wettbewerb der Beginn eines neuen Lebensabschnitts.

Die Konkurrenz enthielt noch eine verborgene Dimension; aber weder die Jury noch der streitbare Sullivan waren sich des unschätzbaren Vorzugs bewußt, den der Wettbewerb darüber hinaus beinhaltete. Gewiß boten die eingereichten Entwürfe ein vielfältiges Bild dessen, was die Architekten anno 1922 bewegte. Nicht ohne Grund veranstaltete die *Tribune* eine Wanderausstellung mit den Einsendungen, die viele Besucher anzog. Dieser andere Vorzug war vor allem in den europäischen Entwürfen zu sehen, die sich als Vorboten einer neuen Architekturauffassung erwiesen. Dabei handelte es sich vor allem um die Arbeiten von Walter Gropius und Adolf Meyer, von Bruno Taut, von Bernard Bijvoet und Johannes Duiker sowie von Knud Lönberg-Holm, um nur einige zu nennen. Darin sind Auffassungen über Architektur enthalten, die auch das Bauen in den USA der Nachkriegszeit später erheblich beeinflußt haben. Aber Amerika war in den Jahren 1922/23 noch nicht imstande, die neuen Kräfte in der Architektur zu erkennen, dazu war der Schock viel zu groß. Im nachhinein erwies sich der Wettbewerb für ein Bürogebäude der *Chicago Tribune* als einzigartiges Geschehen. Der Verlag erhielt ein Gebäude, wie er es sich wünschte. Für andere, zum Beispiel Louis Sullivan, war der mit dem zweiten Preis ausgezeichnete Entwurf das Nonplusultra. Eine spätere Generation sah gerade in den nicht preisgekrönten Entwürfen die Inspiration für ihr 'schönstes Gebäude der Welt.' Jedenfalls hat sich bewahrheitet, was die Redaktion der *Chicago Tribune* am 3. Dezember 1922 im Leitartikel schrieb, wenngleich wohl etwas ganz anderes damit gemeint war: 'Nie zuvor hat es einen solchen Wettbewerb gegeben, und es ist zu bezweifeln, ob es noch jemals einen derartigen geben wird.'

Werkstatt für Massenform *Gerhard Schröder*

*Links oben: Einsendung der Wiener
Architektengruppe Werkstatt für
Massenform.
Rechts oben: Gerhard Schroeder.*

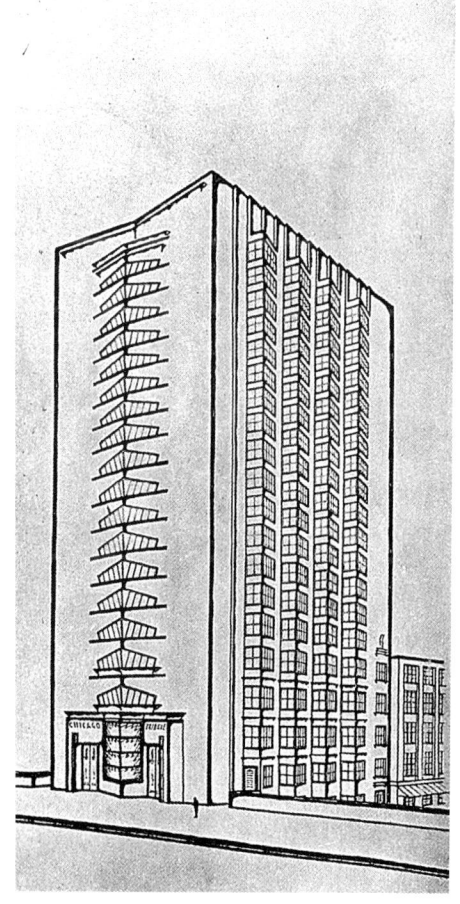

*Links unten: Fritz Sackermann.
Rechts unten: Albert H.W. Krüger und
Hermann Zess.*

*Mehr über den Wettbewerb der
'Chicago Tribune' im Beitrag von
Dennis Sharp auf Seite 182 f.*

Fritz Sackermann *Alb. H.W. Kruger, Hermann Zess*

Der Bahnhof Termini in Rom ist eine Kombination zweier Entwürfe. Die Seitengebäude wurden 1939 nach dem Entwurf von A. Mazzoni errichtet, der für das Frontgebäude eine riesige Säulengalerie geplant hatte. Aber ehe diese ausgeführt wurde, begann der Zweite Weltkrieg und unterbrach jede Bautätigkeit. Das heutige Gebäude stammt aus dem Jahre 1951 und ist das Resultat eines Architekturwettbewerbs von 1947. Das preisgekrönte Team von sechs Architekten entschied sich für ein funktionales Gebäude, dem aber einige Monumentalität nicht abzusprechen ist.

Blick auf den modernen Bahnhof Termini von einem antiken Tor — das war das ansprechende Bild auf dem Umschlag einer Veröffentlichung, welche die italienische Vereinigung der Eisenbahningenieure 1951 dem neuen Bahnhof widmete. Es ist ein bezeichnendes Bild für die 'Ewige Stadt' Rom, weil Modernes und Antikes einander dort ständig begegnen.

Stazione Termini in Rom

Nationaler Architekturwettbewerb für den Hauptbahnhof in Rom

Ausschreibung: Februar 1947; Entscheidung: 31. Oktober 1947; Teilnehmerzahl: 40

Jury: fünf Delegierte der italienischen Eisenbahnen: G. di Raimondo, G. C. Pamieri, A. Gianelli, E. Lo Cigno und R. Narducci; drei Delegierte von Ministerien: M. Visentini, R. Marino und G. Nicolosi; ein Delegierter der Stadt Rom: A. Maccari; zwei Vertreter des Verbands Italienischer Ingenieure und Architekten: M. Urbinati und M. Paniconi; der Sekretär der Studienkommission für den neuen Bahnhof: R. Regnoni

Preisträger: 1. Leo Calini und Eugenio Montuori; Massimo Castellazzi, Vasco Fadigati, Achille Pintonello und Annibale Vitellozzi (ex aequo); 2. Vittorio Immirzi, Luigi Cosenza, Francesco della Sala, Adriano Galli, Guglielmo Ricciardi und Raffaello Salvatori; Saul Greco; Claudio Longo Gerace (ex aequo); 3. Cesare Pascoletti; Bruno Ronca und Carlo Mutinelli; Alfredo Scalpelli, Pietro Lombardi und Marco Fagioli; Achille Petrignani, Constantino Forleo und Nello Ena; Eugenio Rossi und Alberto Tonelli; Mario Ridolfi, Ludovici Quaroni, Aldo Cardelli, Mario Fiorentino, Giulio Ceradini und Enrico Caré; Leonato Favini und Mariano Pallotini; Robaldo Morozzo della Rocca und Carlo Domenico Rossi (ex aequo)

Bauausführung: 1947 bis 1951 nach dem Entwurf von Leo Calini, Eugenio Montuori, Massimo Castellazzi, Vasco Fadigati, Achille Pintonello und Annibale Vitellozzi

---

Die 'Ewige Stadt' entstand vor mehr als 27 Jahrhunderten, sie überdauerte zahlreiche Machthaber und Regierungen, erlebte eine große Blüte und durchstand Perioden tiefen Niedergangs. Die Spuren dieser reichen Vergangenheit sind allerorts im Stadtzentrum zu finden. Überreste des römischen Kaiserreichs stehen unmittelbar neben Monumenten aus den Jahren mächtiger Päpste; Meisterwerke der Renaissance wechseln mit Prunkgebäuden aus der faschistischen Ära ab. In keiner anderen Stadt wird man so stark mit der Kurzlebigkeit von Weltmächten konfrontiert wie in der Metropole Rom.

Der römische Stazione Termini hat seine eigene Geschichte. Die Historie dieses Bahnhofs reicht zwar nur anderthalb Jahrhunderte zurück, aber sie ist typisch für diese Stadt. Das Bahnhofsgebäude liegt am Rande des alten Zentrums und ist von vielen Monumenten umgeben - zum Beispiel vom Tempel der Minerva, von der Porta San Lorenzo und der Kirche Santa Maria Maggiore. Überdies steht dort, schräg zur Vorderfront, der 80 Meter lange und bis zu neun Meter hohe Überrest einer Mauer aus dem 4. Jahrhundert v. Chr. Als man sich um die Mitte des vergangenen Jahrhunderts für den Platz entschied, erschien dieser vielen geradezu absurd: ungefähr an der höchstgelegenen Stelle Roms - 80 Meter über dem Meeresspiegel - und damals noch mitten auf freiem Feld. Bei dieser Entscheidung spielten aber auch private Belange eine Rolle, vor allem der Umstand, daß der einflußreiche Bischof Saverio de Merode in dieser Gegend zahlreiche Grundstücke besaß, die durch den Bau des Bahnhofs eine erhebliche Wertsteigerung erfahren sollten. Die Tatsache, daß dieser Bischof seinen Willen durchsetzen konnte, ist für das päpstliche Rom jener Zeit bezeichnend: Persönliche und geschäftliche Interessen der einflußreichen Würdenträger waren immer eng miteinander verflochten, und die Macht lag in Händen gewiefter Taktiker.

Im Jahre 1862 wurde an dieser Stelle ein Behelfsbahnhof errichtet, und 1864 begann man mit dem Bau eines endgültigen Bahnhofs. Diesen hatte der Architekt Salvatore Bianchi entworfen, und der damalige Papst, Pius IX., soll beim Betrachten der Zeichnungen ausgerufen haben 'Bravo, bravo! Sie wollen einen Bahnhof bauen, der zur Hauptstadt Italiens paßt.'

Dies waren prophetische Worte, denn bereits 1878, ein Jahr vor der Eröffnung von Bianchis Bahnhof, verlor der Papst seine weltliche Macht. Rom wurde tatsächlich zur Hauptstadt des jungen Königreichs Italien, das im Jahre 1860 proklamiert

Der frühere Bahnhof wurde von 1864 bis 1879 nach einem Entwurf des Architekten Salvatore Bianchi erbaut. Er wurde schon bald zu klein, vor allem weil Rom 1878 zur Hauptstadt des Königreichs Italien erklärt und damit stärker als zuvor zum Zentrum von Handel und Verkehr wurde. Diese Aufnahme wurde kurz nach Vollendung des Bahnhofs gemacht; wenig später begann man mit zahllosen Änderungen und Erweiterungen, wenngleich eine drastischere Lösung dringend notwendig blieb.

worden war, und der Papst zog sich als 'Gefangener des Vatikans' zurück.

Wenn Bianchis Entwurf für die päpstliche Residenz vielleicht als fürstlich anzusehen war, als wichtigster Bahnhof einer Hauptstadt genügte er den Ansprüchen nicht lange. Das Schienennetz wurde in den darauffolgenden Jahren rasch ausgebaut, und Rom wurde schon bald zu dem, was der Staatsmann Cavour bereits 1846 prophezeit hatte: zum 'Zentrum des gesamten Küstenstreifens um das Mittelmeer, das aufgrund seiner Lage auf dem Weg vom Okzident zum Orient Menschen aus allen Ländern anziehen wird'. Bereits 1885 war der Bahnhof absolut unzureichend, und nach 1905 wurde er fortwährend angepaßt und erweitert.

Erst 1937 faßte man den Entschluß, den Bahnhof durch ein neues Gebäude zu ersetzen. Mussolini war damals an der Macht, und der neue Bahnhofsentwurf, der seine Zustimmung fand, war ihm wie auf den Leib geschrieben. Der Duce war ein Befürworter der monumentalen Architektur: Er wollte den Ruhm des römischen Imperiums im modernen Italien wiedererstehen lassen. Das bedingte neue Gebäude in einer Pracht, die zum klassischen Rom paßte. Sie sollten aber zugleich auch modern sein, das heißt, in den fortschrittlichsten Bauverfahren und Materialien errichtet werden.

Entwerfer des neuen Bahnhofs war A. Mazzoni, der Hauptarchitekt der italienischen Eisenbahngesellschaft. Seine 'große Geste' bestand vor allem aus einem Frontgebäude von 185 Metern Breite, das so gut wie ausschließlich aus riesigen Säulengalerien bestand. Die äußere Galerie war 42 Meter, die innere 24 Meter tief. Diese Räume waren ausschließlich als Durchgangszone gedacht: Alle Einrichtungen für die Reisenden und die Büros der Eisenbahngesellschaft waren in zwei Nebengebäuden untergebracht. Nur der Keller des Frontgebäudes sollte noch nützliche Funktionen erfüllen: Hier war Platz vorgesehen für ein 'albergo diurno' - ein Tageshotel -, für eine Kirche und ein Kino.

Das Frontgebäude sollte prunkvoll mit Marmor verkleidet werden, die Säulen sollten etwa 18 Meter hoch und mit Überspannungen von jeweils etwa 40 Metern versehen sein. Die Monumentalität sollte durch Rückversetzen der Fassade um etwa 200 Meter verstärkt werden: Der Bahnhofsvorplatz wurde so entsprechend vergrößert. Auch dies ging zu Lasten der Funktionalität; das ohnehin schon enge Gelände wurde dadurch erheblich eingeengt, während es auf der anderen Seite aufgrund der Neigung des Abhangs nicht ausgedehnt werden konnte. 'Aber', so war in einer Veröffentlichung aus jener Zeit zu lesen, 'der Entwurf bietet auf jeden Fall eine

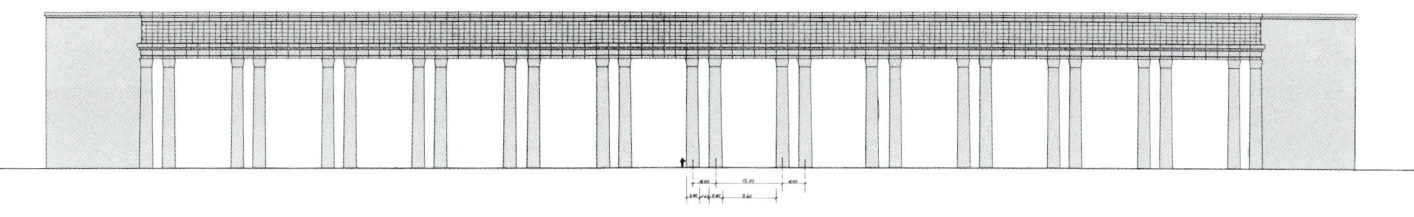

LA STAZIONE DI ROMA TERMINI
PROSPETTO SULLA PIAZZA DEI CINQUECENTO SECONDO IL PROGETTO 1938

Im Jahre 1938 entwarf der Architekt A. Mazzoni einen monumentalen Bahnhof, der das Gebäude von 1879 ersetzen sollte. Das aufsehenerregendste Element dieses neuen Entwurfs war eine riesige Säulengalerie an der Vorderseite, die keine andere Funktion hatte als die, dem Reisenden zu imponieren. Sie wurde aber niemals gebaut. Die Zeichnung auf Seite 128 links oben ist eine Impression von Mazzoni selbst; die Fassadenzeichnungen und Aufrisse oben wurden erst 1947 angefertigt. Sie dienten dazu, den Teilnehmern am Wettbewerb für einen neuen Entwurf zu einem Frontgebäude die genauen Maße von Mazzonis Plan anzugeben: Er umfaßte eine 185 Meter breite Fassade mit 18 Meter hohen Säulen und Überspannungen von jeweils etwa 40 Metern.

einzigartig geräumige Säulengalerie, die vom Platz aus die Aussicht auf die Züge ermöglicht und den Reisenden das Gefühl vermittelt, im Herzen der Stadt, umgeben von den imposanten Ruinen des römischen Kaiserreichs, auszusteigen.' Überdies sollte 'dieser geräumige Vorhof bei Ausstellungen, Pilgerfahrten und sonstigen wichtigen Ereignissen schnell große Menschenmengen verarbeiten können und bei den Leuten einen bleibenden Eindruck von Größe und Macht hinterlassen'.

In einem offiziellen Bericht wurde auf viele Mängel des Entwurfs hingewiesen, vor allem auch auf die zu erwartenden hohen Kosten und die konstruktiven Schwierigkeiten. Aber 'weil der Verkehr ständig zunimmt, die Eroberung Abessiniens (1936) Italien zum Kaiserreich macht und die Weltausstellung des Jahres 1942 kurz bevorsteht', hielt man es nicht für sinnvoll, den Bau des neuen Bahnhofs noch weiter hinauszuschieben. Im Februar 1938 begann man mit dem Abbruch des alten Gebäudes, und 1939 wurde der Neubau in Angriff genommen.

Einer der beiden Entwürfe, die im Wettbewerb von 1947 einen ersten Preis erhielten, stammte von Leo Calini und Eugenio Montuori. Er hatte eine strenge Fassade, die nur von einer Fensterreihe im oberen Stockwerk und einem 32 Meter breiten Relief durchbrochen wurde. Das Gebäude war fünf Meter niedriger als die von Mazzoni realisierten Nebengebäude. Das wurde dadurch ermöglicht, daß die große Mittelhalle und das Restaurant beiderseits der Aggere di Servio Tullio gewissermaßen nach vorn geschoben wurden (siehe auch Seite 134). Das Projekt war mit dem Kennwort 'Servio Tullio prende il treno' (Servius Tullius nimmt den Zug) versehen als Hinweis darauf, wie die Überreste der alten Mauer in den Bahnhof einbezogen waren.

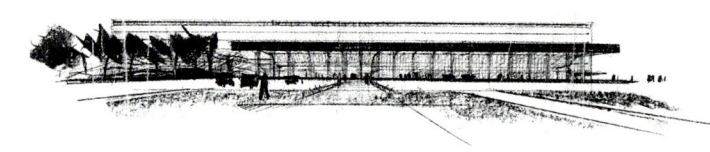

*Ganz oben der preisgekrönte Entwurf von Massimo Castellazzi, Vasco Fadigati, Achille Pintonello und Annibale Vitellozzi, der ebenso wie der Plan von Calini und Montuori (Seiten 128/129) einen ersten Preis erhielt. Auch hier hatte man sich für eine strenge Fassade und das Vorschieben der Bahnhofshalle und des Restaurants beiderseits der alten Mauer entschieden.
In ihrer Erläuterung schrieben die Architekten, daß sie alle architektonische Rhetorik bewußt beiseite gelassen hatten, wenngleich sie den Eingang durch einen enormen Bogen betonten.
Darunter der endgültige Entwurf des Bahnhofs, von beiden gewinnenden Teams gemeinsam angefertigt. Die Skizze datiert aus dem Jahre 1949; sie stammt von der Hand Eugenio Montuoris.*

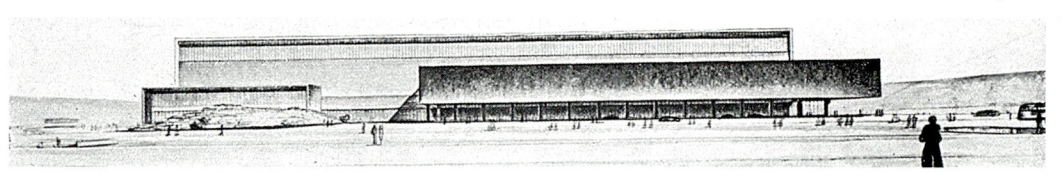

*Die Gewinner eines zweiten Preises hatten sich sämtlich für ein strenges Gebäude entschieden. Claudio Longo Gerace (oben) ging dabei am weitesten: Sein Entwurf bestand zur Hauptsache aus drei blockförmigen Gebäuden, die durch Passagen miteinander verbunden waren. Die Jury sprach von 'klarer Einteilung und Raumnutzung', aber die Details erschienen ihr 'zuwenig ausgearbeitet'.
Der Plan darüber wurde vom Team Vittorio Immirzi entworfen. Diese Architekten entschieden sich nachdrücklich für eine 'asymmetrische Fassadenkomposition', in der 'die verschiedenen kompositorischen Elemente durch unterschiedliche Materialverwendung akzentuiert' waren. Die Jury erkannte darin die neue Methode der Architektur, mit den äußeren Gestaltfaktoren etwas freier umzugehen, aber viele Lösungen erschienen ihr zuwenig funktional.*

Aber noch ehe dieser fertiggestellt war, kam es in Rom wiederum zu einem Machtwechsel. Der Ausbruch des Zweiten Weltkriegs verzögerte den Bau, und als Mussolini 1943 entmachtet wurde, waren nur die beiden Nebengebäude fertiggestellt.

Die Situation war noch immer die gleiche, als man 1946, kurz nach Kriegsende, erneut Pläne für den Bahnhof machte. Mazzonis Entwurf war endgültig überholt, und in Italien wollte man mit allem einen neuen Anfang machen. Eine Kommission aus 16 Personen - zehn Delegierten der Eisenbahnen, zwei von Ministerien und vier von der Stadt Rom - machte sich an die Arbeit: Im Juli 1946 kam man erstmals zusammen, im Januar 1947 entschied man sich für einen nationalen Architekturwettbewerb, und schon Ende Februar wurde dieser öffentlich ausgeschrieben. Aus dem Programm, das den Teilnehmern übermittelt wurde, ging hervor, wie entschieden man sich von Mazzonis Ausgangspunkten abgekehrt hatte.
Die wichtigsten Forderungen lauteten nunmehr: Verkleinerung des Bahnhofsvorplatzes und Verlängerung des Geländes um wenigstens 50 Meter. Ferner sollte das Frontgebäude jetzt eine Funktion erhalten: Sämtliche Einrichtungen für die Reisenden waren gerade hier vorgesehen. Und auch die oberen Etagen des Gebäudes sollten genutzt werden: Hier mußten alle Bezirksbüros untergebracht werden, die zu diesem Zeitpunkt

Mehrere Gewinner eines dritten Preises entschieden sich für archaisierende Entwürfe. Rechts oben der Plan von Ronca und Mutinelli, die einer Außenform 'passend zur römischen Umgebung' großen Wert beimaßen. Die Jury begrüßte zwar diesen Aspekt, fand aber das Gebäude 'außergewöhnlich hoch'.
Das nebenstehende Projekt von Achille Petrignani und Mitarbeitern scheint von Mazzonis Entwurf von 1938 (Seite 128) inspiriert zu sein, für den man ja gerade eine funktionalere Alternative suchte.

noch über die ganze Stadt hinweg verteilt waren.
An die architektonische Gestaltung wurden keine speziellen Anforderungen gestellt, vor allem wurde keine Monumentalität verlangt. Nur hieß es, daß die alte Mauer - die Aggere di Servio Tullio - zu respektieren sei. Der neue Bahnhof sollte sich nicht nur harmonisch einfügen, die Aggere sollte auch dekorativ freigestellt werden. Ferner würde es als Empfehlung dienen, wenn das bereits beschaffte und gelagerte Baumaterial für Mazzonis Säulengalerien soweit wie möglich verwendet werden könnte.

Am 30. Juni 1947 sollten alle Entwürfe vorliegen; die Jury nahm sich vier Monate Zeit zur Beurteilung der vierzig Einsendungen.
Die Meinungen müssen dabei lange Zeit geteilt gewesen sein, was bei einem derart großen Preisgericht kaum anders denkbar ist. Hinzu kam, daß die Juroren sehr unterschiedliche Interessen vertraten, die schon in der Vergangenheit oftmals im Widerspruch zueinander gestanden hatten. Das Ergebnis war, daß die drei verfügbaren Preise über nicht weniger als dreizehn Teilnehmer verteilt wurden, und daneben erhielten noch sechs Entwürfe eine ehrenvolle Erwähnung.
In ihrem Bericht schrieb die Jury, daß vornehmlich aus pragmatischen Erwägungen heraus die Meinungsverschiedenheiten überbrückt worden seien: 'Die funktionelle Prüfung stand im Vordergrund', und: 'Die Kommission hat bei der Beurteilung des Bauwerks nicht nur auf die konstruktiven Möglichkeiten geachtet, sondern auch auf die finanziellen Konsequenzen.' Dennoch wurde jetzt auch der architektonische Aspekt als 'schwerwiegend' bezeichnet: Dies hatte zur Auswahl derjenigen geführt, die 'in einer intelligenten und modernen Weise Strenge und Dekor zu vereinen wußten, nicht aus der Neigung zum Monumentalen, sondern wegen der speziellen Funktion des Gebäudes, das mit seiner Umgebung harmonieren muß, ihr gleichwertig und nicht untergeordnet.'
Zwei Projekte wurden für den ersten Preis ausgewählt: der Entwurf mit dem Kennwort 'Servio Tullio prende il treno' (Servio Tullio nimmt den Zug) von Calini und Montuori wegen der 'optimalen Grundrißlösung und der hellen Architektur' und der Entwurf mit dem Kennwort '$Y = 0{,}005 \times 2$' von Castellazzi, Fadigati, Pintonello und Vitellozzi, vor allem wegen der 'lichten Komposition der Räume'. Man ging davon aus, daß 'beide Entwürfe sich mit bescheidenen Mitteln realisieren und ungeachtet ihrer Kühnheit und Eleganz keine besonderen konstruktiven Schwierigkeiten erwarten lassen'.
Der zweite Preis ging an drei Projekte, ebenfalls im Formenkanon der Moderne, die aber alle neben bemerkenswerten Vorzügen auch schwerwiegende Fehler aufwiesen. Der Entwurf von Gerace mit dem Kennwort 'L'Uomo e l'edificio' (Der Mensch und das Gebäude) war nicht hinlänglich ausgearbeitet; bei der Arbeit von Greco ('V. 14')

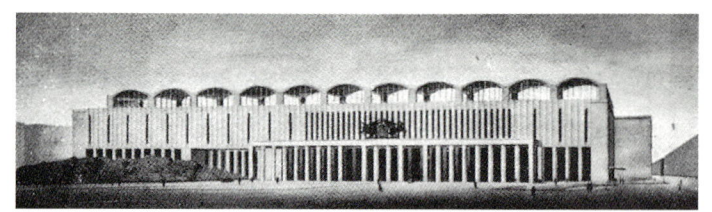

Die mit einem dritten Preis ausgezeichneten Wettbewerbsentwürfe zeigten Säulengalerien aller Arten und Maße, die hinter, über oder neben der Aggere di Servio Tullio angebracht waren. In den beiden oberen Entwürfen von Favini und Mitarbeitern (rechts) und Pascoletti blieb die Mauer ganz außerhalb des Gebäudes. Favini setzte eine bescheidene Säulengalerie rechts daneben und eine lange stilisierte über die ganze Breite des dahinterliegenden Gebäudes. Pascoletti verlieh der rechten Halle bewußt einen 'maximalen Ausdruck', so daß die übrigen Gebäudeteile in der Form neutral sein konnten. Der Plan in der Mitte unter dem Kennwort 'Indipenza' (Unabhängigkeit) stammte von Robaldo Morozza della Rocca und Carlo Domenico Rossi. Sie ließen die Mauer gewissermaßen in die Säulengalerie eindringen, und zwar in einen Hof, in dem sie eine Bar und ein Restaurant vorsahen.

Mario Ridolfi und Mitarbeiter beschlossen, genau wie beim Entwurf darüber, die Mauer in ihr Gebäude eindringen zu lassen. Gemäß ihrer Erläuterungen wollten die Architekten vor allem eine durchgehende Linie kreieren, 'um so auf natürliche Weise einen Abschluß der Eisenbahnschienen zu bilden und eine Überbrückung zwischen den Nebengebäuden herzustellen'. Sie führten weiter aus: 'Wenngleich eine so breite Front übertrieben erscheinen mag, bildet sie dennoch kaum ein ausreichendes Gegengewicht zur Weite der unmittelbaren Umgebung.' Die Jury bezeichnete den Entwurf als 'mutigen und interessanten Versuch, der Größe mit modernen architektonischen Mitteln Ausdruck zu verleihen'. Aber man fürchtete große konstruktive Probleme, die zu übermäßigen Investitionen führen könnten.

paßte die ästhetische Form nicht zur Funktion eines Bahnhofs, und dem Projekt von Immirzi und Mitarbeitern ('Rinascita', Wiedergeburt) fehlte es an Funktionalität.
Bemerkenswerter jedoch als die Verleihung der ersten und zweiten Preise waren die Projekte, die ex aequo für einen dritten Preis ausgewählt wurden. In dieser Kategorie befanden sich die unterschiedlichsten Entwürfe, wobei die Jury ihre frühere Ausgangsposition hinsichtlich der Gestaltung zum Teil außer acht gelassen haben muß. Obwohl im Preisgerichtsprotokoll erklärt wurde, daß 'die ausgewählten Projekte durch ihre Konstruktion die größtmögliche Unabhängigkeit von einer stilistisch überholten und nicht mehr zeitgenössischen Architektur zum Ausdruck bringen sollten', gehörten hierzu Entwürfe, die nur allzu deutlich Reminiszenzen an Mazzonis Plan wachriefen. Sieben dieser Arbeiten hatten Säulenreihen, wenngleich deren Gestaltung überwiegend als relativ modern zu bezeichnen ist. Aber vor allem 'B3' von Ronco und Mutinelli war zweifellos archaisierend und monumental, und dennoch lobte die Jury die klassische Form, die sie als 'richtig interpretiert' bezeichnete. Vermutlich hatte ein beachtlicher Teil des Preisgerichts also doch eine große Affinität zu 'stilistisch überwundenen Formen'. Aber das paßte nicht in die Atmosphäre des Wiederaufbaus nach dem Krieg: Ein Projekt

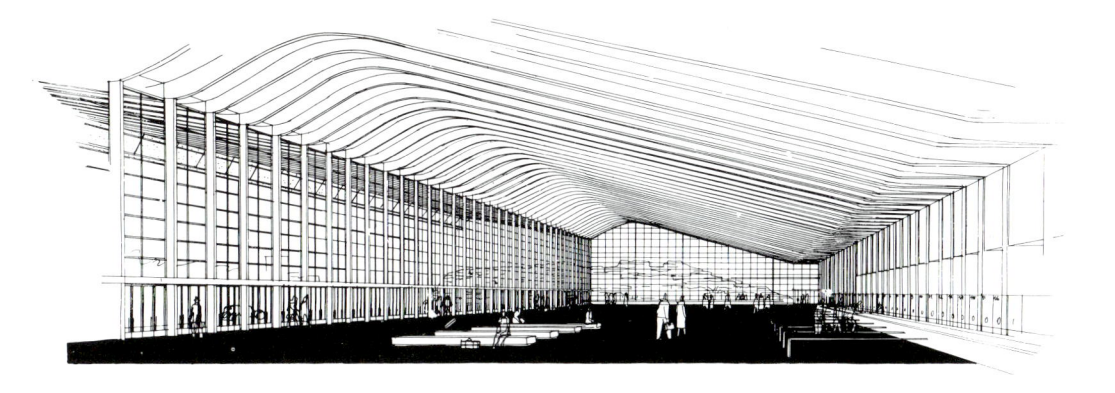

Der schließlich realisierte Bahnhof wird oftmals gelobt wegen seiner großen, hellen Schalterhalle mit dem welligen Dach, seiner starken räumlichen Wirkung und dem großartigen Ausblick, sowohl auf den Platz als auch zu den Bahnsteigen. Diese Halle kam in keinem der beiden preisgekrönten Entwürfe vor und wurde erst entwickelt, als die beiden Gewinnerteams sich gemeinsam an die Arbeit machten.

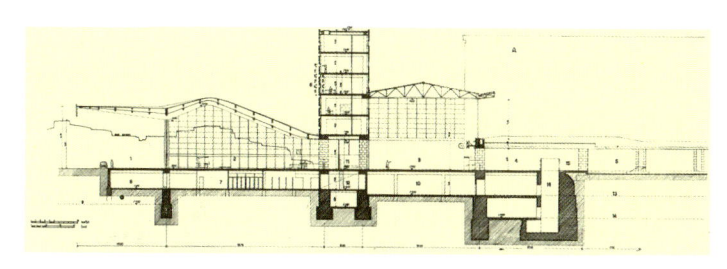

Unten: Ein Modell des endgültigen Entwurfs vom Bahnhof aus dem Jahre 1949. Links: Aufriß in Höhe des Haupteingangs mit (von links nach rechts) Vordach, Schalterhalle, dem fünfgeschossigen Bürogebäude, der Galleria di Testa — einer überdachten Verbindung zwischen der Via Giolitti und der Via Marsala beiderseits des Bahnhofs, in der sich Ladengeschäfte, Banken und ein Hotel befinden -,und den überdachten Bahnsteigen. Links im Hintergrund sind in dünner Linie die Umrisse der Aggere di Servio Tullio angedeutet.

wie dieses sollte möglichst sachlich sein, wobei die Anforderungen an Funktionalität und Wirtschaftlichkeit den Vorrang erhielten.

Auch die Art und Weise, in welcher der neue Bahnhof ausgeführt wurde, ist für die Nachkriegsjahre bezeichnend. Um einem weiteren Zeitverlust vorzubeugen, erteilte man den Auftrag an beide ersten Preisträgerteams zugleich: Gemeinsam sollten sie einen neuen Entwurf unterbreiten. Dies geschah in gleich großer Eile: Im November 1947 wurde der Bauauftrag offiziell erteilt und im Januar 1948 mit dem Bau des Bahnhofs begonnen. Der endgültige Entwurf entstand nicht in Form einer Synthese der beiden ausgezeichneten Entwürfe: Es handelte sich um einen neuen Plan, der jetzt noch stärker auf die Ausnutzung des Geländes ausgerichtet war. Offenbar hatten es die Architekten als inspirierende Herausforderung empfunden, die Lücke zwischen den Nebengebäuden des Bahnhofs zu schließen.
Als der neue Stazione Termini im Jahre 1951 dem Verkehr übergeben wurde, reagierte die Architekturfachpresse übereinstimmend begeistert. Gelobt wurden immer wieder die schöne Textur der Fassade, die überraschende Schalterhalle mit ihren enormen Glasflächen und dem geschwungenen Dach sowie die Kühnheit, mit der das alte Gemäuer zwischen der Schalterhalle und dem Restaurant in den Entwurf einbezogen war. Alle Kritiker waren sich darüber einig, daß den Architekten über die einwandfreien Detaillösungen hinaus mit dem Gebäude ein großer Wurf gelungen sei. Eine deutsche Zeitschrift schrieb in diesem Zusammenhang von der 'Maniera Romana'. Und wo sonst als in Rom hätte in den kargen Jahren des Wiederaufbaus nach dem Krieg ein solcher Griff nach den Sternen gelingen können? Um den Wettbewerb zu gewinnen, hatten die Architekten ihre Überlegenheit auf funktionalem Gebiet unter Beweis stellen müssen. Aber nachdem der Bauauftrag erteilt worden war, mußten sie sich mit der historisch befrachteten Umgebung messen. Sie begriffen, daß sie keine andere Wahl hatten, als ein funktionales und zugleich monumentales Gebäude zu erstellen.

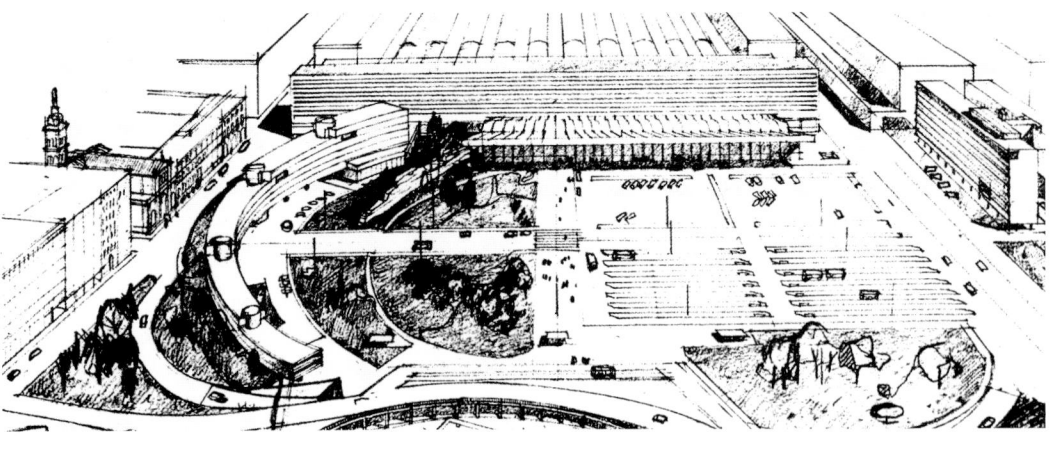

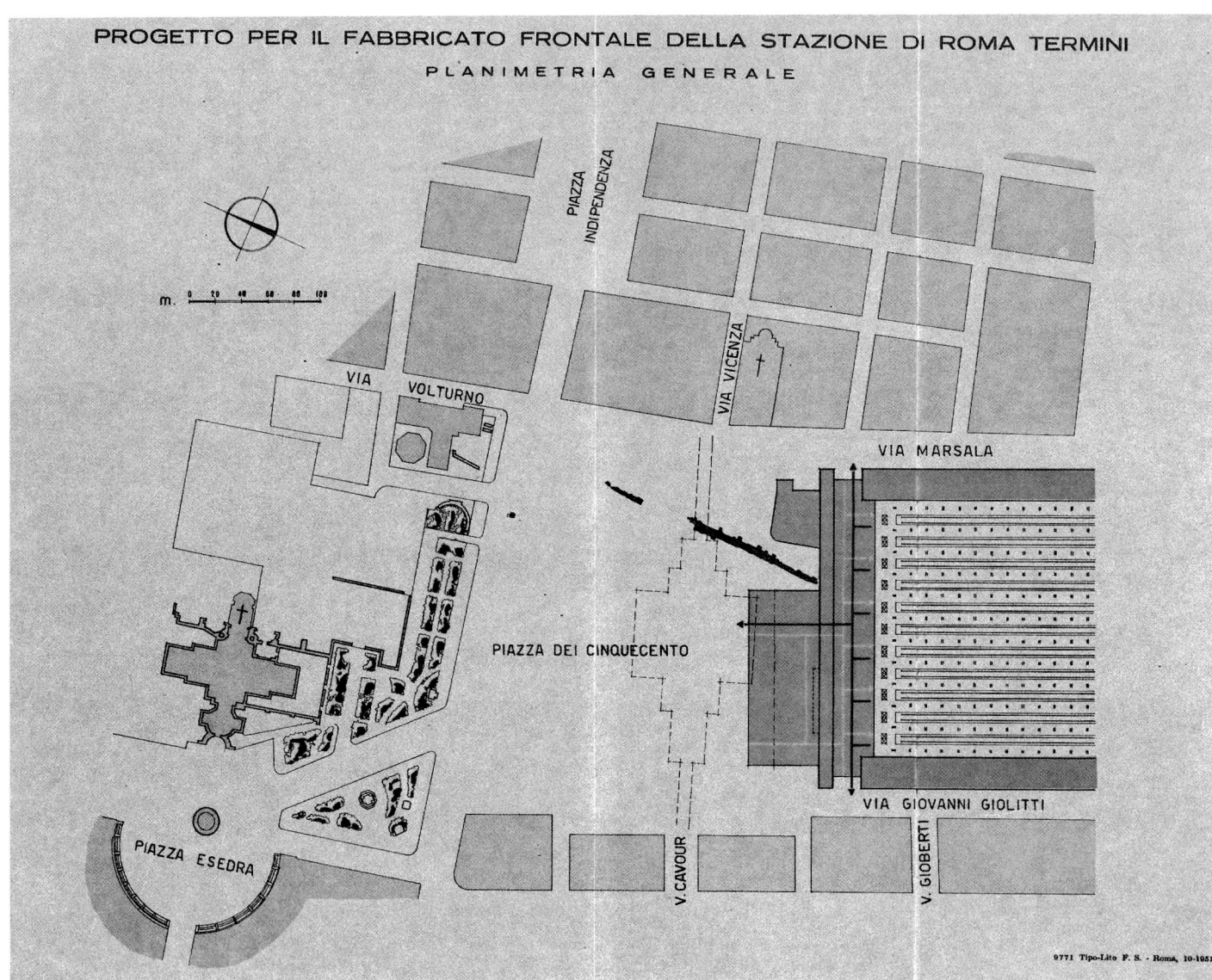

PROGETTO PER IL FABBRICATO FRONTALE DELLA STAZIONE DI ROMA TERMINI
PLANIMETRIA GENERALE

Der Bahnhofsplatz, Piazza dei Cinquecento, stellt schon seit Jahrzehnten für viele ein Ärgernis dar, weil er viel zu groß ist. Auf dem oben wiedergegebenen Grundriß aus dem Jahre 1951 sieht man, wie die Architekten des Bahnhofs den Platz schon nach Möglichkeit verkleinerten: Die Vorderfassade ist direkt an die Aggere di Servio Tullio geschoben, während die Schalterhalle (unten) und das Restaurant (oben) gewissermaßen über den Platz gesetzt wurden. Gegenüber vom Bahnhof sieht man noch die Überreste der diokletianischen Thermen.
Im Laufe der sechziger und siebziger Jahre wurde die Piazza dei Cinquecento zunehmend mit Verkehrsfunktionen überlastet. Seither sind viele Pläne zur Verbesserung der Situation entwickelt worden. Der Plan oben aus dem Jahre 1975 stammt von Eugenio Montuori in Zusammenarbeit mit seinem Sohn Francesco und dem Studio Moretti (die Skizze von Eugenio selbst). Der Entwurf beinhaltete vor allem eine Verbesserung der Verkehrslage, aber er wurde nur zum Teil ausgeführt.

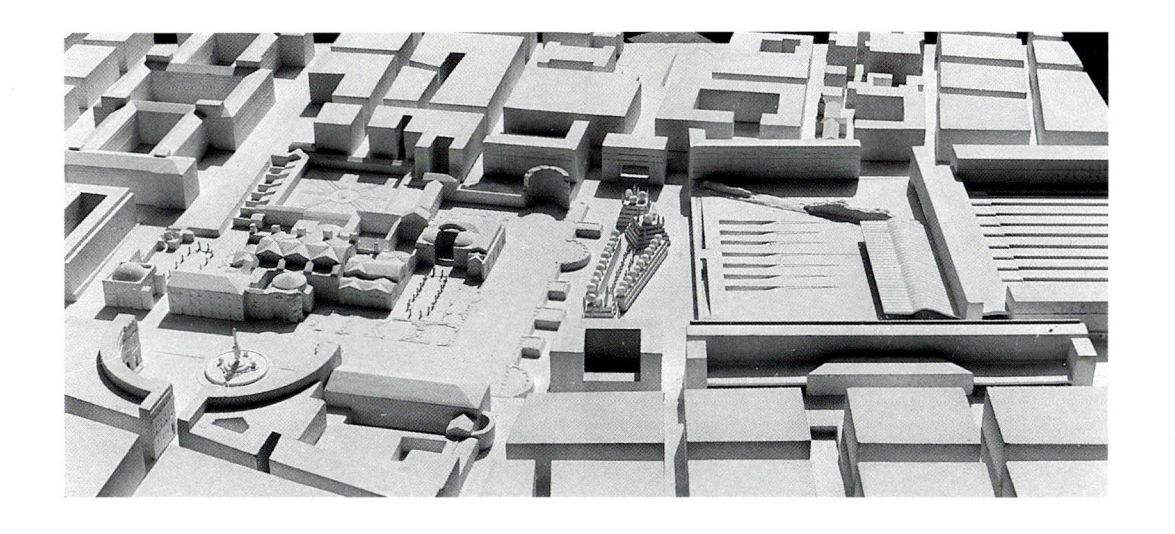

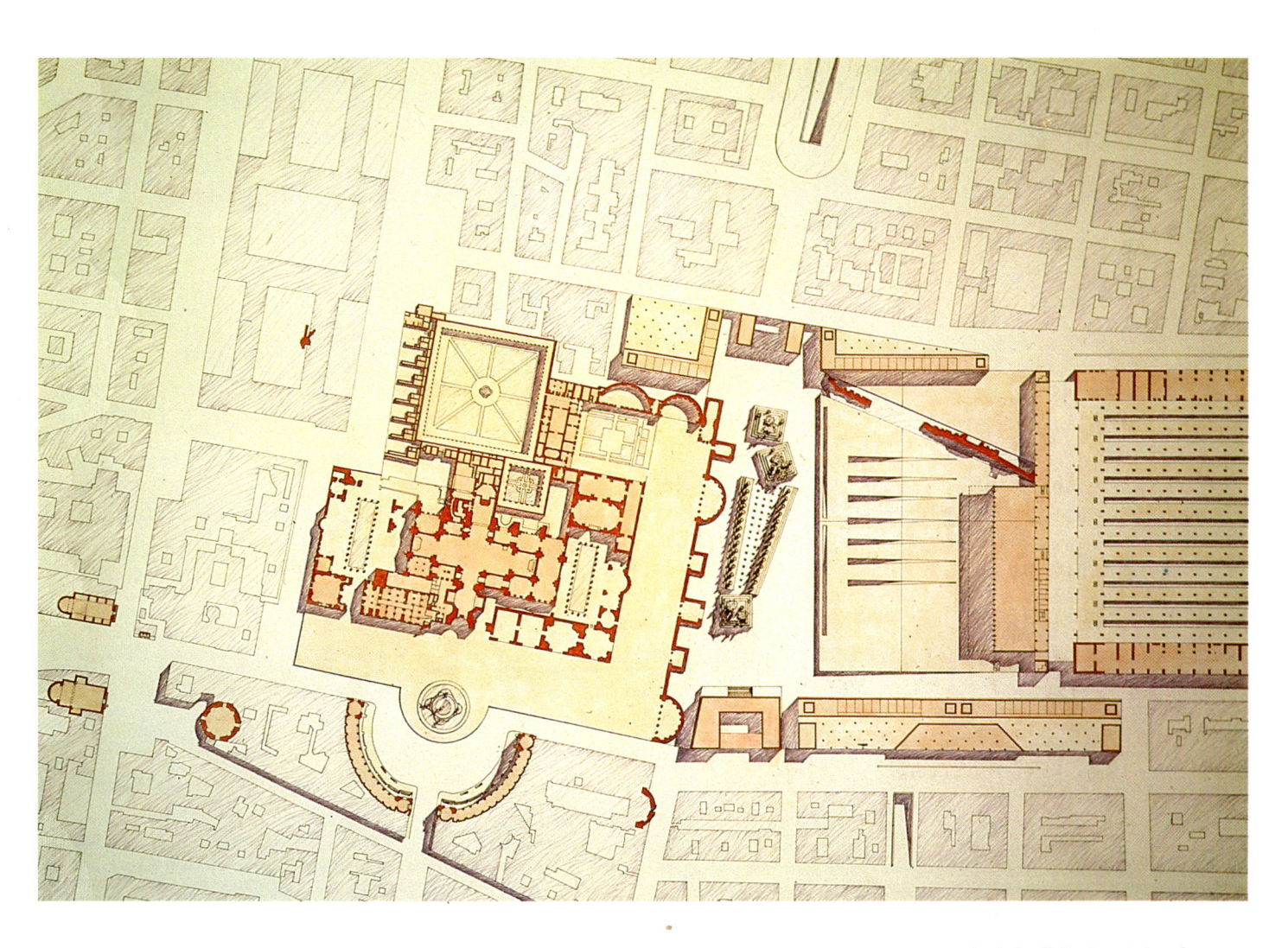

Dieser Plan wird seit Beginn der achtziger Jahre von Francesco Montuori, Anna di Notti und Guiseppe Milane entwickelt. Jetzt wird der Platz wohl erheblich verkleinert. Oben auf der Schräge, unmittelbar vor dem Bahnhof, wird eine autofreie Hochebene angelegt, die über sieben Treppen erreichbar ist. Darunter sind Parkraum und anderes für den Verkehr vorgesehen.

Auch das Gelände zwischen dem Plateau und den diokletianischen Thermen soll eingreifend verändert werden: Die Architekten sehen die Errichtung einiger Gebäude und Pavillons vor.

Das Opernhaus von Sydney

Internationaler Architekturwettbewerb für ein Opernhaus in Sydney/Neusüdwales, Australien

Ausschreibung: Mai 1956; Entscheidung: 29. Januar 1957; Teilnehmerzahl: 233

Jury: die Architekten Eero Saarinen, USA; Sir John Leslie Martin, England; Henry Ingham Ashworth, Australien; Cobden Parkes, Australien

Preisträger: 1. Jörn Utzon, Dänemark; 2. J. Marzella, L. Loschetter, W. Cunningham, W. Weisman, N. Brecher, R. Geddes und G. Qualls, USA; 3. Boissevain & Osmond, England

Bauausführung: 1957 bis 1973 nach dem Entwurf von Jörn Utzon, ab 1963 von Peter Hall, Lionel Todd und David Littlemore

---

Das Opernhaus in Sydney auf der Landzunge Bennelong Point gehört zu den umstrittensten Bauwerken der Welt. Es wurde berühmt wegen seiner auffallenden Gestaltung mit den leuchtendweißen Muscheldächern. Aber es hatte auch einen zweifelhaften Ruf aufgrund seiner Entstehungsgeschichte: Die Bauzeit schien kein Ende zu nehmen, und die Baukosten stiegen ständig an, bis sie die Anfangskalkulation um das Siebenfache überschritten, ganz zu schweigen vom Trauerspiel zwischen Architekt und Auftraggebern, das seinen Höhepunkt erreichte, als Utzon mitten während der Bauarbeiten kündigte. Noch immer ist diese Geschichte unter Architekten als abschreckendes Beispiel für eine mißlungene Bauausführung bekannt.

Der Journalist John Yeomans, selbst Bürger von Sydney, ging den Ursachen nach und fand im Jahre 1967 die folgende Erklärung dafür: 'Weil es einem Londoner Dirigenten belgischer Herkunft gelang, einen Labourpolitiker davon zu überzeugen, daß Sydney ein neues kulturelles und musikalisches Zentrum brauchte. Und weil dieser Politiker derart in den Bann dieser Idee geriet, daß er sie gegen allen Widerstand innerhalb und außerhalb seiner Partei durchzusetzen verstand'.

Die Bürger von Sydney, so meinte Yeomans, hätten überhaupt keinen Bedarf für ein Opernhaus: 'Sie lieben die Sonne und das Meer, zeichnen sich im Freiluftsport aus und kümmern sich nicht im geringsten um Architektur oder Opern.' Aber er beeilte sich hinzuzufügen, daß man 'denjenigen für alle Zeiten dankbar' sei, 'welche die Pläne zu diesem Bauwerk an allen Hindernissen vorbeizulotsen verstanden'. Er pries das Opernhaus dann als einen 'unvergeßlichen Palast, der - ob man seine Details mag oder nicht - von solcher Bedeutung ist, daß man nicht umhin kann, ihn als einen zweiten Tadsch Mahal anzusehen'.

Zweifellos übertrieb Yeomans ein wenig, aber es ist nicht zu bestreiten, daß die Idee zum Bau eines Opernhauses in Sydney nur von wenigen unterstützt wurde. Der geistige Vater dieses Unternehmens war Eugene Goossens, seit 1947 Direktor des Sydneyer Konservatoriums und Dirigent des angesehenen Symphonieorchesters. Er stellte Anfang der fünfziger Jahre fest, daß es nirgendwo im schnell wachsenden und reicher werdenden Sydney einen angemessenen Raum für sein Orchester gab. Unter Hinweis auf das neue Opernhaus von San Francisco verstand er es, auf J. J. Cahill, den Labour-Premier aus Neusüdwales, einzuwirken. Dieser sah darin eine Möglichkeit, das Image seiner Partei ein wenig aufzupolieren und durch den Bau eines aufsehenerregenden Musikzentrums zugleich der rivalisierenden Stadt Melbourne den Wind aus den Segeln zu nehmen.

Im November 1954 gründete Cahill aus angesehenen Stadträten und Architekten ein kleines Komitee, welches die Regierung hinsichtlich der Möglichkeiten zur Realisierung eines Opernhauses beraten sollte. Dieses Komitee wurde

Das Opernhaus von Sydney von Osten. Es besteht im Grunde aus drei Gebäuden, jedes mit einem großen, muschelförmigen Dach versehen. Die beiden größten, nebeneinander auf dem Ende des Piers Bennelong Point stehend, bieten Raum für fünf Theater mit insgesamt 5500 Sitzplätzen. Im kleineren Gebäude dahinter befinden sich Restaurants und ein Café. Die Bauten sind von einer Terrasse und Promenaden umgeben, die wegen der schönen Aussicht auf Hafen und Meer viel besucht werden.

Oben und links das Modell des Entwurfs, mit dem der Däne Jörn Utzon den Wettbewerb für das Opernhaus gewann. Die Fotos stammen von 1957: Utzon machte sich optimistisch an die Arbeit. Auf dem Foto von links nach rechts: Utzon, dessen engster Mitarbeiter Erik Andersson und Robert Quentin, Direktor der Elyzabethan Trust Opera Co.

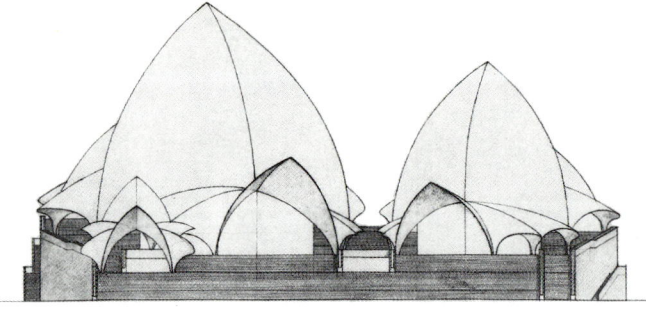

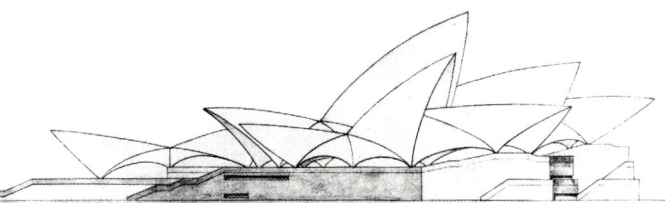

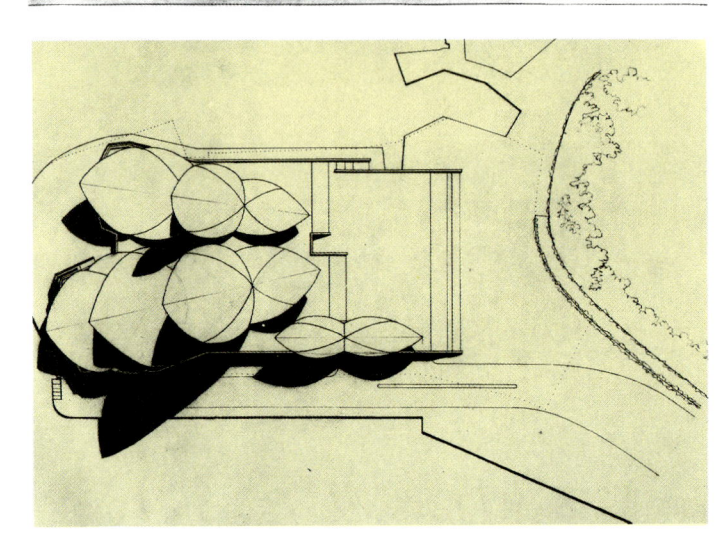

Utzons Wettbewerbsentwurf von allen Seiten. Links oben die Südseite mit den Treppen zu den Eingängen, daneben die Nordseite am Kopf des Piers. Darunter die Ostseite (links), die Westseite und eine Draufsicht.

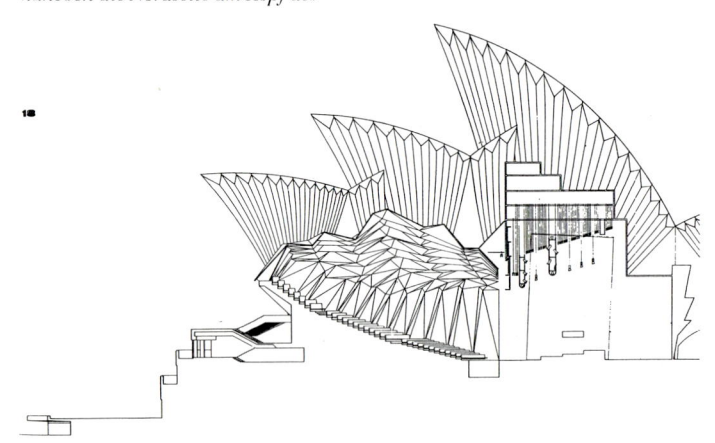

Die muschelförmigen Dächer des Entwurfs erwiesen sich als nicht ausführbar. Erst 1962 fand Utzon eine Lösung: Anstatt elliptisch machte er sie sphärisch, so daß sie gewissermaßen alle einen Ausschnitt aus derselben großen Kugel darstellen (siehe Text auf Seite 142/143). Es war eine folgenschwere Entscheidung, aber die einzig mögliche Rettung des Entwurfs. Utzon verstand es jedoch, seine neue Vorstellung im sogenannten 'Yellow Book' gut zu präsentieren. Aus diesem Buch stammt auch dieser Aufriß, auf dem die neue Dachform angedeutet ist. Auch sieht man hier, wie die akustische Decke des großen Saals und der Bühnenturm sich in das Hauptgebäude einfügen.

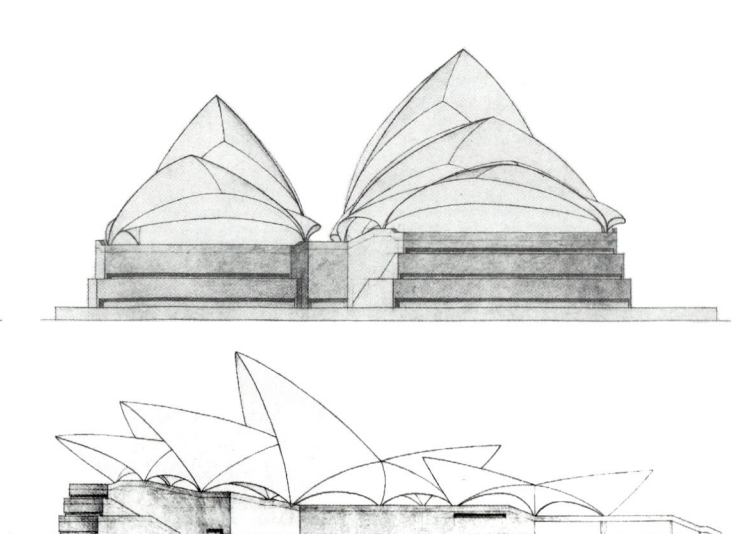

wiederum vom 'Königlich Australischen Architekteninstitut' unterstützt, das drei renommierte Architekten damit beauftragte, unter dreißig möglichen Grundstücken das geeignetste auszuwählen. Diese drei Herren, Henry Ingham Ashworth, Denis Winston und Walter Bunning, bevorzugten einstimmig Bennelong Point. Ferner waren sie sich auch darüber einig, daß es nur eine Möglichkeit gab, zum besten Entwurf zu kommen: einen internationalen Architekturwettbewerb.

Rückblickend erscheint es merkwürdig, daß man den Wettbewerb schon sehr bald darauf ausschrieb, obwohl noch niemand eine Vorstellung davon hatte, wie solch ein Opernhaus zu finanzieren sei. Es ist typisch für die Atmosphäre des Wachstums, die Sydney - und vielleicht auch ganz Australien - in jenen glücklichenNachkriegsjahren kennzeichnete: Wer etwas erreichen wollte, durfte nicht lange überlegen und fragen, sondern mußte einfach anpacken und handeln.

Und die Pläne waren auch keineswegs hochfliegend. In der 25 Seiten starken Schrift, in der die Teilnahmebedingungen zum Wettbewerb im Mai 1956 veröffentlicht wurden, war genau vorgeschrieben, was man verlangte: einen Entwurf für ein 'Opera House', das sich für alle dramatischen Künste eignete. Die Bezeichnung paßte zwar zu den großen Erwartungen, aber sie stimmte vor vornherein eigentlich nicht: Das neue Gebäude sollte vor allem dem Symphonieorchester Raum bieten. Im einzelnen fordete man 'einen großen und einen etwas kleineren Saal, daneben ein Restaurant und verschiedene weitere Räumlichkeiten'. Der große Saal sollte - in der Reihenfolge der Prioritäten - folgenden Veranstaltungen dienen: 1. Symphoniekonzerten, 2. großen Opernvorstellungen, 3. Ballett- und Tanzvorführungen, 4. Chorkonzerten, 5. Groß- und Schauveranstaltungen. Etwa 3000 bis 3500 Personen sollten darin Platz finden. Der kleinere Saal für etwa 1200 Personen war vorgesehen für: 1. Theatervorstellungen, 2. kleine Opernaufführungen, 3. Kammermusik, 4. Konzerte und Liederabende und 5. Vorträge.

Alles in allem handelte es sich um eine äußerst komplizierte Aufgabe, die dennoch das Interesse vieler Teilnehmer erregte: 721 Architekten forderten das Programm an und zahlten die Anmeldegebühr von 20 Dollar. Gut zwei Drittel verzichteten

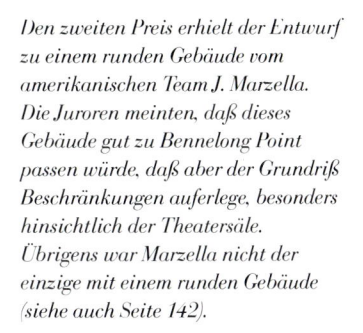

Den zweiten Preis erhielt der Entwurf zu einem runden Gebäude vom amerikanischen Team J. Marzella. Die Juroren meinten, daß dieses Gebäude gut zu Bennelong Point passen würde, daß aber der Grundriß Beschränkungen auferlege, besonders hinsichtlich der Theatersäle. Übrigens war Marzella nicht der einzige mit einem runden Gebäude (siehe auch Seite 142).

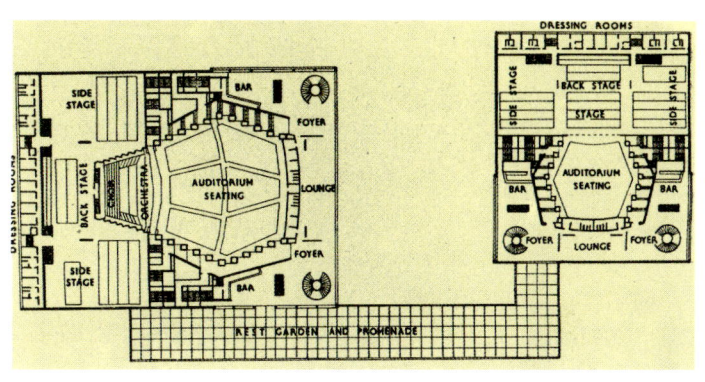

Den dritten Preis erhielten Boissevain und Osmond, welche die Theater in zwei um einen Platz angeordneten Bauwerken unterbrachten. Die Jury wußte diesen Entwurf zu schätzen, aber sie fand die Bühnenanlage 'zu ehrgeizig': Zwei Gebäude machten doppelte Einrichtungen erforderlich, die sich bei nur einem Bau miteinander kombinieren ließen. (Für Utzons Entwurf traf das dank des abgesetzten Restaurants in geringerem Maße zu.)

nach eingehender Prüfung auf die Beteiligung; das Preisgeld erhöhte sich dadurch erheblich.
Die 233 Entwürfe, die schließlich vor dem Einsendeschluß im Dezember 1957 eingereicht wurden, waren sehr verschiedener Herkunft. Nur 61 kamen aus Australien, 53 aus England, 26 aus Deutschland, 24 aus Amerika. Die übrigen Teilnehmer stammten aus 27 verschiedenen Ländern: aus Dänemark, Frankreich und der Schweiz bis Japan, Ägypten, Singapur und Äthiopien.
Das große Interesse war nicht nur auf die reizvolle Aufgabe zurückzuführen. Man hatte auch für eine Jury gesorgt, zu der die Architekten Vertrauen fassen konnten: Sie bestand ausschließlich aus Fachkollegen. Neben Ashworth gehörte dazu zunächst der ebenfalls aus Australien stammende Cobden Parkes, Regierungarchitekt aus Neusüdwales und Leiter der Bauabteilung. Ferner waren darunter zwei Ausländer mit internationalem Ansehen: der Engländer Sir Leslie Martin, Professor für Architektur an der Universität Cambridge, der auch die Londoner Royal Festival Hall entworfen hatte, und Eero Saarinen aus den USA, der gemeinsam mit seinem Vater Eliel bis zu dessen Tod im Jahre 1950 viele aufsehenerregende Gebäude realisiert hatte.
Im übrigen war der Wettbewerb sehr gut vorbereitet worden. Der Organisator Ashworth hatte darauf geachtet, daß sowohl die Bedingungen des International Institute of Architects als auch die der englischen und amerikanischen Architektenorganisationen eingehalten wurden. Weder farbige Perspektivzeichnungen noch Modelle waren zugelassen, man mußte sich mit Planzeichnungen begnügen.
Nichtsdestoweniger konnte der Umfang einer Einsendung groß sein: Manche Teilnehmer reichten mehr als dreißig Blatt mit detaillierten Entwürfen ein. Die Anzahl der Zeichnungen hatte man nicht limitiert, und in architektonischer Hinsicht wurde völlige Freiheit gewährt. Ein Entwurf sollte nur dann von der näheren Prüfung ausgeschlossen werden, wenn er das Raumprogramm nicht erfüllte.
Schließlich wurde den Teilnehmern noch die Möglichkeit gegeben, nähere Auskünfte zu erfragen. Sorgfältig sammelte man in den ersten Monaten alle diese Fragen; die Antworten wurden an alle Teilnehmer gleichzeitig gesandt.

Am 29. Januar 1957 gab Premier Cahill die Entscheidung der Jury bekannt. Nur drei Preise wurden verliehen: eine Summe von 2000 Dollar an die Gewinner des dritten Preises, Boissevain und Osmond aus London; ein Betrag von 4000 Dollar an die amerikanische Mannschaft J. Marzella, L. Loschetter, W. Cunningham, W. Weissman, N. Brecher, R. Geddes und G. Qualls, die zweiten Preisträger. Der Betrag von 10 000 Dollar ging zusammen mit dem Bauauftrag an den Gewinner des ersten Preises, Jörn Utzon aus Dänemark. Sorgfältig erläuterte die Jury, welche Überlegungen ihre Entscheidung bestimmt hatten: Zuerst war geprüft worden, ob das Gebäude sich in die Umgebung von Bennelong Point einfügte. Als zweites hatte man untersucht, wie die interne Organisation gelöst war, insbesondere der Verkehrsfluß. Und schließlich war die architektonische Qualität jedes Entwurfs bewertet worden: 'Wir waren sehr beeindruckt von der Schönheit und den besonderen Vorzügen des Grundstücks in Beziehung zum Hafen und glauben, daß der Silhouette des gewählten Entwurfs somit größte Bedeutung zukommt. So

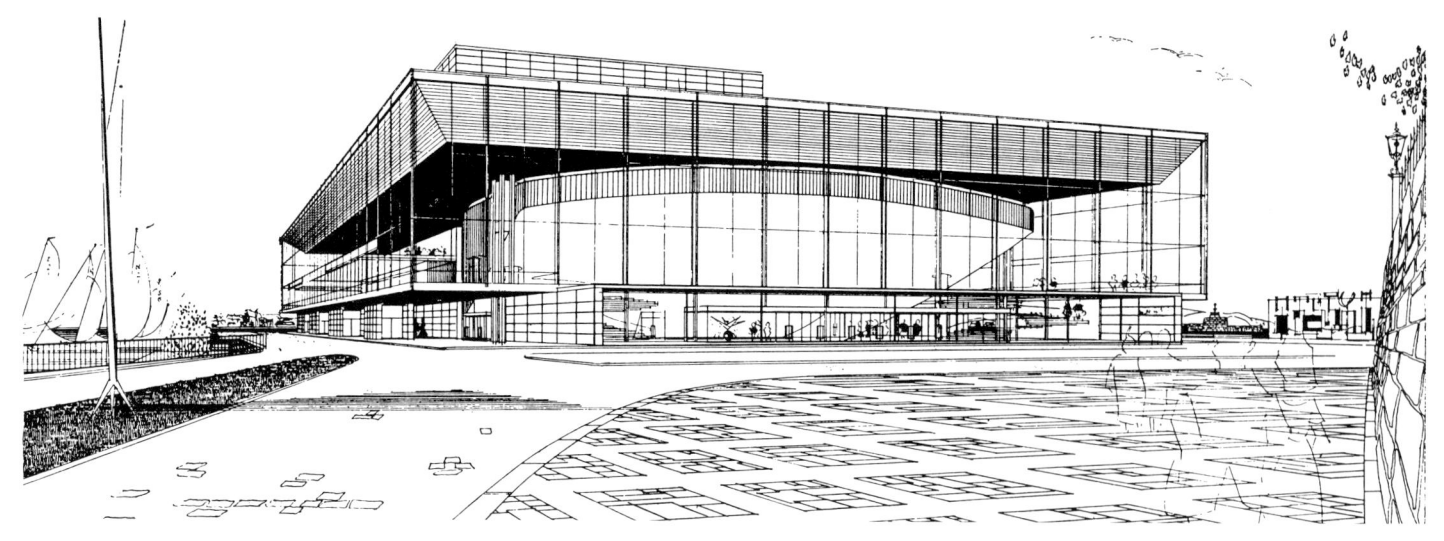

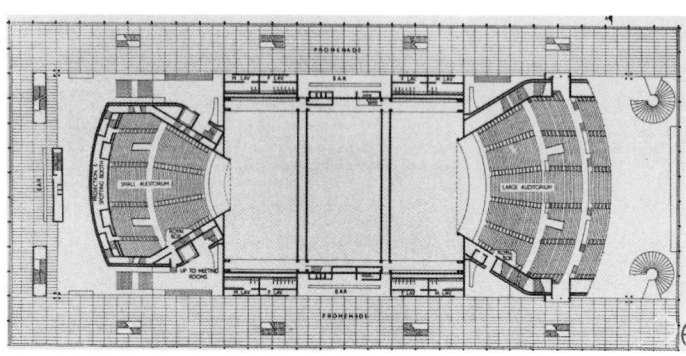

Oben und links der Entwurf des englischen Teams Dunster und Staughton. Sie setzten die beiden wichtigsten Säle mit den Podien gegeneinander, im Gegensatz zu George Subiotto darunter, der einem maximalen Abstand zwischen den Podien den Vorzug gab.

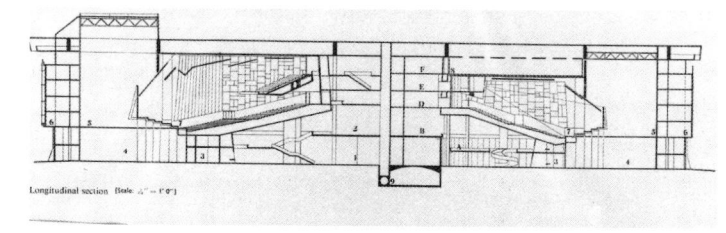

können wir auch mit Sicherheit sagen, daß ein großes und massives Gebäude, und sei es noch so praktisch, völlig fehl an diesem Platz wäre.'

Der Jury war der ungewöhnliche Unterschied der Entwürfe aufgefallen, aber der sei 'nicht verwunderlich, da man den Entwerfern viel Freiheit eingeräumt hatte'. Diese große Freiheit hatte jedoch auch dazu geführt, daß die Verkehrsprobleme in den meisten Fällen unterschätzt worden waren, während die Einrichtungen für das Theater vielfach überzogen erschienen: 'Wir sind davon überzeugt, daß man die speziellen Anforderungen, die das Theater von Sydney stellt, auch in einer relativ einfachen und kostengünstigen Weise befriedigen kann.'

Etwa zwanzig Entwürfe waren von der Jury als besonders gut beurteilt worden. Aber da sie nicht mehr als drei Preise verleihen durfte und man sie auch nicht um spezielle Empfehlungen gebeten hatte, begnügte sie sich damit, nur die Namen der Gewinner zu nennen. Die drei ausgezeichneten Projekte fielen, jedes auf seine Weise, besonders auf: das von Marzella und Mitarbeitern durch ein robustes Gebäude mit einem spiralförmigen Grundriß, welcher der Jury zufolge gut zu Bennelong Point paßte, 'wenngleich der Organisation der Innenräume gewisse Beschränkungen auferlegt würden'. Boissevain und Osmond hatten sich für zwei gesonderte Gebäude für den kleinen und den großen Saal entschieden, und ihr Entwurf erntete Lob wegen seiner 'einfachen Lösung mit menschlichem Maßstab, wobei die beiden Gebäude sehr gut um eine Promenade für Fußgänger plaziert sind'. Aber die Theatereinrichtungen bezeichnete man als 'zu ehrgeizig'.

Derartige pragmatischen Überlegungen fehlten so gut wie völlig bei der Beurteilung von Utzons Entwurf. Hier begann die Jury mit der Erklärung, daß 'die Zeichnungen dieses Einsenders wohl sehr einfach waren, beinahe schematisch'. Dennoch, fuhr der Bericht fort, 'sind wir davon überzeugt, daß sie das Konzept eines Opernhauses zeigen, welches zu einem der berühmtesten Gebäude der Welt führen kann. Wir halten diesen Entwurf für den originellsten und kreativsten. Aber gerade wegen seiner Originalität ist er unverkennbar auch kontrovers.'

Als Utzons größte Verdienste bezeichnete das Preisgericht 'die Schlichtheit der Anordnung, die Einheit des konstruktiven Ausdrucks und die architektonische Komposition', wobei 'die weißen, segelartigen, muschelförmigen Gewölbe ebenso natürlich zum Hafen passen wie die Segel der Yachten'. Inhaltlich gab es bei Utzons Entwurf durchaus einiges zu beanstanden, und Korrekturen sollten sich als notwendig erweisen, aber darüber setzte man sich leichten Herzens hinweg. Fast am Rande wurde auch noch hinzugefügt, daß dieses Projekt eines der preiswertesten sein werde, jedenfalls den oberflächlichen Schätzungen zufolge, die man für alle ausgezeichneten und einige weitere Entwürfe angestellt hatte.

Kaum war der Preisträger bekannt, da machten auch schon erstaunliche Gerüchte die Runde. Eines der hartnäckigsten war, daß Eero Saarinen, der als letzter der Juroren angekommen war und auch einige Tage vor Bekanntgabe der Entscheidung wieder abreiste, Utzon im Alleingang vorgeschlagen hatte. Er sollte dessen Entwurf sogar aus einem Stapel abgelehnter Pläne herausgefischt und gesagt haben: 'Dies hier, meine Herren, ist der Preisträger.' Führende

Architekturkritiker, wie Sigfried Giedion, schrieben darüber, aber als Parkes und Ashworth deshalb zur Rede gestellt wurden, erklärten sie, dies sei nicht wahr. Der einzige Grund für das Entstehen des Gerüchts war wohl der Umstand, daß Saarinen sich für Utzons Entwurf begeistert hatte. Er muß gleich von dieser expressiven, skulpturalen Baukunst angezogen gewesen sein, zumal sie seiner eigenen Gestaltungsweise verwandt war. Hier durfte die ausgeprägte Form wieder mehr sein als nur der Ausdruck der Funktion, und das galt in den fünfziger Jahren in der modernen Architektur noch als ein Durchbruch. Aber wieviel Mühe Saarinen tatsächlich darauf verwandt hat, die übrigen Juroren zu überzeugen, darüber ist nichts mehr bekannt.

Ein anderes Gerücht, das sich schnell herumsprach, besagte, Utzons Entwurf sei noch lange nicht fertig. Er solle, mehr oder weniger auf gut Glück, nur ein paar Skizzen eingereicht und absolut nicht mit irgendwelchen Chancen gerechnet haben. Diese Behauptung beruhte wahrscheinlich nicht nur auf der schematischen Darstellung von Utzons Entwurf (welche die Jury erkannte, so daß sie einen gewissen A. N. Baldwinson damit beauftragte, für die Ausstellung der Wettbewerbsentwürfe eine farbige Perspektivzeichnung anzufertigen), sondern auch auf seiner mangelnden Berufspraxis. Er hatte nur wenig gebaut, im Grunde ein einziges Projekt mit 63 kostensparenden Häusern. Allerdings stand dem entgegen, daß der achtunddreißigjährige Utzon in Skandinavien und anderwärts schon durch seine aufsehenerregenden Entwürfe bei Architekturwettbewerben bekannt geworden war. Er hatte unter Steen Eiler Rasmussen studiert, bei Alvar Aalto und Gunner Asplund gearbeitet und schon 1948 die Bekanntschaft Le Corbusiers und des französischen Bildhauers Henri Laurens gemacht, von denen er gelernt hatte, Formen im Raum zu erschaffen. Außerdem war er 1949 lange durch die USA und Mexiko gereist, wo er sich von Frank Lloyd Wright ebenso wie von der Architektur der Maya und der Azteken hatte inspirieren lassen. Vielleicht war er als Baupraktiker noch ein Anfänger, aber er war ein Suchender, der die Architektur sehr ernst nahm.

Utzon selbst kannte seine Grenzen nur allzu gut. In den ersten anderthalb Jahren nach Erhalt des Preises beschäftigte er sich

Der Österreicher Wilhelm Holzbauer hatte sein Studium erst seit einem Jahr beendet, als er diesen Entwurf für das Opernhaus von Sydney anfertigte. Vor allem die Art, wie er die örtlichen Gegebenheiten zu nutzen verstand, beeindruckte die Jury. Sein Entwurf war daher auch eines der über zwanzig Projekte, die im Bericht der Jury besondere Erwähnung fanden.

nur mit der Erforschung dieser Aufgabe und umgab sich mit guten Beratern. Insbesondere dem Londoner Konstruktionsbüro Ove Arup fiel eine entscheidende Rolle zu, aber auch S. Malmquist als Theatertechniker und V. L. Jordan als Akustiker.

Im März 1958 hatte Utzon einen vorläufigen Plan für das Opernhaus fertiggestellt, den er im sogenannten 'Red Book' veröffentlichte. Darin wurden allerlei zu erwartende Engpässe aufgezählt und mögliche Lösungen vorgeschlagen.

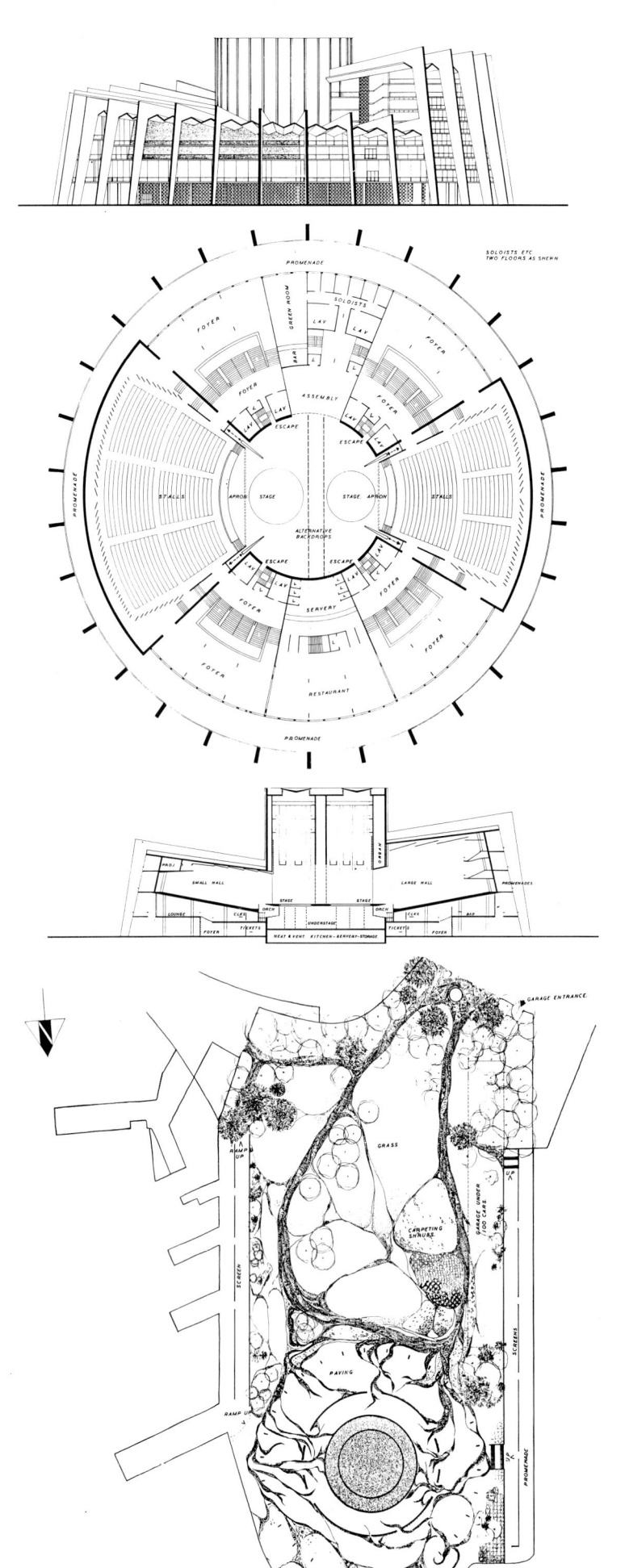

Problematisch war zum Beispiel der Umstand, daß die beiden großen Säle auf der Landzunge nebeneinanderlagen, wodurch jeder in der Breite beschränkt war. Für die zu schmalen Podien wurde als Lösung vorgeschlagen, daß jeder Wechsel von Bühnenbild und Requisiten nur in vertikaler Richtung erfolgen sollte.

Noch viel problematischer war die Konstruktion der Dächer. Utzon hatte gleich erkannt, daß die Realisierung solcher Bogendächer nicht leicht sein würde, und schon gar nicht auf einer Landzunge in einem von Winden beherrschten Hafen. Eine Lösung dieses Problems war im 'Red Book' überhaupt noch nicht angedeutet, und Ove Arup schloß seinen besorgten Kommentar zu dieser Frage mit dem Hinweis, daß eingehende Versuche mit Hilfe von Modellen erforderlich seien. Nachträglich wurde oft behauptet, daß viele Komplikationen zu vermeiden gewesen wären, wenn man Utzon nur genug Zeit gelassen und die Regierung ihm weiterhin vertraut hätte. Auf jeden Fall trifft es zu, daß selbst die wohlwollende Regierung Cahill keine Lust hatte, mit der Bauausführung zu warten, bis die konstruktiven Probleme gelöst waren. Noch vor dem Sommer 1958 hatte man einen Plan erstellt, der den Bauablauf in drei Phasen einteilte (Unterbau, Dächer und Inneneinrichtung), die jeweils innerhalb einer bestimmten Frist vollendet sein mußten. Im März 1959 begann man mit den Arbeiten auf der Baustelle: Die Fundamente, die Treppen und die Podien sollten also gebaut werden, ehe man Klarheit über das Dach hatte.

Als Utzon eines Tages eine Lösung dafür fand, war dies tatsächlich ein dramatisches Ereignis. Man schrieb bereits das Jahr 1962, das Büro Ove Arup hatte sich schon in mehr als 100 000 Arbeitsstunden mit den Problemen der Bogendächer auseinandergesetzt, aber keine Konstruktion war wirklich befriedigend. Utzon selbst hatte dann den brillanten Einfall, die Bogen nicht elliptisch, sondern als Ausschnitte aus einer großen Kugel zu gestalten. Sie sollten alle genau die gleiche Krümmung haben und aus vorgefertigten Elementen errichtet werden. Obwohl damit die Resultate jahrelanger Studien achtlos beiseite geschoben wurden, gelang es Utzon, sowohl Arup als auch seine Auftraggeber zu überzeugen. Cahills Nachfolger, Robert Heffron, zeigte sich bereit, Utzon trotz der Proteste seitens der Opposition zu unterstützen. Der Unfrieden war übrigens auch durch die Baukosten verursacht worden, die inzwischen auf 25 Millionen australische Dollar geschätzt wurden, während die Jury ursprünglich von etwa sieben Millionen ausgegangen war. Aber da die Geldmittel durch

Laurence Prynn entwarf ein rundes Gebäude, das eine gewisse Ähnlichkeit mit Marzellas Projekt hatte (Seite 139). Aber Marzella setzte sein Gebäude auf einen für Autoverkehr vorgesehenen Platz, während Prynn es in einem Fußgängerpark unterbrachte, der den ganzen Bennelong Point einnahm. Unter diesem Park befand sich ein Parkhaus, dessen Eingang am Anfang des Piers lag. Und im Gegensatz zu Marzellas spiralförmigem Grundriß bevorzugte Prynn eine Einteilung in Segmente. Die Säle lagen sich gegenüber, die Bühnen wandten einander die Rückseite zu, und der Haupteingang befand sich im Obergeschoß (siehe Grundriß). Dazwischen lagen auf beiden Seiten Treppenhäuser, getrennt durch ein letztes Segment mit wechselnder Funktion.

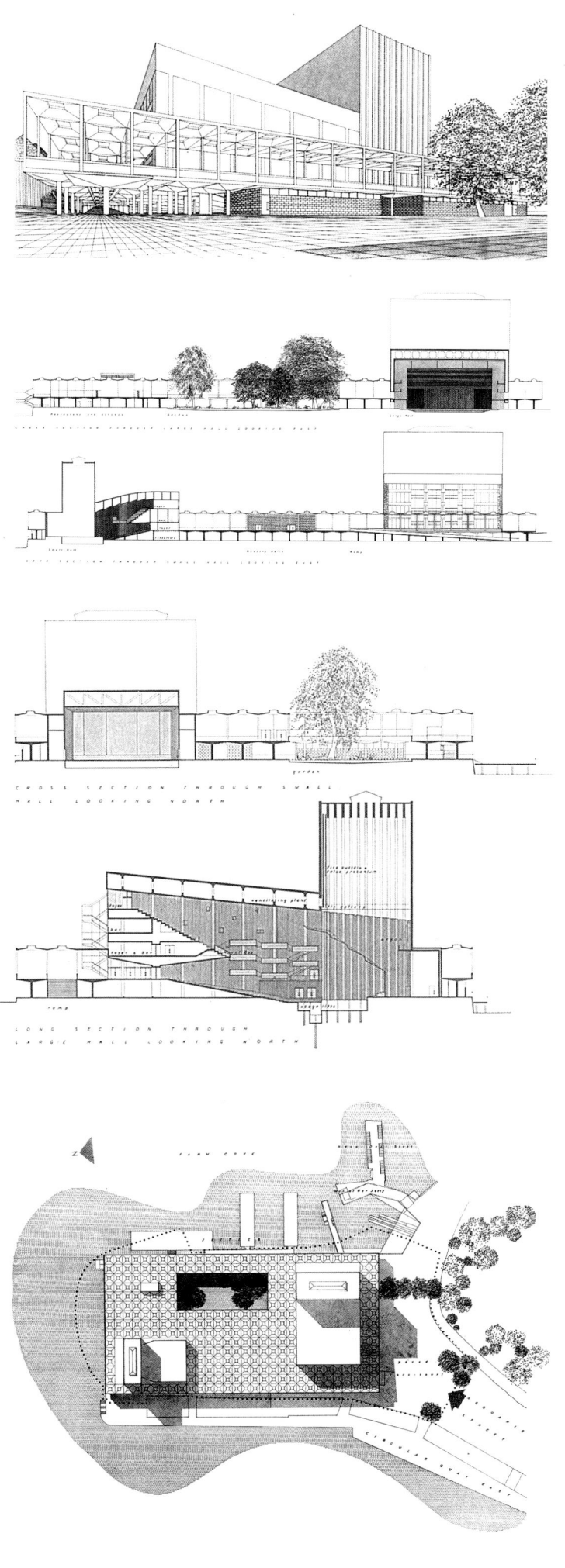

spezielle Lotterien noch immer reichlich flossen, war auch das
kein Grund, Utzon die Unterstützung zu verweigern. Es ist
bezeichnend für ihn, daß er sich erst 1963 in Australien
niederließ. Damals begann man mit dem Bau der Dächer.
Das größte Drama des Opernhauses von Sydney schließlich
verursachte im Grunde eine politische Frage. 1965 war in
Neusüdwales ein Wahljahr, und in den vorangegangenen
Jahren hatte die Labourregierung zunehmend Kritik über die
Opernshausaffäre schlucken müssen. Im Jahre 1964 stellte sich
heraus, daß die Baukosten möglicherweise auf 50 Millionen
ansteigen könnten, das war nicht mehr glaubhaft abzustreiten.
Als die Labourpartei 1965 die Wahl verlor, war zugleich das
Utzon wohlgesinnte Klima vorüber.
Die neue Regierung meinte nicht nur, daß die Lotterien
beendet werden sollten, man fand auch, daß man dem
Architekten mehr auf die Finger sehen müsse. Nicht ganz zu
Unrecht fürchtete man, daß sich beim Erreichen der dritten
Phase des Baus das gleiche Problem stellen werde wie bei der
Phase 2: Dann würde zwar ein Gebäude mit einem Dach
stehen, aber nun müßte man für die Inneneinrichtung auf
neue brillante Eingebungen warten. Darüber, wie die
erheblichen Probleme des Innenausbaus zu lösen seien, stand
bis dahin kaum mehr auf dem Papier, als daß eingehende
Modellstudien dringend erforderlich seien.
Die neue Regierung wollte den Bau nicht im alten Trott
weitergehen lassen. Im Verlauf einer rasch eskalierenden Reihe
von Verwicklungen stellte man Utzon zuerst einen
Staatsarchitekten als Kontrolleur zur Seite, und danach schlug
man ihm vor, weiterhin als 'Entwurfsarchitekt' zu bleiben, der
seine übrigen Aufgaben jedoch anderen überlassen sollte. Den
Architekten muß all dies wohl dermaßen gekränkt haben, daß
er im Februar 1966 spontan um seine Entlassung bat.
Wahrscheinlich hat es ihm besonders schwer zugesetzt, daß
man in sein Entlassungsgesuch nur allzu gern einwilligte.
Utzons überraschendes Ausscheiden führte zu zahlreichen
Protesten von Architekten aus vielen Ländern, Bürgern von
Sydney, Künstlern und Musikfreunden. Aber weder
Protestmärsche noch Petitionen sowie mehrere
Versöhnungsversuche führten dazu, daß der Architekt wieder
an seinen Platz zurückkehrte. Im April 1966 reiste Utzon heim
nach Dänemark, und er sollte sein Opernhaus nicht mehr
wiedersehen, wenngleich er in den darauffolgenden Jahren
mehrfach erklärte, daß er sofort zurückkehren würde, wenn
man ihn darum bäte.
Das Gebäude wurde fertiggestellt durch ein Architektenteam,
in dem Peter Hall die Funktion des Entwurfsarchitekten
übernahm. Hall hatte sich im Frühjahr 1966 noch als

*Der Entwurf von H.D. Krall
beanspruchte den ganzen Bennelong
Point. Zu ebener Erde sollten
Parkplätze und ein Grünbereich
entstehen; darüber lag ein
überdachter Platz, der über eine
Schrägbahn zu erreichen war und auf
dem sich die beiden Theatersäle, das
Restaurant und die übrigen
Einrichtungen befanden. Auf den
Zeichnungen von oben nach unten:*
*die Anlage, vom Beginn von
Bennelong Point gesehen; zwei
Längsschnitte des Komplexes (auf der
Ebene des Gartens und in Höhe des
kleinen Saals); zwei Aufrisse (auf der
Ebene des Gartens und in Höhe des
großen Theaters) und schließlich der
Entwurf aus der Vogelschau.*

143

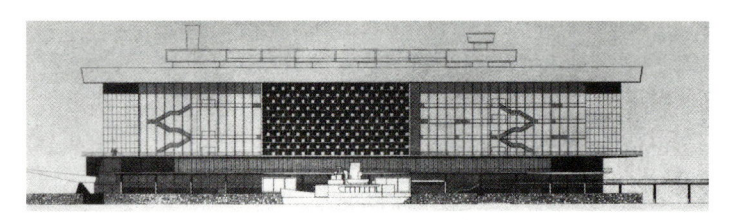

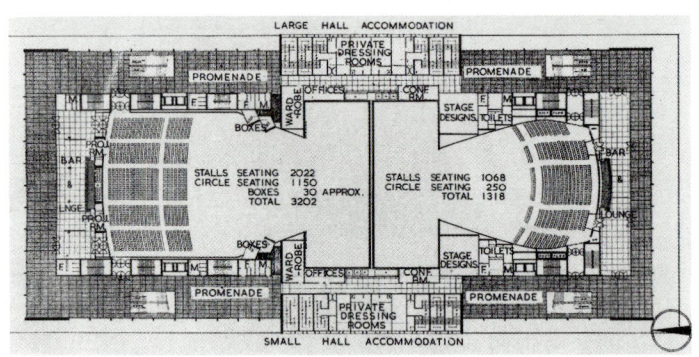

S.W. Milburn und Partner aus England gaben ihrem Entwurf die Form einer rechteckigen Schachtel, in der die Säle einander zugewandt waren (oben). Viel Aufmerksamkeit verwendeten sie auf die Örtlichkeit: Das runde Ende des Piers sollte verschwinden, damit das Gebäude – mit einer Aussichtsterrasse – über das Wasser hinausragen konnte.

Bliss und Le Pelley brachten die beiden Säle in gesonderten Gebäuden unter; ein überdachter Zwischenraum war für das Restaurant, die Foyers und Konferenzsäle vorgesehen. Ihr Plan war vor allem in konstruktiver Hinsicht interessant: Die stählernen Träger der Konzertsäle ragten als Arme heraus, an denen in unterschiedlicher Höhe Außenbalkons aufgehängt waren.

leidenschaftlicher Anhänger von Utzon gezeigt, aber nachdem es zu einer definitiven Wende gekommen war, schreckte er auch nicht davor zurück, Utzons Pläne radikal zu ändern. Die Inneneinrichtung wurde fast zum Gegenteil dessen, was Utzon sich wohl vorgestellt hatte.

Für Utzon war es sicher nur ein schwacher Trost, daß die Bauarbeiten nach seinem Ausscheiden nicht schneller vonstatten gingen. Erst 1973 wurde das Opernhaus feierlich eröffnet. Auch die Kosten blieben außergewöhnlich hoch, der Betrag von fünfzig Millionen wurde sogar noch überschritten. Aber es muß Utzon bitter gestimmt haben, was mit 'seinem' Interieur geschah. Nachdem er sich schon eingehend mit der Frage beschäftigt hatte, wie zwischen den engen Dächern und Wänden des großen Saales etwa 3000 Sitzplätze sowie alle erforderlichen Theatereinrichtungen unterzubringen seien, beschlossen seine Nachfolger kurzerhand, das Problem einfach zu dezimieren: Vom einen Tag auf den anderen entschied man, daß der große Saal ausschließlich dem Symphonieorchester vorbehalten bleiben sollte, und damit erübrigten sich zahlreiche der ursprünglich vorgesehenen Einrichtungen. So geschah es, daß das Opernhaus von Sydney schließlich nicht nur seinen Architekten verlor, sondern auch die Grundlage seiner stolzen Bezeichnung.

Seine Silhouette aber konnte es damals nicht mehr verlieren, und mit ihr bleibt Utzons Name untrennbar verbunden.

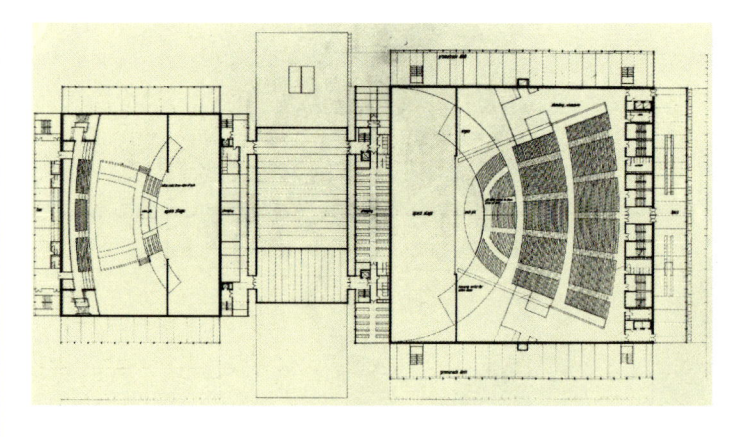

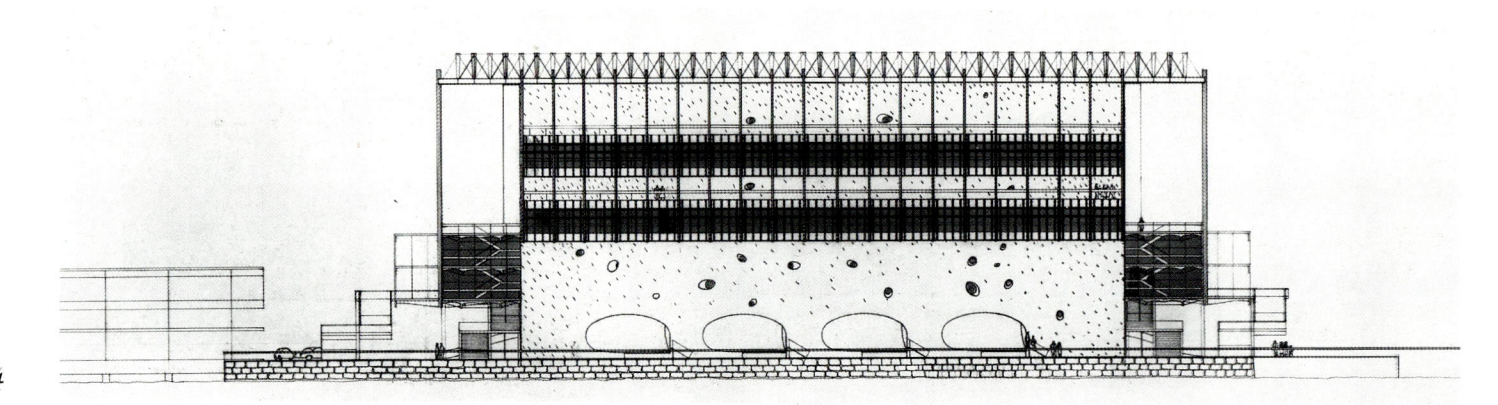

Eine Skizze des Opernhauses von Utzon aus dem Jahre 1957. Er veröffentlichte sie auch im 'Red Book', der ersten Übersicht der Probleme bei der Realisierung seines Entwurfs. Oben das ausgeführte Opernhaus, von Süden gesehen. Die Treppen und das Äußere wurden nach Utzons Ideen realisiert, aber die Innengestaltung nicht mehr. Nach Utzons plötzlicher Abreise im Jahre 1966 vollendete eine anderer das Werk. Vor allem der große Saal (im Foto unten) weicht in vielerlei Hinsicht von den ursprünglichen Plänen ab. Utzons Nachfolger änderten auch die Bestimmung des Gebäudes: Es war nicht mehr für Opernaufführungen gedacht, sondern sollte als Konzertraum für Symphonieorchester dienen. Erst jetzt wurde es möglich, die erwünschte Anzahl an Sitzplätzen von etwa 3000 im Saal zu realisieren — ein Problem, mit dem Utzon lange ergebnislos gerungen hatte. Ein Teil wurde jetzt auf dem Podium untergebracht, wo Utzon seine Bühneneinrichtung vorgesehen hatte.

Die Kongreßhalle von Kyoto ist ein großer Komplex mit einer Fläche von 33 500 m². Sachio Otani verwendete für seinen Entwurf zwei Grundformen: ein Trapez für die Konferenzsäle und ein umgekehrtes Trapez für die Versorgungsräume und die Büros. Nach einer funktionellen Analyse des Programms entwickelte er ein Konstruktionssystem, aufgrund dessen er aus diesen beiden Grundformen einen kohärenten Entwurf erarbeiten konnte.

Oben: Das Gebäude am Nordufer des Takara-ga-ike-Sees. Mitte: Ein Foto des Seitenschiffs, das auf dem oberen Foto vorne links zu sehen ist und in dem sich zwei kleine Konferenzsäle und ein Ausstellungsraum befinden. Unten: Das Interieur des großen Saals mit einer Fläche von über 3 500 m². Seine Außenfassade ist im oberen Foto rechts hinter den Sträuchern verborgen.

Die Internationale Kongresshalle in Kyoto

Nationaler Architekturwettbewerb für eine internationale Kongresshalle in Kyoto

Ausschreibung: Dezember 1962; Einsendeschluß: 1. Juli 1963; Entscheidung: 29. Juli 1963; Teilnehmerzahl: 195

Jury: der Bürgermeister von Kyoto: Yoshizo Takayama; drei Vertreter der gewerblichen Wirtschaft: Chubei Ito, Koshiro Uemura und Soichiro Ohara; ein Berater des Außenministeriums: Katsuzo Okumura; sechs Architekten: Shigero Ito, Takeo Sato, Kenzo Tange, Kenzo Tohata, Kunio Mayekawa und Gumpei Matsuda

Preisträger: 1. Sachio Otani; 2. Yoshinobu Ashihara; Masato Otaka; Kiyonori Kikutake (zu gleichen Teilen)

Bauausführung: 1963 bis 1966, Erweiterung 1969 bis 1973 (Sachio Otani)

Die ersten Pläne zum Bau einer internationalen Kongreßhalle in Kyoto entstanden kurz nach dem Zweiten Weltkrieg. Japan war damals in einer wenig beneidenswerten Situation: Sämtliche Großstädte, mit Ausnahme von Kyoto, waren größtenteils zerstört, die Vorräte waren erschöpft, die Inflation war extrem hoch, und viele Überlebende fühlten sich entwurzelt. Dennoch sollte Japan sich verblüffend schnell wieder erholen. Bereits zur Zeit der amerikanischen Besetzung, die bis 1952 dauerte, begann der wirtschaftliche und moralische Wiederaufbau. Die Finanzhilfen kamen größtenteils aus den Vereinigten Staaten, die im schwachen Japan einstweilen noch keine Konkurrenz auf dem Weltmarkt sahen, aber die strategische Lage des Landes nutzen wollten. Der Einfluß der Amerikaner machte sich jedoch keineswegs nur auf dem Gebiet der Wirtschaft bemerkbar: Während ihrer Anwesenheit kamen viele eingreifende Reformen zustande, zum Beispiel ein neues Grundgesetz, die Einführung des Frauenwahlrechts, von Religions- und Pressefreiheit sowie die Abschaffung von Heer und Flotte. Es ist daher nicht verwunderlich, daß die Japaner in jenen Jahren, wenngleich mit geteilten Gefühlen, stark dem amerikanischen Einfluß unterlagen. Wirtschaftlicher und kultureller Austausch standen hoch im Kurs, und die Gründung möglicher Begegnungszentren gehörte dazu.

Im Jahre 1957 war die Zeit dafür reif: Das japanische Kabinett beschloß, daß eine neue Kongreßhalle in Kyoto gebaut werden sollte, um die Veranstaltung wichtiger internationaler Kongresse in Japan zu stimulieren. Außer Kongreßteilnehmern sollte sie auch Touristen anziehen: Der Architektur maß man große Bedeutung zu. Normalerweise wurden Gebäude solcher Größe durch das Planungsbüro des Bauministeriums realisiert, das so gut wie alle wichtigen Behördenbauten entwarf. Aber diesmal entschloß man sich zu einem offenen Architekturwettbewerb, was von der japanischen Fachpresse als Zeichen dafür angesehen wurde, daß in den ministeriellen Abteilungen ein frischer Wind zu wehen begann. Endlich sollte sich die Gelegenheit zu einem gewagten und originellen Entwurf für ein öffentliches Gebäude bieten. Diese Aussicht hielt man besonders deshalb für gut, weil sechs Architekten Mitglieder der elfköpfigen Jury waren. Unter ihnen befanden sich richtungweisende Erneuerer wie Kunio Mayekawa und Kenzo Tange, die sich mit ihren Entwürfen und Ideen bereits internationales Ansehen erworben hatten.

Die Vorbereitungen zum Wettbewerb beanspruchten viel Zeit, es gab lange Diskussionen über das Grundstück, bis man sich

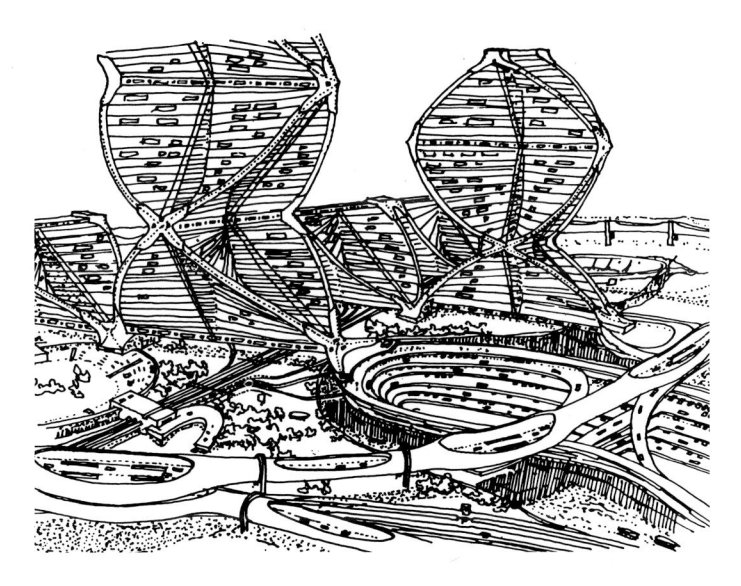

Die Helix City von Kisho Kurokawa mit seinen gigantischen Wohntürmen und futuristischen Verkehrsbahnen wurde zu Beginn der sechziger Jahre weltbekannt.
Der Entwurf war ursprünglich als Wiederaufbauplan für den Ginza-Bezirk von Tokyo vorgesehen, aber er entwickelte schon bald ein Eigenleben. Heutzutage gilt er als Prototyp des japanischen Metabolismus, der zu Anfang der sechziger Jahre großen Einfluß ausübte. Die Metabolisten waren eine kleine Gruppe ideenreicher Architekten, darunter viele Schüler von Kenzo Tange, die Megastrukturen entwarfen, innerhalb derer das städtische Leben in seiner ganzen Vielfalt eine geschlossene, organische Einheit bilden sollte (siehe auch Seiten 153/154 und Kurokawas Entwurf für Kyoto, Seite 155).

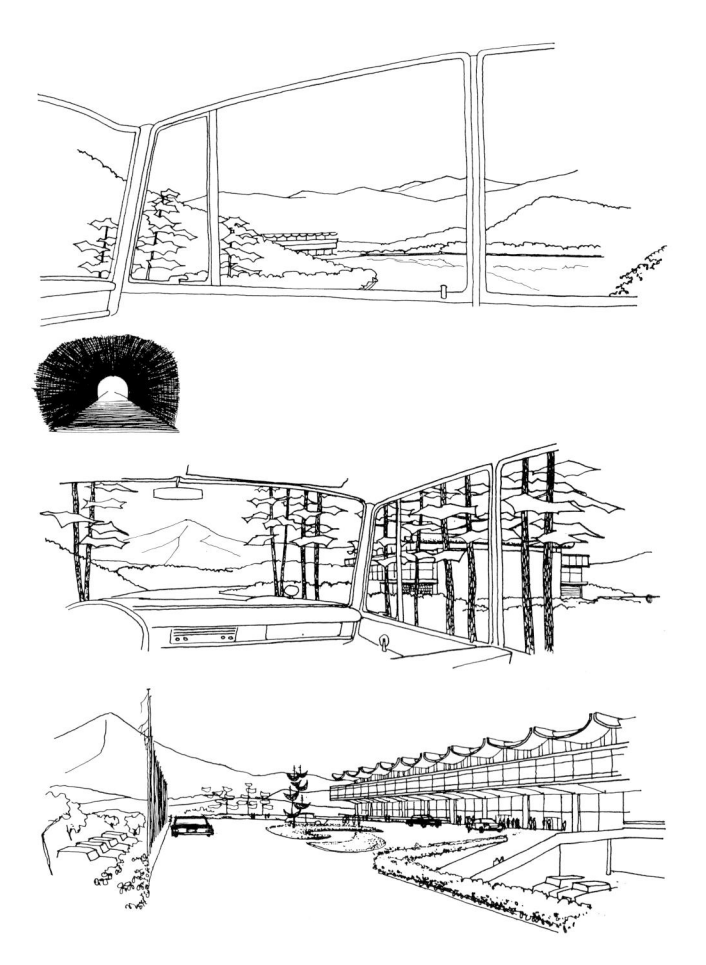

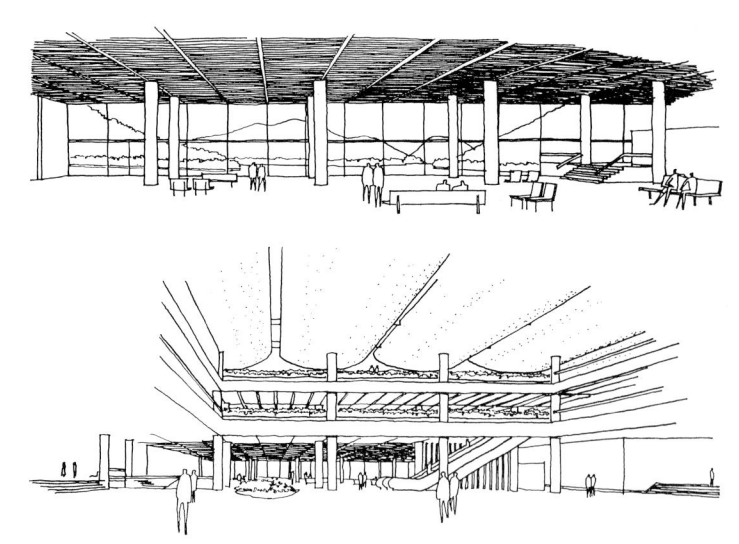

*Junzo Yoshimura entwarf ein rechteckiges Gebäude, das einen Preis nur knapp verfehlte; es schied in einem der letzten Durchgänge aus. Die Jury bewertete die Kompaktheit des Grundrisses positiv, aber sie stellte die rechteckige Form des großen Saals in Frage (siehe Grundriß unten), die seiner Nutzung Grenzen auferlegen mußte. Ferner meinten die Juroren, daß die Form des Daches 'nicht sonderlich geschmackvoll und zweckmäßig' sei. Yoshimura verwendete viel Aufmerksamkeit auf den Ausblick vom Gebäude (Zeichnungen rechts) und auf den Eindruck, den das Bauwerk auf die Besucher machen würde.
Die Zeichnungen links zeigen von oben nach unten drei aufeinanderfolgende Ansichten des Gebäudes, die ein Autofahrer beim Näherkommen erleben sollte.*

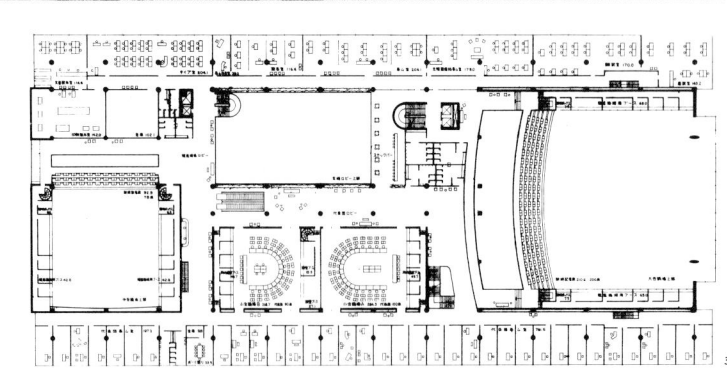

1959 definitiv für den Takara-ga-ike Park im Norden von Kyoto entschied. Die Kongreßhalle sollte dort am Ufer des Takara-ga-ike-Sees in einer außerordentlich schönen, hügeligen und waldreichen Umgebung errichtet werden. Auch die Aufstellung des Wettbewerbsprogramms verursachte große Schwierigkeiten. Da man kaum etwas über die Art der Konferenzen wußte, die in dieser Halle veranstaltet werden sollten, wurde beschlossen, den Architekten viel Freiheit zu lassen. Man schrieb zwar vor, daß die Halle einen eigenen, vom Zugang zum Park getrennten Eingang bekommen sollte, daß verschiedene Zugänge erforderlich waren für Konferenzteilnehmer, Besucher und Personal, daß große Parkplätze benötigt wurden, daß das Gebäude eine Gesamtfläche von 26 500 Quadratmetern haben sollte und daß der Kostenvoranschlag den Betrag von 3,2 Milliarden Yen bzw. 9 Millionen Dollar nicht überschreiten durfte. Aber die Frage, wie alle Räumlichkeiten im Gebäude organisiert sein sollten, ließ man völlig offen. Über die Gestaltung wurde kaum mehr gesagt, als daß der Neubau 'zur Umgebung und Atmosphäre von Kyoto', der tausendjährigen ehemaligen Kaiserstadt mit reicher Bautradition, passen sollte.

Ende Dezember 1962 wurde der Wettbewerb offiziell ausgeschrieben, und vom 5. Januar bis zum 11. Februar 1963 konnten die Teilnehmer sich registrieren lassen. Das Interesse war überwältigend: 1124 Architekten meldeten sich an, und das, obwohl zum Wettbewerb nur 'erstklassige architektonische Techniker' zugelassen wurden, eine vom Ministerium verliehene Qualifikation, die in Japan für die Planung von Bauwerken dieses Umfangs im allgemeinen Voraussetzung ist. Der Wettbewerb erwies sich jedoch als außergewöhnlich schwierig. Die Aufgabe war kompliziert und der damit verbundene Arbeitsaufwand erheblich: Neben Lageplanskizzen, Perspektivzeichnungen, Querschnitten, Ansichten und Grundrissen wurden auch noch 17 verschiedene Erläuterungen gefordert sowie eine Schätzung der Baukosten. Überdies ließ das Programm bei vielen potentiellen Teilnehmern noch eine Anzahl von Fragen offen, was die Organisatoren aber schon vorhergesehen hatten: Vom 1. Februar bis zum 20. März konnten schriftliche Anfragen gestellt werden. Aber deren Zahl war derart gewaltig (ungefähr 900), daß es einen Monat dauerte, ehe die Antworten auf alle Fragen versandt werden konnten. Und obwohl die eigentliche Entwurfsarbeit für viele Teilnehmer erst danach beginnen konnte, war die Einsendefrist zu dem Zeitpunkt schon weitgehend verstrichen. Kaum zwei Monate später, am 15. Juni, mußten die Entwürfe vorliegen. Schließlich zeigte sich, das nur 195 Architekten (oder -teams), also nur ein Sechstel der Angemeldeten, sich tatsächlich am Wettbewerb beteiligt hatten.

'Es muß furchtbar schwierig gewesen sein, einen Preisträger auszuwählen', schrieb die Zeitschrift *Japan Architect* gleich nach Bekanntgabe des Ergebnisses am 29. Juli 1963:

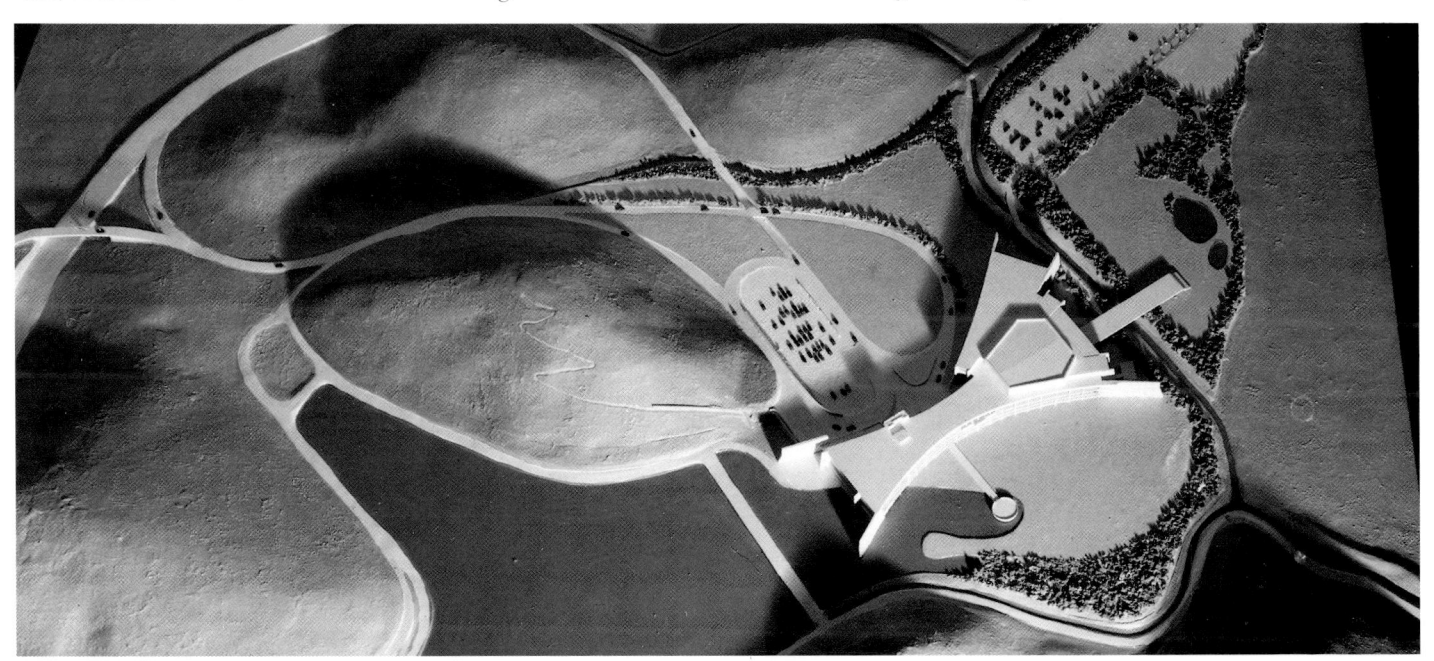

Der Entwurf von Yukio Sano bestand aus einem annähernd kreisförmigen Gebäude, das auf einer Seite zum See ausfächerte und auf der anderen zum Berg Hiei. Die Jury bezeichnete das Projekt als 'erfrischend und interessant', fand aber die Eingangspartie zu klein; diese lag ausgerechnet im schmalsten Teil.

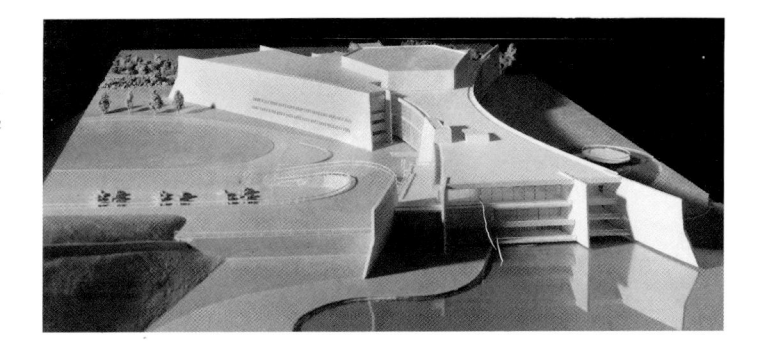

Die Jury nannte Masayoshi Yendos Projekt den 'bestorganisierten der Entwürfe, bei denen ein japanisches Aussehen angestrebt wurde'. Er hatte einen Grundriß in T-Form mit den wichtigsten Konferenzsälen in separaten Pavillons an den Enden und einem Foyer im Zentrum. Die Juroren sprachen von einem 'angenehmen Raumerlebnis', fanden die Anlage aber dennoch zu weitläufig.

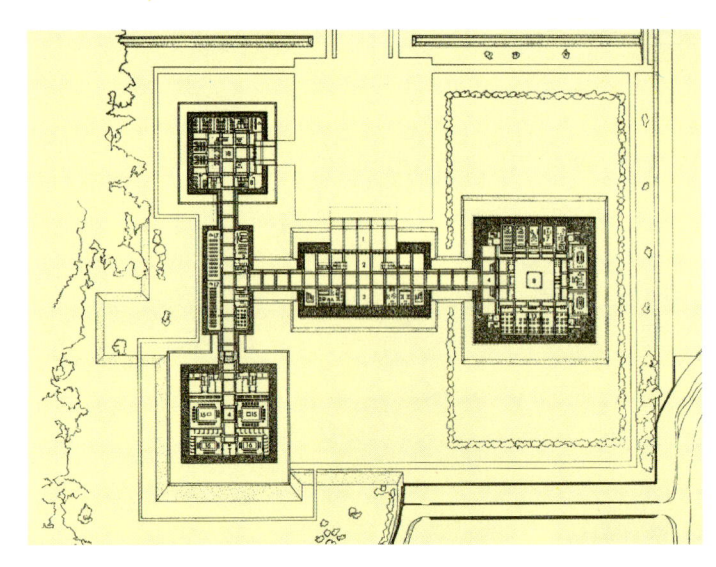

'Mit Ausnahme der Juroren beteiligten sich wohl alle großen Namen im Bereich der Architektur, ebenso wie die Entwurfsabteilungen aller angesehenen Baufirmen.' Die Jury nahm sich daher auch anderthalb Monate Zeit zur Beurteilung der (anonymen) Einsendungen. Es hatte sechs Beurteilungs-Rundgänge gegeben, wobei jeweils andere Methoden gehandhabt wurden, und dabei blieben dann nacheinander 67, 30, 20, 12, 4 und schließlich nur einer der Entwürfe übrig. Im letzten Rundgang war das Urteil einstimmig: Der Entwurf von Sachio Otani wurde zur Ausführung empfohlen. Der zweite Preis wurde zu gleichen Teilen unter den drei Architekten aufgeteilt, die in die letzte Runde gekommen waren: Yoshinobu Ashihara, Masato Otaka und Kiyonori Kikutake. Alle Preisträger waren verhältnismäßig jung, ihr Durchschnittsalter lag bei 35 Jahren. Ashihara war der Älteste, er war gerade vierzig geworden. *Japan Architect* schrieb: 'Im allgemeinen vertreten die Preisträger die Führungsgeneration, die dazu ausersehen erscheint, die Nachfolge von Tange und Mayekawa anzutreten. Sie sind diejenigen, die vor wenigen Jahren die lebendige ‹Goki-kai› bildeten, eine Gruppe, die sich mit der Erforschung der Organisation architektonischer Entwürfe befaßte. Nachdem nunmehr Tange und Mayekawa ehrwürdig genug sind, um als Juroren zu fungieren, tritt eine jüngere Generation als Wettbewerbsteilnehmer an ihre Stelle. Dabei muß darauf hingewiesen werden, daß der mit dem ersten Preis ausgezeichnete Sachio Otani viele Jahre Kenzo Tanges engster Mitarbeiter war, während Masato Otaka, der mit dem zweiten Preis belohnt wurde, die gleiche Position in Mayekawas Büro einnahm. Man hat den Eindruck, Zeuge einer Art apostolischer Nachfolge zu sein.'

Es ist verständlich, daß die Zeitschrift von einer 'apostolischen Nachfolge' schrieb. Mayekawa und mehr noch Tange hatten in jenen Jahren einen großen Einfluß auf jüngere Architekten, und drei der vier Preisträger waren ihre Schüler gewesen. Es ging hierbei besonders um jene Ideen, die Tange und Mayekawa über das Verhältnis zwischen Architektur und offenem Raum entwickelt und aus dem Westen nach Japan gebracht hatten. Dabei muß man sich vor Augen halten, daß die Kontakte zwischen Japan und der westlichen Welt erst relativ kurze Zeit bestanden. Bis 1867 war die japanische Inselgruppe völlig isoliert gewesen, mit dem Beginn der Meiji-Ära wurde diese Isolierung plötzlich und rigiros durchbrochen. Die neue Regierung ging im Verstärken der Beziehungen zu Europa sehr weit, und das wirkte sich auch auf die Baukunst aus. Europäische Architekten wurden nach Japan geholt, und japanische Zimmerleute mußten sich in den westlichen Techniken üben. Zahlreiche Gebäude in einem pseudo-europäischen Stil entstanden. Dieser Ideenaustausch hatte im zwanzigsten Jahrhundert weiter zugenommen. Bedeutende westliche Architekten, wie Frank Lloyd Wright und Bruno Taut, kamen nach Japan; führende japanische Baumeister, wie Mayekawa und Sakakura, arbeiteten jahrelang im Westen. Zwar hatte der Einfluß des Abendlandes in den zwanziger und dreißiger Jahren auch Gegenreaktionen hervorgerufen, wie die der japanischen Sezessionisten, die sich um 1920 unter anderem gegen die Vorherrschaft der europäischen Architekturstile wandten, und die der Traditionalisten, die in den dreißiger Jahren Anschluß an die alte japanische Architektur suchten. Das änderte aber nichts daran, daß die Barriere zum Westen endgültig aus dem Wege geräumt war und daß diese Kontakte leicht wiederhergestellt werden konnten, nachdem der japanische Nationalismus des Zweiten Weltkriegs in einer Katastrophe geendet hatte. Sowohl Mayekawa als auch Tange pflegten gute Beziehungen zu ihren westlichen Kollegen. Mayekawa hatte - übrigens gemeinsam mit Sakakura - vor dem Krieg einige Zeit bei Le Corbusier gearbeitet. Überdies nahm er damals auch schon an den CIAM teil, den Internationalen Kongressen für moderne Architektur, auf denen die Grundlagen für den modernen Städtebau formuliert worden waren. Tange begleitete Mayekawa nach dem Krieg auf seinen Europareisen; auch er lernte damals Le Corbusier persönlich kennen und nahm an den Treffen teil.

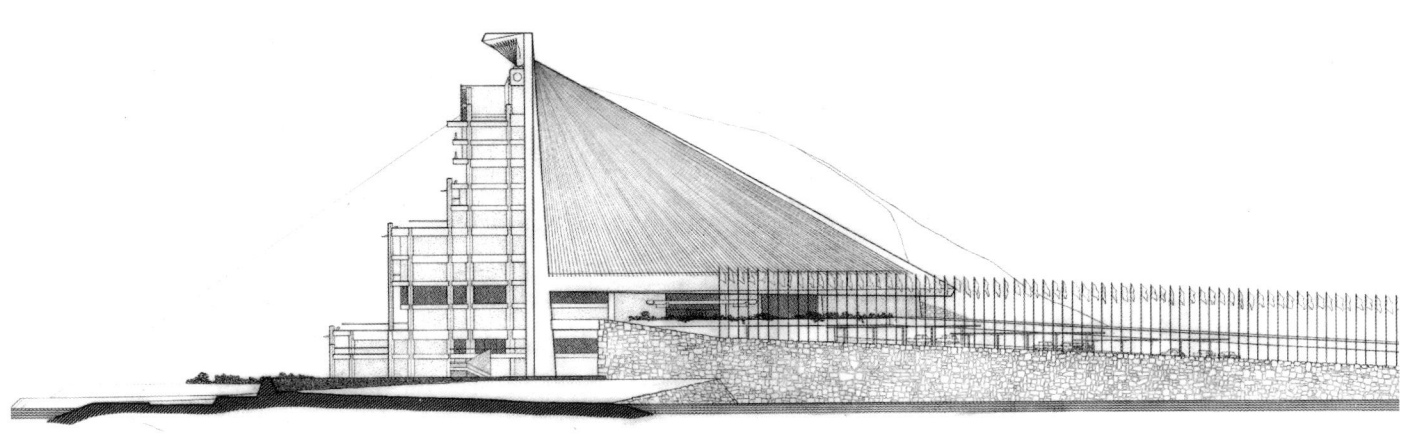

Kanashige Sakanaga entwarf ein Gebäude, das von der Jury als 'originell und gewagt' bezeichnet wurde (oben). Der große Konferenzsaal befand sich in einem zeltartigen Abschnitt an der Hügelseite; das Podium lag an der westlichen Spitze (rechts im Foto). Im blockförmigen Teil des Gebäudes, am Ufer des Sees, waren kleinere Säle und ergänzende Funktionen untergebracht. Den Juroren erschien der Entwurf aber 'für die derzeitigen Konstruktionsmethoden zu exzentrisch'.

Junzo Sakakura (1901-1969), ehemaliger Schüler von Le Corbusier, gehörte zu Beginn der sechziger Jahre zu den bedeutendsten japanischen Architekten. Sein ästhetischer Entwurf (unten, siehe auch Seite 4) wurde aber nicht preisgekrönt, er schied in der zweiten Beurteilungsrunde aus. Die Jury begründete das Ausscheiden nicht.

Aber auf den CIAM-Kongressen der fünfziger Jahre wurden die Ausgangspunkte des modernen Städtebaus gerade nuanciert und angepaßt, und es kam zur Kritik an allzu rationalen städtebaulichen Entwürfen. Damals begann man der Art und Weise, in der Menschen Raum und Gebäude erleben, mehr Aufmerksamkeit zu widmen, und Begriffe wie 'menschlicher Maßstab', 'Begegnungsstätten' und 'Zwischenräume' tauchten in diesen Diskussionen erstmals auf. Das waren Ideen, für die Mayekawa und Tange vielen ihrer Landsleute die Augen öffneten. Das Japan der fünfziger Jahre zeichnete sich durch den äußerst raschen Wiederaufbau aus, bei dem in architektonischer Hinsicht zwar alles möglich war, währenddem man aber mit dem öffentlichen Raum völlig gedankenlos umging. Dieser wurde nicht nur nicht gestaltet, sondern der ganze städtische Bereich wurde kurzerhand mit Straßen und Gebäuden vollgepfropft. Aus diesem Grunde konnte Mayekawa mit Gebäuden beeindrucken, die er, genau wie Le Corbusier, teilweise auf Pilotis stellte, um den städtischen Raum nicht zu unterbrechen. Oder er erreichte das mit Gebäuden wie der Tokyoter Festival Hall oder dem Rathaus in Kyoto mit großen Innenhöfen als monumentale öffentliche Räume. Tanges Einfluß erfolgte zum Teil auf demselben Gebiet, aber seine Ideen waren umfassender: Er

Der Entwurf von Hideo Yanagi (unten) zeichnete sich durch Klarheit und Schlichtheit aus. Die beiden Konferenzsäle waren in gesonderten Gebäuden untergebracht, die beide durch ein T-förmiges Gebäude für Versorgungsanlagen und mit kleineren Sälen verbunden waren. Yanagis Kennwort war 'Mobilität'; diese mußte sowohl innerhalb als auch außerhalb der Säle groß sein. Die Jury äußerte sich kritisch über die langen Gehwege und die Dreiecksform der Säle.

Oben der Wettbewerbsentwurf von Otani. Das Modellfoto zeigt die Nordwestseite des Gebäudes mit (von links nach rechts): Trapezoid des Foyers, mittelgroßem Konferenzsaal und einem kleinen, runden Versammlungsraum. Die Skizze links zeigt den Publikumseingang und das Foyer; diese befanden sich ebenfalls an der Nordseite, auf dem Modellfoto an der Laufbrücke links. Rechts eine Skizze des großen Saals (siehe Seite 146).

suchte nach Strukturen für ganze Stadtviertel und Städte. Sein Ausgangspunkt war, daß die gesamte städtische Dynamik steuerbar sei. Jedenfalls gelte es, städtebauliche Strukturen zu entwickeln, die diese Dynamik mit all ihrem Wachstum und ihren Veränderungen umfassen könne. Tange wehrte sich gegen einen Funktionalismus, der nicht berücksichtigte, daß Funktionen jeweils entstehen, sich ändern und verschwinden. Für diese Veränderlichkeit wollte er Raum schaffen. Er wollte Stadtviertel, oder noch lieber ganze Städte, bauen, die ein 'Netzwerk von Energie und Kommunikation' bilden sollten, ein 'städtisches Gewebe', das selbst eine starke Struktur haben sollte. Diese Struktur sollte nicht nur physisch vorhanden, sondern auch Trägerin symbolischer Bedeutungen sein, weil sie sonst von den Menschen nicht verstanden würde.

In Otanis preisgekröntem Entwurf für die Kongreßhalle von Kyoto war vor allem Tanges Einfluß deutlich spürbar. Schließlich hatte Otani ja auch vierzehn Jahre lang, von 1946 bis 1960, als Tanges engster Mitarbeiter gewirkt und war an den meisten von dessen bedeutenden Entwürfen beteiligt gewesen. Im Text, mit dem Otani seinen Entwurf erläuterte, ist Tanges Sprachgebrauch wörtlich erkennbar. Auch Otani schrieb über die Struktur, in der die verschiedenen Funktionen ihren Platz finden sollten: 'Meine wichtigste Aufgabe sah ich in der Suche nach individuellen räumlichen Formen, die sich für die verschiedenen Zwecke eigneten, und mein zweites Ziel war die Entwicklung eines strukturellen Systems, das Einheitlichkeit herstellen würde, ohne die Individualität der verschiedenen Räume zunichte zu machen.' Er entschied sich schließlich für ein konstruktives System, bei dem trapezoidförmige Räume (für die Konferenzsäle) und Räume in der Form umgekehrter Trapezoide (für die Büros) miteinander verbunden wurden, so daß sie eine geschlossene räumliche Organisation bildeten: 'Dieser Prozeß [der Ordnung] ähnelt dem Wachstumsprozeß eines kleinen Bauerndorfes, das sich zu einer modernen integrierten Stadt entwickelt.' Der Umstand, daß Otani den Grundelementen seines Entwurfs die Form eines Trapezoids gab - 'eine der ältesten konstruktiven Formen in der japanischen Architektur' -, ist daher auch nicht als Traditionalismus zu verstehen. Ebenso wie sein Meister Tange verwendete er diese Form vornehmlich ihrer symbolischen Bedeutung wegen: 'Die Kombination einer alten Form als Ausgangspunkt und eines Wachstumsprozesses in Übereinstimmung mit der städtischen Bebauung scheint mir zur Art und zum Ausdruck eines Gebäudetyps wie diesem zu passen.'

Bei den Gewinnern des zweiten Preises war die Verwandtschaft mit Mayekawa und Tange komplizierter nachzuvollziehen. Sie hatten mit ihnen bestenfalls gemeinsam, daß sie - wie Otani, Tange und Mayekawa - vor allem an den konstruktiven Problemen der Architektur und am Verhältnis der Bauten zum freien Raum interessiert waren. Yoshinobu Ashihara war der einzige, der nicht bei Tange studiert hatte; aber er hatte auf eigene Weise Kenntnisse über die Architektur und die Raumnutzung in der westlichen Welt gesammelt. In den fünfziger Jahren hatte er in den USA gearbeitet, wo er an der Graduate School der Harvard University sein Examen ablegte. Anschließend war er ein Jahr lang im Büro von Marcel Breuer in New York tätig gewesen und hatte später mehrmals verschiedene europäische Länder besucht. Im Jahre 1960 veröffentlichte er eine Studie über die Nutzung des Raumes in der Architektur und im Städtebau. Ashihara suchte in seinen Entwürfen konsequent nach Wegen, Interieur und Exterieur so zu integrieren, daß eine organische Einheit entstand, und er plädierte für 'architektonische Räume mit menschlichen Qualitäten.' In seinem Entwurf für Kyoto ist dies alles erkennbar: Die Konferenzsäle und die Räume für Besucher und Presse befinden sich sämtlich in einem bogenartigen Gebäude, das fast natürlich dem Verlauf einer Bucht des Takara-ga-ike-Sees folgt. Der Entwurf zeigt einen sehr klaren Aufbau: Die Verwaltungsfunktionen sind alle in einem gesonderten Turm vorgesehen, getrennt von den Räumen für die Konferenzteilnehmer und Besucher. Die Jury brachte als einzige Kritik an diesem 'ausgewogenen, klaren und einfachen Entwurf' vor, daß er möglicherweise nicht komplex genug sei, um sämtliche Anforderungen eines sehr unterschiedlichen Kongreßhallenpublikums zu erfüllen.

Die beiden anderen Preisträger, Otaka und Kikutake, hatten bei Tange studiert. Beide gehörten einer kleinen Gruppe an, die sich 1960 zu 'Metabolisten' ausgerufen hatte. Diese Bezeichnung hatte gewisse opportunistische Hintergründe: Das Team hatte den Auftrag zur Vorbereitung einer World Design Conference in Tokyo und beschloß - auch aus Gründen der Öffentlichkeitswirksamkeit - damit die Veröffentlichung eines metabolistischen Manifests zu verbinden. Die Vorstellungen und Projekte jedoch, welche die Metabolisten vortrugen, waren unmittelbare Weiterentwicklungen von Tanges Ideen.

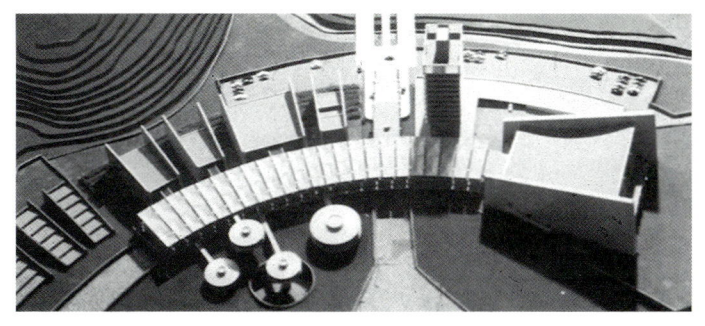

Yoshinobu Ashihara gewann den zweiten Preis mit einem laut der Jury 'ausgeglichenen, klaren und einfachen' Entwurf. Das Modellfoto zeigt den Aufbau deutlich: ein langgebogenes Foyer mit dem großen Konferenzsaal an einem Ende und kleineren Versammlungsräumen als seitlichen Abzweigungen (im Foto links oben). Im Büroturm (Mitte oben) waren sämtliche Verwaltungsfunktionen untergebracht, in den runden Pavillons (rechts unten) Restaurants. Bars und ähnliches. Dennoch fürchteten die Juroren, daß der Plan zu simpel sei, um allen Ansprüchen eines wechselnden Publikums zu genügen.

Sie entwarfen Strukturen, welche die gesamte städtische Dynamik umfassen sollten, aber der Maßstab ihrer Planungen war größer, die Formen waren viel utopischer als je in einem von Tanges Plänen. 'Megastrukturen', wie die Metabolisten sie entwickelten, waren kennzeichnend für die sechziger Jahre, jene Zeit eines noch nahezu grenzenlosen Vertrauens in die (teilweise futuristischen) technischen Möglichkeiten. Sie sollten eine Alternative für die zügellos expandierenden Städte sein und im Prinzip sparsam mit dem Raum umgehen. In Otakas und Kikutakes Entwürfen für die Kongreßhalle von Kyoto erscheint auf den ersten Blick nur wenig von den metabolistischen Ideen. Die Projekte sind sehr verschieden, was übrigens dem Umstand entspricht, daß die Metabolisten Individualisten waren, die nur eine Gelegenheit zusammengeführt hatte. Bei näherer Betrachtung zeigt sich jedoch, daß in jedem dieser Entwürfe eine starke Struktur im Vordergrund stand, zuweilen auf Kosten der Funktionalität. Beide wurden von der Jury dahingehend kommentiert, daß die Hauptform gewagt und originell sei, es aber zahlreiche praktische Einwände gegen sie gebe.

Wer sämtliche Wettbewerbsentwürfe von 1963 heute, im Abstand von fast 25 Jahren, betrachtet, ist vor allem von der großen Diversität, dem Formenreichtum und den Ideen überrascht, welche die japanischen Architekten hier entwickelten. Als Gesamtheit stellten die Entwürfe ein getreues Abbild der architektonischen Situation jener Jahre in Japan dar, aber der Umstand, daß diese Vielfalt hier zusammenkam, war wohl zum großen Teil dem Wettbewerbsprogramm zu danken. Wie *Japan Architect* schrieb, war die Zeitspanne zur Anfertigung eines Entwurfs derartig kurz bemessen, daß der Akzent notgedrungen eher auf fundamentaler Kreativität als auf architektonischen Details lag: 'Die Jury selektierte nicht so sehr einen Entwurf als vielmehr den Architekten.' Insofern bestätigte sich die Behauptung von *Japan Architect* von einer 'apostolischen Nachfolge', als im Grunde nicht ein Entwurf, sondern vielmehr eine architektonische Auffassung ausgezeichnet wurde. Da in der Jury die einflußreichen Architekten Tange und Mayekawa saßen, war eigentlich kaum etwas anderes zu erwarten gewesen. Aber es muß auch gesagt werden, daß keiner der Preisträger dieses Wettbewerbs, obgleich sie einflußreiche Architekten waren, eine Anhängerschaft fand wie zuvor Mayekawa und vor allem Tange.

So geistvoll und inspirierend die Gedanken der Metabolisten in den sechziger Jahren auch waren, schon um 1970 sollten diese Auffassungen an Boden verlieren. Vielleicht waren viele der metabolistischen Pläne zu utopisch - natürlich lag es nahe, daß man zu jenem Zeitpunkt gerade in Japan einräumen mußte, derart komplizierte Prozesse wie die städtische Dynamik ließen sich nicht in eine einzige architektonische Struktur einbinden. Auch nahm in der ganzen Welt das Vertrauen in allesumfassende Strukturen ab. Aber vornehmlich aus denselben Gründen, aus denen im letzten Jahrhundert kaum eine Richtung der Architektur länger als zehn Jahre tonangebend blieb, war zu jener Zeit ebenfalls das gesamte Bauen zu sehr in Bewegung und der Arbeitsablauf zu kompliziert. Auf jeden Fall gehörte das Gebäude 1966, als der erste Bauabschnitt von Otanis Kongreßhalle fertiggestellt war, noch zu den Bauten der Avantgarde, doch als 1973 der zweite Abschnitt ausgeführt war, gewannen in Japan andere architektonische Auffassungen die Oberhand. Die Zukunft wird erweisen, wie Otanis Kongreßhalle dereinst beurteilt werden wird: als Bauwerk einer vorübergehenden Richtung der Architektur oder als historisches Monument von bleibendem Wert.

Über den mit einem geteilten zweiten Preis ausgezeichneten Entwurf von Kiyonori Kikutake schrieb die Jury, daß er mehr Zweifel aufwerfe als alle anderen Arbeiten. Das trichterförmige Gebäude erinnerte an alte buddhistische Tempel, aber das Innere erwies sich mit den Konferenzsälen im vierten Stockwerk, den Restaurants im dritten, Büros und Teeräumen im zweiten und den Foyers im ersten Stockwerk als intelligent organisiert. Die Juroren diskutierten lange über dieses Projekt. Manche hatten Einwände gegen 'die Verwendung von Beton, als handele es sich um Holz', andere meinten, daß die Form geradezu hervorragend auf den Möglichkeiten des Betons basiere. Schließlich einigte man sich darüber, daß der Aufbau äußerst originell und daß es wohl interessant sei, ein solches Bauwerk zu realisieren. Dennoch gewann Kikutake keinen Preis, da die Jury auch große praktische Bedenken hatte. Man dachte zum Beispiel an die enorme Anzahl von Fahrstühlen, derer es bedurfte, weil sämtliche Konferenzsäle sich in der vierten Etage befanden.

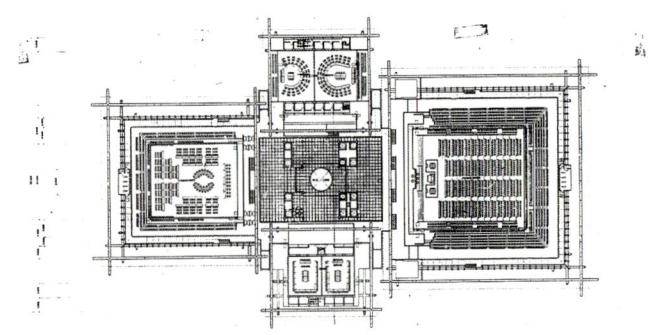

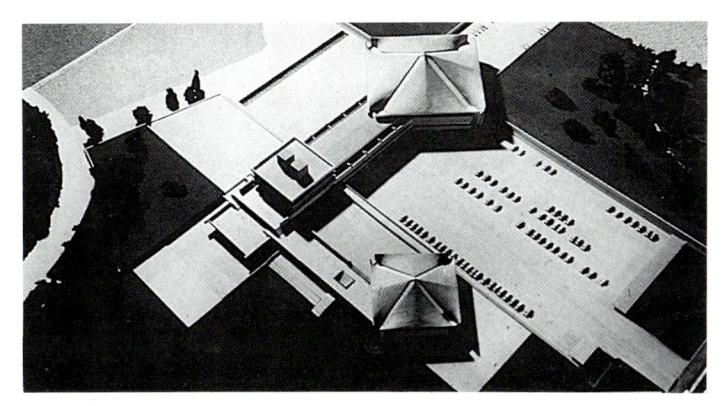

Masato Otaka verdankte seinen
zweiten Preis vornehmlich dem
klaren Aufbau seines Entwurfs (Foto
und Zeichnung rechts), der zum
Beispiel für Besucher und
Kongreßteilnehmer gesonderte
Eingänge vorsah. Die Anlage hatte
einen L-förmigen Grundriß mit den
wichtigsten Sälen an den Enden; die
Büros befanden sich im rechten
Winkel, und das Restaurant lag
zwischen diesem Winkel und dem
kleineren Konferenzsaal. Bezeichnend
war auch die Verwendung von Pilotis
– freistehenden, tragenden Pfeilern
– unter der Verbindung zwischen
Eingang und großem Saal.
Die Juroren meinten aber, daß die
Klarheit des Entwurfs zuweilen zu
Lasten praktischer Notwendigkeiten
ginge. So könnte die Kommunikation
zwischen der Organisation – die sich
im Bürogebäude befand – und den
Benutzern der Konferenzsäle unter
Umständen recht schwierig sein.

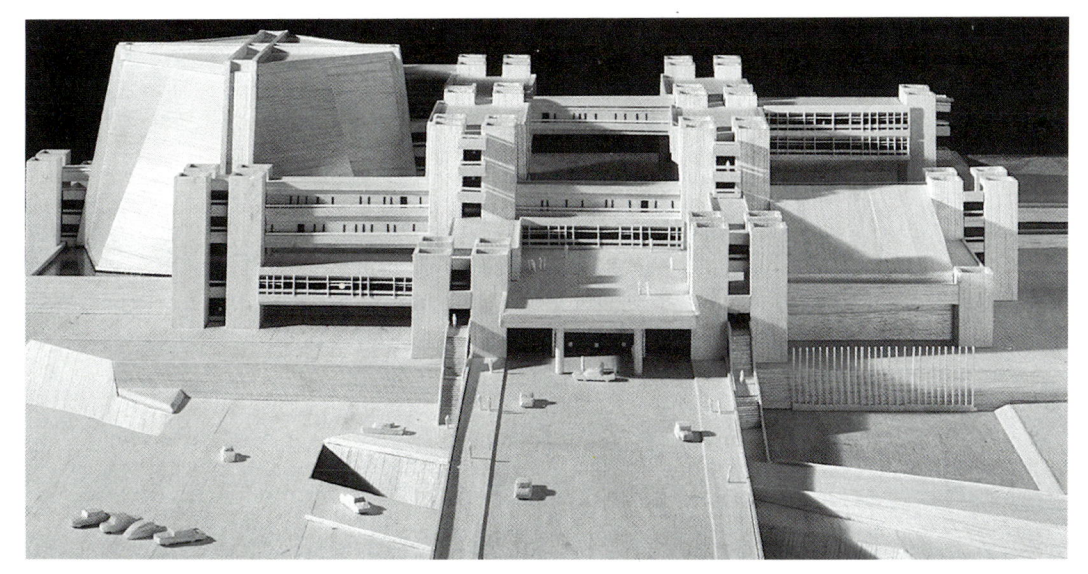

Kisho Kurokawa (geb. 1934) war zu
Beginn der sechziger Jahre einer der
aufsehenerregendsten jungen
Architekten, vor allem aufgrund
seines Beitrags zum Metabolismu
(siehe Seiten 147 und 153/154). Auch
sein Entwurf für Kyoto (links) kann
als metabolistisch bezeichnet werden:
Typisch ist die umfassende
Konstruktion, innerhalb derer alle
Funktionen des Konferenzgebäudes
als ein organisches Ganzes
funktionieren sollten. Kurokawa
erläuterte dies: 'Dreidimensionale
Gitter aus senkrechten Schächten und
waagerechten Gängen bilden
gewissermaßen die Straßen. Dieses
dreidimensionale System läßt auch
'Räume' entstehen, in denen sich
Kongreßsäle, Konferenzräume und
die Foyers befinden. Das Gitter
verkörpert zugleich das
Wachstumsprinzip.' (Damit wies er
auf Erweiterungsmöglichkeiten hin.)
Der Entwurf erhielt aber keinen
Preis; er schied in der zweiten Runde
aus.

155

Das Rathaus von Amsterdam

INTERNATIONALER WETTBEWERB FÜR EIN RATHAUS IN AMSTERDAM, BESTEHEND AUS EINEM OFFENEN WETTBEWERB, GEFOLGT VON EINEM ENGEREN WETTBEWERB.

AUSSCHREIBUNG: 1967; Einsendeschluß des offenen Wettbewerbs 30. November 1967; Einsendeschluß des engeren Wettbewerbs 7. Oktober 1968; Entscheidung: 22. November 1968; Teilnehmerzahl: 804.

JURY: die Architekten Huig A. Maaskant (Niederlande), Vorsitzender; Prof. Jacques Schader (Schweiz); Sir Robert Matthew (Großbritannien); Piet Zanstra (Niederlande); F. J. van Gool (Niederlande)

PREISTRÄGER: 1. Wilhelm Holzbauer; 2. Bernardo Winkler, Friedrich Hahmann, Hanna Hahmann; 3. Groep GIA

BAUAUSFÜHRUNG des Rathauses in Kombination mit einem Musiktheater: 1980 bis 1988 nach dem Entwurf von Wilhelm Holzbauer und Cees Dam (als Vertreter der Architekten Bernard Bijvoet und G.H.M. Holt)

Amsterdam ist eine unbequeme Stadt voll unbequemer Leute. Diese Feststellung ist in den Niederlanden Gemeingut geworden, auch wenn sie oftmals liebevoll und beschwichtigend geäußert wird. Das ändert nichts daran, daß viele ungeklärte Fragen in Amsterdam zu sehr langwierigen, zunehmend komplizierter werdenden Affären mit heftigen Meinungverschiedenheiten anwachsen. Ein Problem dieser Art war der Bau eines neues Rathauses, das schließlich doch gelöst würde.

Es begann im November 1645. In Amsterdam wurde schon seit sechs Jahren über den Bau eines neuen, größeren Rathauses gesprochen, diskutiert und gestritten. Sogar ein echter Baumeister beschäftigte sich schon damit: Jacob van Campen (1595-1657). Aber allzu viele redeten ihm in seine Baupläne hinein, und völlig verzweifelt entschied der Rat der Stadt, daß jetzt endlich Schluß mit all diesen alternativen Plänen sein müsse: 'So stellt man fest, daß verschiedene Personen sich mit dem Anfertigen von Modellen für ein neues Rathaus bemühen, und das aufs Ungewisse, weil man sich noch nicht einmal über das Grundstück einig ist.' Die vier damaligen Bürgermeister griffen persönlich ein und

Kupferstich vom Dam um 1750 mit (links) dem Rathaus von Jacob van Campen, in der Mitte der gotischen Nieuwe Kerk (mit Dachreiter) und rechts der Waage, die 1808 abgerissen wurde, weil der französische König der Niederlande, Louis Napoleon, eine bessere Aussicht wünschte.

Ganz oben: So sollte das Rathaus und Musiktheater gemäß einem Siebdruck von Wilhelm Holzbauer im Jahre 1968 aussehen (siehe auch die Zeichnung auf Seite 167).

Oben: 1986 wurde das Musiktheater fertiggestellt; links vom runden Gebäude das Rathaus, das sich noch im Bau befindet. Im Vordergrund die Amstel.

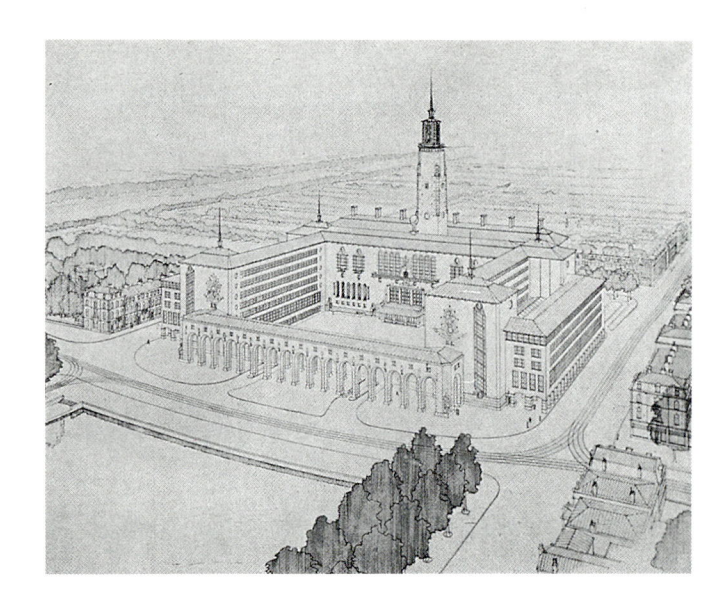

Links: Entwurf mit dem Kennwort '13659' (die Anzahl der Rammpfähle unter dem alten Rathaus) von H.T. Zwiers für den offenen Wettbewerb aus dem Jahre 1937.

Unten: Entwurf von Vater und Sohn Staal (Kennwort 'Analkè') für den offenen Wettbewerb von 1937, Lage am Frederiksplein.

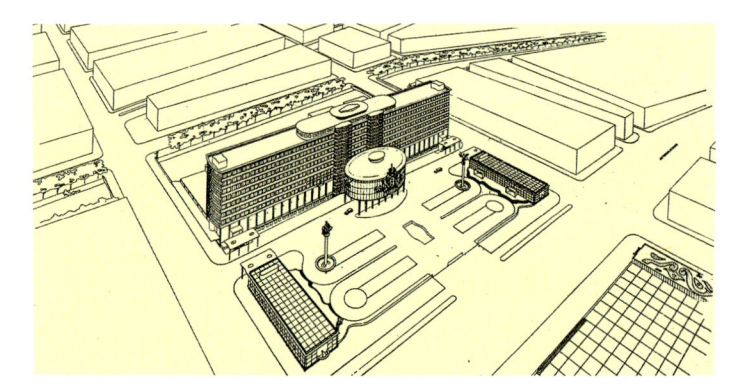

unterstützten Van Campens Plan, den sie auf dem Gelände realisiert haben wollten, wo auch schon frühere Rathäuser gestanden hatten: auf dem Dam, zwischen Kalverstraat und der Nieuwe Kerk.

Gottesfürchtige Stadträte hegten den Wunsch, daß zuvor die Nieuwe Kerk mit einem eindrucksvollen Kirchturm fertiggestellt werde, aber die weltlicheren Herren gaben einem neuen, prächtigen Rathaus den Vorzug. Das Ergebnis war ein Kompromiß: Kirchturm und Rathaus sollten gleichzeitig gebaut werden. Inzwischen setzten die freidenkerischen Stadträte den Beschluß durch, daß die Fassade des Rathauses nicht mehr der Kirche zugewandt sein müsse, sondern daß der Eingang und die Längsseite des Gebäudes auf die Damseite orientiert würden. Sie erreichten sogar, daß der Kirchturm gar nicht gebaut wurde.

Mit dem Bau des Rathauses ging es anfangs nicht so recht vorwärts. Van Campen bekam Streit mit dem Stadtbaumeister Daniel Stalpaert, und die Bürgermeister hatten mit Geldmangel zu kämpfen. Erst nach dem Brand des alten Rathauses im Jahre 1652 begann man mit dem Bau, und die Stadtverwaltung zog vorübergehend in den nahegelegenen Prinsenhof um.

Bereits im Jahre 1655 wurde das Rathaus eingeweiht, wenngleich der Bau dann noch bis 1705 dauerte. Nach der Fertigstellung hatte Amsterdam eines seiner wenigen klassizistischen Gebäude: streng im Äußeren, voller Pracht und Prunk im Innern - ein wahrhaft großartiges und aristokratisches Bauwerk für stolze Stadtregenten, das aber nur relativ kurze Zeit als Rathaus diente.

Als die nördlichen Niederlande 1806 zu Frankreich kamen, wurde Louis Napoleon zum König dieses Gebiets ernannt. Im Jahre 1808 forderte er das Amsterdamer Rathaus als Palast für sich selber, und den Stadträten blieben kaum anderthalb Monate Zeit für die Suche nach einer neuen Unterkunft. Sie zogen wieder in den Prinsenhof, in dem sie von 1652 bis 1655 auch schon ein zeitweiliges Domizil gehabt hatten. Ihr Aufenthalt dort sollte jedoch jetzt von längerer Dauer sein. Obwohl der neue niederländische König, Willem I., im Jahre 1813, nach dem Abzug der Franzosen aus den Niederlanden, anordnete, daß das Rathaus ohne Einschränkung wieder der Stadt Amsterdam zu übertragen sei, wurde daraus in der Praxis nicht viel. Der König wünschte, in Amsterdam einen neuen Palast zu besitzen, und solange dieser noch nicht gebaut war, legte er Wert darauf, 'einzelne Räume' im Rathaus

Auf den Wettbewerb von 1937 folgte im Jahre 1938 eine - übrigens nicht vorgesehene - engere, unter vier Büros ausgeschriebene Konkurrenz. Hier die Fassade am Frederiksplein und der Bürgersaal des Entwurfs von Berghoef und Vegter (Kennwort 'Belfort'), den sie 1938 einreichten.

Auf den engeren Wettbewerb folgte 1940 noch ein zweifacher Auftrag. Rechts der Entwurf dafür von Duintjer und Komter.

benutzen zu dürfen. Angesichts der schwierigen Finanzlage der Stadt boten die Stadtväter ihm daraufhin den 'provisorischen Gebrauch' des Rathauses an. Sie würden sich solange mit dem Prinsenhof abfinden.
Der Bau eines neuen königlichen Palasts in Amsterdam kam nie zustande. Der König benutzte weiterhin das alte Rathaus, wenngleich nur gelegentlich: Er residierte hier wenige Tage des Jahres. Um 1873 wurde in Amsterdam die Forderung zur Rückgabe des Rathauses erhoben, und es kam zur 'Palast-Rathaus-Frage', welche die Gemüter noch über sechzig Jahre beschäftigte. Erst 1935 fällte der Amsterdamer Gemeinderat die Entscheidung, auf jeglichen Anspruch auf einen Palast gegen Zahlung von 10 Millionen Gulden durch das Reich zum Bau eines neuen Rathauses zu verzichten. Zwar widersetzten sich einige Gegner entschieden diesem Beschluß, aber er wurde nicht mehr zurückgenommen.

Amsterdam war also auf der Suche nach einem neuen Rathaus. Als Standort dachte man an den Frederiksplein, einen Platz am südlichen Rand des Grachtengürtels, an dem 1929 der Palast des Volksfleißes abbrannte, ein vom Londoner Kristallpalast inspirierter Ausstellungsraum von 1859 bis 1864. Für das Rathaus selbst wurde im Jahre 1936 ein nationaler Architekturwettbewerb ausgeschrieben. Bei der Einsetzung der Jury am 21. Oktober sagte Bürgermeister W. de Vlugt: 'Sogleich erfolgt der Aufruf an unsere niederländischen Architekten, um ihr Wissen und Können zu beweisen und Pläne zu entwerfen, unsere Stadt um ein Rathaus zu bereichern, welches eine stolze Manifestation dessen sein soll, was unsere Baukunst des zwanzigstens Jahrhunderts zu leisten vermag - eines Rathauses, das auf alle Zeiten vom starken Leben der niederländischen Hauptstadt und von ihrem ehrerbietigen und felsenfesten Vertrauen in die Zukunft zeugen möge.' Der Bürgermeister selbst wurde Vorsitzender der Jury, und neben ihm traten als Mitglieder auf: der Beigeordnete für die Stadtwerke, der Direktor der Stadtwerke, Stadtarchitekt A. R. Hulshoff und fünf weitere Architekten: M. J. Granpré Molière, H. van der Kloot Meijburg, S. van Ravesteyn, A. van der Steur und P. Vorkink - samt und sonders Architekten, die mehr oder weniger eine traditionelle Architektur anstrebten, wenngleich jeder auf seine Art. Die Jury konnte somit keineswegs als homogen angesehen werden, und das sollte sich später auch noch zeigen. Bis zum 10. März 1937 hatten die Teilnehmer Gelegenheit, Fragen zum Programm zu stellen. Die Antworten darauf wurden im *Bouwkundig Weekblad* veröffentlicht. Insgesamt wurden 273 Fragen beantwortet. Zum Einsendeschluß - am 10. August 1937 um 12 Uhr mittags - waren 225 Entwürfe eingegangen. Die Jury brauchte gut vier Monate zur Prüfung, und am 20. Dezember verkündete sie ihr Urteil: Über keinen der Entwürfe hatte man eine einstimmige

Oben: Entwurf von G.H. Holt und J.P. Kloos (Kennwort 'Arp') für den offenen Wettbewerb von 1937. Er wurde in keiner Weise honoriert.

Der Entwurf von M. Duintjer und A. Komter für den engeren Wettbewerb von 1938 hatte das Kennwort 'Meron'. Perspektive vom Frederiksplein und Interieur der Halle.

Meinung bilden können, und aus diesem Grunde schlug sie vor, vier Projektverfasser zur Teilnahme an einem engeren Wettbewerb einzuladen. Die vier Entwürfe stammten von H. T. Zwiers, von M. Duintjer und Auke Komter, von J. F. Staal und Arthur Staal sowie von J. F. Berghoef und J. J. M. Vegter. Die Preissumme von 20 000 Gulden für Projekte, die 'als wertvoll angesehen werden können', wurde nicht ausgezahlt, weil laut der Jury 'solche Entwürfe nicht ausgewiesen werden können'. Vielleicht stand die Zusammensetzung der Jury einem einstimmigen Urteil im Wege, aber auch das Wettbewerbsprogramm trug eine gewisse Schuld: Es war derart umfangreich und detailliert, daß nur wenige Einsender den Mut zu eigenwilligen Lösungen fanden. In einem Kommentar zum Ergebnis schrieb *Bouwkundig Weekblad*, daß man dennoch zufrieden sein könne: 'Schließlich wurde in unserer Ausgabe, in der wir die Auslobung dieses Wettbewerbs mit Nachdruck befürworteten, unter anderem dargelegt, daß es aufgrund der geringen Anzahl von Bauwerken, die während der langen Krisenjahre zustande kamen, nicht möglich war, den Primus inter pares unter den Baumeistern auszuweisen, den man ohne jeglichen Zweifel mit dem Entwurf des Amsterdamer Rathauses betrauen sollte. Es war nicht sicher, ob es neben den bekannten und namhaften Baumeistern vielleicht fähige jüngere Architekten gab, deren Kapazitäten aufgrund des Mangels an selbständiger Arbeit unerkannt geblieben waren. Das Resultat des nunmehr beendeten Teils des Wettbewerbs hat die Richtigkeit dessen erwiesen. Neben zwei bekannten Baumeistern sind hier nicht weniger als fünf jüngere Architekten auf den Plan getreten, von denen sich noch nicht ein einziger durch die Ausführung wichtiger Aufträge hervortun konnte.' Aber auch der engere Wettbewerb erbrachte nicht das gewünschte Resultat. Als die Jury Anfang 1939 das Ergebnis bekanntgab, schienen zwei Entwürfe - von Duintjer/Komter und von Berghoef/Vegter - zwar die Mühe belohnt zu haben, aber doch nicht in ausreichendem Maße. 'Die Jury ist davon überzeugt, daß daraus, wenngleich nach Umarbeitung, der definitive Grobentwurf für das Rathaus von Amsterdam zustande kommen kann.' Das Preisgericht schlug also einen weiteren beschränkten Wettbewerb vor. Die Aufregung unter den Architekten und anderen Beteiligten war groß. Viele betrachteten die Konkurrenz als mißlungen, und manche meinten, daß man am besten einen neuen Wettbewerb für ein Rathaus auf einem anderen Grundstück ausschreiben solle. Am 7. Mai 1939 schrieb P. J. Lugt, Chefingenieur der Firma Werkspoor, einen Leserbrief an das *Algemeen Handelsblad*, in dem er vorschlug, das Rathaus am Frederiksplein um hundert Meter zu verschieben, so daß es am Fluß Amstel gebaut werden könne. Kurz darauf wurde sogar ein Modell von Lugt veröffentlicht, in dem dieser Gedanke mit einem Rathaus in der Formensprache der Amsterdamer Schule ausgearbeitet war - einem Stil, der zu Beginn der zwanziger Jahre Aufsehen erregt hatte. Lugt schrieb dazu: 'Diese Architektur bringt im Herzen der meisten Amsterdamer eine empfindsame Saite zum Schwingen'. Obwohl der Architekt Willem van Tijen Lugts Vorschlag freudig begrüßte ('Dabei ist zu Recht erkannt worden, daß für ein Rathaus die städtebauliche Frage, die Lage, primär ist'),

wurde diese Idee abgelehnt. Am 9. Februar 1940 erklärte sich der Stadtrat - nach dreitägiger Diskussion - mit dem Vorschlag des Bürgermeisters und Ratskollegiums einverstanden, die beiden Pläne unter denselben Bedingungen ausarbeiten zu lassen, wie sie im Wettbewerbsprogramm beschrieben waren, und daß danach eine Wahl erfolgen sollte. Die Pläne mußten am 7. November 1941 vorliegen, und genau zwei Monate später, am 7. Januar 1942, traf die Jury ihre Entscheidung: Das Projekt von Berghoef und Vegter wurde zum endgültigen Gewinner erklärt. Die Ausführung kam jedoch nicht zustande. Die Niederlande wurden im Mai 1940 von den Deutschen besetzt, und die Bautätigkeit lag im ganzen Land so gut wie völlig danieder.

Nach dem Zweiten Weltkrieg hatten sich die Vorstellungen geändert. Amsterdam wollte noch immer ein Rathaus haben, aber jetzt auf dem Waterlooplein, der einstmals das Herz der Jodenbuurt, des Judenviertels, jetzt aber größtenteils verlassen war, weil so viele Juden von den Deutschen deportiert und umgebracht worden waren. Die Situation zeichnete sich durch besondere Schönheit aus: an der Amstel und am Rand des alten Stadtkerns. Offenbar hatten die kurz vor dem Krieg geführten Diskussionen vielen die Augen dafür geöffnet, daß das Rathaus einen geräumigen Platz brauchte, nach Möglichkeit am Wasser gelegen. Erst 1954 wurde diese Idee definitiv vom Stadtrat akzeptiert, und im Jahre 1957 erteilten Bürgermeister und Ratskollegiun den Architekten Berghoef und Vegter den Auftrag, einen Vorentwurf für das Rathaus am Waterlooplein anzufertigen. Er wurde 1958 veröffentlicht und nicht für gut befunden. Von allen Seiten wurde Kritik geäußert, aber die Architekten erhielten trotzdem den Auftrag zu einem definitiven Entwurf, wenngleich sie die kritischen

Die Halle (oben) und der Bürgersaal aus dem Entwurf von J.F. und A. Staal für den engeren Wettbewerb von 1938. Der ovale Saal befand sich in einem gesonderten Pavillon vor dem Hauptgebäude (siehe Seite 158, rechts oben). Vater und Sohn Staal suchten nach einer zeitgenössischen Barockform, ohne dabei jedoch moderne Techniken und Erkenntnisse abzulehnen.

Einwände dabei berücksichtigen mußten. Im Jahre 1961 wurde der endgültige, angepaßte Entwurf veröffentlicht. Eine Woche ehe die Stadtverwaltung sich zu diesem Plan äußerte, brach auch darüber die Kritik aus. Der Architekt Aldo van Eyck trieb die Diskussion auf die Spitze und sprach von einem 'miserablen Aufbau', später sogar von einem 'unvorstellbar kindischen Stück eines provinziellen Faschismus'. Viele Architekten stimmten Van Eyck zu, und in einem Antrag an den Stadtrat plädierten sie dafür, Berghoef und Vegter durch eine sachkundige Kommission beraten zu lassen. Die Stadtverordnetenversammlung erklärte sich damit einverstanden.

Am 30. Oktober 1964 schrieben Bürgermeister und Ratskollegium dem Stadtrat, daß die gestellten Bedingungen nicht erfüllt seien. Jetzt ging alles rasend schnell: Anderthalb Wochen später beschloß der Stadtrat, den Berghoef und Vegter erteilten Auftrag zurückzuziehen, und vierzehn Tage später fiel die Entscheidung für einen neuen, internationalen Wettbewerb für das Amsterdamer Rathaus. Das geschah übrigens nach einer zehnstündigen Debatte, in der unter anderem leidenschaftliche Plädoyers dafür gehalten worden waren, das Rathaus wieder in der Schöpfung Van Campens, dem heutigen Palast am Dam, unterzubringen. Der Vorschlag hatte keine Mehrheit gefunden, und die weiteren Diskussionen hatten fast zwangsläufig zu der Entscheidung für einen neuen Wettbewerb geführt, der aber jetzt internationale Beteiligung ermöglichen sollte. Amsterdam machte sich bereit zu einem neuen Kapitel seiner Rathaus-Affäre. Fast alle hatten sich damit abgefunden, daß dies - nach allen vorangegangenen Diskussionen - der unabwendbare Lauf der Dinge war. Jedenfalls waren nach der Debatte nur wenige Stimmen zu vernehmen, die diesem Gedanken widersprachen. Mit dem Beschluß von 1954, das Rathaus am Waterlooplein zu bauen, wurde der Frederiksplein zum Bau eines Musiktheaters, des Opernhauses, bestimmt. Aber Amsterdam blieb eine widerspenstige Stadt. Auch dieses Musiktheater kam nicht zustande. Zwar wurde 1956 dem Architekten B. Bijvoet und seinem Kompagnon G. H. M. Holt der Auftrag zu einem vorläufigen Entwurf erteilt, aber über lange Zeit hinweg kam die Sache nicht voran. Im Jahre 1961 erhielten sie den Auftrag zu einem definitiven Entwurf, doch inzwischen hatte sich schon wieder vieles geändert.

Der Frederiksplein wurde für den Bau einer neuen Hauptverwaltung der Nederlandsche Bank bestimmt, und die Oper beabsichtigte man in einem Arbeiterviertel aus dem neunzehnten Jahrhundert unterbringen, de Pijp, südlich vom Grachtengürtel gelegen. Doch auch dort wird kein Opernhaus erstehen.

Der neue Wettbewerb für das Rathaus wurde perfekt organisiert. Nach allem Hickhack der vergangenen dreißig Jahre setzte die Stadtverwaltung alles daran, jetzt eine in jeder Hinsicht einwandfreie Ausschreibung zu veröffentlichen. Sie versicherte sich der Beratung des Stadtbaumeisters Chr. Nielsen, und mit einer gehörigen Dosis an Energie und Engagement machte dieser sich an die Arbeit. Der Entwurf eines relativ großen Rathauses ist keine Kleinigkeit. Er bedingt eine Menge Arbeit und ein intensives Studium des Raumprogramms. Deshalb schlug Nielsen vor, zuerst einen Ideenwettbewerb zu veranstalten, um danach eine Anzahl von Einsendern auszuwählen, die - in einem engeren Wettbewerb - dann detailliertere Entwürfe erarbeiten könnten.
Der Wettbewerb wurde in völliger Übereinstimmung mit den

Richtlinien der Union Internationale des Architectes veranstaltet. Auch die Jury wurde mit Sorgfalt zusammengestellt. Stadträte waren vom Preisgericht ausgeschlossen. Nur Architekten sollten die Entwürfe beurteilen, und ihre Wahl wurde später dem Stadtrat vorgetragen. Es blieb natürlich die Frage offen, welche Architekten in die Jury aufgenommen werden sollten. Später schrieb Nielsen darüber: 'Von vielen Seiten erreichten mich als Berater viele Namen, und meist waren es Namen prominenter Architekten, die man lieber unter den Teilnehmern gesehen hätte. Ein erfahrener Architekt und ein gutes Mitglied der Jury sind nicht synonym. (...) Das Zielen auf große Namen wurde aufgegeben, und gesucht wurde nach Prinzipien, welche die Basis für die Wahl der Juroren bilden konnten. Am wichtigsten waren die Lage und die Gegebenheiten ‹Bauen in der historischen Stadt›. Das erklärt, weshalb man Kontakt suchte mit dem Bund Schweizer Architekten und dem Danske Landsforbund fa Arkitekten. Die Reaktion darauf führte zur Anweisung je eines Mitglieds durch den dänischen, den schweizerischen und den niederländischen Verband.'

Die endgültige Jury bestand aus dem Niederländer Huig A. Maaskant (der später zum Vorsitzenden gewählt wurde), Sir Robert H. Matthew aus Großbritannien, dem Schweizer Jacques Schader und den Niederländern Piet Zanstra und F. J. van Gool. Als stellvertretendes Mitglied der Jury wurde der Däne Niels Ole Lund ernannt. Überdies gehörten zur Jury noch ein Sekretär und ein Vizesekretär. Das Programm wurde von Nielsen aufgestellt, und es war - nach seinen Worten - die für Architekten verständliche Übersetzung vieler vorangegangener Überlegungen und die Koordination von tausendundeinem Wunsch.

Am 30. November 1967 mußten die Entwürfe der Wettbewerbsteilnehmer vorliegen. Nach Einsendeschluß waren 804 Entwürfe eingegangen, von denen einer disqualifiziert wurde, weil er zu spät abgeschickt worden war. Gut einen Monat später, am 5. Januar 1968, wurde die Jury offiziell eingesetzt und nahm ihre Tätigkeit auf. In diesem Monat trat das Preisgericht an sieben Tagen zusammen und im Monat Februar nochmals an vier Tagen. Grundlage seiner Tätigkeit waren die Richtlinien der Union Internationale des Architectes. So schreibt deren Artikel 8 vor, daß die Juroren sämtliche Projekte einer ersten Prüfung unterziehen müssen. Die Jury machte dies, sehr ausführlich sogar, um Beurteilungskriterien festlegen zu können. Die ersten Tage wurden deshalb zum Studium der 803 Einsendungen verwendet. Außerdem besichtigte das Preisgericht das künftige Baugelände, um die Situation zu beurteilen. Danach wurden in gemeinsamer Absprache vier Beurteilungskriterien aufgestellt: günstige Verkehrslösung, Erfüllung des Raumprogramms und visuelles Erscheinungsbild sowie Einfügung des Gebäudes in das Stadtbild. Das letztgenannte Merkmal war wohl das wichtigste: 'Architektonisch muß das Gebäude sowohl insgesamt als auch in seinen einzelnen Bestandteilen einladend wirken und den Charakter eines Rathauses in seiner Bedeutung als Treffpunkt der Bürgerschaft ausdrücken.'

Nach diesen Kriterien wurden die Entwürfe noch einmal von allen Juroren gesondert begutachtet, wobei jeder für sich Notizen dazu machte, welcher Plan zum zweiten Rundgang zugelassen werden sollte. Danach wurden die Listen miteinander verglichen. Selbstverständlich wurde ein Plan nicht zum zweiten Rundgang zugelassen, wenn alle Juroren sich darüber einig waren. Plädierte nur ein einziger der Juroren für die Aufnahme eines Projekts in die nächste Beurteilungsrunde, dann wurde er aufgefordert, seine Meinung noch einmal gründlich zu überprüfen. Änderte er seine Auffassung dann nicht, so ging der Entwurf tatsächlich in die zweite Runde; andernfalls schied er aus. Über sämtliche Entwürfe, welche den zweiten Rundgang erreicht hatten, wurde abgestimmt, und die Mehrheit entschied darüber, ob

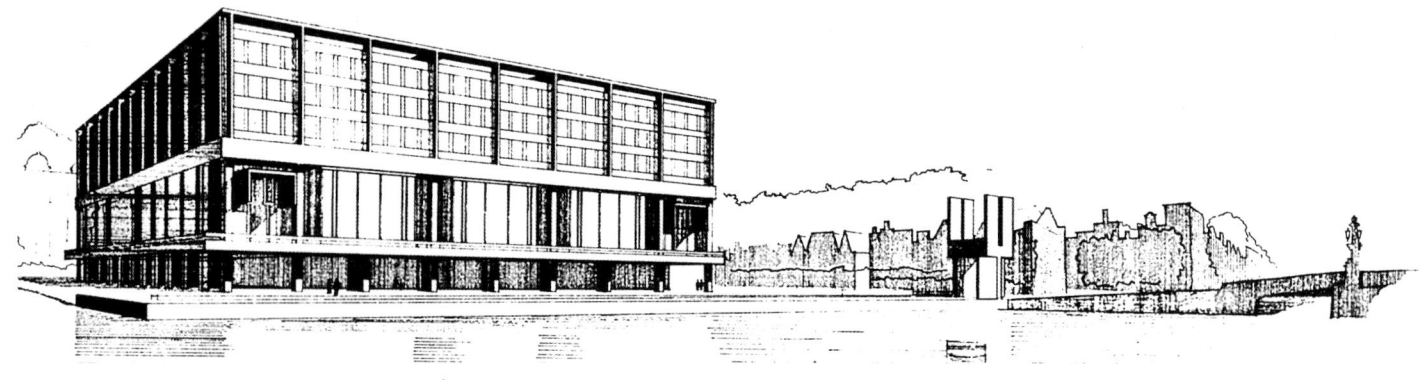

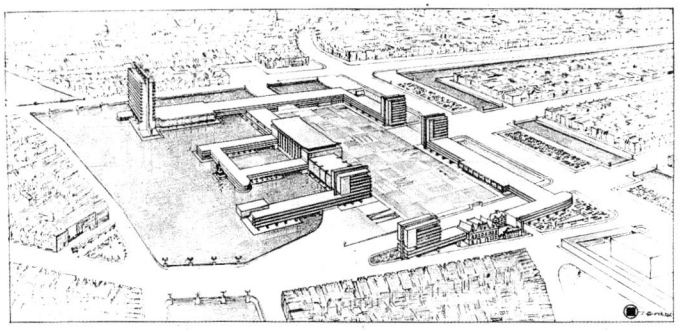

Berghoef und Vegter erhielten den zweifachen Auftrag von 1940, aber infolge des Krieges konnte nicht gebaut werden. Nach Kriegsende beschloß Amsterdam, das neue Rathaus auf dem Waterlooplein zu errichten, und beide Architekten wurden 1957 damit beauftragt. Ihr Entwurf stieß auf viel Kritik; daraufhin entwarfen sie ein neues Projekt, das 1961 präsentiert wurde (oben, siehe auch Seite 158 unten). Wiederum erhob sich heftige Kritik, und viele fühlten sich berufen, eine Alternative vorzulegen, wie der damals 75jährige Hendricus Th. Wijdeveld (links). Der Stadtrat beschloß jedoch 1964, nochmals von vorn zu beginnen: Ein neuer, diesmal internationaler, Wettbewerb wurde ausgeschrieben.

Der Wettbewerb für ein neues Rathaus in Amsterdam stieß auf reges Interesse. Die Organisatoren gaben sich auch alle Mühe, ausländische Teilnehmer ausführlich zu informieren. Das Programm enthielt Karten und Fotos von der Stadt und Informationen über Klima, Wirtschaft, Verwaltungsform und Geschichte. Das Programm war außer in Niederländisch auch in englischer und französischer Sprache erhältlich. Der Wettbewerb gliederte sich in zwei Stufen, deshalb sprach man von einem zusammengesetzten Wettbewerb. Zuerst gab es einen Ideenwettbewerb: Die Teilnehmer wurden um globale Pläne gebeten. Danach wurde unter den besten Einsendern ein engerer Wettbewerb veranstaltet, bei dem mehr auf die Details eingegangen werden sollte.

Oben: José Rafael Moneo aus Madrid wurde zum engeren Wettbewerb eingeladen, aber die Jury fand vor allem seine Dachlösung schwach. Unten und rechts: Der Entwurf des Dänen Arne Jacobsen, der sich bis zum vierten Durchgang behaupten konnte, erhielt einen Preis von 3000 Gulden.

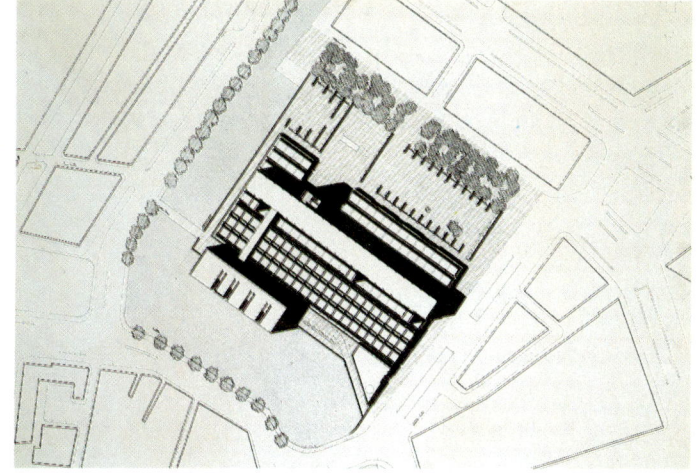

Unten: Modell von S. Kondo aus Tokyo. Sein Entwurf, der bis zum vierten Durchgang der Jury kam, wurde mit einer Prämie von 4000 Gulden honoriert.

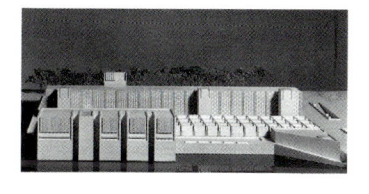

Insgesamt gingen 1967 zum offenen Wettbewerb 804 Einsendungen ein, die ein buntes Bild von der Architektur der sechziger Jahre boten. Zwanzig Jahre später läßt sich – leider – von einer Reihe von Entwürfen nicht einmal mehr ermitteln, wer die Verfasser waren. So gut war die Anonymität gewährleistet.

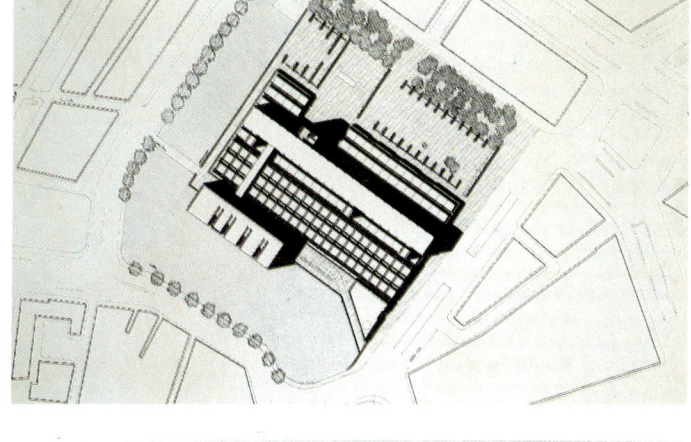

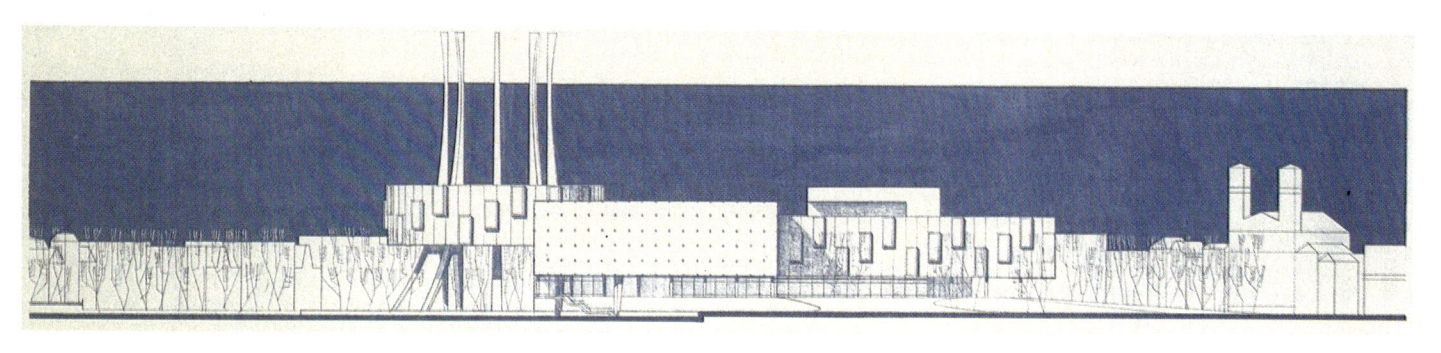

163

ein Projekt in die dritte Runde ging. Auf diese Weise erreichten 67 Entwürfe tatsächlich den dritten Rundgang.
Diese an sich schon korrekte Methode wurde durch die Jury noch weiter verfeinert. Offenbar wollte man nichts dem Zufall überlassen, und ehe man mit dem dritten Rundgang begann, wurden sämtliche bislang abgewiesenen Projekte noch einmal von allen Mitgliedern gesondert begutachtet. Bei 13 Entwürfen gab es Zweifel, und darüber wurde dennoch abgestimmt, wobei aber keiner eine ausreichende Stimmenzahl erhielt, um in die dritte Runde zu gelangen. Im dritten Rundgang wurde über jeden der 67 Entwürfe ausführlich diskutiert und abgestimmt. Das hatte zur Folge, daß 20 Entwürfe in die vierte Runde gingen. Anschließend unterbrach die Jury ihre Arbeit für knapp einen Monat, und in dieser Frist wurden von den 20 verbliebenen Projekten Modelle angefertigt. Ferner wurde der Auftrag erteilt, für jeden Entwurf einen ausführlichen technischen Bericht zu erstellen, in dem untersucht wurde, ob er wirklich den städtebaulichen und architektonischen Anforderungen des Wettbewerbsprogramms genügte. Alle 20 Projekte erhielten eine günstige Beurteilung. Im Februar 1968 prüfte die Jury die Berichte und die Modelle, und nach langen Diskussionen wurde abgestimmt. Sieben Projekte blieben nach dieser Auswahl übrig. Außerdem traf die Jury eine Entscheidung über die zehn Geldpreise, die es zu verteilen galt. Auch hier erwies es sich als positiv, daß das Preisgericht so gewissenhaft vorgegangen war. Die Jury wollte die Preise wirklich nur den Einsendern zuerkennen, die in ihrem Projekt eine aufsehenerregende Idee verarbeitet hatten. So kam es, daß drei Projekte, die bereits im ersten Rundgang ausgeschieden waren, dennoch belohnt wurden. Bei ihnen war zwar die Idee interessant, aber der Entwurf als Ganzes hielt der Kritik nicht stand. Noch im Februar teilte die Jury dem Berater Nielsen das Resultat mit, dem zufolge die Nummern 154, 245, 286, 287, 325, 552 und 769 eingeladen werden sollten, sich am engeren Wettbewerb zu beteiligen. Die Anonymität der Einsender blieb auch in dieser Phase gewahrt, und die Entwerfer wurden unter den von ihnen angegebenen Korrespondenzadressen angeschrieben. Die sieben Architekten hatten bis zum 7. Oktober Zeit zum Ausarbeiten ihrer Pläne. In diesem Zeitraum kam es zu einem kleinen Zwischenfall. Einige Freunde von Alt-Amsterdam veröffentlichten in einer ausländischen Zeitschrift ein Inserat, in dem sie die sieben Teilnehmer dazu aufforderten, ihre Identität bekanntzugeben, so daß ihnen der Neudruck eines Artikels zugesandt werden könne, der die historische Bedeutung der Amsterdamer Innenstadt unterstrich. Dies war ein scheinbar bedeutungsloser Vorfall, vor allem auch deshalb, weil keiner der Teilnehmer darauf reagierte. Für den Beobachter war es aber dennoch ein Zeichen dafür, daß nicht alle Amsterdamer volles Vertrauen in den Wettbewerb hatten.
Nachdem die sieben Entwürfe im Oktober eingereicht waren, prüfte die Jury diese eingehend, wobei nunmehr auch die finanziellen Aspekte berücksichtigt wurden. Am 22. November 1968 gab die Jury das Ergebnis bekannt: Dem Projekt Nummer 769 wurde der erste Preis zuerkannt. Den zweiten Preis erhielt die Nummer 245 und den dritten die Nummer 286. Ferner schlug die Jury vor, den Entwurf Nummer 154

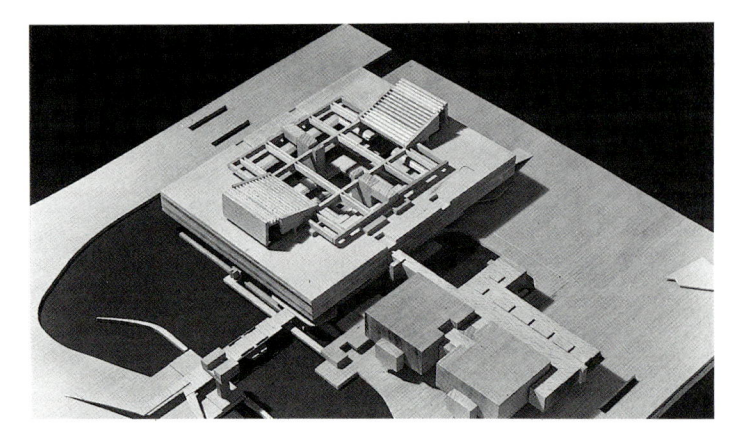

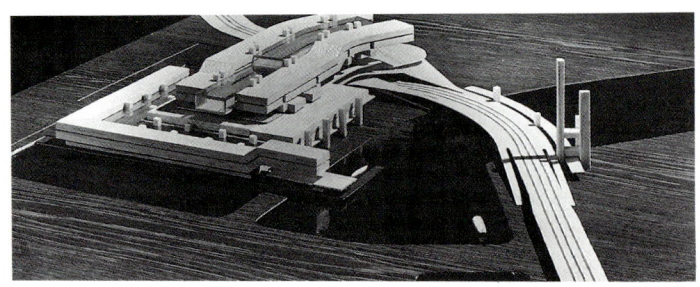

Ganz oben: Der Entwurf des Niederländers Jan Hoogstad, mit M.C. van Deudekom, W. Schulze und A.S. van Tilburg. Er erreichte nur die dritte Runde, erhielt aber doch einen Preis von 4000 Gulden.
Oben: Entwurf des niederländischen Architekturbüros Van den Broek en Bakema.

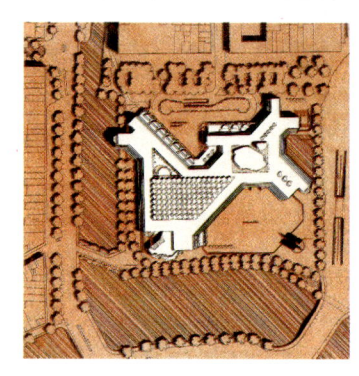

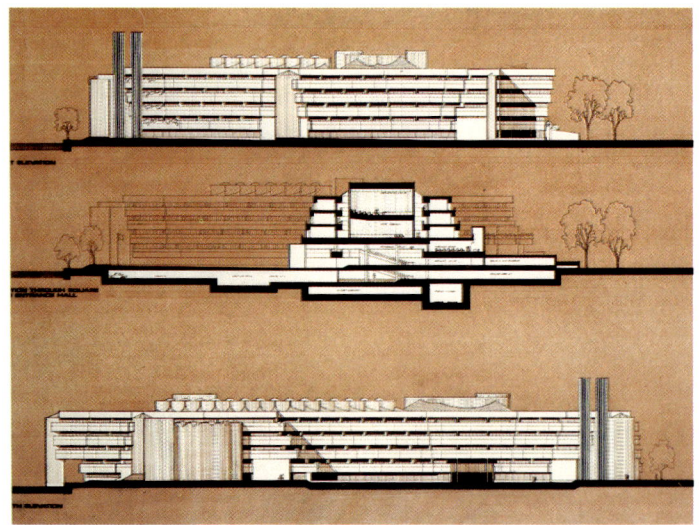

Oben: Lageplan, Ansichten und Schnitte der Entwürfe der Kanadier Robert Fairfield und Macy DuBois, die eine Einladung zur Teilnahme am engeren Wettbewerb erhalten hatten. Die Jury vertrat 'die Meinung, daß (...) ein gewisser Überschwang an Formen entstanden ist, der den ursprünglichen Plan eher schwächt als stärkt und der dem Entwurf allmählich den Charakter eines Gebäudes verleiht, das eher in ein neues Stadtviertel als in das Stadtzentrum von Amsterdam paßt, in dem ungeachtet der Unruhe der individuellen Bebauung doch eine gewisse Strenge in den städtebaulichen Hauptformen und der Materialverwendung spürbar ist'.

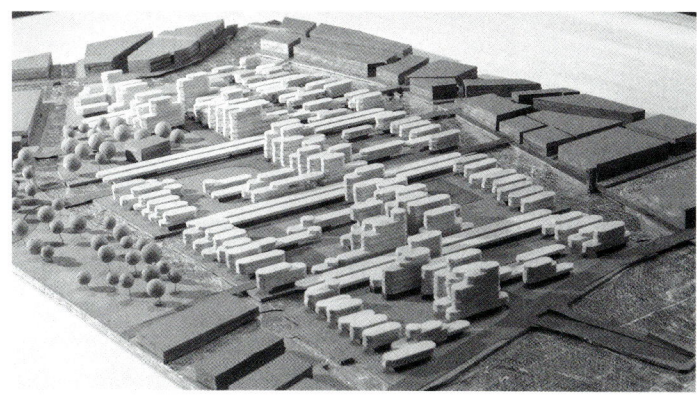

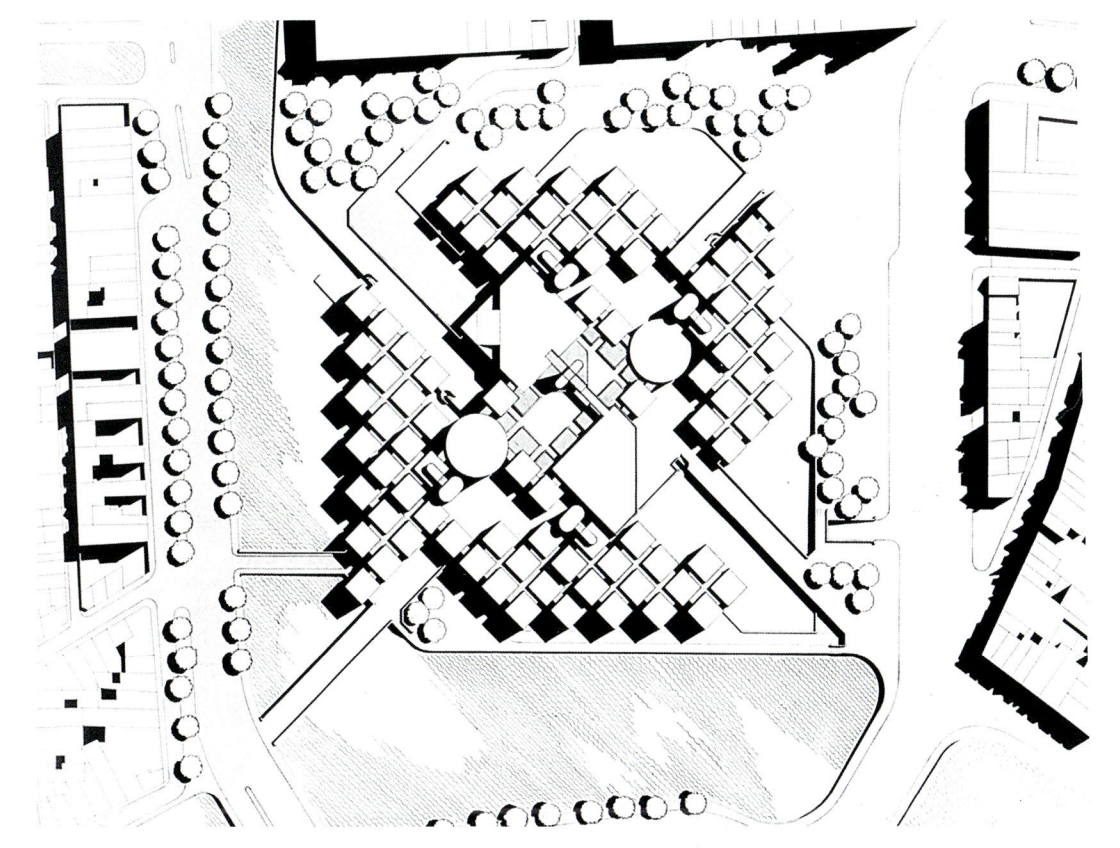

Links oben: Der Niederländer
E.J. Jelles erreichte (gemeinsam mit
H. de Soeten, C.A. Alberts und
W.M. Gerretsen) die vierte
Beurteilungsrunde.
Oben: Die Niederländer Hans Bosch,
Marius Göbel und G. Priester
erreichten den dritten Durchgang.
Ihr Projekt reichte weiter als nur bis
zum Waterlooplein; sie wollten das
ganze Stadtviertel bis zum IJ in die
Planung einbeziehen.
Links: Der Entwurf des Niederländers
Herman Hertzberger, der bewußt ein
anti-monumentales Gebäude
anstrebte: Die Vertreter der Stadt
kämen ja selbst aus der Mitte der
Bevölkerung. Deshalb dürfe das
Gebäude sich nicht von der übrigen
Stadt abheben; im Gegenteil, es
müsse völlig darin aufgehen.

Links unten und darunter: Entwurf
der Niederländer H.F.D. Davidson,
K. Rijnboutt und M.E. Zwarts.
Sie erreichten die vierte
Beurteilungsrunde.

Im nachhinein lassen sich die Einsendungen zum Amsterdamer Rathauswettbewerb in zwei Kategorien gliedern: Entwürfe, die ein repräsentatives Gebäude für die städtische Obrigkeit anstrebten, und andere, die davon ausgingen, daß die Stadtverwaltung für die Bürger der Stadt da sei und daß das Verwaltungsbüro der Stadt sich an die Stadt anpassen müsse. Letztere Auffassung wurde vor allem von jungen Architekten vertreten. Sie spürten, daß sich die Verhältnisse in den sechziger Jahren änderten, und waren der Meinung, daß es für eine autoritäre Stadtverwaltung keinen Platz mehr gäbe. In ihren Entwürfen schlossen sich viele der niederländischen Architekturzeitschrift 'Forum' an, in der Architekten wie Aldo van Eyck, Piet Blom und Herman Hertzberger für eine sorgfältigere Handhabung der Dimensionen von Gebäuden plädierten. Nach Beendigung des Wettbewerbs spielten die Gegensätze zwischen den beiden 'Kategorien' noch eine dramatische Rolle. Der preisgekrönte Entwurf wurde von den Vertretern der einen Richtung als autoritäres Machtsymbol kritisiert.

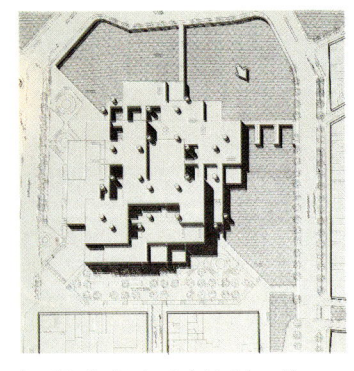

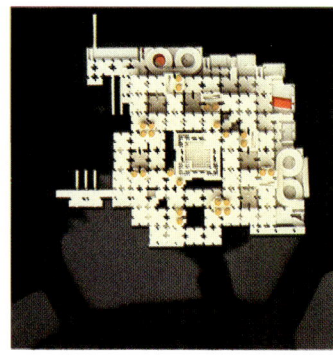

Der Niederländer L.J. Heijdenrijk wurde zur Teilnahme am engeren Wettbewerb eingeladen und mit 15 000 Gulden honoriert. Links der Entwurf für den offenen Wettbewerb, rechts die Einsendung zur geschlossenen Runde. Das ganze Bauwerk setzte sich aus 'konstruktiven Einheiten' zusammen. Durch Auslassen einer Anzahl dieser Einheiten im horizontalen System entstanden viereckige Innenhöfe; kleinere Innenhöfe waren an den Verbindungsbrücken zwischen den Einheiten angeordnet. Die Jury urteilte: 'Dieser Aufbau ist ein 'wegen besonderer Qualitäten durch Ankauf oder auf andere Weise mit einem Betrag zu belohnen, der dem des dritten Preises entspricht.' Kurz nach der Entscheidung konnte Berater Nielsen die Namen der Preisträger bekanntgeben. Der erste Preis ging an Wilhelm Holzbauer aus Wien. Zweite Preisträger waren Bernardo Winkler sowie Friedrich und Hanna Hahmann aus Starnberg, und den dritten Preis erhielt die Gruppe GIA, die sich zusammensetzte aus Eva und Jan Karczewska aus Paris, Andrzej Kozielewski aus Warschau und J. H. Maisonneuve aus Paris. Projekt 154, das einen Sonderankauf erfuhr, stammte von L. J. Heidenrijk aus dem niederländischen Amersfoort. Ein fast mustergültig organisierter Wettbewerb fand damit seinen Abschluß. Amsterdam schien die betrübliche Vorgeschichte um das Rathaus wettgemacht zu haben. Die Stadtverwaltung gab dem Stadtrat die Empfehlung, Wilhelm Holzbauer den definitiven Auftrag zum Bau des Rathauses am Waterlooplein zu erteilen. Die Angelegenheit schien ihren Abschluß zu finden.

Aber Amsterdam ist eine unbequeme Stadt. Kaum wurde die Entscheidung der Jury bekannt, da brach auch schon ein wahrer Sturm der Kritik aus. Holzbauers Entwurf sei übertrieben groß angelegt, nicht dem Wesen der Stadt entsprechend, ein Symbol der Verherrlichung der Macht. Eine Bürgeraktion wurde ausgelöst, um den Palast am Dam doch noch als Amsterdamer Rathaus zu verwenden, und überall in der Stadt hingen Plakate mit dem Text: 'Das Rathaus steht auf dem Dam'. Niemand schien für Holzbauers Plan noch ein gutes Wort zu finden. Was war der Grund für diese Aufregung? Mehrere Erklärungen sind denkbar, aber die schlüssigste ist wohl der Umstand, daß zwischen 1964, dem Jahr der Ausschreibung des Wettbewerbs, und 1969 wesentliche gesellschaftliche Umstrukturierungen erfolgt waren. Amsterdam war 1965/1966 der Mittelpunkt einer Revolte von Jugendlichen: der Provos. Und in den darauffolgenden Jahren hinterließen auch die Studentenproteste und die Ereignisse von 1968 in Paris tiefe Spuren im Sozialleben. Die Gesellschaft sollte sich erneuern, und in dieser Atmosphäre von Hoffnung auf Erneuerung und von Machtanspruch glaubte man nicht mehr an tradierte Vorstellungen. Die Stadtverwaltung sollte dezentralisiert werden, dem Bürger näherkommen. Überall in den Stadtvierteln entstanden Verwaltungsposten, und zur Repräsentation konnte der Palast am Dam benutzt werden - einst das Machtbollwerk der Stadtregenten. Tageszeitungen, Wochenzeitschriften, Fachblätter, Pamphlete - in jenen Monaten waren alle übervoll mit Kritik am geplanten Rathaus. Aber der Stadtrat ließ sich nicht aus dem Konzept

Den engeren Wettbewerb, an dem sich sieben Teams beteiligten, gewann schließlich der Wiener Architekt Wilhelm Holzbauer (Mitte und links). Der Bericht der Jury sprach von 'überlegener Ausgewogenheit', von 'großer Sensibilität' und von 'entspannter Räumlichkeit'. Über den Ratssaal (der auf dem Modell links zu sehen ist, parallel zum Amstel-Fluß, siehe auch Seite 13) sagte der Bericht, daß er 'in überraschender Weise' mit dem Rest des Gebäudes, in dem sich der Verwaltungs- und Bürotrakt befand, zur Einheit verschmolzen sei.

bringen und begriff, daß er moralisch verpflichtet war, Holzbauer den Auftrag für den Ausführungsentwurf zu erteilen. Dieser wurde 1970 fertiggestellt, und im Juni dieses Jahres mußte der Stadtrat eine endgültige Entscheidung fällen. Noch einmal flammte die Kritik auf, aber vergebens. Der Stadtrat erklärte sich mit dem Bau eines Rathauses nach Holzbauers Plänen einverstanden. Und doch schien das Projekt unter einem Unstern zu stehen. Der Regierung war das Projekt zu kostspielig, vor allem auch unter Berücksichtigung des Umstands, daß die Stadt Amsterdam schon seit geraumer Zeit ihren Etat überschritten hatte. Geld sollte erst zur Verfügung gestellt werden, wenn die Kasse von Amsterdam wieder stimmte, meinte die Regierung. Das konnte aber noch eine Weile dauern, und so lange wurde das Rathaus auf Eis gelegt. Wilhelm Holzbauer, der sich des großen Auftrags wegen in Amsterdam ein Haus gekauft hatte, ging 1973 wieder nach Wien zurück.

Einstweilen fanden keine großen Investitionen statt. Diese Entscheidung galt auch für den Bau des Musiktheaters im Arbeiterviertel de Pijp. Mitte 1978 hatten die Architekten Bijvoet und Holt ihr Projekt soweit fertiggestellt, daß mit dem Bau begonnen werden konnte, aber das endgültige Startsignal blieb aus. Die linken politischen Parteien stellten die Frage, ob solch ein protziger Kulturtempel in einem Arbeiterviertel überhaupt etwas zu suchen habe. Sie verlangten, daß man nach einen anderen Bauplatz in der Stadt suchte. So blieb alles beim alten, und in der Stadt klafften zwei große Lücken: der Waterlooplein ohne Rathaus und de Pijp ohne Opernhaus. Dann, am 4. April 1979, machte Wilhelm Holzbauer den Vorschlag, das Rathaus mit dem Opernhaus zu kombinieren und beide am Waterlooplein zu bauen. Zu dieser Idee hatte er schon eine Skizze gemacht, und seine Argumente fielen bei der Stadtverwaltung auf fruchtbaren Boden. Die Kombination kostete weniger als beide Gebäude zusammen, sie war wirtschaftlicher, weil Parkhäuser und Kantinen gemeinsam benutzt werden könnten, und überdies ging davon ein zusätzlicher Impuls für die Umgebung des Platzes aus. Die Architekten der Oper waren einigermaßen überrascht. Der damals 75jährige Holt und der 90jährige Bijvoet sahen aber ein, daß dies wohl die letzte Möglichkeit sein würde, noch etwas von ihrem Musiktheater zu realisieren. Sie stimmten zu, wenngleich sie die weiteren Arbeiten Holts Schwiegersohn, Cees Dam, übertrugen. Jetzt drohte die Geschichte langweilig zu werden, denn als Holzbauer und Dam 1981 ihr gemeinsames Projekt präsentierten, brach wiederum von allen Seiten ein Sturm der Kritik los. Künstler, Architekten, Publizisten regten sich über den großangelegten Entwurf auf, und Aldo van Eyck spottete, daß er einen solchen Entwurf sogar mit auf den Rücken gebundenen Händen zustande brächte. Eine Widerstandsgruppe bildete sich unter dem Namen 'Stop de Opera', schon bald verkürzt auf 'Stopera', und dies wurde bald darauf zum Amsterdamer Spitznamen für die Kombination von Rathaus und Oper. Holzbauer und Dam paßten ihren Entwurf ein wenig an, aber die Kritik verstummte dennoch nicht. Ihr Werk erntete Hohn und Spott, und zahlreiche Alternativpläne wurden eingereicht, bei denen schon wieder der Palast am Dam genannt wurde. Nur die Stadtverwaltung bewahrte Gelassenheit. Sie war davon überzeugt, daß dies die letzte Möglichkeit sei, sowohl das Rathaus als auch das Musiktheater zu realisieren.

Eine sehr lange Geschichte näherte sich ihrem Ende: Am 25. August 1982 wurde der erste Pfahl für das Gebäude in den Boden gerammt. Nach jahrelangen Diskussionen bekommt Amsterdam endlich ein neues Rathaus und ein Musiktheater. Die Wirklichkeit ist zuweilen dramatischer, als die Phantasie es sich ausmalen kann.

In jeder nur denkbaren Weise wurde Holzbauer daran gehindert, seinen Entwurf auszuführen. Gut zehn Jahre nach der Entscheidung machte er den Vorschlag, das Rathausgebäude mit dem Opernhaus zu kombinieren – eine Idee, die ihm von Chr. Nielsen zugespielt worden sein dürfte. Er machte eine Skizze von der neuen Situation, für die der Stadtrat sich bald gewinnen ließ (oben). Im Jahre 1981 wurde diese Lösung als Modell präsentiert (rechts). Wieder entstand ein großer Aufruhr, und der Entwurf wurde angepaßt (siehe Seite 157).

Das Centre Georges Pompidou in Paris

Internationaler Ideenwettbewerb zu einem Centre National d'Art et de Culture' in Paris

Ausschreibung: Ende Dezember 1970; Einsendeschluß: 1. Juni 1971; Entscheidung: 15. Juli 1971; Teilnehmerzahl: 681

Jury: Jean Prouvé (Architekt, Frankreich, Vorsitzender); Gaétan Picon (ehemaliger Ministerialdirektor im französischen Kultusministerium); Emile Aillaud (Architekt, Frankreich); Sir Frank Francis (Ehrendirektor des British Museum, Großbritannien); Philip Johnson (Architekt, USA); Michel Laclotte (Hauptkonservator des Musée du Louvre, Frankreich); Oscar Niemeyer (Architekt, Brasilien); Willem Sandberg (ehemaliger Direktor des Stedelijk Museum, Niederlande); Herman Liebaers (Direktor der königlichen Bibliothek, Belgien); Ersatzmitglied: Henri Pierre Maillard (Architekt, Frankreich)
Der Jury stand eine technische Kommission unter der Leitung von Robert Regard zur Seite.

Preisträger: Renzo Piano (Italien) und Richard Rogers (Großbritannien) unter Mitarbeit von Gianfranco Franchini (Italien) und Beratung durch Ove Arup & Partners (Großbritannien)

Bauausführung: 1971 bis 1977 nach dem Entwurf von Piano und Rogers

---

Ein französischer Staatsmann mag zwar der politische Führer der französischen Nation sein, aber zuweilen hat es den Anschein, als ob er der Oberbürgermeister von Paris wäre. Als Kaiser Napoleon III. im Jahre 1853 eines Tages den schon weit fortgeschrittenen Bau der überdeckten Markthallen im 1. Pariser Arrondissement, dem Herzen der Stadt, sah, erschrak er über die plumpe, massive Steinmasse, die der Architekt Victor Baltard entworfen hatte. Sofort ordnete er die Einstellung der Arbeiten an und veranstaltete dann in eigener Regie eine Art Architekturwettbewerb zu einem neuen Entwurf für die Hallen. Und dabei dachte der Kaiser an etwas Ähnliches wie die eiserne Überdachung des neuen Bahnhofs Gare de l'Est. Zum soeben von ihm zum Präfekten ernannten Baron Haussmann sagte er: 'Ich wünsche ausgedehnte Überdachungen und nichts anderes als dies', und zeichnete die Formen, die ihm vorschwebten, auf ein Stück Papier.

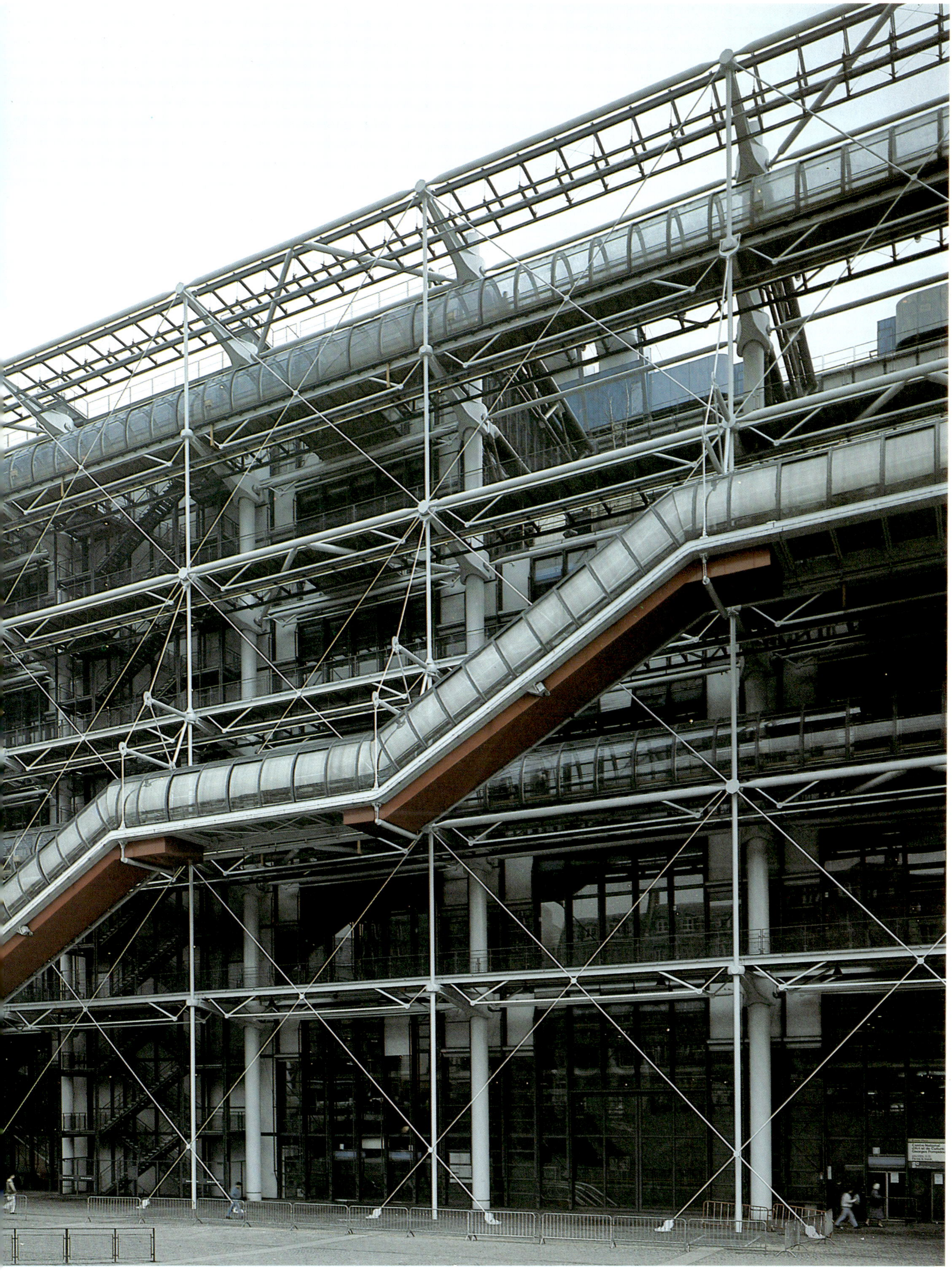

Das Hallenviertel im Jahre 1854. Im Hintergrund die Kirche von St. Eustache (1532-1637). Rechts vor der Kirche sind noch die Reste der alten, steinernen Hallen sichtbar, die niemals vollendet und abgebrochen wurden. Sie wurden 1845 von den Architekten Baltard und Callet entworfen. Obwohl der damalige Präsident Louis Napoleon 1851 den Grundstein legte, ließ er 1853 – inzwischen Kaiser geworden – den Bau einstellen und einreißen. Links die neuen Hallen im Bau, ebenfalls von Baltard und Callet entworfen, nunmehr aber ganz aus Gußeisen.

Der Entwurf, der die Nummer 0535 erhielt (unten), trug den Namen von Dennis Crompton aus England. In Wirklichkeit hatte er selbst mit dem Entwurf nichts zu tun. Dieser stammte von einem Studenten im dritten Studienjahr, William Alsop, der Cromptons Namen mißbrauchte, um sich am Wettbewerb beteiligen zu können. Mit Erfolg: Sein Entwurf gehörte zu den 30, die mit 10 000 Francs belohnt wurden. Das Plateau Beaubourg wird wieder in einen Park umgewandelt. Zu ebener Erde verbinden sich Park und Ausstellungshallen. Darunter liegen die Bibliothek, das Museum, Lagerräume und das Parkhaus. Die Jury bewertete vor allem positiv, daß die Anlage sich im Laufe der Jahre an andere Anforderungen und Erkenntnisse anpassen ließe.

Haussmann, der sich das traurige Los seines Freundes Baltard sehr zu Herzen nahm, bewahrte die kaiserliche Skizze. Er bearbeitete sie ein wenig und ließ dann seinen Freund kommen. 'Hier hast du die Gelegenheit, dich zu revanchieren', sagte er zu Baltard, während er auf das Papier deutete, 'fertige mir so rasch wie möglich einen Rohentwurf entsprechend dieser Skizze an. Und alles aus Eisen, Eisen, nichts als Eisen.' Baltard murrte: 'Eisen, das ist etwas für einen Ingenieur, aber doch nicht für einen Künstler, wie der Architekt einer ist. Haben Brunelleschi oder Michelangelo jemals etwas aus Eisen gebaut?' Aber Haussmann lachte: 'Das liegt daran, daß sie niemals die zentralen Markthallen bauen mußten.'
Und Baltard ließ sich vom Präfekten überreden und überwand seinen Stolz.
Vier Monate später stand im Pariser Rathaus ein bis in die letzten Details ausgearbeitetes Modell von Baltards neuen Hallen. Der Kaiser begeisterte sich so sehr dafür, daß er seinem Adjutanten spontan die Orden von der Brust löste und sie an die Jacke des Architekten heftete.
Auf dem Weg zu seiner Kutsche erkundigte sich der Kaiser bei Haussmann, welche Gebäude dieser großartige Architekt außerdem noch geschaffen habe. 'Die alten Hallen, Sire', antwortete der Baron. Überrascht rief Napoleon aus: 'Wie, Sie haben denselben Architekten wiederum beauftragt?', worauf Haussmann geantwortet haben soll: 'Gewiß, Sire, aber es war nicht derselbe Präfekt.'
Dank des Eingreifens von Haussmann wurde der kleine Architekturwettbewerb des Kaisers zu einem Fehlschlag. Die Stadt Paris erhielt aber ihre 'Hallen von Baltard', die Napoleon III. im Jahre 1857 offiziell eröffnete.
Gut hundert Jahre später, im Sommer 1964, scheint die Situation ähnlich gewesen zu sein. Im Elysée residierte Präsident Charles de Gaulle, und er empfing den Präfekten des Bezirks Paris, Paul Delouvrier. De Gaulle hatte Delouvrier 1961 selbst zum Präfekten ernannt und ihn beauftragt, einen Plan für die Zukunft der Stadt zu erarbeiten. Schon bei seiner Ernennung bezog sich Delouvrier auf seinen großen Vorgänger Haussmann, der es doch wohl recht leicht gehabt habe, da er

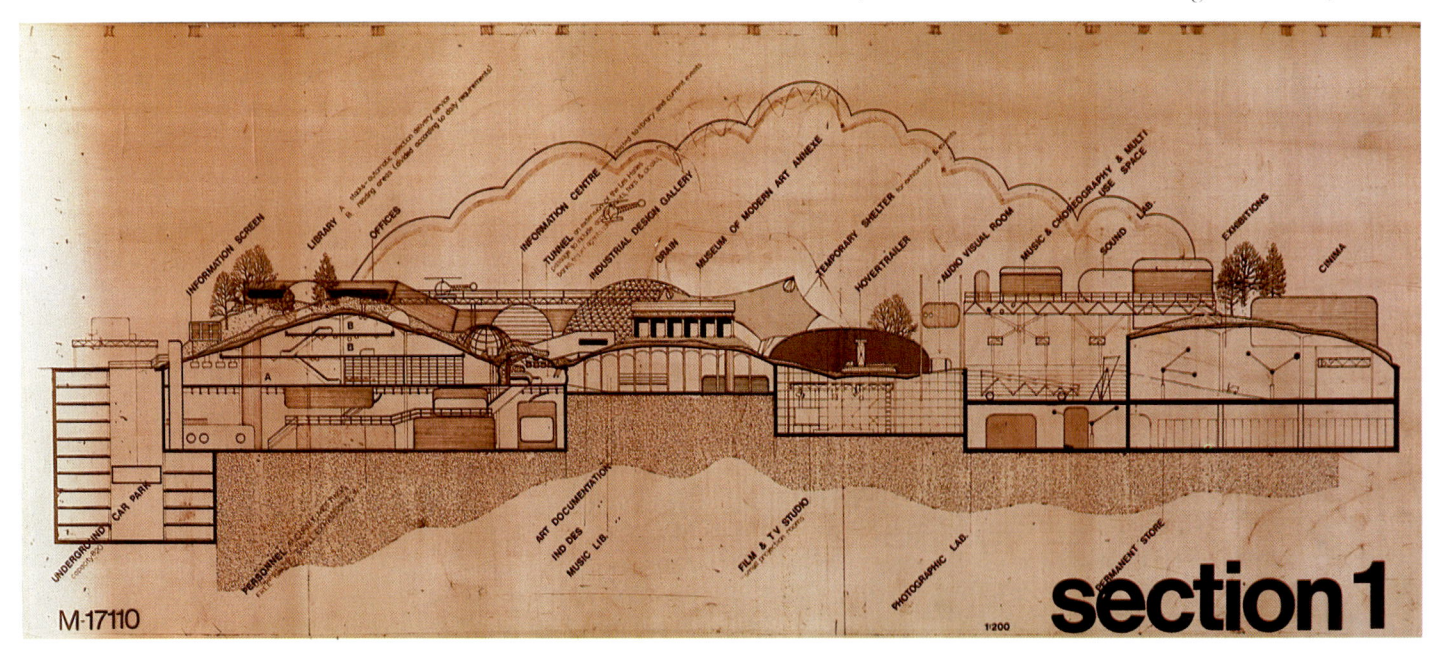

fast zwanzig Jahre lang unter ein und demselben Kaiser amtieren konnte. De Gaulle antwortete darauf: 'Zwanzig Jahre werden wir nicht an der Macht bleiben, aber ich werde Sie bedingungslos unterstützen.'

In jenem Sommer des Jahres 1964 führte Delouvrier De Gaulle sein 'schéma directeur' vor, den Regionalplan von Paris, in dem erhebliche Eingriffe in die Stadtstruktur vorgeschlagen wurden: neue Vorstädte, neue öffentliche Verkehrssysteme, neue Autostraßen, neue Bauvorhaben in Paris selbst in Verbindung mit eingreifenden Maßnahmen der Stadterneuerung. Aber Delouvrier ahnte schon, daß dieser drakonische Plan in der nächsten Zukunft noch auf viel Widerstand stoßen würde, und er berichtete dem General von seinen Befürchtungen. De Gaulle wischte die Besorgnis mit einer ausladenden Gebärde zur Seite und versicherte Delouvrier: 'Alles wird *hier* entschieden werden.'

So gebärdete De Gaulle sich also als Oberbürgermeister von Paris. Eines der Stadtviertel, die dies sofort zu spüren bekamen, war das der Markthallen. Zwar hatte die französische Regierung schon am 15. März 1960 beschlossen, den größten Teil dieser Hallen nach Rungis zu verlegen, aber jetzt wurde Ernst damit gemacht. Und mit dem Auszug des Marktes entstand im Herzen von Paris ein großer Freiraum, für den man sich eine neue Nutzung einfallen lassen mußte. Deshalb wurde im Januar 1967 ein engerer Architekturwettbewerb für die Neubebauung ausgeschrieben. Da die Umgebung der Markthallen, vor allem nach Osten zum Marais-Viertel hin, im Laufe der Jahre stark verslumt war, wollte man großzügig vorgehen und nicht nur die Markthallen durch etwas anderes ersetzen, sondern auch weitergehende Sanierungsmaßnahmen durchführen.

In diesem Viertel hatten sich im Laufe der zwanziger und dreißiger Jahre in zunehmenden Maße kleine Unternehmer, Künstler, Arbeiter und vereinzelt Intellektuelle niedergelassen, die sich in den billigen, aber oft auch heruntergekommenen Wohnungen wohl fühlten. Nach 1927 kaufte die Pariser Stadtverwaltung einen großen Block sehr schlechter Wohnungen zwischen der Rue St.-Martin und der Rue du Renard auf, die im Osten an die Markthallen anschlossen. Zwischen 1934 und 1936 wurden diese Häuser abgerissen, und die dadurch entstandene Lücke diente als Parkplatz für den Markt. Dieser Platz wurde schon bald darauf 'Plateau Beaubourg' genannt, und zwar nach dem Dorf Beau Bourg, das im elften Jahrhundert an dieser Stelle gestanden haben soll.

Der beschränkte Architekturwettbewerb von 1967 bezog sich auf ein Gebiet von nicht weniger als 34 Hektar, von der Bourse de Commerce bis zum Plateau Beaubourg. Es sollte mit einem neuen Geschäftszentrum, dem Finanzministerium, Büros, Hotels, Wohnhäusern und - sofern dann noch Raum bliebe - einem staatlichen Museum für zeitgenössische Kunst bebaut werden.

In erster Instanz wurden fünf Architekten zur Teilnahme aufgefordert: Louis Arretche, Claude Charpentier, Jean Faugeron, Hoym de Marien und Michel Marot. Auf Drängen des Kultusministers, André Malraux, wurde auch das Atelier d'Urbanisme et d'Architecture eingeladen.

Alle Teilnehmer wurden aufgefordert, einen Entwurf in Form eines Modells anzufertigen, ergänzt durch ein paar Pläne und Funktionsschemata. Der Wettbewerb gewann an Bedeutung, als im Juli 1967, ganz im Sinne der großzügigen Planung von Paul Delouvrier, beschlossen wurde, an der Stelle der Markthallen einen unterirdischen Bahnhof der neuen Réseau Express Régional (RER) zu erbauen. Diese superschnelle Untergrundbahn sollte Paris mit den neuen Städten der Umgebung verbinden. Mit diesem Beschluß wurde das Gelände der Hallen zum Zentrum der Pariser Untergrundbahn: Hier, an der Station Châtelet les Halles, kreuzen sich die beiden neuen Linien der RER, und man hat Anschluß an die Métro.

Im März 1968 waren die Modelle der sechs Teilnehmer fertiggestellt. Zuerst zeigte man sie im Elysée Präsident De Gaulle, erst danach konnte der Pariser Stadtrat sie begutachten, und schließlich durfte auch die Pariser Bevölkerung anläßlich einer Ausstellung in einem Saal des Rathauses einen Blick darauf werfen.

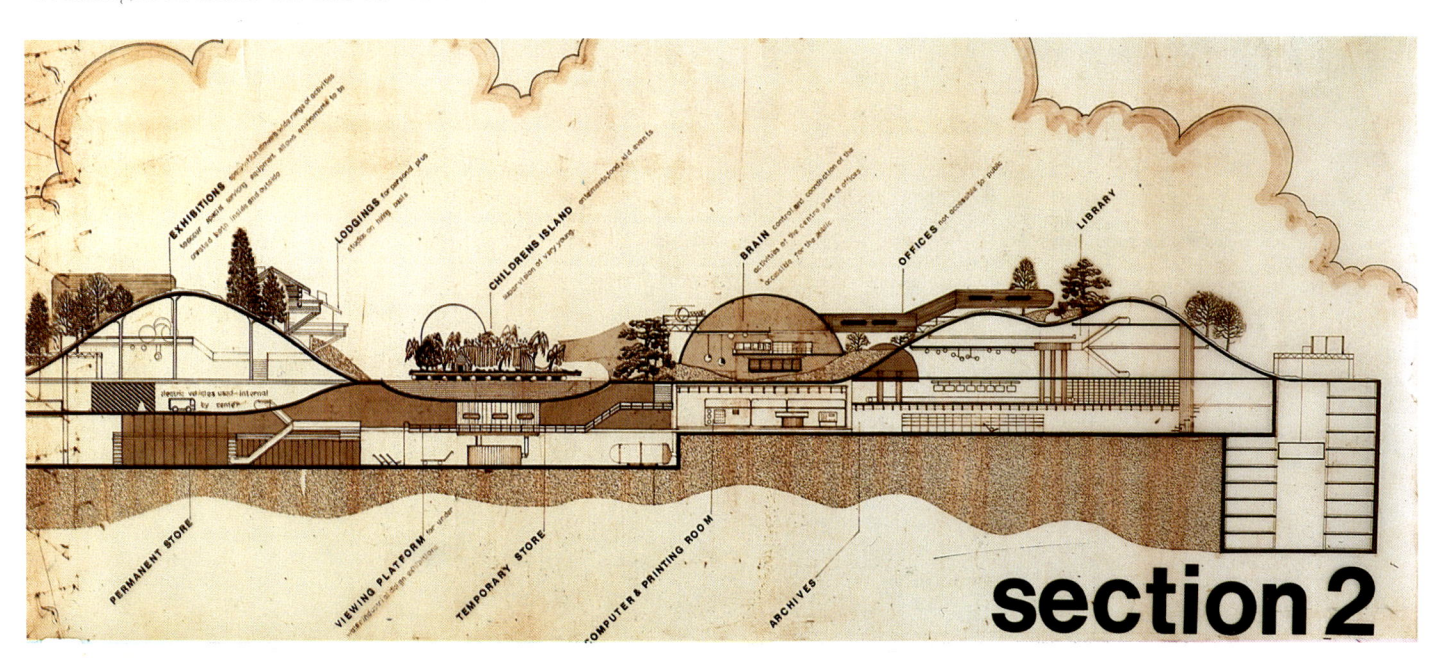

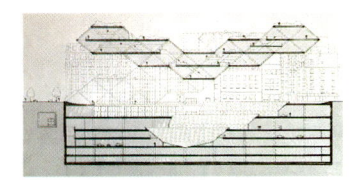

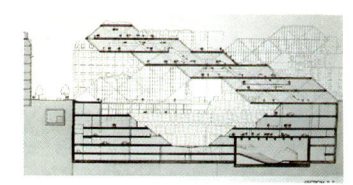

Oben und rechts: Entwurf des kanadisch-israelischen Architekten Moshe Safdie: eine Art Krater mit überhängendem Bauwerk. Rechts das im Programm vorgeschriebene Schema der Raumaufteilung (Blau bedeutet Ausstellung, Rot allgemeine Anlagen, Gelb Geschäftsräume und Grün Parkraum). Safdie erhielt 10 000 Francs.

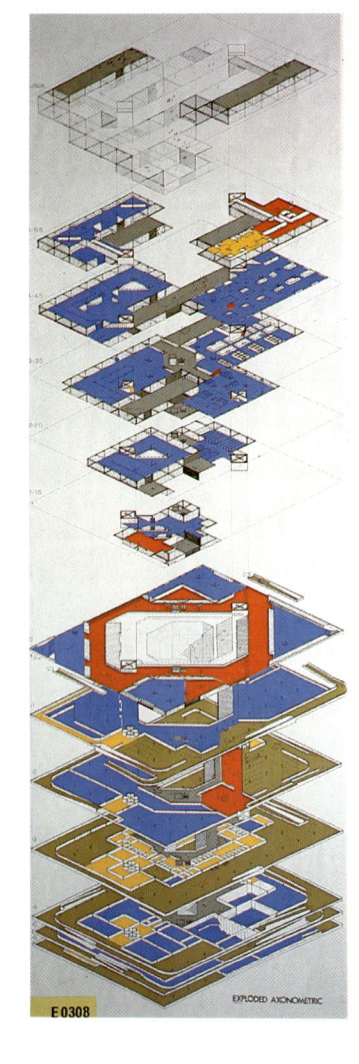

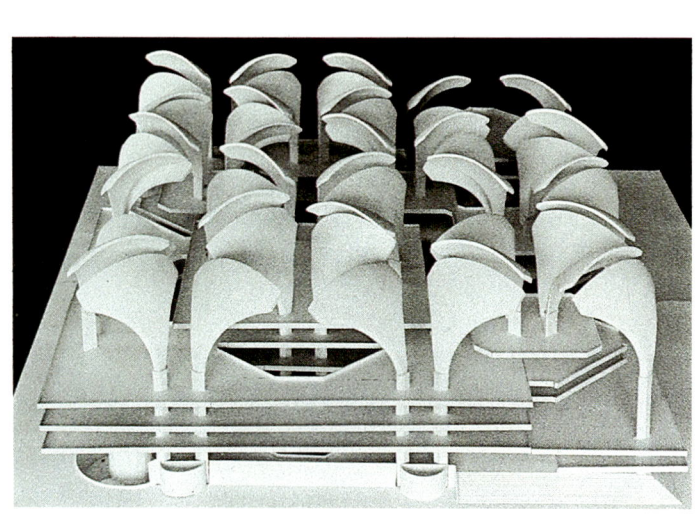

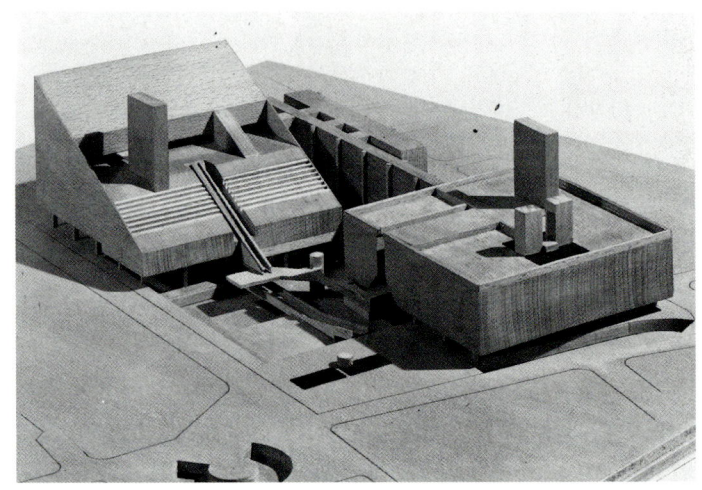

Mitte links: Die aus Manchester stammenden Architekten Robert Stones und Wolfgang Pearlman fertigten ein unregelmäßiges System aus dreidimensionalen zwölfflächigen Figuren an. Die Jury kommentierte: 'Wird das Publikum sich darin leicht orientieren können? Und sind die Probleme zur technischen Realisierung dessen nicht viel zu groß. Aber das Preisgericht belohnte den Entwurf doch mit einer Geldprämie.

Oben: Ahmet Gulgonen, Kemal Aran, Selahattin Onur und Matin Demiray (Türkei) ließen sich große Säulen mit riesigen Blumenkronen einfallen, die einen großen Platz einrahmen. Unter dem Platz befanden sich die meisten Ausstellungsräume. Laut Jury war der Entwurf zwar in ästhetischer Hinsicht interessant, aber nur schwer realisierbar, jedenfalls gut für einen Ankauf für 10 000 Francs.

Der Stadtrat schien den Entwürfen von Charpentier, Faugeron und De Marien den Vorzug geben zu wollen, aber die Öffentlichkeit reagierte auf sämtliche Arbeiten mit entrüsteter Ablehnung. 'Niemals!', so hörte man überall. Der Vorsitzende des Pariser Stadtrats, René Capitant, faßte die Gefühle der Pariser Bevölkerung in der Ratsversammlung vom 8. März 1968 in Worte, und in einer leidenschaftlichen Rede warnte er vor den umfangreichen Plänen für das Viertel 'Beaubourg - Les Halles'. Er wies darauf hin, daß Paris den letzten Weltkrieg wie ein Wunder ohne viele Trümmer überstanden hatte und die Stadt im Gegensatz zu anderen Orten nicht zerstört worden war. 'Aber wollen wir jetzt, zwanzig Jahre später, das selbst durchführen, was Hitler vergeblich anzurichten versuchte?'

Mitreißend plädierte Capitant für ein Stadtzentrum, in dem die Menschen, sowohl die 'Parisiens intra muros' als auch die aus den Vorstädten einander begegnen könnten, in dem sie Freud und Leid miteinander teilten und mit vielerlei kulturellen Ausdrucksformen in Berührung kommen könnten. Dies waren auch die Aspekte, die er in den sechs jetzt im Rathaus ausgestellten Modellen vermißte.

Die Worte des Vorsitzenden hatten ihre Wirkung: Auch dieser engere Wettbewerb war zum Scheitern verurteilt. Es gärte außerdem in Paris. Die Studenten wurden immer aufsässiger. De Gaulle mag zwar zu Delouvrier gesagt haben, daß die Entscheidungen im Elysée-Palast getroffen würden, aber die Pariser Bevölkerung dachte anders darüber. Deshalb wurde schließlich eine Kommission unter dem Vorsitz von Capitant ins Leben gerufen, die neue Planungen für das Gebiet um die Markthallen anfertigen sollte. Neben dem Neubau mit vielen unterirdischen Einrichtungen auf dem alten Gelände der Hallen selbst und auf dem Plateau Beaubourg sollte der

Rechts oben: Der Niederländ Jan Hoogstad erarbeitete einen Entwurf, dem ein fast mathematischer Raster zugrunde lag (siehe auch seinen Entwurf für das Amsterdamer Rathaus, Seite 164 oben).

Erneuerung und der Restaurierung viel Aufmerksamkeit gewidmet werden. Für ein neues Finanzministerium bot diese Planung keinen Raum.

Am 4. und 5. Mai 1969 zog der größte Teil der Markthallen nach Rungis um, und unter den Überdachungen von Baltard wurde es für eine Weile still. Aber nicht lange, denn die Pariser Bevölkerung nahm die langgestreckten Räume triumphierend in Besitz, um sie für Theateraufführungen, Konzerte, Zirkusvorstellungen, als Ateliers und zu vielen anderen Zwecken zu verwenden. Am liebsten wollten sie ihre 'Halles' für immer erhalten. Die Stadt Paris war schon froh, daß der großspurige Bauplan endlich vom Tisch war, und arbeitete an bescheideneren Neubauplänen.

Aber wiederum sollte sich zeigen, daß Paris auch vom französischen Staatsoberhaupt regiert wird. Inzwischen war dies nicht mehr General De Gaulle. Er hatte schließlich den neuen Kräften weichen müssen, die sich in Frankreich immer stärker bemerkbar machten. Als das französische Volk in einem Referendum sogar einige Reformvorschläge des Präsidenten zu Fall brachte, trat der General am 28. April 1969 mit sofortiger Wirkung von seinem Amt zurück. Anderthalb Monate später wählte Frankreich Georges Pompidou zu seinem Nachfolger.

Noch im selben Jahr, am 11. Dezember, kündigte der neue Präsident an, daß auf dem Plateau Beaubourg ein der zeitgenössischen Kunst gewidmetes Zentrum entstehen sollte. Diese Idee war an sich nichts Neues. Kultusminister André Malraux hatte einen solchen Vorschlag bereits 1959 gemacht: als Ort hatte auch er an die Hallen gedacht, aber offenbar war es damals General De Gaulle, der sich noch nicht für ein modernes Bauwerk im Herzen von Paris begeistern konnte. Das Projekt wurde deshalb in das neue Geschäftsviertel La Défense verlegt, und Anfang 1965 beauftragte Malraux Le Corbusier, dieses 'Museum des XX. Jahrhunderts' zu planen. Le Corbusier akzeptierte den Auftrag, wenngleich er sich gegen La Défense als Bauplatz sträubte. Ihm erschien entweder eine Situation im Außenbezirk oder aber im Zentrum von Paris als ideal für ein derartiges Museum. Einige Monate später starb Le Corbusier - seine letzte signierte Architekturzeichnung vom 29. Juni 1965 war eine Skizze zu diesem Museum -, und dadurch verzögerte sich die Ausführung des Plans wiederum.

Präsident Pompidou, selbst ein Kenner und Liebhaber moderner Kunst, legte größten Wert auf die Realisierung dieses 'nationalen Zentrums für zeitgenössische Kunst und Kultur'. Die Tatsache, daß er den Plan bereits innerhalb eines halben Jahres nach dem Antritt der Präsidentschaft aufgriff, bezeugte dies. Seine Wahl des Plateau Beaubourg als Bauplatz rechtfertigte er mit dem Hinweis, daß dies die einzige Stelle in der Pariser Innenstadt sei, an der sich ein solches Gebäude rasch realisieren ließe. Wiederum wurde Paris durch das Staatsoberhaupt vor vollendete Tatsachen gestellt.

Das 'Centre Beaubourg' sollte ein 'grenzüberschreitendes Gebäude werden, das ein Spiegelbild der gängigen Auffassungen in der zeitgenössischen Kunst darstellt'. Um dies zu erreichen, sollte ein internationaler Architekturwettbewerb ausgeschrieben werden, denn man wollte sich endlich vom üblichen System freimachen, nach dem der Kultusminister in solchen Fällen durch Kooptation einen Architekten benennt. Alle waren sich durchaus bewußt, daß dies keine leichte Aufgabe sein würde. Deshalb mußte zunächst eingehend analysiert werden, was für ein Gebäude eigentlich benötigt wurde. Anhand dieses Ergebnisses konnte das

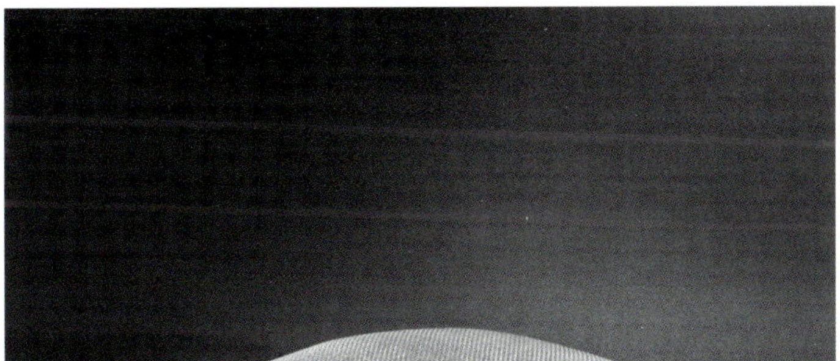

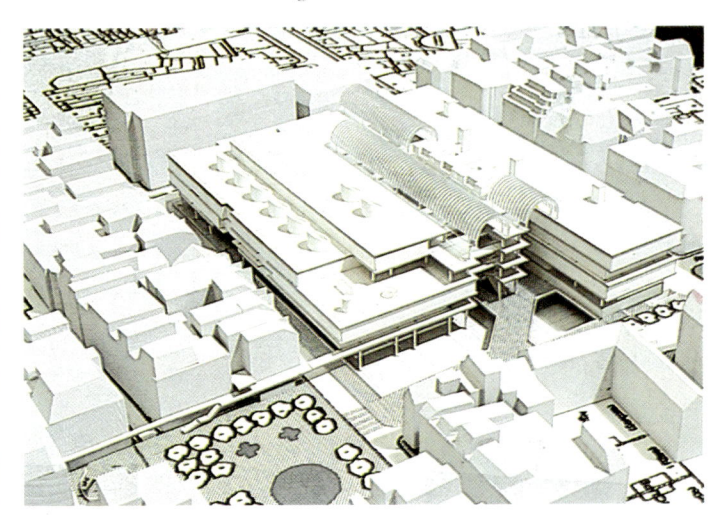

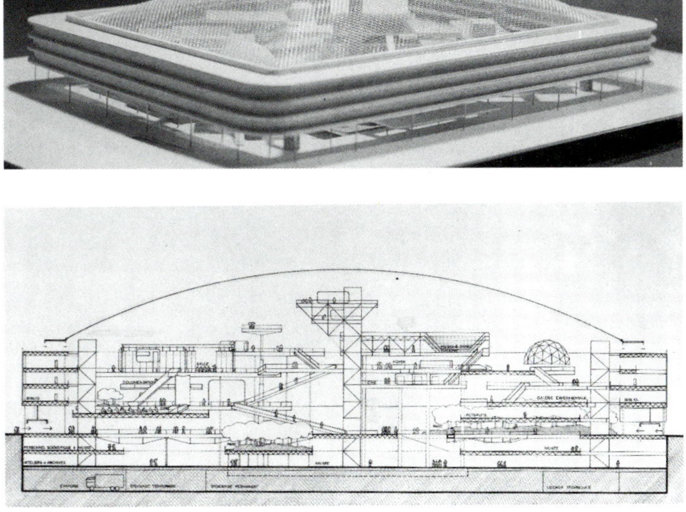

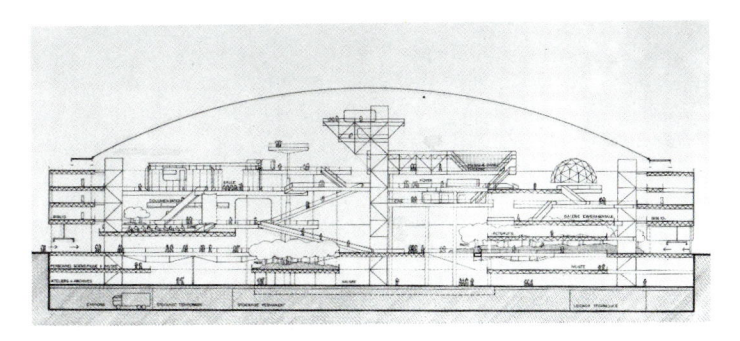

Links und oben links: Der Westberliner Manfred Schiedhelm hielt das Äußere überraschend einfach: eine große, transparente Kuppel, um den Bereich vor Regen und Verschmutzung zu schützen. Drinnen sollte ein 'Mikroklima' hergestellt werden. 'Interessant für die Zukunft, aber jetzt nur schwer realisierbar', meinte die Jury. Deshalb erhielt der Entwurf zwar keinen Preis, wurde aber angekauft. Oben: J.L.C. Choisy (Niederlande) legte alle Räume um zwei große, überkuppelte Innenstraßen an. Die Jury befand, daß das Projekt sich gut in seine Umgebung einfügte, und entschied sich zu einem Ankauf für 10 000 Francs.

Wettbewerbsprogramm erstellt werden.
Sechs Monate lang führte man Gespräche mit den künftigen Nutzern des Gebäudes: dem Nationalen Museum für moderne Kunst, der Bibliothèque des Halles und dem Zentrum für industrielle Gestaltung. Eine fünfzehnköpfige Kommission, bestehend aus Architekten, Ingenieuren und Beamten, besprach eingehend mit ihnen, welche Aktivitäten im Gebäude stattfinden sollten und welche akustischen Eigenschaften es besitzen sollte. Schließlich erstellte man umfangreiche Funktionsschemata und sogenannte Flußdiagramme, in denen die diversen wechselseitigen Relationen zwischen allen Räumen angegeben waren. Es war beabsichtigt, den künftigen Wettbewerbsteilnehmern dieses ganze Material zuzusenden, aber über die Schemata sagte man zugleich ausdrücklich, daß sie nur symbolisch seien und als Richtschnur dienen sollten, also für die Architekten nicht bindend seien.

Es war das erste Mal, daß in Frankreich ein Wettbewerbsprogramm von solchem Umfang und solcher Gründlichkeit erstellt wurde. Auch die weitere Prozedur verlief gemäß den internationalen Richtlinien für Architekturwettbewerbe. So war die Zusammensetzung der Jury vorher bekannt, und der aufmerksame Wettbewerbsteilnehmer konnte daraus wesentliche Rückschlüsse ziehen. Zum Vorsitzenden der Jury wurde der französische Architekt Jean Prouvé ernannt, der sich vor allem durch die Entwicklung zukunftsweisender industriell hergestellter Bausysteme einen Namen gemacht hatte. Auch die übrigen Juroren ließen darauf schließen, daß kein alltägliches Gebäude den Preis davontragen würde. Zwar saßen im Preisgericht ein ehemaliger Ministerialdirektor des Kultusministeriums, Gaëtan Picon, sowie der Konservator des Louvre-Museums, Michel Laclotte, und der Ehrendirektor des British Museum in London, Sir Frank Francis, aber auch Willem Sandberg war eingeladen, der eigenwillige ehemalige Direktor des Stedelijk Museum in Amsterdam, das unter seiner Leitung zu einem der bedeutendsten Museen der Welt für avantgardistische Kunst der zwanziger und fünfziger Jahre dieses Jahrhunderts geworden war.

Daneben gab es noch vier Architekten, so daß - einschließlich des Vorsitzenden - aus dieser Berufsgruppe anfangs die Hälfte der Jury bestand. Es handelte sich um Emile Aillaud aus Frankreich, Philip Johnson aus den Vereinigten Staaten, Oscar Niemeyer aus Brasilien und Jörn Utzon aus Dänemark - durchweg renommierte Architekten, die keineswegs Befürworter eines konservativen Stils waren. Allerdings konnte

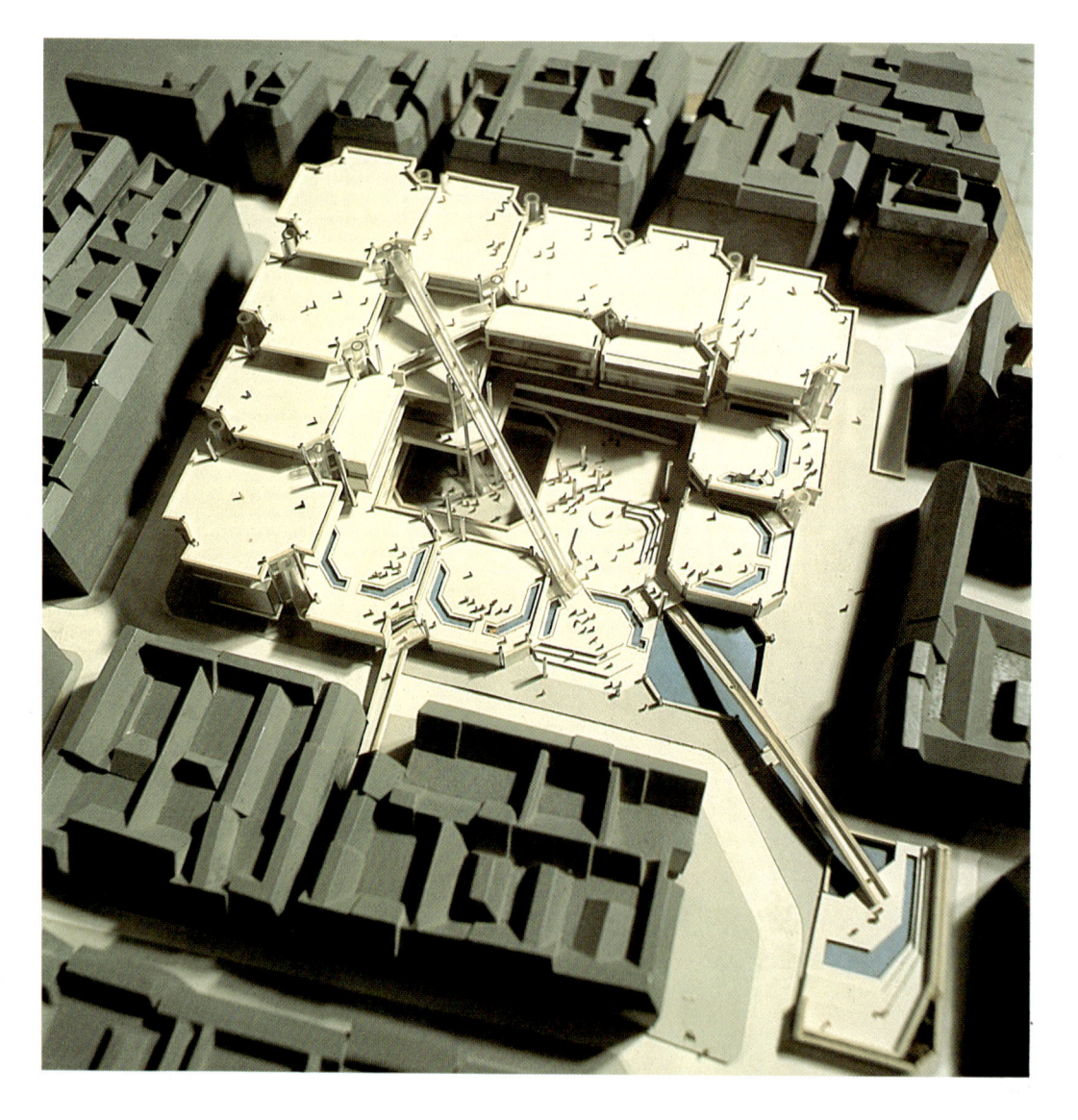

Kisho Kurokawa (Japan) fertigte einen, laut Jury, 'klaren, soliden und geordneten' Entwurf mit vielen Vorzügen, vor allem aber mit großer Flexibilität. In der Mitte lag ein offener Platz, der für Ausstellungen genutzt werden konnte. Um diesen Bereich waren die geforderten Räume angeordnet, die nicht nur miteinander gut verbunden waren, sondern auch eine gute Verbindung zur Umgebung hatten. Letzteres wurde vor allem durch die geneigten Flächen erreicht. Die Kunststoffrohre, die auf dem Modell zwischen den verschiedenen Elementen des Rasters stehen, waren von Kurokawa für die Fahrstühle vorgesehen. Eine große Rolltreppe führte vom Vorplatz aus direkt zum oberen Stockwerk. Auf der rechten Seite eine Vorstudie von Kurokawa, der übrigens auch mit einem Ankauf belohnt wurde.

der Däne Utzon, Preisträger des Wettbewerbs für das Opernhaus von Sydney, bei der endgültigen Beurteilung aus Gesundheitsgründen nicht zugegen sein. Damit der internationale Charakter der Jury nicht verlorenging, wurde Utzon nicht durch das stellvertretende Mitglied, den französischen Architekten Henri-Pierre Maillard, ersetzt, sondern durch den Belgier Herman Liebaers, Direktor der königlichen Bibliothek zu Brüssel.

Im Laufe des Dezember 1970, gut ein Jahr nachdem Präsident Pompidou seinen Vorschlag zum Zentrum öffentlich bekanntgegeben hatte, wurde der Wettbewerb offiziell ausgeschrieben. Das Programm war so formuliert, daß den Architekten möglichst viel Freiheit blieb. Weder Bauhöhe noch Baukosten unterlagen irgendwelchen Beschränkungen. Es kam nur darauf an, ein Gebäude zu planen, in dem sich die unterschiedlichsten Äußerungen zeitgenössischer Kultur und Kunst zusammenführen ließen, um eine möglichst breite Konfrontation von Ideen und Menschen zu bewirken. Oder, wie das Programm wörtlich besagte: 'Die große Originalität dieses Gebäude ist in der Tatsache begründet, daß hier ein Ort der Begegnung von geschriebenem Wort, bildenden Künsten, Architektur, Musik, Film und selbst der industriellen Formgebung als Kunstgenre entsteht. Dieser Ort der Begegnung der verschiedenen Kunstformen muß dem breiten Publikum Verständnis dafür vermitteln, daß ungeachtet der scheinbaren Freiheit bei der Erschaffung von Kunstwerken (...) in der Gesellschaft zwischen zeitgenössischer Kunst und den Produktionsverhältnissen eine enge Bindung besteht.'

Trotz der Freiheit, die den Architekten zugestanden wurde, gab es eine Anzahl von Merkmalen, denen das Gebäude dennoch genügen mußte. Natürlich galt das Raumprogramm; aber daneben gab es mehrere allgemeine Forderungen, die sich als Gesamtheit mit den Stichwörtern 'Durchlässigkeit' und 'Flexibilität' beschreiben ließen.

Die 'Durchlässigkeit' bezog sich sowohl auf die Erschließung des Gebäudes als auch auf die Aktivitäten im Zentrum selbst. 'Alles läuft schließlich auf die Bequemlichkeit und die Freiheit hinaus, durch die das Publikum Zugang zu dem erhält, was man ihm zeigen will, und auf die Art und Weise, in der es fortwährend angeregt wird, das aufzusuchen, was man ihm anbietet.'

Aber diese 'Durchlässigkeit' für die Besucher durfte wiederum nicht zu Lasten der möglichst großen, bequemen Mobilität der Exponate gehen, ebensowenig wie die Bewegungsfreiheit des Personals eingeschränkt werden konnte.

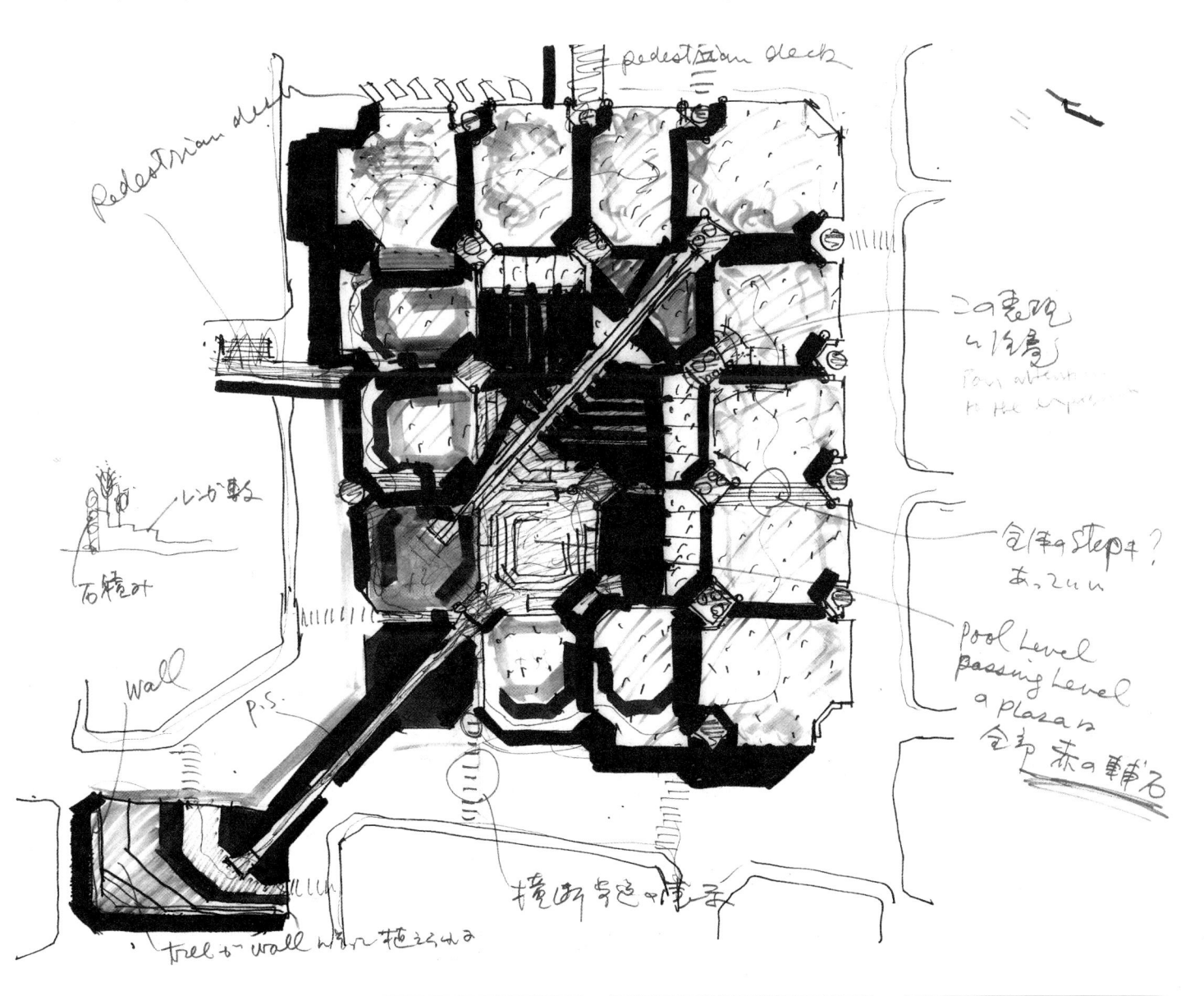

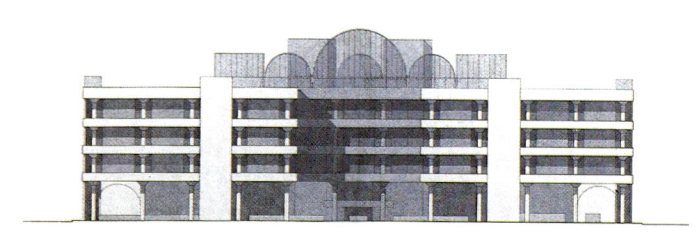

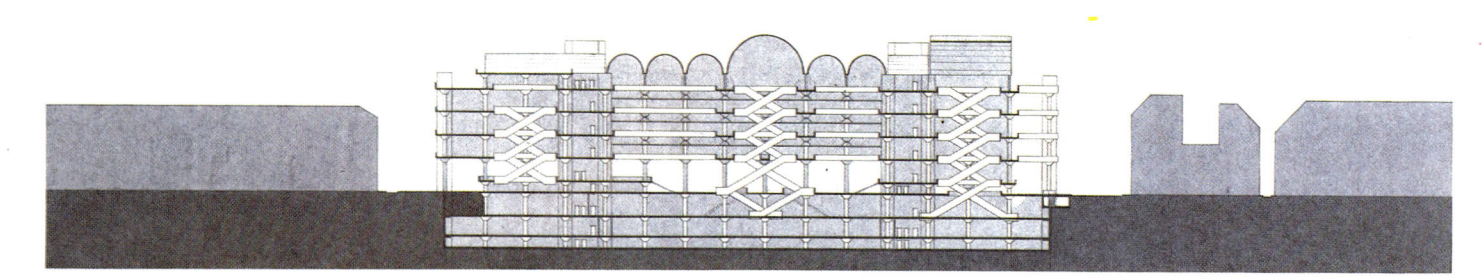

Der zweite wesentliche Ausgangspunkt, den die Organisatoren des Wettbewerbs anregten, war eine möglichst weitgehende Flexibilität der Räume. Dabei dachte man vor allem an den Umstand, daß die Kollektionen sich fortwährend erneuern, was von der Architektur großes Anpassungsvermögen fordert.

Das Interesse am Wettbewerb war groß. Ende Mai 1971 waren bei der 'Délégation pour la réalisation du Centre Beaubourg' bereits 681 Einsendungen eingetroffen. Davon stammten 186 aus Frankreich, die übrigen 495 kamen aus 49 verschiedenen Ländern.
Am 5. Juli trat die Jury im Grand Palais, wo sämtliche Einsendungen - anonym - ausgehängt waren, erstmals zusammen. Die ersten drei Tage verwendete man darauf, sich mit sämtlichen Projekten vertraut zu machen. Langsam, aber sicher entstand bei den einzelnen Juroren der Eindruck, daß etwa 100 von allen Einsendungen herausragten. Anschließend wurden alle Entwürfe eingehender geprüft, wobei man sich vor allem um architektonische Aspekte kümmerte. Dann traf die Jury eine erste Wahl.
Anschließend wurde bei der Beurteilung das Ergebnis der Untersuchungen berücksichtigt, die eine technische Kommission unter Leitung von Robert Regard in bezug auf die technische Seite der Entwürfe durchgeführt hatte, wobei unter anderem auf die 'Durchlässigkeit' und die 'Flexibilität' geachtet wurde. Sämtliche Projekte, welche die Jury bereits selektiert hatte, erfüllten diese Anforderungen.
Danach wurde die technische Kommission aufgefordert, etwa 60 Entwürfe, welche das Preisgericht ausgewählt hatte, noch einmal gesondert zu beurteilen. Nachdem die Jury das künftige Baugelände und die Umgebung in Augenschein genommen hatte, erfolgte die letzte Selektion, bei der ein Entwurf, die Nummer B 0493, deutlich herausragte. Acht der neun Juroren waren dafür, dieses Projekt zum Preisträger zu erklären, und die Jury verzichtete sogar darauf, weitere Preise zu verteilen. Wohl wurden 30 Entwürfe eines Geldpreises von 10 000 Franc für würdig erachtet, weil sie von einem 'esprit novateur', einem Geist der Erneuerung, zeugten, und die Jury würdigte ein Projekt einstimmig wegen seiner 'besonders großen Bedeutung' noch einer lobenden Erwähnung.
Am 15. Juli um sieben Uhr abends beendete das Preisgericht seine Tätigkeit, nachdem die Namen der Entwerfer des preisgekrönten Entwurfs bekanntgegeben worden waren: Nummer B 0493 war von den Architekten Renzo Piano und Richard Rogers eingesandt worden, die den Entwurf gemeinsam mit Gianfranco Franchini und nach Empfehlungen des Ingenieurbüros Ove Arup und Partner erarbeitet hatten.

Der Entwurf von Piano und Rogers ragte, dem Bericht der Jury zufolge, aus mehreren Gründen heraus. So waren die Preisrichter vor allem von der Tatsache angetan, daß das Gebäude nur die Hälfte des verfügbaren Baugrundstücks auf dem Plateau Beaubourg in Anspruch nahm. Die verbleibende Hälfte war als ein Platz für unterschiedliche, lebhafte Aktivitäten gedacht.

Charles Vandenhove (Belgien) setzte auf das oberste Stockwerk eine große Anzahl halbrunder, transparenter Aufbauten als Ergänzung zur strengen Struktur seines Gebäudes. Die halbrunden Formen finden sich in den Vordächern der Eingänge wieder.

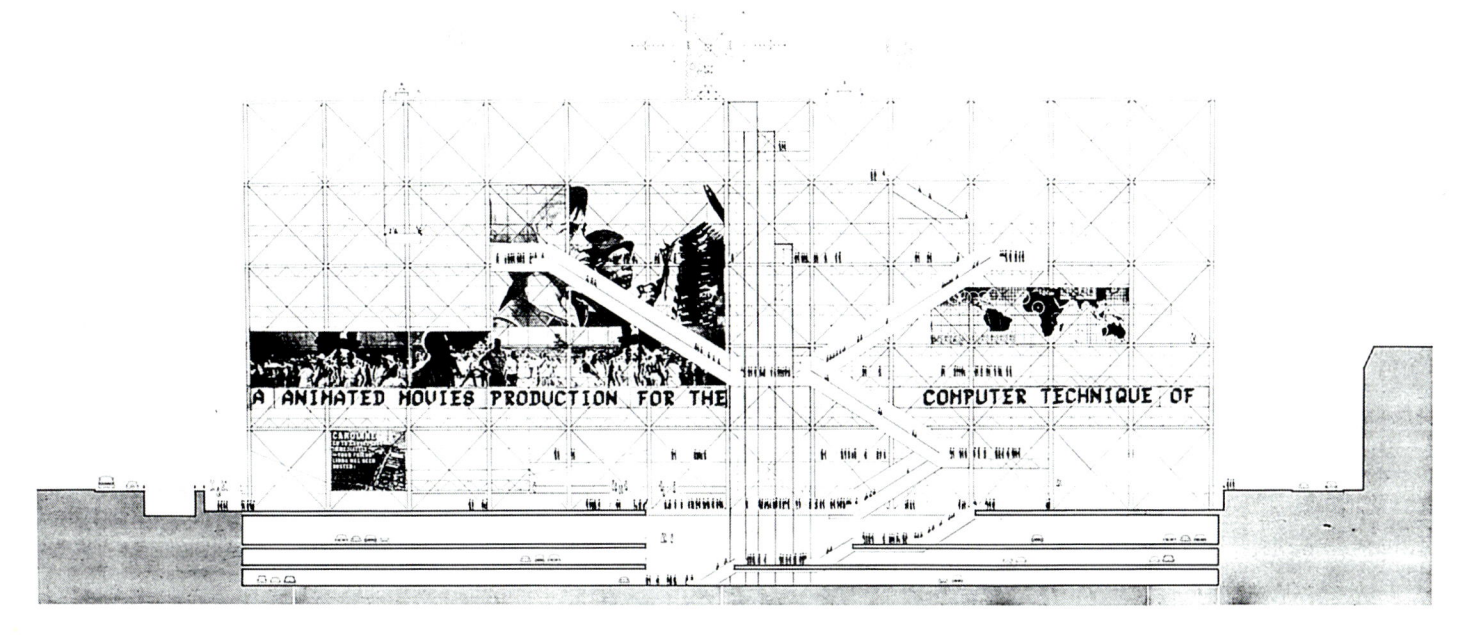

Das Gebäude hat einen verhältnismäßig großen Umfang und ist von einfacher Form; dennoch gelang es den Architekten zu vermeiden, daß es massiv und plump wirkt. Das liegt vor allem am lebendigen Charakter der Außenseite mit ihren sichtbaren Aufzügen und Rolltreppen. Die Flexibilität des Innern kommt vollständig zur Geltung, weil die Innenräume von nicht weniger als 50 mal 100 Meter überhaupt keine tragenden Säulen brauchen. 'Sowohl durch seine technischen Eigenschaften als auch aufgrund seiner architektonischen Bedeutung entspricht der Entwurf vollständig den Erwartungen, welche durch das große Projekt erweckt wurden, zu dem sich der Präsident der Republik im Dezember 1969 entschloß.'

Die Außenstehenden waren allerdings weniger begeistert. Nachdem die Entscheidung der Jury bekannt geworden war, erhob sich ein Sturm der Kritik, die noch jahrelang anhalten sollte. Nicht weniger als sechsmal versuchte eine Gruppe führender französischer Architekten, die sich zu diesem Zweck unter dem Namen 'Le Geste Architectural' zusammengefunden hatte, den Bau dieser 'Concorde der Künste und der Literatur' mittels einer einstweiligen Verfügung zu verhindern. Selbst in der Nationalversammlung, der französischen Volksvertretung wurde über die Zweckmäßigkeit des Entwurfs von Piano und Rogers heftig diskutiert.

Alle Kritik erwies sich als vergeblich. Im Laufe des Jahres 1972 arbeiteten Piano und Rogers - zusammen mit dem Ingenieurbüro Ove Arup - ihren Wettbewerbsentwurf weiter aus, wobei sich wegen der Feuerschutzordnung noch viele Probleme ergaben: Das ganze Gebäude mußte durch einen eisernen Vorhang geteilt und die Höhe den Leitern der Pariser Feuerwehr angepaßt werden. Überdies mußte die Rückfassade an der Rue Renard auf Geheiß der Feuerwehr fast ganz geschlossen werden, wodurch das Gebäude an dieser Seite seine Transparenz einbüßte.

Im Frühjahr 1973 wurde der Entwurf noch einmal gründlich überarbeitet, aber dann konnte endlich mit dem Bau begonnen werden.

Der preisgekrönte Entwurf von Renzo Piano und Richard Rogers war ein dreidimensionales, stählernes Tragwerk, in das die Geschosse eingehängt werden sollten. Das bot optimale Bewegungsfreiheit, weil innerhalb des Gebäudes selbst keine vertikalen Konstruktionen mehr benötigt wurden. Es handelte sich auch um ein transparentes Gebäude mit großen Glasfassaden.

Die Architekten stellten sich vor, daß diese auch zu kommunikativen Zwecken genutzt werden könnten: Großformatige Bilder sollten an der Stahlkonstruktion aufgehängt werden, man dachte auch an eine Lichtzeitung und an Projektionsschirme. Kommunikation – gegen Ende des sechziger Jahre ein Schlagwort – repräsentierten auch die Parabolantennen auf dem Dach.

Das Funktionsdiagramm, das Piano und Rogers mit ihrem Entwurf einsandten: Grün bedeutete Parkplätze, Gelb die Geschäftsräume und Rot allgemeine Einrichtungen wie Restaurant, Kindergarten und Empfang. Blau war den Ausstellungsräumen vorbehalten. Sämtliche Teilnehmer mußten ein solches Funktionsdiagramm anfertigen (siehe auch das Diagramm von Safdie auf Seite 172).

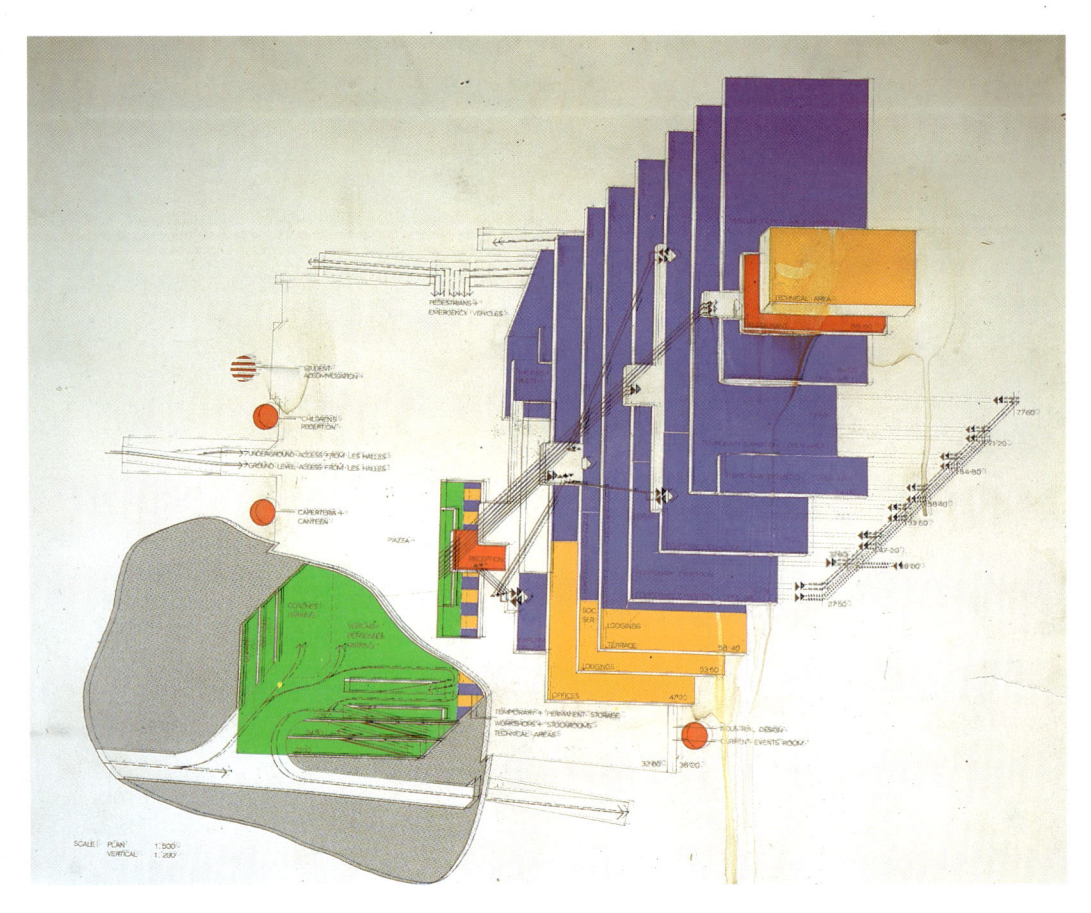

Unten: Modell des Wettbewerbsentwurfs. Die Transparenz des Gebäudes kommt darin gut zum Ausdruck; auf der Fassade große Abbildungen und Mitteilungen. Noch im Jahr der Entscheidung, 1971, fertigten Piano und Rogers einen neuen Entwurf an. Die Pariser Bauordnung beschränkte die Bauhöhe, und das machte ein niedrigeres Gebäude mit abgerundeten Ecken erforderlich (Mitte links). Pompidou fand diesen Entwurf zwar großartig, aber er genügte den Anforderungen nicht. Anschließend wurden wieder neue Entwürfe angefertigt, jetzt ohne Abrundungen. Auch die Form der Rolltreppe an der Außenmauer änderte sich (Mitte rechts).

In einer allgemeineren Betrachtung schrieb die Jury über den Wettbewerb, die Einsendungen hätten den Eindruck erweckt, daß 'wir uns zur Zeit auf dem Weg in eine experimentelle Phase befinden, deren Wirkung sich nicht nur auf Frankreich beschränken, sondern in der ganzen Welt bemerkbar machen wird. Diese Phase kennzeichnet zweifellos den Übergang von individuellen Entwürfen zu solchen, die einen eher kollektiven Charakter haben.'

Selbst Außenstehende konnten erkennen, daß das Centre Beaubourg eine neue Phase in der Architektur markierte. Es ist daher gewiß berechtigt zu sagen, daß die Reaktionen der renommierten französischen Architekten durch ein Gefühl der Unsicherheit bestimmt waren. Der Wettbewerb wurde bewußt als Mittel gehandhabt, dem System der Kooptation zu entgehen, durch das viele französische Architekturaufträge bis dahin vergeben worden waren. Überdies hatte die unabhängige internationale Jury offenbar ein gutes Gespür für die jüngsten Entwicklungen in der Architektur, zu denen viele etablierte Architekten noch keine Beziehung hatten.

Der Entwurf von Piano und Rogers hat seinen direkten Ursprung in einer Anzahl mehr oder weniger unterschwelliger Architekturströmungen der späten fünfziger und der sechziger Jahre, wenngleich sie in der Praxis kaum realisiert werden konnten. Dabei ist an New Babylon von Constant Nieuwenhuis zu denken, an die Entwürfe von Archigram, an den Fun Palace von Cedric Price und Joan Littlewood und an manches andere. Es gibt sogar Publizisten, die Verbindungen zu den ebenso phantasiereichen – und ebensowenig realisierten – Entwürfen der russischen Konstruktivisten erkennen.

Die Jury des Wettbewerbs zum Plateau Beaubourg erkannte diese unkonventionellen Ideen an, zumal sie auch sah, daß sie

178

in einer selbstbewußten, weitgehend technischen Konstruktion realisiert werden konnten. Die Bindung an die Vorläufer unseres 'Zeitgeists', die sechziger Jahre, wurde vom Publikum der siebziger und achtziger Jahre offensichtlich empfunden und akzeptiert. Das Wettbewerbsprogramm für Beaubourg forderte ein Gebäude, das für rund 10 000 Besucher pro Tag geeignet sein sollte, etwa drei Millionen jährlich. Bereits wenige Jahre nach der Eröffnung des Gebäudes zog das Museum sieben bis acht Millionen Besucher an, mehr als im Jahresdurchschnitt der Eiffelturm und der Louvre zusammen. Die Architekten Piano und Rogers waren energisch genug, die Substanz ihrer Ideen gegen den Druck vieler Widersacher durchzusetzen, wie protestierender Aktionskomitees, skeptischer Feuerwehrsachverständiger und querköpfiger Politiker. Auf diese Weise entstand ein Gebäude, das fünfzehn Jahre nach dem ersten Entwurf auf Architekten in der ganzen Welt offenbar noch immer inspirierend wirkt.

Bei alledem darf aber nicht vergessen werden, daß die Initiative für ein solches Gebäude an dieser Stelle vom Präsidenten Pompidou ausgegangen ist. Ihm hat man oftmals vorgeworfen, er habe den Abbruch von Baltards Markthallen nicht verhindert. Vielleicht besteht diese Kritik zu Recht. Aber Pompidou hat auch verstanden, daß die Zeit - nach dem Eingreifen des Generals De Gaulle und dessen rechter Hand, Paul Delouvrier - reif dafür war, der Stadt Paris und damit der französischen Kultur wieder eine individuelle Prägung zu verleihen.

Pompidou hat die Eröffnung des Zentrums für nationale Kunst und Kultur - am 31. Januar 1977 - nicht mehr erlebt. Er starb 1974. Aber das Gebäude ist nach ihm benannt worden: Centre Georges Pompidou.

Am 31. Januar 1977 wurde das Gebäude offiziell eröffnet. Staatspräsident Pompidou erlebte die Einweihung nicht mehr; er starb 1974. Das Gebäude wurde nach ihm benannt: Centre Georges Pompidou.

An der Rückseite (unten) verlor der Bau aufgrund der Feuerschutzbestimmungen seine Durchsichtigkeit. Er wurde zu einem imponierenden Ganzen aus farbigen Rohren.

180

Der internationale Architekturwettbewerb zwischen Tradition und Moderne

Dennis Sharp

Wettbewerbe sind gute Maßstäbe zur Einschätzung von Entwicklungen in der Architektur. Man kann daran die zeitgenössischen Ideen ablesen, aktuelle Strömungen ebenso registrieren wie modische Erscheinungen und Phantasien. Die Teilnehmer haben keine direkte Bindung an den Auftraggeber und dadurch im allgemeinen auch einen ansehnlichen Spielraum. Aber leider geht von der Zusammensetzung der Jury und dem Wettbewerbsprogramm oft nur eine geringe Stimulanz aus. In einigen Fällen schränkten entweder die Juroren oder die gestellten Forderungen Kreativität und Originalität derartig ein, daß genau das Gegenteil des Beabsichtigten zustande kam. In der Zeitspanne zwischen den beiden Weltkriegen kam bei einigen aufsehenerregenden Wettbewerben wegen Streits unter den Preisrichtern, aufgrund vorgefaßter Ideen und Maßnahmen, wegen Chauvinismus und Schikanen effektiv nichts heraus. Im neunzehnten Jahrhundert besagten die Zusammensetzung der Jury und die Tendenz des Programms im allgemeinen schon deutlich, welchen Stil oder welche Stilkombination die Organisatoren erwarteten. Die Entscheidung ließ sich dadurch fast vorhersagen. In unserem Jahrhundert kam es zu tiefgehenden Meinungsverschiedenheiten zwischen den Anhängern des traditionellen Bauens und den sogenannten modernen Architekten, die vor allem die Prinzipien und Ausdrucksmöglichkeiten der 'neuen Bauens' fördern und propagieren wollten. Natürlich ist diese Zweiteilung eine Vereinfachung. Aber bei sorgfältigem Studium der Geschichte einzelner Wettbewerbe läßt sich feststellen, welch unheilvolle Verwirrung die Verfolgung bestimmter, miteinander unverträglicher Theorien anrichten konnte. Dabei handelte es sich meist nicht um den simplen Gegensatz zwischen traditionellem Bauen und Moderne. Meist waren es dazwischen angesiedelte Theorien, die von einseitigen Juroren zuweilen sehr hartnäckig vertreten wurden. Hin und wieder gebärdete sich ein Teilnehmer als David gegenüber Goliath

Seite 180 oben: Vogelschau aus Griffins Entwurf für Canberra. Unten eine neuere Luftaufnahme der Stadt aus demselben Blickwinkel, von Nordosten.

und kämpfte mit dem Mut des Verzweifelten für die Durchsetzung seines Entwurfs. Das geschah bei Le Corbusiers und Jeannerets Projekt zum Wettbewerb für das Völkerbundsgebäude in Genf im Jahre 1927.
Nachstehend werde ich einige bedeutende Wettbewerbe aus der ersten Hälfte unseres Jahrhunderts behandeln und dabei vor allem die ideologischen Standpunkte der Organisatoren, der Juroren und der Einsender der preisgekrönten Entwürfe beleuchten. Es handelt sich dabei um den Plan für Canberra, die neue politische Hauptstadt Australiens, ein städtebauliches Projekt, das der unbekannte Architekt Walter Burley Griffin aus Chicago im Jahre 1912 entgegen dem Wunsch der Jury gewann; um den Wettbewerb für den Chicago Tribune Tower aus dem Jahre 1922 und schließlich um den Wettbewerb zum Völkerbundsgebäude in Genf aus dem Jahre 1927, der in einem absoluten Fehlschlag endete. Daraus läßt sich ablesen, welche Fehler bei der Formulierung der Zielsetzungen und bei der Beurteilung und Honorierung der Einsendungen gemacht wurden, aber auch, wie man zuweilen bedeutende Projekte leichtfertig aufs Spiel setzte. In den meisten Fällen war keine Rede von einer nüchternen und gerechten Urteilsfindung. Eine Reihe von Entwürfen mit bedeutenden Innovationen wurde als unausführbar abgelehnt. Oftmals wurden die Auftraggeber aufgrund eines Kompromisses der Jury gezwungen, einen konservativen oder konventionellen Plan auszuführen.

Einige bedeutende Wettbewerbe aus den ersten Jahrzehnten dieses Jahrhunderts waren nicht einwandfrei vorbereitet: Die Aufgabe war nicht eindeutig beschrieben, vernünftige Richtlinien fehlten, oder, noch schlimmer, man konnte sich nicht über die zu ernennenden Juroren einigen.
Einen in dieser Hinsicht schlechten Ruf hatte die Konkurrenz des Jahres 1911 zum Bau der neuen Bundeshauptstadt Australiens auf einem freien Gelände in der Nähe von Canberra. Dieser Wettbewerb war derart schlecht vorbereitet, daß viele internationale Architektenorganisationen jegliche Identifikation damit ablehnten. Es handelte sich um ein bauliches ebenso wie städtebauliches Projekt. Zuerst

Der preisgekrönte Wettbewerbsentwurf von Walter Burley Griffin für die australische Hauptstadt Canberra, 1912.

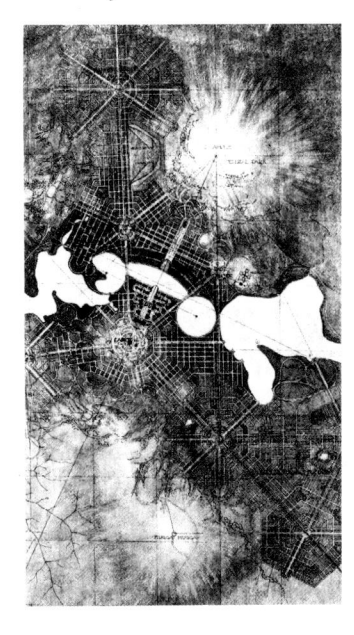

bezweifelte man die Eignung des Geländes. Aber die größten Bedenken erhoben sich mit Blick auf die Zusammensetzung der Jury, die großenteils aus ortsansässigen Tief- und Wasserbauingenieuren bestand. Der Sekretär des Royal Institute of British Architects in London meldete seine Bedenken an, besonders im Namen der australischen Architekten, die Mitglied dieser Organisation waren. Man war der Ansicht, daß der Jury nicht genug Architekten angehörten. Der australische Hochkommissar wies die Einwände mit den Worten zurück: 'Den Charakter des Wettbewerbs gilt es hier zu beachten. Es handelt sich dabei nicht um die Errichtung eines einzelnen Gebäudes oder einer Ansammlung von Gebäuden. Hier geht es um den Aufbau einer ganz neuen Stadt.' Auf diese Weise verstand er es zu verhindern, daß vom RIBA aus dessen australischem Mitgliederbestand Architekten in die Jury berufen wurden, und bewirkte dadurch eine Situation, die dazu führte, daß die britischen und diesen verbundene Organisationen beschlossen, den Wettbewerb völlig zu boykottieren.

Infolgedessen erhielten unabhängige Außenseiter eine Chance, die sie auch wahrnahmen. Gewinner wurde schließlich der talentierte amerikanische Architekt Walter Burley Griffin aus Chicago, einer der begabtesten Schüler von Frank Lloyd Wright. Der bedeutende finnische Architekt Elien Saarinen wurde zweiter Preisträger. Ironischerweise erlebte er dasselbe etwa zehn Jahre später beim Wettbewerb zum Chicago Tribune Tower. Der Architekt Agache aus Paris erhielt den dritten Preis. Griffins Entwurf war ein grandios angelegter städtebaulicher Plan. Darin verlieh er den Prinzipien der Verkehrsplanung und der Situierung der Gebäude auf neue und authentische Weise Inhalt und Form. Ähnliches war L'Enfant bereits im achtzehnten Jahrhundert in seinem Entwurf für Washington gelungen. Auch Ebenezer Howard, der geistige Vater der Gartenstadtbewegung zu Beginn des zwanzigsten Jahrhunderts, hatte dies in seinem 'Zwei-Magneten'-Diagramm verarbeitet. Derartige Entwürfe waren im Buch von Charles Mulford Robinson, 'Modern Civic Art: The City made Beautiful' (1903), das für eine praktische Basis städtebaulicher Ästhetik plädierte, bereits ausführlich beschrieben worden. Suggestiv pries Robinson darin die Eigenschaften einer Stadt, die nicht allein vom Künstler, sondern auch vom 'sozialen Reformer' geplant wird, der eine 'saubere, gesunde und erbauliche, aber auch für das Auge angenehme menschliche Umwelt anstrebt.' Griffin erbaute eine Art Talstadt mit einer imposanten, neuen, symmetrischen Wasserpartie, die von zwei großen Achsen beherrscht wurde. Die eine führte durch das Land zwischen den Bergen Ainslie und Bimberie in einer Länge von etwa 30 Meilen. Die andere erstreckte sich vom Fluß aus bis an den Black Mountain und machte die Anlage einer großen, dekorativen Wasserstraße erforderlich. Die Hauptachsen sowie einige kleinere schnitten sich im Zentrum der geplanten Stadt, in dem die wichtigsten öffentlichen Gebäude vorgesehen waren. Thomas Adams, einer der Begründer der britischen Gartenstadtbewegung, übte später scharfe Kritik an dem wenig innovativen Charakter dieses geometrischen Systems. Diese grundsätzliche Kritik tat aber den verdienstvollen 'modernen' Entwürfen für die Gebäude keinen Abbruch, die vielleicht an das Werk von Garnier erinnerten, aber dennoch ausgesprochen amerikanisch waren.

1922 wurde in Amerika ein Wettbewerb ausgeschrieben, dessen zentrales Thema der Wolkenkratzer darstellte. Diese Gebäudeform hatte die Amerikaner schon seit Beginn des Jahrhunderts beschäftigt. Auch viele europäische Avantgardisten faszinierte dieses 'moderne' Phänomen, lag es doch genau auf der Linie ihrer Vorstellungen über eine neue Architektur.
In den Publikationen zum Wettbewerb von 1922 für den Chicago Tribune Tower wurde verkündet, daß die Architekten nunmehr endlich Gelegenheit bekommen sollten, das fortschrittlichste Beispiel dieses Gebäudetyps für den Michigan Boulevard zu planen. Amerika war darauf vorbereitet, und Europa brauchte nicht zurückzustehen. Die folgenden Auseinandersetzungen zwischen den Teilnehmern und den Befürwortern und Gegnern ihrer Entwürfe setzten eine Diskussion über die Zukunft des amerikanischen Wolkenkratzers in Gang, die noch lange nach Beendigung des Wettbewerbs andauerte. Wenngleich es nicht ausgesprochen wurde, so ist doch nicht daran zu zweifeln, daß

Wettbewerbsentwurf von Eliel Saarinen für die australische Hauptstadt Canberra, der mit einem zweiten Preis ausgezeichnet wurde.

man meinte, die Gewinner sollten Amerikaner sein. Der Wettbewerb erregte weltweites Aufsehen. Am 1. Dezember 1922, dem für Postsendungen verlängerten Schlußdatum, waren 204 Entwürfe aus dem Ausland eingegangen, und danach trafen noch weitere 50 ein. Die Beiträge kamen aus 23 Ländern. Viele der ausländischen (europäischen) Arbeiten basierten noch auf dem klassizistischen Formenkanon. Dennoch gab es auch einzelne moderne Entwürfe, wie die von Bruno Taut, Walter Gropius und Adolf Meyer, die zwar keinen Preis erhielten, aber später bei den Architekturkritikern und -historikern Lob ernteten. Man kann sogar behaupten, daß der Bürotrakt von Gropius und Meyer eine Grundform für das moderne Verwaltungsgebäude lieferte. An diesem Projekt wurde der Einfluß des bahnbrechenden Entwurfs vom Frank Lloyd Wright aus dem Jahre 1904 für die Firma Larkin in Buffalo deutlich. Ließe sich eine Art Richter-Skala für Merkmale der modernen Architektur anwenden, dann würde der Entwurf von Gropius und Meyer zweifellos den höchstmöglichen Wert erreichen: Er schlug wie eine Bombe ein. Aber leider kam er zu spät an, um noch für die Beurteilung in Frage kommen zu können. Das Projekt war hochmodern, sowohl aufgrund der technischen Neuerungen als auch durch seine effiziente, expressive 'funktionale' Gestaltung. Vielleicht war es in seiner Einfachheit für einen Wettbewerb zu klar und eindeutig, ebenso wie einige andere Entwürfe, etwa der von Bijvoet und Duiker.

Das Wettbewerbsreglement verpflichtete die Teilnehmer zur Verwendung nur einer Farbe für ihre Zeichnungen. Das machte es wahrscheinlich leichter, eine sich wiederholende und undekorierte Fassade darzustellen. Obwohl Farbzeichnungen also verboten waren, wurde die Verwendung von schwarzer Wasserfarbe später in den 'Antworten auf Fragen' für Schwarzweißzeichnungen wohl zugestanden. Den Traditionalisten war es dadurch nicht möglich, die sorgfältig ausgearbeiteten Aquarelle anzufertigen, die normalerweise zu ihren Entwürfen gehörten. Man kann durchaus sagen, daß diese Regelung den modernen Architekten unmittelbar zugute kam.

Das Wettbewerbsprogramm sagte aber nichts über die Bevorzugung eines bestimmten Stils aus. Die Veranstalter forderten lediglich einen Entwurf für das 'schönste Bürohaus der Welt' - eine Zielsetzung, die leider nicht verwirklicht wurde, da man die Arbeit von Hood und Howells mit dem ersten Preis auszeichnete. Obwohl es sich um einen beeindruckenden Entwurf im damals noch sehr beliebten neogotischen Stil handelte, hatte er weder die bautechnischen Qualitäten noch den großstädtischen Charakter, durch die sich zum Beispiel das Woolworth-Gebäude in New York auszeichnete. Ebensowenig hatte er das Format einiger bekannter Gebäude in Chicago, die ganz in der Nähe standen. Es war ein Bauwerk, das die 'Sehnsucht nach dem Schönen' ausstrahlte: laut Sullivan eine Vorstellung, die von der Hochromantik bestimmt war. Aber ob die 'Hochromantik' sich so gut dazu eignete, das Verwaltungsgebäude einer nationalen Zeitung zum 'lebendigen Symbol' zu gestalten, sei dahingestellt. In den zwanziger Jahren hätte man eigentlich Wert auf ein Gebäude legen sollen, das eine schnelle und wirtschaftliche Zeitungsproduktion symbolisierte, wie zehn Jahre danach die Bauten von Sir Owen Williams für den 'Daily Express' in London, Manchester und Glasgow.

Viele erwarteten, daß der Wettbewerb zur raschen Anerkennung des 'neuen Bauens' führen würde. Das geschah jedoch nicht. Wohl wurde zumindest theoretisch die Gelegenheit geboten, den besten Entwurf für einen völlig neuen Wolkenkratzertyp auszuwählen. Die progressive Stadt Chicago, so meinte man, war der richtige Ort für eine derartige Herausforderung. Und tatsächlich sollte der allgemein bewunderte Entwurf des finnischen Architekten Eliel Saarinen gemäß einer vorläufigen Ankündigung den ersten Preis bekommen. Aber die Juroren zogen ihre Entscheidung zurück, und ein sicheres 'gotisches' und amerikanisches Projekt - von Hood und Howells - wurde als das geeignetste, modernste und für das Verwaltungsgebäude der Zeitung symbolischste vorgezogen. Viele waren über diese Entscheidung entrüstet. Louis Sullivan schrieb in der Februarausgabe 1923 der *Architectural Record* einen feurigen Protest. Er begann seinen Aufsatz mit dem Hinweis auf das Hauptziel des Wettbewerbs: 'Ein Entwurf für ein apartes und beeindruckendes Gebäude - das schönste Bürogebäude der Welt.' Die 'Tribune', so schrieb er, 'hatte den Kopf in den Wolken', und die Vorstellungen der Organisatoren seien von Romantik erfüllt, 'der Hochromantik, die den Wesensgehalt und den vitalen Impuls aller bedeutenden Werke des Menschen darstellt.' Und er fuhr fort: 'In diesem Licht betrachtet, stehen der zweite und der erste Preis auf gleicher Ebene. Die Entscheidung der Jury wurde zweimal revidiert. Aber der zweite Preis gehört aufgrund seiner hervorragenden und eindrucksvollen Gestaltung tatsächlich auf den ersten Platz. Der erste Preis trägt deutlich den Stempel einer vergangenen Zeit. Das finnische Meisterwerk dagegen ist nicht nur die Stimme des einsamen Rufers in der Wüste; es ist ein tönender Aufruf, der die

Perspektivzeichnung aus dem Wettbewerbsentwurf von Eliel Saarinen für Canberra von Nordwesten.

Zeiten überdauert und die Wüste mit Leben erfüllt.'
Sullivan fuhr fort, die Tugenden dieses 'finnischen Meisters voller Ideen' zu preisen. Er behauptete sogar, daß dieser Ausländer das rechte Einfühlungsvermögen habe, um zum Kern des amerikanischen Volkes durchzudringen. Weshalb also verwarf die Jury ein solches Kleinod? Weil es sich um ein imaginäres Gebäude handelte, folgerte Sullivan. Er räumte ein, daß der Finne selbst an die große Idee glaubte, aber die praktischen Konsequenzen seines Entwurfs nicht ganz durchschaute. Der Jury fehlte es an Vertrauen, und deshalb entschied sie sich für den sicheren Weg.
In seinem Buch 'The Arch Lectures' wies Sullivans Freund und Bewunderer, Claude Bragdon, 1942 auf den bedeutenden Einfluß von Cass Gilbert auf die Gestaltung von Wolkenkratzern hin. Dieser Einfluß habe seinen Höhepunkt im preisgekrönten Entwurf von Hood und Howells erreicht. Bragdon beschrieb dieses Projekt als pseudo-gotisch im Stil, ein schönes Schmuckstück, das so malerisch und mittelalterlich wie möglich entworfen war, wenngleich 'das Dachproblem nicht ganz gelungen gelöst wurde.' Saarinens mit dem zweiten Preis ausgezeichnetes Projekt nannte er versöhnlich den 'Entwurf, mit dem der Verlierer gewinnt.' Er lobte ihn als einen 'geglückten Beitrag von großer Schlichtheit und Ehrlichkeit, der, ohne anmaßend zu sein, mit seinem quadratischen Stumpfturm einen unbeschreiblich gefälligen Eindruck macht....' Und unter Berufung auf seinen Freund sagte er: 'Sullivan begrüßte diesen Entwurf als die Rückkehr zu den Prinzipien, die er immer befürwortet und beachtet hatte, und zugleich als deren Fortsetzung.' Die Diskussion erfolgte in jenen Tagen vornehmlich zwischen den Befürwortern und den Gegnern dieser beiden bedeutenden Entwürfe. Unter den Einsendungen waren viele andere Beispiele amerikanischer Pseudo-Gotik, und unter den ausländischen fanden sich einige, die Hitchcock zur 'neuen Tradition' zählte. Dennoch beschränkten sich die meisten Kritiker in ihren Besprechungen auf die Verdienste und Mängel der Projekte von Hood-Howells und Saarinen. Selbst Mitbewerber, wie Bernard Goodhue, erklärten, daß Saarinens Entwurf 'eine Klasse für sich war und auf einsamer Höhe stand.'
In seinem grundlegenden Buch 'American Architecture of Today' (New York 1928) bezeichnete G.H. Edgel den Plan von Howells und Hood als 'den bestgelungenen Entwurf in einem der aufsehenerregendsten Wettbewerbe der letzten zehn Jahre: die Entscheidung war ein Triumph für die Tradition.' Es handele sich, so behauptete er, um 'eines der schönsten amerikanischen Gebäude.' Sheldon Cheney nannte den Wettbewerb in seinem Buch 'The New World Architecture' (New York 1930) 'das einschneidendste Ereignis der Übergangsjahre', das 'in Chicago stattfand, der Geburtstätte des Wolkenkratzers.'

Obwohl Saarinens Entwurf niemals realisiert wurde, war er von entscheidendem, weitreichendem Einfluß. Hinter Bragdons Bemerkung, daß Hoods ungeschmücktes und vertikales Daily-News-Gebäude in New York 'ganz im Geiste von Saarinens abgelehntem Entwurf (für den Tribune Tower) war und sich grundsätzlich vom preisgekrönten Plan unterschied', verbirgt sich eine Art Rechtfertigung. Hoods eigenes Werk wurde in seiner Detaillierung zunehmend strenger. Bragdon wies darauf hin, daß auch auf breiterer Basis 'Saarinen einen deutlichen Einfluß auf den Bau von Wolkenkratzern ausgeübt hat, vor allem in Chicago. Dort wandte man seine Formel unter anderem bei den Gebäuden der Industrie- und Handelskammer und von Palmolive an.' Tatsächlich lenkten diese Bauten die Aufmerksamkeit auf 'Trends, die sich schon vorher bemerkbar gemacht hatten und die sich in der Gruppe des Rockefeller Centers entfalteten - einfache, rechteckige Massen, aufwärts strebende Linien, keine Dachfirste und im allgemeinen kein Dekor'. Mit George Howes Hochhaus für die Philadelphia Saving Fund Society von 1929 (geplant bereits 1926) wurde ein wirklich progressiver und moderner Stil für den amerikanischen Wolkenkratzer geboren.
'Ausgehend von der früheren amerikanischen Formgebung, kann man dieses Projekt als eine Synthese zwischen der Suche nach Ausgewogenheit der Horizontalen und Vertikalen in einem Gebäude - wie dies am deutlichsten in den Bayard und Guaranty Buildings zu erkennen ist - und dem Streben nach dem Ausdruck der Macht verstehen, wie es der konstruktiv etwas weniger differenzierte Entwurf von Frank Lloyd Wright für den San Francisco Call von 1912 zeigt.' Mit dieser Behauptung unterstrich Robert A.M. Stern in seinem Buch 'George Howe' den Zusammenhang zwischen der Philadelphia Saving Fund Society und dem Wettbewerb für den Chicago Tribune Tower: 'Von außen gleicht er am meisten dem niemals eingesandten Entwurf des dänischen Architekten Knud Lönberg-Holm. Dieser erschien wohl ausführlich illustriert in verschiedenen europäischen Zeitschriften. Obwohl er in konstruktiver und funktionaler Hinsicht nur spärlich ausgearbeitet war, konnte er sich aufgrund der feinfühligen Anwendung des farbigen Verkleidungsmaterials mit Howes strengerem und weniger blendendem Entwurf messen.'
Saarinen veranlaßte die Tatsache, daß er den Wettbewerb fast gewonnen hatte, dazu, seinen Wohnsitz in die USA zu verlegen. Im Jahre 1924 erhielt er einen Ruf als Gastdozent an die University of Michigan. Einer seiner Studenten dort war der Sohn des englischen Verlegers George Booth, zu dessen Zeitungsimperium auch die 'Detroit News' gehörte. Booth erteilte Saarinen den Auftrag zum Entwurf einer Reihe von Gebäuden mit erzieherischen Zielsetzungen. Dazu gehörten ein

Sechs Entwürfe für den Chicago Tribune Tower, 1922. Oben von links nach rechts: Der preisgekrönte Entwurf von Hood und Howells, das Projekt des zweiten Preisträgers Eliel Saarinen und der Entwurf von Bertram G. Goodhue aus New York.

Unten: Die Projekte von Paul Gerhardt aus Chicago, Adolf Loos aus Wien und Bijvoet und Duiker aus den Niederlanden.

Hood, Howells

Eliel Saarinen

Bertram G. Goodhue

Paul Gerhardt

Adolf Loos

Bijvoet, Duiker

Museum mit Bibliothek und eine Knabenschule auf Cranbrook, dem Landgut der Familie Booth in Bloomfield Hills/Michigan. Saarinen wurde auch zum Präsidenten der Kunstakademie in Cranbrook ernannt. Diese Aufgabe nahm er von 1932 bis zu seinem Tod im Jahre 1950 wahr.
In Zusammenarbeit mit dem bedeutenden schwedischen Bildhauer Carl Milles führte Saarinen auch einen postuniversitären Lehrgang durch, in dem das Handwerkliche stark betont wurde. Daneben war er als frei praktizierender Architekt tätig. Er entwarf mehrere Kirchen und Schulen in verschiedenen Gegenden der USA. Später arbeitete er mit seinem Sohn Eero zusammen.
Die Zielsetzungen des Wettbewerbs für den Chicago Tribune Tower waren unklar formuliert. Einerseits forderte man ein modernes, solides und effizientes Verwaltungsgebäude, andererseits wünschte man 'das schönste Bürogebäude der Welt.' Diese Ziele lagen aber weit auseinander. Sie zeugten von der Kluft zwischen den amerikanischen Organisatoren, die den Wettbewerb im Kontext der neuen 'künstlerischen' Wolkenkratzerideale sahen, und den Architekten des europäischen 'neuen Bauens', die sich der Ästhetik einer neuen Glasarchitektur mit klaren, einfachen, geradlinigen Strukturen verschrieben hatten.
Die Europäer widmeten in ihren Entwürfen der Funktionalität besondere Aufmerksamkeit. Sie lehnten die rein dekorative Gestaltung ab, nach der die Generation der

Dänen Knud Lönberg-Holm. Bruno Taut, Walter Gunther und Kurt Schütz.

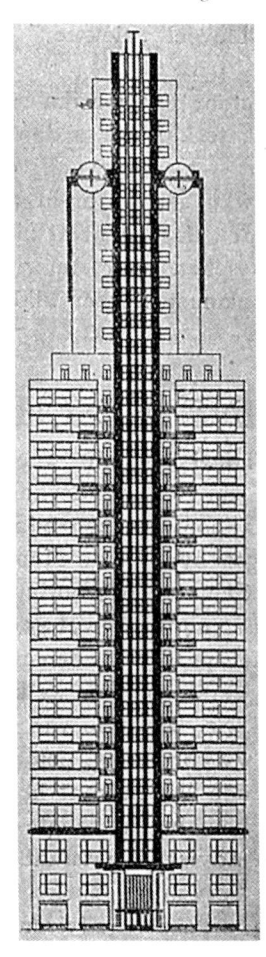

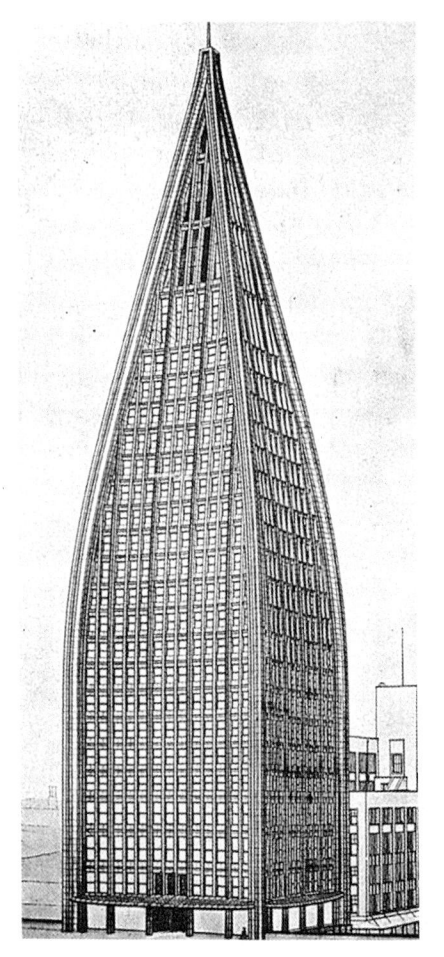

amerikanischen Architekten nach Sullivan verlangte. Sie verabscheuten jedes Ornament, das ihnen in den Worten von Adolf Loos von 1908 als 'Verbrechen' erschien. Diese Behauptung gewann in den zwanziger Jahren in Europa immer mehr an Boden. Dennoch war es ausgerechnet Loos, der für das neue Zeitungsgebäude einen Entwurf in der Gestalt einer strengen dorischen Säule auf einem Sockel einreichte. Als Rechtfertigung für dieses im Grunde höchst altmodische Projekt gab er an, daß Zeitungen, mit denen er als Journalist vertraut war, auch aus Kolumnen (lat. *columna* = Säule) zusammengesetzt seien. Er wollte 'etwas errichten, das - sowohl im Abbild als auch in Wirklichkeit - einen unauslöschlichen Eindruck auf alle, die es betrachteten, machen sollte (...), ein Monument, das Intellektuelle gleich an die Chicago Tribune denken lassen sollte.'
Dies war keine neue Idee. Eine ähnliche, aber noch höhere Säule hatte man bereits im neunzehnten Jahrhundert für das prominenteste Gebäude zur Zweihundertjahrfeier der Stadt Detroit entworfen. In einem seiner Artikel im 'Interstate Architect and Builder' von 1901/02 hatte Louis Sullivan diesen Entwurf in der für ihn typischen Weise verrissen. Der Plan, so schrieb er, sei ein typisches Beispiel für den 'Mangel an Phantasie' in der Architektur. Obwohl er nicht so weit ging, den Architekten beim Namen zu nennen, machte er doch dessen Behauptung lächerlich, daß er 'die größte Säule der Welt' entworfen habe, die man einmal 'im gleichen Atemzug mit den berühmtesten Monumenten aller Zeiten nennen' werde. Darauf anspielend, meinte Sullivan, es sei gut möglich, daß diese Säule wohl einmal 'zu den berüchtigtsten Monumenten aller Zeiten gehören' wurde.
Interessant ist in diesem Zusammenhang, daß Sullivan früher einmal Richtlinien zum Entwurf hoher Gebäude entwickelt hatte, die auf dem Aufbau der klassischen Säule fußten. 'Der bearbeitete Sockel', sagte er, 'ist das Vorbild für die unteren Etagen des Gebäudes. Der glatte oder kannelierte Leib suggeriert die monotone, ununterbrochene Folge der Bürogeschosse' usw.
Im Februar 1923, ein Jahr vor seinem Tode, schrieb Sullivan in 'The Architectural Record' einen vernichtenden Artikel über den Wettbewerb zum Chicago Tribune Tower. Darin wurde Saarinens abgelehnter Entwurf über alle Maßen gelobt, aber über die Säule von Loos findet sich kein einziges Wort.

Ein bemerkenswerter Entwurf, innovativ und mit weitreichenden Folgen, war derjenige von Bruno Taut, der sogenannte 'glockenförmige' Wolkenkratzer. Zweifellos war dieses Projekt ein geschickter Kompromiß zwischen dem zur Neugotik tendierenden amerikanischen Traditionalismus und der utopischen Moderne von Scheerbarts kristalliner Welt der Glasarchitektur in Form einer Betonkonstruktion.
In mancher Hinsicht noch beachtlicher war der Entwurf von Bijvoet und Duiker. Sie vergrößerten die Präriehaus-Elemente Frank Lloyd Wrights und seiner Nachfolger zum Wolkenkratzerformat, bedienten sich aber in der Stufenfolge von Horizontalen und Vertikalen der Formensprache der Stijl-Architektur. Henry-Russell Hitchcock bezeichnete den

Drei Entwürfe zum Völkerbundspalais in Genf, 1927; links oben von Hakon Ahlberg aus Stockholm, daneben von Emil Fahrenkamp und Albert Deneke aus Düsseldorf. Unten der Plan des von Auguste Perret beeinflußten Parisers Louis H. Boileau.

Entwurf in seinem Buch 'Modern Architecture' (1929) als 'eines der wenigen Projekte, die bereits in diesem Wettbewerb eine Antwort der Neuen Tradition darstellten.'

Ein bedeutender europäischer Architekturwettbewerb wurde 1927 für das neue Völkerbundsgebäude in Genf ausgeschrieben. Zu den Juroren gehörten einige Koryphäen der modernen Architektur: neben dem Vorsitzenden Victor Horta der Niederländer Hendrik Petrus Berlage, der Österreicher Josef Hoffmann, der Schweizer Karl Moser (der ein Jahr darauf erster Vorsitzender der CIAM wurde) und der Schwede Ivan Tengbom. Die übrigen Preisrichter waren weniger bekannte, aber zu ihrer Zeit sehr erfolgreiche praktizierende Architekten aus verschiedenen europäischen Ländern: Sir John Burnett (London), C. Gato (Madrid), C. Lemaresquier (Paris) und A. Muggia (Bologna). Diese gemischte Gesellschaft eigenwilliger Individualisten bot von vornherein die Garantie für eine Vielfalt der preisgekrönten Entwürfe. Aber aus nachträglicher Sicht war es auch unwahrscheinlich, daß eine solche heterogene internationale Architektengruppe zu einer anderen als pragmatischen Lösung kommen könnte. Genau das zeigte sich auch nach sechswöchiger Beratung über die 377 Zeichnungsmappen (die nebeneinandergelegt schätzungsweise eine Strecke von acht Meilen bedeckt hätten). Keiner dieser Entwürfe wurde befürwortet: Die Jury entschied einstimmig, daß der Wettbewerb kein einziges ausführbares Resultat erbracht habe. Wohl beschloß man, ebenfalls einstimmig, den Betrag von 165000 Schweizer Franken auf 27 Entwürfe zu verteilen: neun Preise zu je 12000 Franken, neun Preise zu je 3800 Franken für die lobende Erwähnung erster Klasse und neun Preise zu je 2500 Franken für die lobende Erwähnung zweiter Klasse. Die Auswahl von 27 auszuzeichnenden Entwürfen beweist deutlich die Unentschiedenheit aller und die Offenheit der modernen Juroren. Über das Niveau der ausgezeichneten Entwürfe herrschte eine geradezu rührende Übereinstimmung: Alles war erlaubt, sofern es den unterschiedlichen Auffassungen der diversen Preisrichter über 'architektonische und künstlerische' Qualitäten entsprach. Es verwundert demnach nicht, daß riesige, Schinkel nachempfundene Entwürfe als architektonische Monumente neben extravaganten Musterbeispielen der Pariser Beaux-Arts standen. Hinzu kamen mit den Entwürfen von Le Corbusier und Pierre Jeanneret sowie von Hannes Meyer und Hans Wittwer noch einige Höhepunkte der modernen Architektur. Alle Projekte scheinen mehr aus stilistischen als aus ideologischen Erwägungen ausgezeichnet worden zu sein.

Der veröffentlichte Bericht der Jury ermöglicht einige Rückschlüsse auf die Absichten der Juroren und die Art ihrer Urteilsfindung. Nachdem die Preisrichter die Entwürfe studiert und deren bauliche und künstlerische Qualitäten unter Berücksichtigung der Situierung, des internen und externen Verkehrsflusses, der Organisation und Form des Gebäudes, der Konstruktion und der logischen baulichen Abwicklung geprüft hatten, stellten sie fest, daß ein 'enormer Ideenreichtum' vorhanden war. Aber sie waren sich auch darüber einig, daß die meisten Teilnehmer sich 'nicht streng genug an die Forderungen des Programms gehalten hatten.' Dazu wurde festgestellt: 'Die Tatsache, daß die Entwürfe sich in ihrer Interpretation des Grundrisses fundamental voneinander unterscheiden, ist der Übergangsphase zuzuschreiben, in der die zeitgenössische Architektur sich befindet.' Dies ist eine enthüllende Behauptung. Sie unterstreicht die Überzeugung der Jury, daß sich in der Architekturwelt eine Art darwinistischer Evolution vollzog. Auch wenn wenig über das Resultat und über das angestrebte Ziel gesagt wird, so läßt sich dennoch daraus folgern, daß man die moderne Architektur als einen zumindest vorübergehenden Höhepunkt in diesem Prozeß verstand. Logischerweise hätte man unter diesen Umständen die Beiträge in dieser Stilrichtung gesondert bewerten müssen. Das geschah jedoch nicht. Ebensowenig konnte man aus der Rangfolge der Preisverteilung etwas Entsprechendes erkennen. Der Entwurf von Le Corbusier und Jeanneret (Nr. 273) fiel dadurch auf, daß seine Ästhetik im schroffen Gegensatz zu jener der meisten Entwürfe in der Hauptklasse stand. Das nationalistische Projekt, das Emil Fahrenkamp und A. Deneke aus Düsseldorf eingesandt hatten (Nr. 332), war im übrigen das einzige Lippenbekenntnis zur neuen Architektur, und das noch mit eine Andeutung von Expressionismus. Hannes Meyer und Hans Wittwer aus Basel paßten nicht so recht in die lobenden Erwähnungen der zweiten Klasse, zu dem bekannten 'phantastischen Expressionismus' von J.W. Luthman (Den Haag) und dem mit einem charmanten Hauch von schwedischem Nationalismus geschmückten Entwurf von Hakon Ahlberg (Stockholm). In dieser zweiten Gruppe lobender Erwähnungen fanden sich auch drei Beispiele einer gut ausgearbeiteten 'gemäßigten' Moderne. Dabei repräsentierte der Entwurf von H.T. Wijdeveld die damals gängige, interessante Fassadenstruktur. In diesem ansprechenden, asymmetrischen Entwurf war vor allem das Problem des Verkehrsabwicklung gut gelöst, und es wurde darin für eine Unterteilung des Raumes nach Funktionen plädiert. Diese Bereiche waren jeweils durch ihre eigene Symbolik gekennzeichnet. So deutete der Ratssaal des Völkerbunds durch seine gigantische, halbrunde Form das demokratische Verfahren an. Die Einsendungen von Paul Bonatz und Fritz Scholer (Nr. 241), der Architekten des Stuttgarter Hauptbahnhofs, gingen das Problem auf eine etwas robustere Weise an. Eine typische 'Mietshausfassade' kontrastierte zum asymmetrisch angebrachten offenen Innenhof, in dem sich ebenfalls ein großer, halbkreisförmiger Saal befand.
Von allen diesen Projekten war das von A. Fischer-Essen und R. Speidel der neuen Berliner Architektur am ehesten verwandt. Es bestand aus riesigen, quadratischen Blocks mit Flachdächern in einer Art Mendelsohn-Stil und einer Folge immer kleiner werdender Innenhöfe.
Keines dieser Projekte konnte als 'traditionell' bezeichnet oder in irgendeinen neoklassizistischen Stil eingeordnet werden. Das blieb den Meistern jenes grotesken akademischen Städtebaus wie Broggi, Vaccaro und Franzi (Rom), Camille Le-fèvre (Paris) und all denen vorbehalten, die darauf bedacht waren, dem Publikum und der Jury gefällig zu sein, indem sie

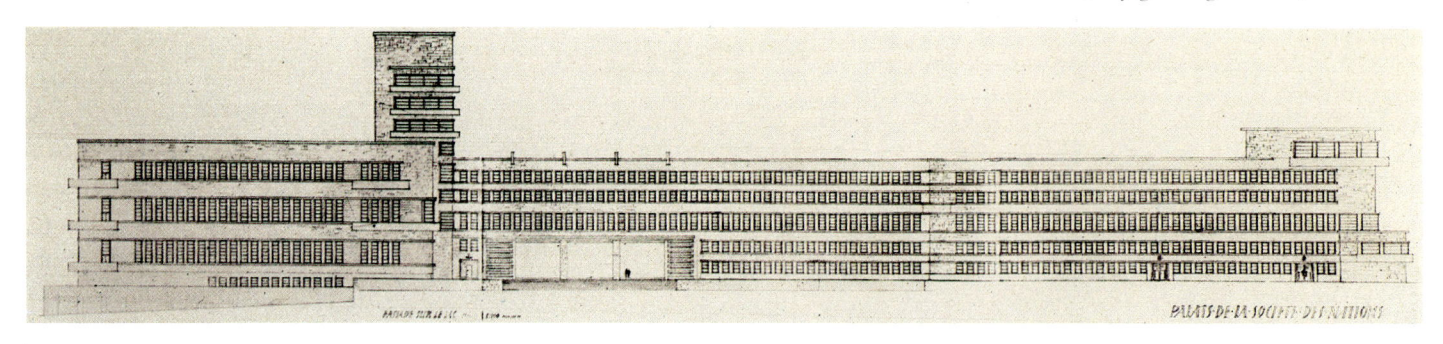

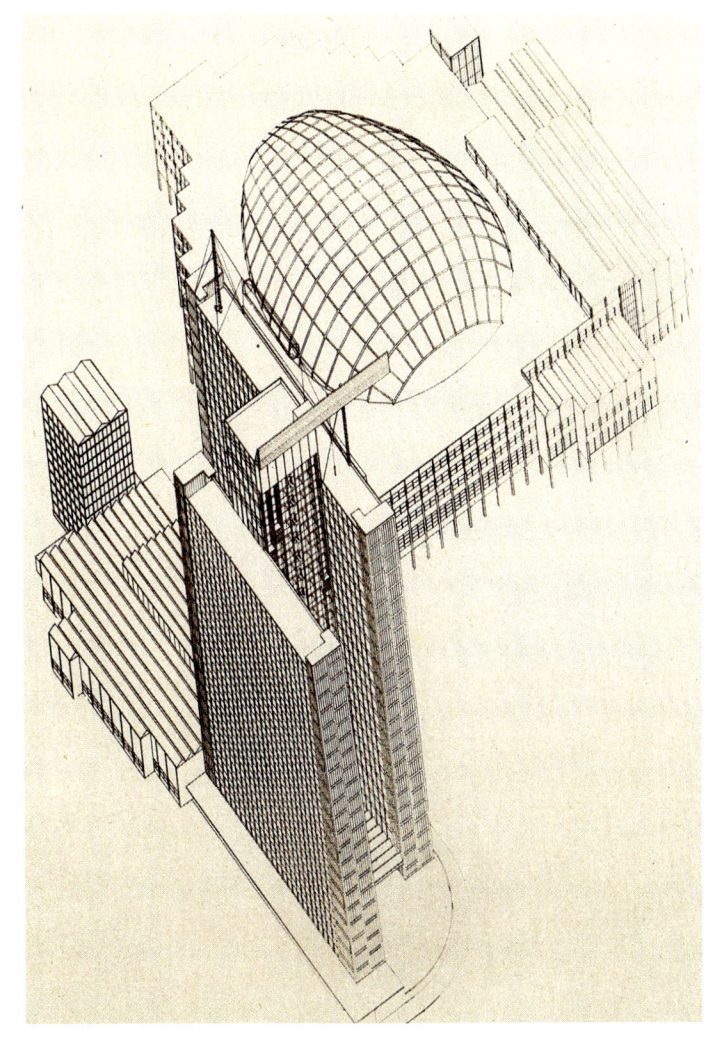

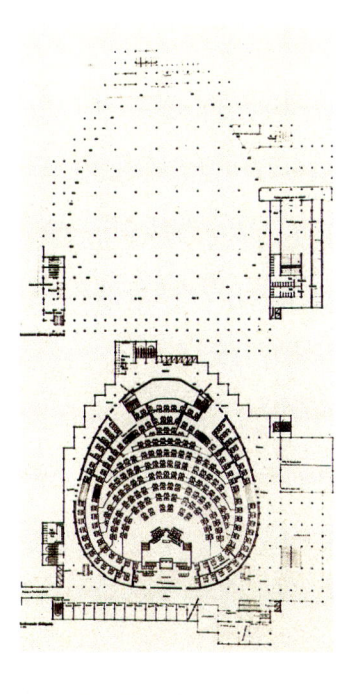

Einer der 'Höhepunkte der neuen Architektur' beim Wettbewerb für das Völkerbundspalais war der Entwurf von Hannes Meyer und Hans Wittwer (Grundriß und Perspektivzeichnung links). Er erhielt zusammen mit acht anderen eine lobende Erwähnung zweiter Klasse, ebenso wie der Entwurf von Hendricus Th. Wijdeveld aus Amsterdam (Perspektiv- und Fassadenzeichnung direkt unter diesem Text).

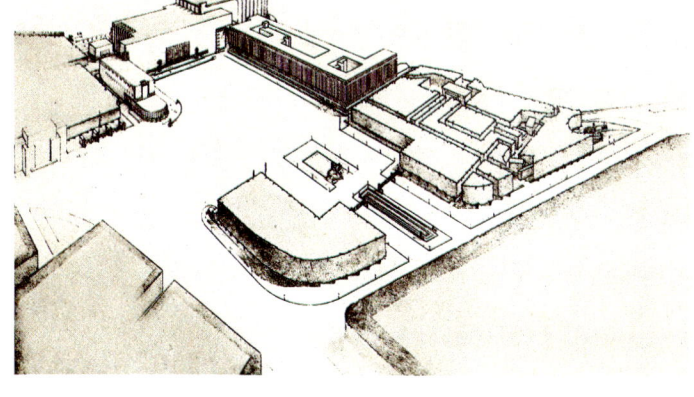

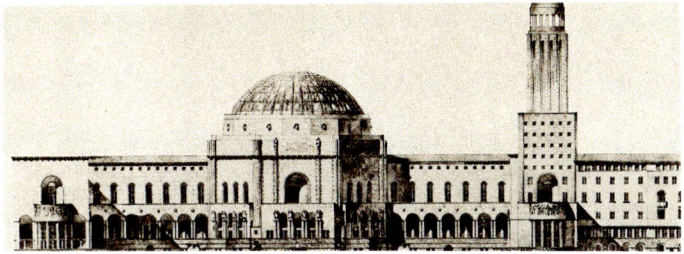

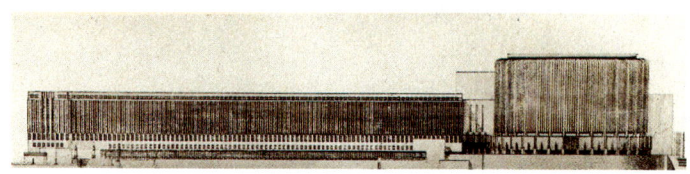

Seite 188: Entwurf für das Völkerbundspalais von A. Fischer-Essen und R. Speidel aus Essen, ferner die Projekte von Camille Lefèvre aus Paris (unten), Giuseppe Vago aus Rom (oben) und Carlo Broggi, Giuseppe Vaccaro und Luigi Franzi aus Rom (rechts). Vago, Broggi und Lefèvre gehörten zu dem Team, welches das Völkerbundspalais schließlich plante.

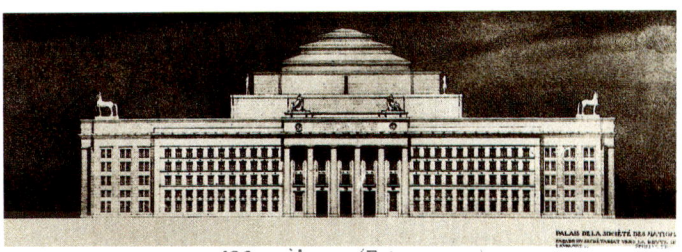

Oben das Palais des Nations, das Gebäude des Völkerbunds, bis dieser 1946 aufgelöst wurde. Im Jahre 1937 wurde der Palast offiziell eröffnet, nachdem im Jahre 1929 ein definitiver Entwurf Zustimmung gefunden hatte. Er wurde von fünf Architekten erarbeitet, die beim Wettbewerb alle eine lobende Erwähnung erster Klasse erhalten hatten: Henri Paul Nénot, Carlo Broggi, Julien Flegenheimer, Camille Lefèvre und Giuseppe Vago.

ihnen Bilder von Pracht, Wohlstand und Ordnung vorgaukelten. Die Architekten Putlitz, Klophaus und Schoch aus Hamburg gingen offensichtlich von der Vorstellung aus, daß die Symbolik des Völkerbundes in einem Schrein von monumentalen Abmessungen am besten zum Ausdruck käme, einem symmetrisch rechteckigen und bunten Pantheon nach dem Vorbild von Schinkels Altem Museum. Dieser neoklassizistische Entwurf war eindeutig für die Ewigkeit gedacht.

Welch ein Kontrast zeigte sich hier zu den beiden bedeutendsten, erfrischenden Entwürfen im Sinne der modernen Architektur. Hier waren die neuen Konstruktionsmethoden, Techniken und Erfindungen auf leichte und harmonische Weise verarbeitet. Sowohl im Projekt von Le Corbusier/Jeanneret als auch in dem von Meyer/Wittwer wurde die Idee der demokratischen Zusammenarbeit des so optimistisch gegründeten Völkerbunds auf gekonnte Weise ausgedrückt. Walter Gropius hatte in seinem Wettbewerbsentwurf für den Chicago Tribune Tower einen rechteckigen, aus horizontalen Balken aufgebauten Gebäudekörper dargestellt, der die Verwendung abstrakter Gittermuster, kubistischer Formen und Flächen ermöglichte. Sowohl Le Corbusier als auch Meyer erreichten in ihren Entwürfen jedoch neue Höhepunkte abstrakter Perfektion in dreidimensionaler Ausführung. Das Wettbewerbsprogramm hatte stimulierend gewirkt, sowohl für den Entwurf als solchen als auch in bezug auf die Fassadenbehandlung. Das Projekt von Meyer/Wittwer zeichnete sich aufgrund der eleganten asymmetrischen Lösung des Grundrisses durch eine besondere, abstrakte Schönheit aus, auch durch die Art, in der die Säulen sich darstellten. Der riesige, eiförmige Ratssaal sprang von einem rechteckigen Verwaltungsblock vor, was der Anlage eine lebendige räumliche Wirkung verlieh. Beim Entwurf von Le Corbusier/Jeanneret wurde in entsprechender, aber keineswegs gleicher Weise verfahren. In beiden Projekten verbanden sich die symbolischen mit den funktionalen Aspekten, und sie präsentierten Orte, an denen sich gut hätte arbeiten lassen. Sicherlich bestand eine gewisse Verwandtschaft der Auffassungen. Sie drückte sich in der ähnlichen Anordnung der Elemente in beiden Entwürfen aus. Das könnte den Schluß zulassen, daß die moderne Architektur bereits eine eigene Ausdrucksweise gefunden hatte, wenngleich diese noch nicht Bestandteil des von der Jury erhofften Evolutionsprozesses geworden war.

Der Bauauftrag wurde schließlich, wie Le Corbusier es später ausdrückte, 'vier akademischen Architekten' zugesprochen, deren 'kombinierter Entwurf formell akzeptiert und angenommen' wurde, als der Völkerbund 1929 in Madrid zusammentrat. Le Corbusier war verständlicherweise verärgert. Gemeinsam mit Jeanneret erhob er gegen den an sich akzeptablen Entwurf offiziell Einspruch. Er erklärte, daß dieser nur noch in geringem Maße mit dem ursprünglichen von den Architekten eingereichten Plan übereinstimmte. Er schrieb sogar: 'Es ist unwiderlegbar, daß dieser Entwurf unmittelbar inspiriert ist durch den Entwurf von Le Corbusier und Pierre Jeanneret, der im Jahre 1927 durch die Juroren ausgezeichnet wurde, und noch deutlicher durch einen zweiten Entwurf, den dieselben Architekten im April 1929 eingereicht hatten.' Der Einspruch wurde abgelehnt.

Einige Jahre später äußerte Le Corbusier wegen der Ablehnung seines Entwurfs zum Wettbewerb für den Sowjetpalast in Moskau aus dem Jahre 1931 wiederum Protest. Aber zu dieser Zeit hatten sich die Richtungen der Architektur, über die in diesem Artikel gesprochen wurde, radikal voneinander entfernt. Traditionelle Werte sollten jetzt mit den vagen Prinzipien eines neuen 'sozialistischen Realismus' übereinstimmen und nicht mit den Grundsätzen der Beaux-Arts. Man warf der modernen Architektur vor, daß sie den Klassenkampf ablehne. Auch in diesem Falle schloß die Jury einen Kompromiß, indem sie für eine Synthese zwischen modernen und klassizistischen Ideen plädierte. Es hatte sich nichts geändert!

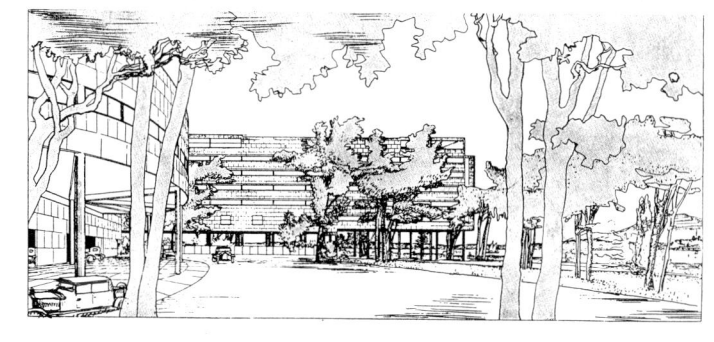

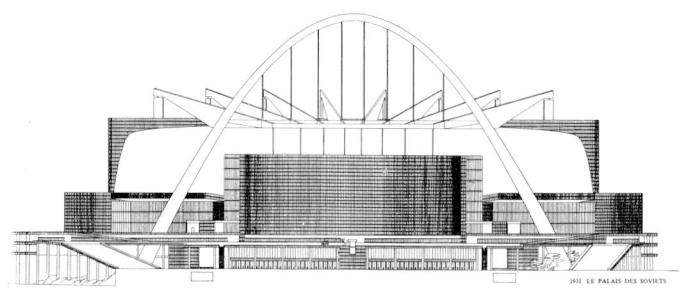

Oben eine Zeichnung von Le Corbusier und Pierre Jeanneret für das Völkerbundsgebäude, 1927. Unten der Entwurf derselben Architekten für den Sowjetpalast in Moskau, 1931.

Das ehemalige Gebäude des Völkerbunds in Genf ist das Resultat eines der berüchtigtsten Architekturwettbewerbe, die je veranstaltet wurden: Er erbrachte nur Verlierer.
Das Gebäude wurde schließlich von fünf Architekten entworfen, die im Wettbewerb sämtlich eine lobende Erwähnung erster Klasse erhalten hatten (siehe Seite 190). Le Corbusier, dem die gleiche lobende Erwähnung zuerkannt wurde, der aber im endgültigen Entwurfsteam keinen Platz fand, protestierte, weil er den definitiven Entwurf für durch seinen Wettbewerbsentwurf inspiriert hielt.

Le Corbusier in Genf: Das Debakel des Völkerbunds

Kenneth Frampton

Die drei monumentalen Gebäude, die Le Corbusier und Pierre Jeanneret zwischen 1926 und 1931 entwarfen, bilden den Höhepunkt ihrer puristischen Periode. Vorangegangen war eine Zeit intensiver Kreativität, in der die beiden Architekten ihr ganzes Vertrauen in die Zukunft des Maschinenzeitalters gesetzt hatten. Die drei Entwürfe waren für den Wettbewerb von 1927 zum Genfer Völkerbundsgebäude, von 1929 für den Centrosoyus in Moskau sowie von 1931 für den Sowjetpalast vorgesehen. Sie sind alle vorbehaltlos funktionalistisch, die Gebäude als große 'Mechanismen' konzipiert. Dennoch wurden für den Grundriß und die Situierung der Gebäudeteile axiale Systeme angewendet, die Musterbeispiele der französischen rationalistisch-klassizistischen Tradition sind. Der Konflikt zwischen der Ästhetik des Ingenieurbaus und der Architektur (das dualistische Thema von Le Corbusiers Buch Kommende Baukunst aus dem Jahre 1923, deutsch 1926) wurde im von Le Corbusier und Pierre Jeanneret eingereichten Entwurf für den Wettbewerb des Völkerbunds, an dem sie im April 1926 zu arbeiten begannen, erstmals als ein Konflikt zwischen dem Mechanischen und dem Klassizistischen sichtbar formuliert.

Das Programm des Völkerbunds zwang Le Corbusier und Pierre Jeanneret zur Maßstabsvergrößerung ihrer puristischen Formen. Erstmals mußten sie eine geeignete moderne Formgebung für ein repräsentatives Gebäude entwickeln. Der Purismus wurde mit dem Problem der Monumentalität konfrontiert. Die gesamte Ausschreibung des Völkerbunds stellte eine enorme Herausforderung dar - zunächst wegen der aufsehenerregenden Schönheit des Geländes: eine Parklandschaft am Genfer See, nur wenig außerhalb der Stadt. Vor allem aber spielten die idealistische Zielsetzung und der internationale Charakter der Organisation sowie der Umfang des Programms eine Rolle. Die erste Forderung war: eine Aula mit 250 Sitzplätzen (mit Foyers und zugehörigen Suiten für den Generalsekretär sowie die Presse mit den erforderlichen Kommunikationseinrichtungen), sechs große Konferenzsäle, ein Sekretariatsgebäude, in dem die 14 Büroabteilungen des soeben gegründeten Völkerbunds untergebracht werden mußten, ein Ratssaal und ferner noch sechs oder sieben kleinere Konferenzräume sowie eine Bibliothek.

Das Gelände war problematisch. Es wurde auf der Westseite durch die von Genf nach Lausanne führende Straße und auf der Ostseite durch den Genfer See begrenzt. Überdies mußte auch noch ein bereits bestehendes Bureau International du Travail in den Komplex aufgenommen werden.

Deutlich erkennbar ist die allgemeine Längsorientierung von Le Corbusiers Entwurf. Weniger auffällig sind wohl gewisse ikonographische Anspielungen. Es ist kaum anzunehmen, daß die Mitglieder der hervorragend zusammengesetzten Jury - Hendrik Petrus Berlage, John Burnet, Josef Hoffmann, Victor Horta, Charles Lemaresquier, Karl Moser und Ivar Tengbom - die Bedeutung jener nicht bemerkt heben sollten. Das gilt vor allem für die scheinbar zufällige Karikatur zweier Figuren, die unter der Überdachung des Peristyls vor dem großen Versammlungsraum stehen. Die sitzende Gestalt mit den hochhackigen Stiefeln und dem Strohhut ist offenbar Auguste Perret, während die stehende Figur mit dem eleganten Straßenhut und dem Spazierstock Le Corbusier stelbst darstellt. Die leicht ironische Andeutung spricht für sich: Hier stehen wohl der alte und der neue Vertreter des rationalistischen Klassizismus für einen Augenblick nebeneinander an der Schwelle eines neuen Zeitalters. Ebenso rätselhaft ist die Skulpturengruppe über der Suite des Generalsekretärs am Stirnende der Aula, die über den See blickt. Vier Figuren stehen hier auf einem hohen Sockel: ein Löwe zur Linken, ein Mann mit einem Pferd in der Mitte und auf der rechten Seite eine Krähe. Die Bedeutung dessen ging erst aus kürzlich veröffentlichtem Archivmaterial hervor. Die Mittelfiguren sind den beiden Dioskuren angelehnt. Behrens hat sie (nach dem Alten Museum von Schinkel) zum Symbol des deutschen Staates erhoben. Er verwendete sie auf dem Botschaftsgebäude in St. Petersburg aus dem Jahre 1912 und auch für die Festhalle, die er 1914 für die Werkbund-Ausstellung in Köln baute. Bemerkenswert ist, daß dieses imperialistische Symbol der Dioskuren auch in Carlo Broggis Entwurf für den Völkerbund vorkommt.

Mit seiner freien Interpretation dieses Bildnisses verband Le Corbusier eigene Vorstellungen. Das Pferd wird hier nicht im Zaum gehalten, sondern es läuft frei: ein dionysisches Bild. Die Männergestalt wird nicht, wie in Behrens' Version, streng frontal abgebildet. Sie steht in entspannter Haltung, apollinische Ruhe ausdrückend. In der Symbolik der begleitenden Tiere zur linken und rechten Seite wird tiefer auf die Dialektik der Mittelgruppe eingegangen. De Löwe scheint Jeanneret zu symbolisieren, während die Krähe, die gerade wegfliegen will, auf den Vogel deutet, mit dem Le Corbusier sich identifizierte. Daraus geht hervor, daß Le Corbusier sich sehr wohl des launischen Flugs seiner Gedanken bewußt war, ganz im Gegensatz zur beherrschten technischen Expertenschaft seines Partners und Vetters. Das bestätigt auch eine leicht verbitterte Bemerkung aus seinem späteren Leben: 'Ich bin das Meer, er ist der Berg, und diese beiden können niemals zusammenkommen.'

Abgesehen von diesen persönlichen, aber vielsagenden Anspielungen, gibt es in Le Corbusiers Entwurf noch klarere Hinweise auf den rationalistischen Klassizismus. Erstens ist die Aula im palladianischen Stil mit einem A-B-A-B-A-Rhythmus geplant. Der Eingang durch ein Peristyl ist bewußt so konzipiert. Ferner ist die Raumfolge beim Betreten sehr hierarchisch: Die Benutzer des Gebäudes gehen unter dem Peristyl hindurch, besteigen dann eine 'Scala Regia' und verteilen sich anschließend unterhalb des Auditoriums in einem Raum, der auf den Zeichnungen als 'Pas perdu' bezeichnet wird. Einen direkteren Hinweis auf die barocke

Der Entwurf von Le Corbusier und Jeanneret zum Völkerbundspalais a der Vogelschau.

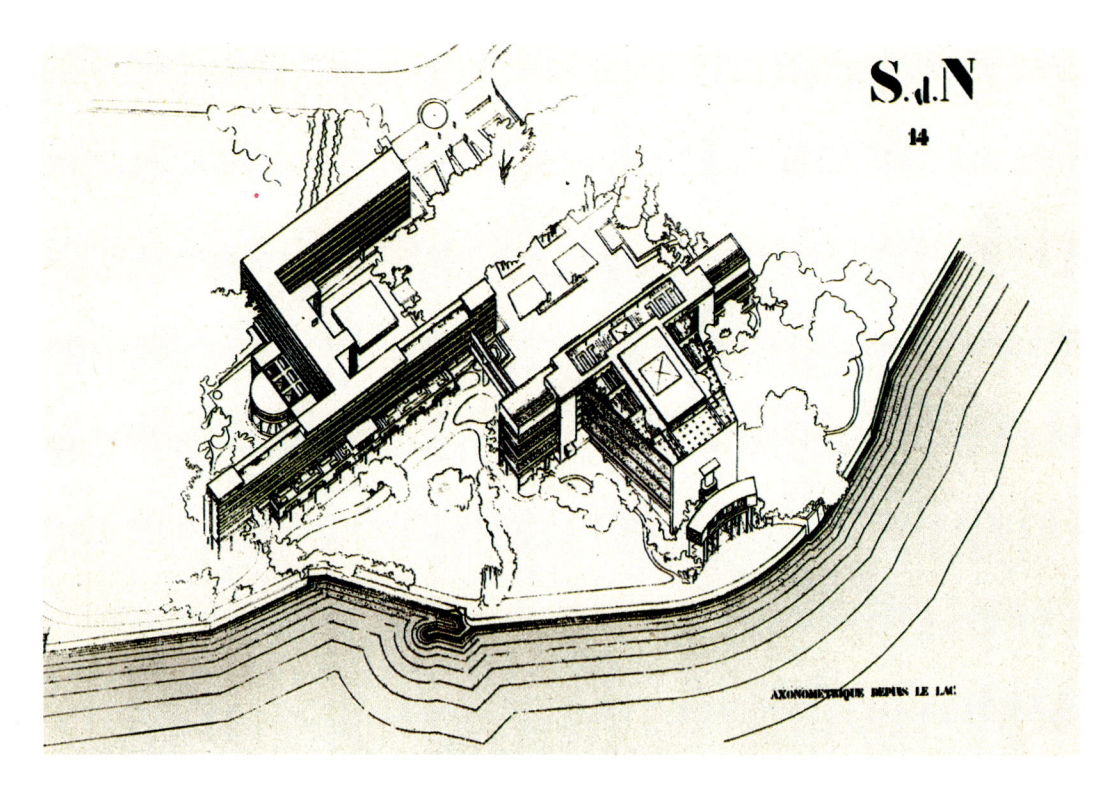

Details von Le Corbusiers und Jeannerets Entwurf. Oben die Südfassade des Sekretariatsgebäudes (in der Vogelschau links unten), unten die Eingangspartie des Konferenzgebäudes (in der Vogelschau rechts unten).

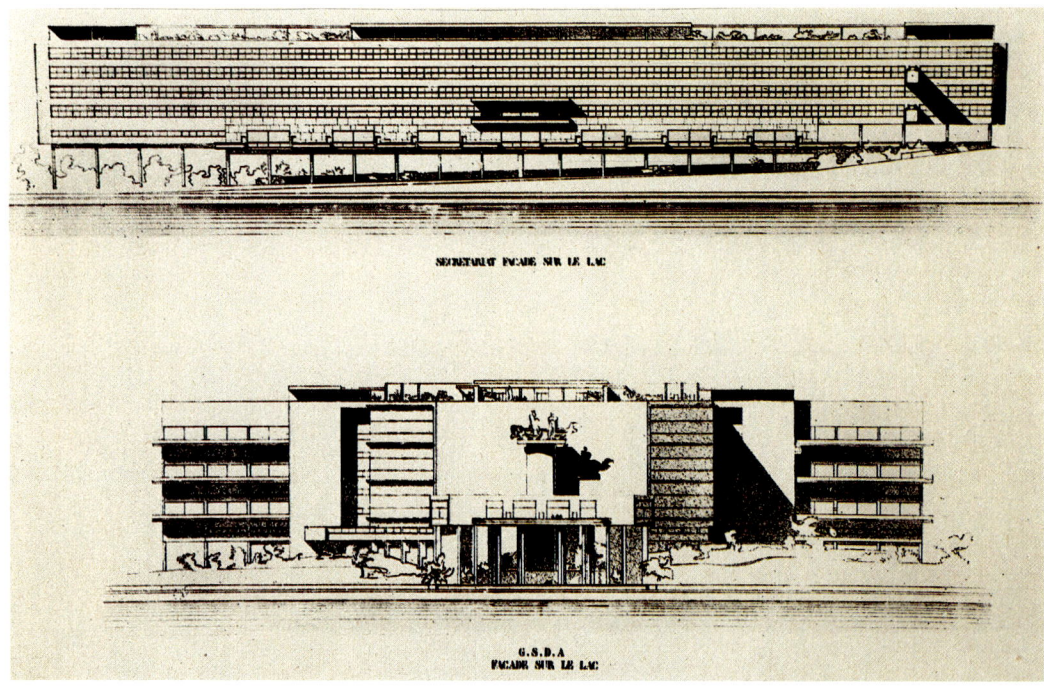

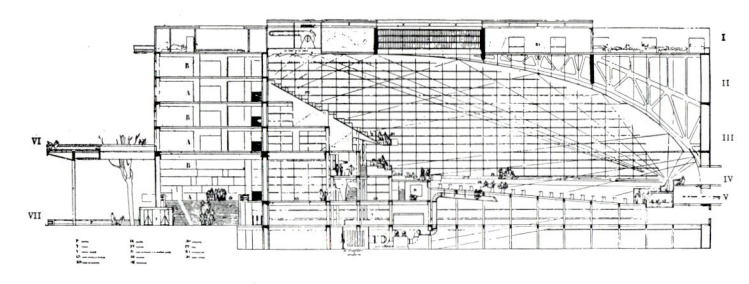

Ansicht des Völkerbundspalais von Le Corbusier und Jeanneret. Vor allem das Stahlskelett und die umfangreiche Verglasung des großen Versammlungssaals sind hier deutlich erkennbar.

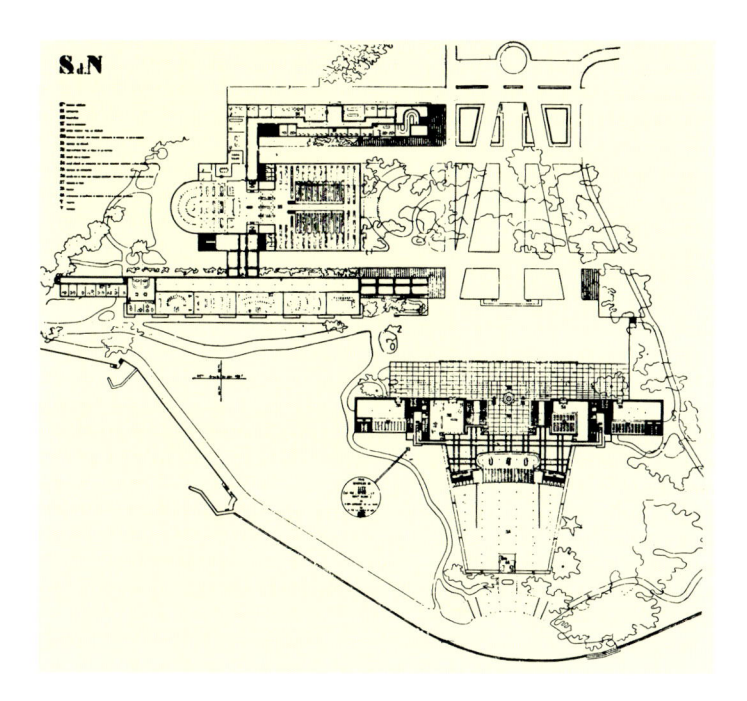

Oben: Lageplan mit Grundriß aus dem Entwurf von Le Corbusier und Jeanneret. Rechts der überdachte Eingang des Sekretariatsgebäudes auf der Landseite, darüber die Fassade desselben auf der Seeseite.

Palasttradition kann man sich schwerlich vorstellen. Diese hierarchische Folge setzt sich mit einer 'Promenade architecturale' rund um die Aula fort, in gewisser Hinsicht vergleichbar mit dem monumentalen Gang aus Albert Speers neoklassizistischer Neuen Reichskanzlei von 1937. Bei Le Corbusier sollte die lange räumliche Reihe jedoch in der prächtigen Suite des Generalsekretärs mit Ausblick auf den Genfer See münden.
Der rationalistische Klassizismus zeigt sich auch wieder in der Verkleidung mit einer dünnen Schicht glänzenden Granits, den Fliesen und der Verwendung von Säulen in den wichtigsten Vestibülen - möglicherweise dem Foyer des Théâtre des Champs-Elysées von Perret aus dem Jahre 1912 entlehnt - und selbst in der Anlage der Sekretariatsbibliothek. Diese verweist nachdrücklich auf die Bibliothèque Nationale von Henri Labrouste aus dem Jahre 1858, vor allem in der Organisation des Lesesaals und der Anbringung der Bücherregale. Der Klassizismus geht ferner auch aus den Skizzen zur Aufstellung von Skulpturen und aus dem Halbrelief hervor, wie man in den Skizzen der 'Porte cochère' zum großen Versammlungssaal erkennt.
Daneben verwendet Le Corbusier den klassischen 'Elementarismus' von Julien Gaudet als Kompositionsmethode. Das geht aus dem eingereichten Entwurf hervor, aber auch aus dem alternativen Plan, den er seinem ursprünglichen Projekt mit den Worten hinzufügte: 'Ein Alternativentwurf, in dem dieselben kompositorischen Elemente angewendet sind'. Es handelte sich dabei um genau dieselbe Grundmethode, die den akademischen Entwürfen der Beaux-Arts zugrunde lag, und dieselbe, die Le Corbusier auch später in seinem Entwurf für den Sowjetpalast anwendete.

Die Symbolik des Lichts spielt in den Plänen zur Belichtung des großen Auditoriums eine wesentliche Rolle. Dieser riesige Raum sollte mittels durchscheinender gläserner Flächen erhellt werden, durch die das Licht einfallen sollte, ob die Lichtquelle nun natürlicher oder künstlicher Art war. Es ist bezeichnend, daß Le Corbusier über diese Art der Belichtung sprach, als handele es sich dabei um eine patentierte Erfindung, vergleichbar mit der Rohrklimaanlage, die er für denselben Raum verwendete. Neben den Illustrationen seines Systems zu einer 'Chauffage par le procédé d'aeration pontuelle' lieferte er eine Zeichnung mit Anweisungen für die 'Eclairage étincelant', die glitzernde Beleuchtung. Darin wurde gezeigt, wie die Aula bei Tag durch diffuses Licht erhellt werden würde, das durch die Oberlichter und durch die transparenten doppelverglasten Seitenwände einfallen sollte. Abgesehen davon, daß diese Lösung sehr funktionell und rationell war, wurde hier die Symbolik der Belichtung in raffinierter Weise mit der modernen Technologie kombiniert. Während der Saal also tagsüber konstantes und gleichmäßiges Licht erhielt, würde er bei Dunkelheit im wahren Sinne des Wortes in Licht getaucht sein und die Weisheit und den Fleiß symbolisieren, welche in nächtlichen Beratungen des Völkerbunds der Welt den Frieden erhalten sollten.
Ein hochentwickeltes technologisches Konzept ist auch in den Abbildungen enthalten, die 'les salles de formes favorables à l'acoustique' mit den traditionellen runden oder halbrunden Formen vergleichen, welche als 'anti-acoustique' bekannt sind. Daß die Akustik des Saals mit großer Sorgfalt ausgearbeitet war (nach Rücksprache mit Gustave Lyon), geht aus folgender Anmerkung hervor: 'Sämtliche reflektierten Schallwellen verlaufen parallel zu den Wänden: es gibt keine

Nebengeräusche durch sekundäre Reflexionen.'
Ein weiterer Beweis für die Anwendung fortschrittlicher Technik ist auch das Stahlskelett des großen Saals. Die beiden primären Längsbinder ruhen auf zwei Gruppen von je zwei Säulen aus Stahlbeton. Diese primären Balken werden durch ein Netzwerk von Kabeln gehalten, das den gesamten großen Versammlungssaal umspannt. Dies ist eine Nachfolge der Lösung, die Peter Behrens bereits bei den Stahlbindern der AEG-Turbinenhalle aus dem Jahre 1909 angewendet hatte. Wahrscheinlich hat Le Corbusier seinen Entwurf für den Völkerbund als eine Art Apotheose angesehen. Das geht nicht nur aus seinen Bemühungen hervor, die ursprünglichen Elemente seines Projekts erneut in einer zweiten Version auf einem neuen Gelände zu verarbeiten. Es zeigt sich auch darin, daß Teile des Entwurfs in späteren Projekten, die überhaupt keine monumentalen öffentlichen Gebäude betreffen, wieder auftreten. So erschienen die doppelt bewehrten Betonsäulen des großen Versammlungssaals als tragende 'Pilotis' im Pavillon Suisse. Dabei erhielt eine freistehende 'Redent'-Platte, der Typologie der Ville Radieuse entlehnt, die Bedeutung einer 'monumentalen' Front, vergleichbar mit der Ansicht des Völkerbundspalais. Diese ostentative 'Wiederverwendung' früherer Motive zeigt sich auch deutlich im sternförmigen Grundriß des Foyers an der Rückseite des Pavillons Suisse. Das unregelmäßige, muschelförmige, untergeordnete Element läßt sich als rudimentäre Form des Auditoriums ansehen.

Le Corbusiers wichtigste Inspirationsquelle war und blieb die Maschine, aufgefaßt als Organismus und Mechanismus. Das zeigt sich deutlich im komplizierten Erschließungssystem für den großen Versammlungssaal. Die miteinander verbundenen Treppen fungieren als sich verzweigende Adern, die Besucher sollten durch die eine, die Journalisten durch die andere der beiden Schlagadern gehen. Durch dieses scherenartige System konnten die unterschiedlichen Personengruppen voneinander getrennt werden, von Diplomaten, Abgeordneten und Beamten bis zu den Journalisten und dem allgemeinen Publikum. Angesichts dieses 'Maschinismus' ('Ein Haus ist eine Wohnmaschine') erscheint es merkwürdig, daß Le Corbusier den Autoverkehr in derart geringfügigem Maße berücksichtigte. Er sah nur die knapp 100 Parkplätze vor, die das Wettbewerbsprogramm vorschrieb. Diese Anzahl ist so gut wie nichts im Verhältnis zu den 500 Parkplätzen, die Hannes Meyer in seinem konstruktivistischen und theoretisch weniger hierarchischen Entwurf vorsah. Im Vergleich zu Le Corbusier idealisierte Meyer das Automobil, und er überzog das Gelände im wahren Sinne des Wortes mit Verkehr. Während Le Corbusier getrennte Treppen als 'Sortiervorrichtung' verwendete, benutzte Meyer dazu die Zufahrtstraßen für die Automobile. Die verschiedenen Personenkategorien, wie Personal, Journalisten, Publikum und Abgeordnete, wurden mittels gesonderter Parkplätze vorsortiert, ehe sie das Gebäude betraten.
Le Corbusier leitete den Verkehr zwei Haupteingängen zu: dem Foyer von Sekretariat und Bibliothek und dem Peristyl des Hauptgebäudes. Er teilte die Fußgänger in sieben verschiedene Gruppen ein, die jeweils einen separaten, durch eine eigene Farbe markierten Eingang bekamen. Wo Meyer

Carlo Broggi aus Rom war einer der Architekten, die das Gebäude des Völkerbunds schließlich planten. Hier der Entwurf, den er für den Wettbewerb von 1927 in Zusammenarbeit mit seinen ebenfalls aus Rom stammenden Kollegen Giuseppe Vaccaro und Luigi Franzi anfertigte (siehe auch Seite 189).

also den allgemeinen Gebrauch des Autos dazu benutzte, zu einer Ordnung zu kommen, entschied sich Le Corbusier für die traditionelle und mehr auf den Menschen bezogene Lösung.
Ein eher mechanisch begründeter Hinweis auf die Maschine war die Fensterkonstruktion des Sekretariats, die überall aus stählernen Schiebefenstern bestand, den sogenannten 'Fenêtres en longueur'. Diese hatte Le Corbusier bereits 1926 in seinen 'Fünf Punkten zu einer neuen Architektur' als das

'typisch mechanische Element des Hauses' bezeichnet. Hier wurde dieser Mechanismus noch durch ein verschiebbares Hängewerk aus leichten Stahlrohren zum Fensterputzen - die sogenannten 'Passerelle bicyclette' - ergänzt. Es sollte am Gesims der Fassade aufgehängt werden. An der Unterseite dieses Gesimses sollten Rollvorhänge befestigt werden. Eine parallel verlaufende Rille an der Innenseite ermöglichte die Aufhängung einer Schiene für die Vorhänge. Da das Gesims an der Außenseite eine durchgehende Schiene für das Reinigungsgerät bildete, fungierte es zugleich als rudimentäres klassisches Kranzgesims. Mit Hilfe dieser komplizierten Ikonographie konnte Le Corbusier das rationalistisch-klassizistische Ideal einer Synthese aus fortschrittlicher Technologie und klassischer Formgebung im Sinne von Auguste Perret verwirklichen.

Unter dem Titel 'Une maison - un palais' veröffentliche Le Corbusier 1928 den Bericht dessen, was er als das Debakel des Völkerbunds betrachtete. Darin schrieb er: 'Ich habe nur einen Lehrer: die Vergangenheit.' An anderer Stelle im gleichen Text verwies er auf das Achsensystem der Villa Garches, die er als Vorbild für sein Völkerbundspalais ansah: 'Wir entlehnen der Vergangenheit Kraft. Sie zeigt uns, daß jedes Haus einen typischen Charakter bekommt, wenn es bestimmte Bedingungen von Klarheit und Ausgewogenheit erfüllt. Es kann als Prototyp für andere Formen der Architektur dienen; man kann es zu einem Palast erheben.' In umgekehrtem Sinne nannte er sein Völkerbundspalais 'das Verwaltungshaus der Völker; es ist ein Organismus, ein Mechanismus mit eng begrenzten Zwecken. Es ist eine Wohnmaschine.'

An anderer Stelle in 'Une maison - un palais' zeichnete er unter den Aufriß des Sekretariatsgebäudes die Gartenseite von Garches. Sie war im gleichen Maßstab dargestellt und mit dem Text versehen: 'Die Fenster werden genauso angebracht wie bei der Villa Garches.' Diese Umsetzung vom Haus in einen Palast und umgekehrt ist ein Kernthema in Le Corbusiers Vorkriegswerk. Die komplizierte Ikonographie seines Werkes ist nicht zu verstehen, wenn man kein Auge für diese fundamentale Zielsetzung hat, eine dialektische Transposition vom einem bestimmten Zustand in dessen augenscheinlichen Gegensatz zustande zu bringen.

So tritt das Haus-Palast-Thema in Le Corbusiers Werk als eine Art archetypische Dualität auf, worin jedes Haus möglicherweise ein Palast ist und jeder Palast ebensogut ein Haus sein kann. Die These, daß ein Palast als Haus fungieren könne, erinnert an Charles Fouriers Idee vom Phalanstère, das dieser in seinen Schriften aus den zwanziger Jahren des vorigen Jahrhunderts beschrieb. Fourier behauptete, daß die kollektive Wohnform des Phalanstère einfachen Leuten ein Leben ermöglichen würde, das dem von Königen in Palästen wie in Versailles gleich sei.

Diese sozial-utopische Vision scheint im übrigen Le Corbusier Gesamtwerk zugrunde zu liegen, von seinen puristischen Villen bis zu seiner 1952 in Marseille verwirklichten 'Unité d'habitation'. Der Umstand, daß diese Vision in seinem Entwurf für den Völkerbund wieder auftritt, weist darauf hin, daß die sozial-progressive Idee dieser neuen internationalen Institution mit der traditionell klassischen Form eines Barockpalasts kombiniert wurde. Es ist bezeichnend, daß Le Corbusier von seinem Entwurf immer als von einem 'Palais des Nations' sprach.

Eine gleichartige Ideenkombination findet sich auch in seinem 1930 erschienenen Buch 'Précisions'. Hier stellt er auf ein und derselben Seite eine Reihe fesselnder Bilder nebeneinander: A.J. Gabriels Palais de la Concorde, einen Ozeandampfer, den Sekretariatsblock des Völkerbundsgebäudes und seine eigene Version eines amerikanischen Wolkenkratzers. Nicht nur, daß das Haus hier in einen Palast verwandelt wurde, sondern der Dampfer sollte seinerseits als das moderne Äquivalent eines klassischen Gebäudes verstanden werden. Der Sekretariatskomplex konnte dann als eine fortgeschrittene

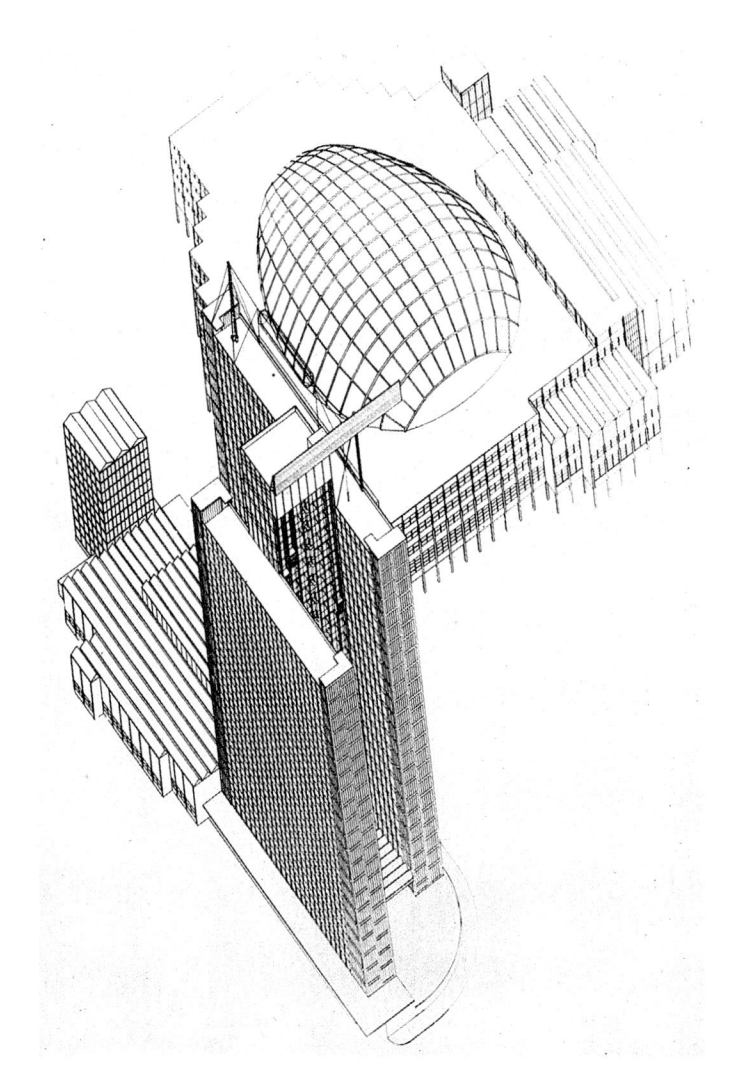

Hannes Meyer und Hans Wittwer erarbeiteten diesen aufsehen-erregenden konstruktivistischen Entwurf für das Völkerbundspalais. Es war eine innovative Architektur, bei der den Forderungen des Verkehrs besondere Aufmerksamkeit gewidmet wurde (siehe auch Grundriß Seite 189).

Entwurf von Niels Einar Erikson aus Stockholm für das Völkerbundspalais.

Erich zu Putlitz, Rudolf Klophaus und August Schoch entwarfen diesen Säulenkomplex für das Völkerbundspalais.

Die Haager Architekten J.H. Luthman und H. Wouda beteiligten sich mit diesem Neo-Wright-Entwurf am Wettbewerb.

Integration dieser beiden angesehen werden. Dieses Gleichsetzen eines barocken Palasts mit einem Ozeandampfer fand seinen Ursprung in den sozial-utopischen Theorien von Victor Considérant, die dieser 1834 in seinem Buch 'Considérations sociales sur l'architectoniques' dargelegt hatte.

Le Corbusier faßte seine Anlage des Völkerbunds als eine 'Conception paysagiste' auf. Dabei dürfte er sowohl die malerischen englischen Parks als auch die französischen Barockgärten vor Augen gehabt haben. Jedenfalls hat er sowohl die 'Allée classique' als auch das 'Bosquet anglais' verwendet. Die Prinzipien, aufgrund derer das Gebäude in die Landschaft integriert werden sollte, reichten jedoch viel weiter als nur bis zum Eklektizismus des neunzehnten Jahrhunderts. Colin Rowe und Robert Slutzky haben darauf hingewiesen, daß Le Corbusier eine Reihe paralleler, gestreckter Gärten mit einer Anzahl von Querbahnen einführte, die senkrecht zur Einfahrt in Ostwestrichtung stehen. Der Besucher, der durch den 'Cour d'honneur' hereinkommt, sollte eine Reihe scharf begrenzter Flächen passieren. Diese konnten gebaut oder gepflanzt, aus Granit oder aus Laub sein. Sie sollten den Effekt haben, den Blick seitlich zum See und dessen grüner Umgebung zu lenken. Die zentrale Achse sollte sich abwechselnd verengen (frontal) und verbreitern (diagonal), wobei man eine sich immer wieder ändernde Aussicht auf den offenen Raum vor dem großen Versammlungssaal hätte. Im Gegensatz zu Meyer, der davon ausging, daß sein Gebäude vor allem den Anforderungen des Verkehrs genügen sollte – eine These, die er vehement vertrat –, hatte Le Corbusier ein offenes Auge für die natürlichen Qualitäten des Geländes und der sich daraus ergebenden Möglichkeiten. Der horizontale Charakter seines Komplexes war im Grunde ein wohldurchdachter Versuch, das Gebäude schichtweise an das Gelände anzupassen, um es auf diese Weise in Harmonie sowohl mit dem See als auch mit den Alpen zu bringen. Nichts könnte in stärkerem Gegensatz zu Meyers 24stöckigem Sekretariatsgebäude stehen. Wäre dieses je gebaut worden, dann hätte es die Harmonie der Landschaft völlig zerstört. Le Corbusiers ursprünglicher Entwurf war funktioneller, indem er ein symmetrisches H-förmiges Sekretariat auf der Achse vor dem großen Versammlungssaal vorsah und eine bessere Verteilung der Fahrzeuge auf dem Gelände ermöglicht hätte. Der Verzicht auf diesen Plan hing wahrscheinlich mit seinem Gefühl für die landschaftlichen Vorzüge des Geländes zusammen, aber auch mit seinem Wunsch, eine schöne Auffahrtstraße zum Haupteingang entstehen zu lassen.

Die Entscheidung des Wettbewerbs für das Völkerbundsgebäude wurde am 5. Mai 1927 in Genf bekanntgegeben. Angesichts der Zusammensetzung der Jury nimmt es kaum wunder, daß kein erster Preis zuerkannt wurde. Ebenso verständlich ist es, daß die preisgekrönten Arbeiten mehr oder weniger in die Richtung tendierten, die Henry-Russell Hitchcock zwei Jahre später als die 'Neue Tradition' bezeichnete.
Die Jury bestand nämlich in der Mehrzahl aus

Die Pariser Pierre und Louis Guidetti waren unverkennbar von Auguste Perret beeinflußt, dem französischen Neuerer der Architektur, dessen Bildnis Le Corbusier über dem Eingang seines Völkerbundsgebäudes anbrachte (siehe Seite 193 und die Abbildung auf Seite 194).

Links der neokonstruktivistische Entwurf des Architekten M.E. Linge aus dem niederländischen Groningen. Unten das Projekt von Giuseppe Vago – einem der definitiven Architekten des Völkerbundspalais –, welches man wohl als eklektischen Beaux-Arts bezeichnen kann.

Unten: Entwurf von Camille Lefèvre, ebenso wie Vago – rechts – einer der Architekten, die das Völkerbundsgebäude realisierten.

Henri Paul Nénot aus Paris und Julien Flegenheimer aus Genf reichten gemeinsam diesen imponierenden Entwurf ein. Sie wurden beide in das Entwurfsteam für den Völkerbund aufgenommen, vor allem wahrscheinlich deswegen, weil hier ein Franzose und ein Schweizer zusammenarbeiteten.

eklektizistischen Klassizisten, von Charles Lemaresquier und Sir John Burnet (die Frankreich und England vertraten) bis zu Carlo Gato aus Madrid und Attilo Muggia aus Bologna. Obwohl die 'progressiven' Juroren eine Mehrheit zu bilden schienen, lagen die Meinungen von Victor Horta auf der einen und Ivar Tengbom auf der anderen Seite so weit auseinander, daß man kaum von einem avantgardistischen Spektrum sprechen konnte.

Nicht zuletzt war es der Anwesenheit von Hendrik P. Berlage, Josef Hoffmann und Karl Moser zu verdanken, daß der Entwurf von Le Corbusier und Jeanneret zu den neun Einsendungen gehörte, denen je ein gleichwertiger Preis von 12 000 Franken zuerkannt wurde. Zweifellos galt dies auch für das einzige avantgardistische Projekt, das einen Preis erhielt: Der Entwurf von Hannes Meyer und Hans Wittwer wurde als einer der neun mit einer lobenden Erwähnung in der zweiten Klasse und einem Geldpreis von 2 500 Franken belohnt. John Ritter hat über die Art und Weise, wie diese Entscheidung nach sechswöchiger Beratung der Jury und nach eingehender Prüfung der 377 Einsendungen getroffen wurde, den bislang klarsten Bericht geliefert. Vier Juroren waren nach vierwöchigem Diskutieren bereit gewesen, Le Corbusiers Entwurf den ersten Preis zuzuerkennen, aber diese kühne Empfehlung, die vermutlich von den der modernen Architektur verpflichteten Mitgliedern der Jury kam, wurde durch die übrigen verworfen. Als Begründung gab man an, daß Le Corbusier und Pierre Jeanneret gegen die Wettbewerbsbedingungen verstoßen hatten, indem sie statt Tuschezeichnungen mechanisch reproduzierte Kopien einreichten.

Um aus der Pattsituation herauszukommen, beschloß man, keinen Hauptpreis zu verleihen, sondern 27 Entwürfe in drei Rängen ex aequo zu honorieren. Anschließend ersuchte man fünf Diplomaten, die selbst keine Fachleute waren, die Architekten auszuwählen, die den Auftrag ausführen sollten. Es ist bezeichnend, daß weniger als ein Drittel der preisgekrönten Entwürfe im nachhinein als 'beaux-arts-eklektisch' charakterisiert werden können. Fünf der ausgezeichneten Projekte zeigten eine bestimmte Form a-tektonischer Abstraktion, die für den skandinavischen Neoklassizismus kennzeichnend war und in vielerlei Hinsicht auf Tengbom selbst zurückzuführen war. Gemeinsam belegten diese beiden Genres dreizehn der preisgekrönten Entwürfe. Diese überwiegend klassizistische Tendenz, zusammen mit den stilistischen Nuancen der acht ausgezeichneten modernen Entwürfe, vermittelt Einsichten in die ideologische Kluft, welche die etablierte europäische Architekturwelt gegen Ende der zwanziger Jahre trennte. Zu den modernen Entwürfen gehörten nicht nur die genannten avantgardistischen, sondern auch zwei expressionistische: ein Projekt in der Art Mendelsohns vom deutschen Team Fischer-Essen und Speidel sowie ein Entwurf nach Art der Amsterdamer Schule, eingereicht von H.T. Wijdeveld. Der Rest der Modernen hinkte hier ein wenig hinterher. Es gab einen Neo-Wrightschen Entwurf mit einer Natursteinfassade vom niederländischen Team Luthmann und Wouda sowie zwei Projekte von Louis Boileau und dem Pariser Büro Pierre und Louis Guidetti, die zweifellos durch Auguste Perret beeinflußt waren. Der Entwurf von Perret selbst erhielt keine Auszeichnung. Ein neokonstruktivistischer Entwurf vom niederländischen Architekten M.E. van Linge verdient schließlich als letzte, aber keineswegs unbedeutende moderne Arbeit genannt zu werden. Merkwürdigerweise maß Ritter ihm nachträglich großen Wert bei. Im Jahre 1964 schrieb er: 'Die Bauwerke von Aula und Ratssaal bilden den imposanten Höhepunkt einer zentralen Einfahrt. Das Sekretariat auf der rechten Seite hat eine gerade Fassade, die nicht hin- und herspringt wie bei Le Corbusier. Die Fassade der Aula am Ende der Einfahrt ist eine schöne Komposition miteinander verbundener Partien mit ausgiebiger Verglasung, einzelnen schmalstreifigen Eckfenstern und zwei kurzen Türmen für die Treppen und Aufzüge zur oberen Etage. Mit der guten Akustik und der guten Sicht im Saal ist dies einer der besten eingereichten Entwürfe.'

Die übrigen preisgekrönten Entwürfe zeigten die Form kryptoklassizistischer Monumentalität, die schon bald darauf mit der faschistischen Politik assoziiert wurde. Dies galt für die Einsendungen von Marcello Piacentini und Paul Bonatz, aber auch für den monumentalen, boullée-artigen Säulenkomplex von Putlitz, Klophaus und Schoch. Wenn man die Modernen und die Beaux-Arts-Klassizisten unberücksichtigt ließ, zeigte sich, daß mehr als die Hälfte der preisgekrönten Entwürfe zur Rubrik der 'Neuen Tradition' gezählt werden konnten. Dazu gehörten ebenso durch Peter Behrens beeinflußte pseudo-klassizistische Werke in Backsteinausführung wie der damals dominierende skandinavische neoklassizistische Stil. Ein herausragendes Beispiel aus der ersten Gruppe war der Entwurf von Fahrenkamp und Deneke.

Abgesehen vom Stil, unterschieden sich die einzelnen Entwürfe auch erheblich in ihrer räumlichen Gliederung. Die größten ideologischen Unterschiede lagen wohl eher auf dieser Ebene als auf dem Gebiet der äußeren Gestaltung. Am unangenehmsten berührt uns im nachhinein die starre

Formalität, die fast überall aus den Entwürfen hervorgeht - die penetrante Geistlosigkeit, mit der die Räumlichkeiten in die genormten Monumentalpartien gepreßt wurden, aus denen die meisten preisgekrönten Entwürfe bestanden. Dieser Eindruck war selbst im Werk von Luthman und Wouda latent vorhanden. Bei der 'Neuen Tradition' handelte es sich um eine bürokratische, repräsentative Förmlichkeit; die neoklassizistischen Entwürfe steckten voller anmaßender Wichtigtuerei.

Demgegenüber zeichneten sich die modernen Entwürfe im allgemeinen durch wohldurchdachte und auf den Menschen bezogene Lösungen aus. Dies galt ebenso für den Entwurf von Fischer-Essen mit einem asymmetrischen, niedrig gehaltenen Sekretariatskomplex um einen Innenhof wie für die Wrightsche volumetrische Ordnung in Wijdevelds Projekt. Und es galt in vergleichbarer Weise für die 'biologische' Raumordnung in den Entwürfen von Le Corbusier und Hannes Meyer sowie im nicht preisgekrönten, aber bemerkenswerten Neo-Wright-Plan von Rudolf Schindler und Richard Neutra. Letzterer zeichnete sich durch einen besonderen Bezug zum Wasser aus: Der große Versammlungssaal war über den See hinausgebaut, und die Architekten wollten einen extra schönen Haupteingang anlegen, den man von Genf aus mit dem Boot erreichen konnte.

In seiner Betrachtung der übrigen Einsendungen zum Wettbewerb beschreibt Ritter kurz das ganze Spektrum architektonischer Ideologien, die er in den 160 Entwürfen erkennen konnte. Sie variierten von der boullée-artigen Lösung von Putlitz, Klophaus und Schoch und dem skandinavischen Neoklassizisten Christian Schagen bis zum frühen Art Deco und der neogotischen Monumentalität von Eliel Saarinen. Ungefähr ein Drittel dieser Beiträge beruhte auf dem akademischen Historizismus. Daneben gab es die Menge der Entwürfe in einem freien, expressiven, organischen Stil - zum Beispiel die Einsendung von J. Klijnen aus Den Haag - und solche im internationalen konstruktivistischen Stil, der am reinsten im Entwurf 'Hochbau' von Bernard Bijvoet und Johannes Duiker vertreten war.

Nachdem die Verantwortung für die Wahl des Architekten den Diplomaten übertragen worden war, erhöhten diese zunächst einmal das ursprüngliche Budget um dreißig Prozent. Zugleich wurde das Baugelände zum angrenzenden geräumigeren und besser geeigneten Parc d'Ariana verlegt. Überdies konnte das ursprüngliche Bauvorhaben dank einer Spende von John D. Rockefeller noch um eine Weltbibliothek erweitert werden.

Le Corbusier war zurecht sehr entrüstet, nicht nur wegen der absolut willkürlichen Disqualifikation seines Entwurfs, sondern auch wegen der nachträglichen Änderung der ursprünglichen Wettbewerbsbedingungen. Mit anderen Teilnehmern war er der Meinung, daß diese Änderungen einen völlig neuen Wettbeberb erforderlich machten. Ihre diesbezüglichen Forderungen fanden die Zustimmung der Auftraggeber. Diese gestatteten einer Anzahl von Mitbewerbern, erneut einen Entwurf für das neue Gelände unter Berücksichtigung der Programmänderung einzureichen. Leider hatte Le Corbusier beim Parc d'Ariana ebensowenig Erfolg wie mit seinem ursprünglichen entwurf.

Nach dieser letzten Runde wählten die Diplomaten ein Team zur Erarbeitung des definitiven Entwurfs. Die schließlich getroffene Wahl eines französisch-schweizerisch-italienischen Teams wies auf einen diplomatische Kompromiß nach damals herrschendem Geschmack hin. Julien Flegenheimer aus Genf und Henri Paul Nénot wurden zweifellos als Hauptpersonen dieses Teams gewählt, weil sie einen französisch-schweizerischen Gemeinschafsentwurf eingereicht hatten. Camille Lefèvre wurde wahrscheinlich nur aufgenommen, um den Einfluß der Pariser Beaux-Arts zu verstärken. Die Tätigkeit der beiden Italiener Carlo Broggi und Giuseppe Vago schließlich fand seinerzeit viel Anklang: Broggis aufgrund seiner Begeisterungsfähigkeit und Vagos wegen seinem überlegenen Organisationstalent. Man kann wohl behaupten, daß im Völkerbundsgebäude vieles von Vagos ursprünglichem Plan oder - allgemeiner gesagt - von der 'Neuen Tradition' entlehnt ist.

Es läßt sich wohl nur schwer ein neutraleres akademisches Bauwerk vorstellen als das schließlich realisierte Gebäude mit seinen angepaßten Räumlichkeiten und der strengen, kalten, klassizistischen Ordnung. Auch wenn es vielleicht nicht ganz im Sinne der 'Neuen Tradition' war, so doch gewiß in dem der europäischen 'Ordre monumental', wie Franco Borsi sie in einer Betrachtung aus jüngerer Zeit charakterisiert hat. Es war das typische Beispiel der klassizistischen Kombination von Art Deco und Rationalismus, eines Stils, dem man in der zweiten Hälfte der dreißiger Jahre in ganz Europa begegnete: von Piacentinis 'Stile lictorale' bis zu Speers Schinkel-Monumentalität.

Im ganze Gebäude findet sich nichts, was auch nur im entferntesten der plastischen Poesie von Le Corbusiers ursprünglichem Entwurf nahekommt, und der innere Verkehrsablauf ist nirgends auch nur annähernd so kompakt und effizient. Während Le Corbusier die malerische Romantik des ursprünglichen Geländes durch die raffinierte Bepflanzung hervorhob, handelt es sich hier um eine zweidimensionale Gartenanlage ohne jede Lebendigkeit, aber mit übertrieben formalen Blumenbeeten und sich endlos wiederholenden geraden Wegen.

Überall merkt man, daß diese kulturelle Äußerung vom europäischen Imperialismus und der noch schlummernden Macht der aufkommenden Pax Americana bestimmt wurde. Das ist wohl nirgends so deutlich spürbar wie im Grande Salle du Conseil mit Sitzplätzen für 550 Abgeordnete und Wandgemälden des spanischen Künstlers José Maria Sert. Auch hier erkennt man die damals wachsende Allmacht der Rockefellers als internationale Mäzene. Einige Jahre später fertigte Sert gleichartige Wandgemälde für die Vestibüle und Wandelgänge des RCA-Gebäudes im Rockefeller Center in New York.

Die Ironie der Geschichte wollte, daß dieser ganze akademische Kompromiß sich 1947 noch einmal wiederholte. Damals wurde das Zentrum der internationalen Macht und Mittlertätigkeit nach New York verlegt, und wiederum traten die Rockefellers als größte Förderer des Unternehmens auf. Der Anflug des Ironischen wird durch den Umstand verstärkt, daß Le Corbusier seine erste Skizze für das Gebäude der Vereinten Nationen angefertigt haben soll, während er auf der Aussichtsplattform des RCA Building im Rockefeller Center stand. Obgleich das Gebäude der Vereinten Nationen niemals Gegenstand eines internationalen Wettbewerbs war, so war es ungeachtet dessen doch das Ergebnis eines mühsamen und entmutigenden Prozesses: der Anfertigung eines Entwurfs durch eine Kommision.

Zwanzig Jahre waren seit dem Wettbewerb für das Völkerbundspalais verstrichen. Die Vorstellungen von einer normativen Architektur hatten sich inzwischen radikal geändert. Dennoch zeigt sich im schließlich realisierten Gebäude der Vereinten Nationen von Harrison und Abramovitz, daß Le Corbusier wieder einmal den kürzeren gezogen hatte. Obwohl er der eigentliche Vater der angewendeten kompositorischen Grundlagen war, ist von der subtilen Poesie seines eigenen lyrischen Entwurfs für die Vereinten Nationen nicht das geringste mehr wahrnehmbar.

Der große Saal des Völkerbundspalais im Gebrauch. Das Foto stammt vom Ende der dreißiger Jahre.

Da Wettbewerbe oftmals Anlaß zu Streitereien und vielen Mißverständnissen boten, stellten die einzelnen Architektenverbände verschiedener Länder im Laufe des 19. Jahrhunderts Regeln auf, oftmals nur mit dem Ziel, die Belange der Architekten zu vertreten.
Die Reglements wurden häufig angepaßt und erweitert, wobei auch die Interessen der Wettbewerbsveranstalter stärker berücksichtigt wurden.
Der Effekt dieser Reglements ist regional unterschiedlich. In manchen Ländern (wie in England) hält man sich im allgemeinen genau an die Regeln, während die Wettbewerbsreglements in einigen anderen Staaten eher als Gummiparagraphen behandelt werden (wie in Frankreich, wo vor allem die kommunalen Behörden die Regeln mißachten).
In der Bundesrepublik Deutschland ist das Wettbewerbswesen gesetzlich geregelt.
Die internationale Architektenorganisation UIA (Union Internationale des Architectes) hat für internationale Wettbewerbe im Bereich der Architektur und des Städtebaus eine Anzahl von Standardregeln erstellt. Diese, nebenstehend in einer der Verkehrssprachen der UIA wiedergegeben, sind durch die UNESCO empfohlen. Daneben hat die UIA noch gesonderte Reglements aufgestellt, zum Beispiel für die Jurys von Wettbewerben.

STANDARD REGULATIONS FOR INTERNATIONAL COMPETITIONS IN ARCHITECTURE AND TOWN PLANNING

INTRODUCTION

The purpose of these Standard Regulations is to state the principles upon which international competitions are based and by which promoters should be guided in organizing a competition. They have been drawn up in the interests of both promoters and competitors.

GENERAL PROVISIONS

ARTICLE 1
The designation *'international'* shall apply to any competition in which participation is open to architects, town planners or teams of specialists led by an architect or town planner who are of different nationalities and reside in different countries, as well as to members of other professions working in association with them. Competitions which are open to all architects, town planners and professionals working in association with them are termed *'open.'* These Regulations cover both open competitions and restricted competitions (where some form of restriction is imposed) and sometimes special competitions.

ARTICLE 2
International competitions may be classified into *'Project'* or *'Ideas'* competitions.

ARTICLE 3
International competitions may be organized in one or two stages.

ARTICLE 4
The regulations and conditions for an international competition shall be identical for all competitors.

ARTICLE 5
A copy of the regulations and full set of conditions for any competition shall be filed with the International Union of Architects, hereinafter referred to as the UIA, and sent free of charge at the same time to all the UIA National Sections concerned. The answers to competitors' questions shall also be sent to the UIA and to all UIA National Sections.

ARTICLE 6
Any set of conditions which is not published in one of the official languages of the International Union of Architects (English, French, Russian and Spanish) shall be accompanied by a translation into at least one of these languages. Such translations shall be issued at the same time as the original language version. Competitors shall not be required to submit material in more than one UIA language.

ARTICLE 7
All competitors' designs shall be submitted and judged anonymously.

ARTICLE 8
Notice of an international competition shall be issued by the promoter and/or the UIA Secretariat-General to all National Sections with a request for publication in technical journals or through other media at their disposal, as far as possible simultaneously, to enable those interested to apply for the regulations and full set of conditions in due time. This announcement shall state where and how copies of the conditions may be obtained and specify that the conditions have received UIA approval (see Article 15).

PROFESSIONAL ADVISER

ARTICLE 9
The promoter shall appoint a Professional Adviser, preferably an architect (but who could be a town planner in the case of a town-planning competition), to prepare the conditions and supervise the conduct of the competition.

DRAWING UP OF THE CONDITIONS

ARTICLE 10
The conditions for international competitions, whether single or two-stage, open or restricted, shall state clearly:
(a) the purpose of the competition and the intentions of the promoter;
(b) the nature of the problem to be solved;
(c) all the practical requirements to be met by competitions.

ARTICLE 11
A clear distinction shall be made in the conditions between mandatory requirements of an essential nature and those which permit the competitor freedom of interpretation, which should be as wide as possible. All competition entries shall be submitted in conformity with the regulations.

ARTICLE 12
The necessary background information supplied to competitors (social, economic, technical, geographical, topographical, etc.) must be specific and not open to misinterpretation. Supplementary information and instructions approved by the jury may be issued by the promoter to all competitors selected to proceed to the second stage of a two-stage competition.

ARTICLE 13
The regulations shall state the number, nature, scale and dimensions of the documents, plans or models required and the terms of acceptance of such documents, plans or models. Where an estimate of cost is required, this must be presented in standard form as set out in the regulations.

ARTICLE 14
As a general rule, the promoter of an international competition shall use the metric scale. Where this is not done the metric equivalent shall be annexed to the conditions.

UIA APPROVAL

Article 15
The promoter must obtain the UIA's written approval of the requirements for a competition - including the timetable, registration fee and membership of the jury - before announcing that it is being held under UIA auspices.

REGISTRATION OF COMPETITORS

Article 16
As soon as they have received details of the competition, competitors shall register with the promoter. Registration implies acceptance of the regulations for the competition.

Article 17
The promoter shall issue to competitors all the necessary documentation for preparing their designs. Where the furnishing of such documentation is conditional on payment of a deposit, unless otherwise stated this deposit shall be returned to competitors who submit a bona fide design.

Article 18
The names of those competitors selected to proceed to the second stage of a two-stage competition shall be made public only under exceptional conditions to be agreed on by the jury before the launching of the competition.

PRIZE-MONEY, COMPENSATION AND HONORARIA

Article 19
The regulations for any competition must state the number of prizes and the amount of prize-money. This must be related to the size of the project, the amount of work involved for competitors and the resulting expenses incurred by them.

Article 20
Town-planning competitions are, by their nature, ideas competitions, since the work is generally carried out by official bodies, frequently on a long-term basis. It is therefore particularly important for the promoter to allot adequate prize-money to recompense competitors for their ideas and the work they have done.

Article 21
The promoter undertakes to accept the decisions of the jury and to pay the prize-money within one month of the announcement of the competition results.

Article 22
Each participant in a competition by invitation shall receive an honorarium in addition to the prizes awarded.

Article 23
In two-stage competitions, a reasonable honorarium shall be paid to each of the competitors selected to take part in the second stage. This sum, which is intended to reimburse them for the additional work carried out in the second stage, shall be stated in the regulations for the competition and shall be in addition to the prizes awarded.

Article 24
The regulations shall state the exact use to which the promoter will put the winning design. Designs may not be put to any other use or altered in any way except by agreement with the author.

Article 25
In project competitions the award of first prize to a design places the promoter under the obligation to entrust the author of the design with the commission for the project. If the winner is unable to satisfy the jury of his ability to carry out the work, the jury may require him to collaborate with another architect or town planner of his choice approved by the jury and the promoter.

Article 26
In *project competitions* provision shall be made in the regulations for the competition for *a further sum* equal to the amount of the first prize if no contract for carrying out the project has been signed within twenty-four months of the announcement of the jury's award. In so compensating the first prize winner the promoter does not acquire the right to carry out the project except with the collaboration of its author.

Article 27
In *ideas competitions* the promoter, if he intends to make use of all or part of the winning or any other scheme, shall, wherever possible, consider some form of collaboration with its author. The terms of collaboration must be acceptable to the latter.

INSURANCE

Article 28
The *promoter shall insure* competitors' designs from the time when he assumes responsibility for them and for the duration of his responsibility. The amount of such insurance will be stated in the regulations.

COPYRIGHT AND RIGHT OF OWNERSHIP

Article 29
The *author* of any design shall retain the *copyright* of his work; no alterations may be made without his formal consent.

Article 30
The design awarded first prize can only be used by the promoter upon his commissioning the author to carry out the project. *No other design*, whether it has been awarded a prize or not, *may be used* wholly or in part by the promoter except by agreement with the author.

Article 31
As a general rule, the promoter's right of ownership on a design covers *one execution only*. However, the regulations for the competition may provide for repetitive work and specify the terms thereof.

Article 32
In all cases, unless otherwise stated in the regulations, the author of any design shall retain the *right of reproduction*.

THE JURY

ARTICLE 33
The jury shall be set up *before the opening* of the competition. The names of members and reserve members of the jury shall be listed in the regulations for the competition.

ARTICLE 34
As a general rule the members of the jury are appointed by the promoter after *approval by the* UIA. The UIA shall assist promoters in the selection of jury members.

ARTICLE 35
The jury shall be composed of the smallest reasonable number of persons of different nationalities, and in any event should be an odd number and should not exceed seven. The majority of them shall be independent architects, town planners or, in special circumstances, other professionals working in association with them.

ARTICLE 36
At least one member of the jury shall be appointed by the UIA and this should be stated in the regulations for the competition.

ARTICLE 37
It is essential that all full - i.e. voting - and reserve - i.e. non-voting - members of the jury be present throughout all meetings of the jury.

ARTICLE 38
If a voting jury member misses the first meeting, a non-voting member shall acquire his vote for the whole period of adjudication. If, for any reason, a voting jury member has to absent himself for a brief period of time, a non-voting member shall acquire his vote for that period and any decision taken shall be binding. If a voting jury member is absent for a prolonged period or leaves before the conclusion of the adjudication, his vote shall be acquired by a non-voting member for the remainder of the period of adjudication.

ARTICLE 39
Each member of the jury shall *approve* the regulations and conditions for the competition before they are made available to competitors.

ARTICLE 40
No member of the jury for a competition *shall take part*, either directly or indirectly, in that competition, or be entrusted either directly or indirectly with a commission connected with the carrying out of the object of the competition.

ARTICLE 41
No member of the promoting body, nor any associate or employee, nor any person who has been concerned with the preparation or organization of the competition, *shall be eligible to compete* or assist a competitor.

ARTICLE 42
The decisions of the jury shall be taken by a *majority vote*, with a separate vote on each design submitted. In the event of a tied vote, the chairman shall have the casting vote. The list of awards, as well as the *jury's report* to the promoter, shall be signed by all members of the jury before they disperse and one copy of this document shall be sent to the UIA.

ARTICLE 43
In two-stage competitions, the *same jury* should judge *both stages* of the competition. In no case may a competition which has received UIA approval as a single-stage competition proceed to a second stage except with UIA approval of the conditions and the arrangements for payment of honoraria to the competitors involved, over and above the prize-money provided for in the original competition. In the event of such a secondary competition taking place, the jury appointed for the original competition must be reappointed by the promoter.

ARTICLE 44
Any drawings, photographs, models or other documents not required under the regulations shall be *excluded by the jury* before it examines a competitor's entry.

ARTICLE 45
The jury *shall disqualify* any design which does not conform to the mandatory requirements, instructions or regulations for the competition.

ARTICLE 46
The jury must make *awards*. The *awards* shall be final and shall be *made public* by a date agreed on with UIA and stated in the conditions. The jury, when distributing the awards, shall make full use of the amount set aside for prizes in the competition conditions. In an ideas competition, a first prize shall be awarded.

ARTICLE 47
The *fees* and travel and subsistence expenses of *jury* members shall be paid by the promoter.

EXHIBITION OF ENTRIES

ARTICLE 48
All designs, including those disqualified by the jury, shall be exhibited, as a general rule, for at least two weeks, together with a copy of the signed report of the jury. The exhibition shall be open to the public free of charge.

ARTICLE 49
The promoter shall notify registered competitors in good time of the date and place of the public exhibition and of the results of the competition, and send them a copy of the jury's report. He shall similarly inform the UIA and all National Sections. Photographs of the prize-winning designs shall be sent to the UIA with a view to possible publication.

ARTICLE 50
In two-stage competitions, designs submitted in the first stage shall be kept secret until the final results are announced.

RETURN OF DESIGNS

ARTICLE 51
All drawings and plans, other than those which have received prizes or been purchased and are retained by the promoter, *shall be destroyed* at the end of the public exhibition, unless provision is made to the contrary in the regulations for the competition. Where *models* are required, these will be returned to their author at the *expense of the promoter* within one month of the close of the public exhibition.

Bibliographie

Pro Kapitel alphabetisch zuerst Buchtitel, dann Zeitschriften

DIE SCHATZKAMMERN DER ARCHITEKTUR

Chaslin, François: *Les Paris de François Mitterand – Histoire des grands projets architecturaux*. Gallimard, Paris, 1985.

Oud, J.J.P.: Architektur und Wettbewerbe in: *Ter wille van een levende bouwkunst*. Nijgh & Van Ditmar, Den Haag/Rotterdam, o.J.

RIGO: *Architectuurwedstrijden nader bekeken*. Stichting Bouwresearch/Kluwer/Ten Hagen, Deventer/Den Haag, 1980.

Spreiregen, Paul D.: *Design Competitons*. McGraw-Hill, New York N.Y., 1979.

Strong Judith: *Participating Architectural Competitions. A guide for competitors, promoters and assessors.* The Architectural Press, London, 1976.

DAS WEISSE HAUS IN WASHINGTON

Pearce, Mrs. John N. u.a.: *The White House*. White House Historical Association, Washington D.C., 1964/66.

Ryan, William und Desmond Guinness: *The White House, an architectural History*. Mc Graw Hill Book Company, New York, 1980.

DIE LONDONER PARLAMENTSGEBÄUDE

Port, M.H. (Hsg.): *The Houses of Parliament*. Yale University Press, London, 1976.

DIE NEUE OPER VON PARIS

Hitchcock, Henry-Russell: *Architecture: Nineteenth and Twentieth Centuries*. Penguin Books Ltd, Harmondsworth, 1977.

Loyrette, Henri: 'Le concours pour l'Opéra de Paris: Viollet-le-Duc et Garnier', im Ausstellungskatalog *Viollet-le-Duc*, Galeries Nationales du Grand Palais, Paris, 1980.

Steinhauser, Monika: *Die Architektur der Pariser Oper. Studien zu ihrer Entstehungsgeschichte und ihrer architekturgeschichtlichen Stellung*. Prestel-Verlag, München, 1969.

Le Moniteur des Architectes, 1876, S. 121 bis 196 (Charles Laffitte: Le Nouvel Opéra).

The Architectural Review, 1949, S. 303-304 (H.S. Goodhart-Rendel: Reassessment: Paris Opera House).

Ferner wurde Dokumentation aus der Bibliothek der Pariser Oper benutzt.

DAS REICHSTAGSGEBÄUDE IN BERLIN

Cullen, Michael S.: *Der Reichstag. Die Geschichte eines Monumentes*. Frölich & Kaufmann, Berlin, 1983.

Eggert, Hermann: *Die Konkurrenz für Entwürfe zum neuen Reichstagsgebäude*. Berlin, 1882.

Graf, Antonia: *Otto Wagner, Das Werk des Architekten 1860 - 1902*. Hermann Böhlaus, Wien/Köln/Graz, 1985.

Preisgekrönte Entwürfe zum neuen Reichstagsgebäude. Berlin, 1882.

Baumeister, 1903, S. 1 bis 5 (M. Rabsilber: Paul Wallot).

Bauwelt, 1912, S. 25-29.
– 1986, Nr. 6 (Reichstags-Operationen); Nr. 25, S. 942-959 (Peter Rumpf: Königsplatz der Republik?).

Centralblatt der Bauverwaltung, 1883, S. 227-229.
– 1894, S. 411 bis 500 (R. Streiter: Baugeschichte des Reichstagshauses).

Deutsche Bauzeitung, 1872, S. 141 bis 162.
– 1882, S. 313 f.

Der Eiffelturm in Paris

Eiffel, Gustave: *La tour de 300 mètres* (2 Bde.). Paris, 1900.

Lemoine, Bertrand: *Gustave Eiffel*. F. Hazan, Paris, 1984.

Loyrette, Henri: *Gustave Eiffel*. DVA, Stuttgart, 1985.
Design Trends, Oktober 1939 (The Eiffel Tower: A Victory for progressive design).

Le Genie Civil, 1884/85, S. 107 f. (Projet de tour colossale en maçonnerie de M. Bourdais).
— 1886, S. 120-121 (M.N.: Tour de 300 mètres).
— 1887, S. 267-268.
— 1888, S. 29 f. (Exposition universelle de 1889. Documents officiels et informations).

l'Illustration, 5. Juni 1886, S. 395 (Paul Eudel: Les projects du concours).

Journal of the Society of Architectural Historians, XVI, 4, 1957 (Frank I. Jenkins: Harbingers of Eiffel's Tower).

Magazine de l'Histoire, Oktober 1983, S. 96 f. (Catherine Hodeir: l'Expo des Expos).

Le Moniteur des Architectes, Februar 1887 (Exposition Universelle; la tour Eiffel).

Postsparkassenamt in Wien

Schorske, Carl E.: *Fin-de-siècle Vienna. Politics and culture*. Vintage Books, New York N.Y., 1981.

Wagner, M. und Peter Tomanek: *Bankiers und Beamte. Hundert Jahre Österreichische Postsparkasse*. Verlag Anton Schroll & Co, Wien, 1983.

Der Architekt, 1903, S. 76 f. (Wettbewerb um den Bau des k.k. Postsparkassen-Amtes in Wien).
— 1916, S. 1-14 (Dr. Karl Holey: Neubauten der Wiener Banken).

Österreichische Wochenschrift für den öffentlichen Baudienst, 1903, S. 66-535 (Der Wettbewerb für den Neubau eines Amtsgebäudes der Postsparkasse in Wien).

Zeitschrift des Österr. Ingenieur- und Architekten-Vereines, 1904, S. 57-62 (Mitteilungen des ständigen Wettbewerbs-Ausschusses).
— 1904, S. 145 (Bericht über Fachgruppe für Architektur und Hochbau, Versammlung vom 12. Jänner 1904).
— 1907, S. 120 (Das k.k. Postsparkassen-Amtsgebäude).

Ferner wurde das Protokoll der Sitzungen des Preisgerichtes für den Wettbewerb für den Bau eines neuen Postparkassengebäudes verwendet, außerdem Artikel, Notizen u.ä. im Archiv der Postsparkasse zu Wien.

Das Rathaus von Stockholm

Cornell, Elias: *Ragnar Östberg, Svensk arkitekt*. Stockholm, 1965.

Architecture, 1924, S. 49-50.

Arkitektur och Dekorativ Konst, 1904, S. 65-66; S. 67 (Torben Grut), S. 68-82 (Programm und Jurybericht erste Runde).
— 1905, S. 81-83 (Torben Grut), S. 84-102 (Programm und Jurybericht zweite Runde).
— 1911, S. 45-54 (Stockholms Stadhus).
— 1917, S. 131-132 (C. Westman: Stadhustornet).

Bouwkundig Weekblad, 1923, S. 436-441 (Dipl.-ing. G. Friedhof).
— 1924, S. 221-226 (von D.F. Slothouwer).

Byggmästaren, 1923, S. 166-168 (C. Westman: Stockholms Stadhus).

Moderne Bauformen, 1927, S. 65-79 (von Willem Bäumer).

Der Hauptbahnhof von Helsinki

Abacus, Museum of Finish Architecture, Jahrbuch 3, Helsinki, 1983, S. 49 bis 77 (Neuauflage Originaltext von Gustaf Strengel und Sigurd Fosterus in Englisch und Finnisch: Architecture: a challenge to our opponents/Arkkitehtuuri; taistelukirjoitus jonka Gustaf Strengell ja Sigurd Fosterus omistavat vastustajilleen).

Hausen, Marika: The Helsinki Railway Station in Eliel Saarinen's first versions 1904, in: *Studies in Art History* 3/ *Taide Historiallisia* 3, S. 59 bis 113, Society for Art History, Finland/Taide-Historian Sevra, Suomi, Helsinki, 1977.

Arkitekten, 1904, S. 41 bis 55.

Rautateiden Arkitehtuuri, Helsinki, 1984, S. 48 bis 59.

Wonen/TABK, 1985, Nr. 13, S.10 bis 23 (Hans van Dijk: Das Frühwerk von Eliel Saarinen).

DER FRIEDENSPALAST IN DEN HAAG

Reinink, Dr. A.W.: *K.P.C. de Bazel architect*. Leiden, 1965.

Architectura, 1906, S. 161-162, 173, 178, 211-214, 219-222 (von W. Kromhout), 263, 269, 286, 370-371 (von K.P.C. de Bazel). — 1907, S. 133-134 (von W. Kromhout), 143 (von H. Walenkamp), 157-161 (Eingabe an das niederländische Parlament von K.P.C. de Bazel, H.P. Berlage, W. Kromhout u.a.), 217-218, 277.

Bouwkundig Weekblad, 1905, S. 499-500, 515-517, 542-543, 560, 570, 610-611, 696-698.
— 1906, S. 325-328 (Jurybericht), 339-340, 369-370.
— 1907, S. 193-194.

De Opmerker, 1906, S. 153-154, 162, 185-187 (A.W. Weissman), 196-198.
— 1907, S. 74-76, 89-91, 111, 129-130, 173-175, 234-236, 249-250, 263, 277-278.
— 1908, S. 46.

DAS VERWALTUNGSGEBÄUDE DER CHICAGO TRIBUNE

Goldberger, Paul: *Wolkenkratzer*. DVA, Stuttgart, 1984.

Jordy, William H.: *American buildings and their architects - the impact of European modernism in the mid-twentieth century*. Anchor Books, New Garden City, N.Y., 1976.

Koeper, Frederick: *Illinois Architecture*. The University of Chicago Press, Chicago Ill., 1968.

Roth, Leland M.: *A Concise History of American Architecture*. Harper & Row, New York N.Y., 1979.

The Tribune Tower Competition - The international competition for a new administration building for the Chicago Tribune, 1922. The Chicago Tribune Co., Chicago, 1923.

The Architectural Record, 1923, S. 151-157 (Louis Sullivan: The Chicago Tribune Competition).

Architecture, 1923, S. 80-81 (Alfred Morton Githens: The Chicago 'Tribune' Competition - A retrospect).

Bouwkundig Weekblad, 1923, S. 456-458 (J.J.P. Oud: Bij een Deensch ontwerp voor de 'Chicago Tribune').

Wasmuths Monatshefte für Baukunst und Städtebau, 1923/24, S. 296-309 (Werner Hegemann: Das Hochhaus als Verkehrsstörer und der Wettbewerb der Chicago Tribune. Mittelalterliche Enge und neuzeitliche Gotik).

STAZIONE TERMINI IN ROM

Roma Termini, La nuova Stazione di Roma Termini, delle ferrovie Italiane delle Stato, raccolta di articoli pubblicati da 'ingegneria ferroviaria', C.I.F.I. Rom, 1951.

Roma Termini, La nuova Stazione di Roma Termini, delle ferrovie Italiane delle Stato, tavole fuori testo, C.I.F.I., Rom, 1951.

Architectural Review, 1951, S. 209-215.

l'Architecture d'Aujourd'hui, 1951, S. 51-54.

DAS OPERNHAUS VON SYDNEY

Giedion, S.: *Raum, Zeit, Architektur*. Otto Maier Verlag, Ravensburg, 1965.

Hubble, Ava: *The Sydney Opera House, More Than Meets The Eye*. Lansdowne, Sydney, 1983.

Yeomans, John: *The other Taj Mahal*. Longmans, Green and Co, London/Harlow, 1968.

Architect and Building News, The, 1957, S. 274-283 (Jurybericht und preisgekrönte Entwürfe).
— 1967, S. 17-24 (Utzon und Arup über die Dachkonstruktion).

Architects Journal, The, 1957, S. 200-201 (preisgekrönte Entwürfe); S. 535-546 (Entwürfe britischer Teilnehmer).

Architectural Record, 1966, S. 175-180 (Engineer's view).

Bauwelt, 1966, S. 463-548 (Zum Theater-Streit in Sydney).

Canadian Architect, The, 1968, S. 43-46 (Bring Utzon Back).

Progressive Architecture, 1957, S. 95-97.

RIBA Journal, 1967, S. 56-64 (What went wrong?).

DIE INTERNATIONALE KONGRESSHALLE IN KYOTO

Banham, Reyner: *Megastructure, urban futures of the recent past*. Thames and Hudson, London, 1976.

Internationales Kongressgebäude von Kyoto, (u.a.: Jurybericht, ausführliche Dokumentation der preisgekrönten Projekte, Fotos und Daten aller übrigen Entwürfe, Text nur japanisch). Ausgabe des Bauministeriums, Tokyo, 1967.

Japan Architect. *A Guide to Japanese Architecture*. Shinkenchiku-sha Co, Tokyo, 1984.

Riani, Paolo: *Kenzo Tange*. Hamlyn, London/New York/Sydney/Toronto, 1969.

Riani, Paolo: *Contemporary Japanese Architecture*. Centro Di, Florenz, 1969.

Japan Architect, 1963, Nr. 9, S. 9-29.

Kenchikubunka, 1963, September (Sonderausgabe über den Wettbewerb mit Besprechung vieler Entwürfe, Text japanisch).

Shikenchiku, 1963, September (Sonderausgabe über den Wettbewerb mit Besprechung von etwa 20 Projekten, Text japanisch).

Wonen/TABK, 1984, nr. 16-17 (Sonderausgabe über Japan, insbes. S. 11-20: Hans van Dijk: Tekens van Leegte, een overzicht van de ontwikkelingen in de Japanse architectuur sinds 1960).

DAS RATHAUS VON AMSTERDAM

Brugmans, H. und A.W. Weissman: *Het stadhuis van Amsterdam*. Elsevier, Amsterdam, 191

Lutterveld, R. van: *Het raadhuis aan de Dam*. Heemkennis Amsterdam, Band VIII. Amsterdam, o.J.

Roegholt, Richter: *Amsterdam in de 20e eeuw*, Band 1 und 2. Het Spectrum, Utrecht, 1976 und 1979.

Bouwkundig Weekblad, 1937, S. 24, 43, 67, 94, 118, 129, 133, 328, 368.
— 1938, S. 1, 54.
— 1939, s. 45, 53, 85, 101, 113, 125, 138, 248.
— 1940, S. 34-35, 338.
— 1969, S. 65 f., 225 f., 261 f.

DAS CENTRE GEORGES POMPIDOU IN PARIS

Chaslin, François: *Les Paris de François Mitterand - Histoire des grands projects architecturaux*. Gallimard, Paris, 1985.

Cook, Peter: *Archigram*. Studio Vista, London.

Zaknié, Ivan. *Pompidou Center*. Flammarion, Paris.

Déja Paris Demain Beaubourg Les Halles. Un dossier de Linhas-Paris réunie par Ned et Rival. Editions de la Table Ronde, 1974.

Architectural Design Profiles, Nr. 2: Centre Pompidou.

Domus, Juni 1972, S. 9 (A Parigi, per i parigini, l'Evoluzione del progretto Piano + Rogers per il 'Centre Beaubourg').

Techniques et Architecture, Februar 1972: Centre de Plateau Beaubourg Paris: concours international d'idées.

Der Internationale Architekturwettbewerb zwischen Tradition und Moderne

Adams, T.: *Recent Advances in Town Planning*. London, 1932.

Birrell, J.: *Walter Burley Griffin*. Queensland, 1964.

Cheney, S.: *New World Architecture*. New York, 1930.

Engel, G.H.: *American Architecture of Today*. New York, 1928.

Künstler, L. und G.: *Adolf Loos, Pioneer of Modern Architecture*. London, 1966.

Robinson, C.M.: *Modern Civic Art*. New York, 1903.

Sullivan, Louis: *Kindergarten Chats*. New York, 1947.

AA Quarterly; Vol II, Nr. 2, S. 36-48. (A. Cunliffe: The Competition for the Palace of Soviets in Moscow 1931-1933).

Bildquellen

Verwendete abkürzungen:
Arch.: *Archiv*; B&U: *Beeldbank en Uitgeefprojecten*; C.I.F.I.: *Collegio degli Ingegneri Ferroviari Italiani*; C.N.A.M.: *Conservatoire National des Arts et Métiers*; NDB: *Nederlands Documentatiecentrum voor de Bouwkunst*; PRO: *Public Record Office*; PSK: *Österreichische Postsparkasse*; RIBA: *Royal Institute of British Architects*; TH: *Technische Hochschule*; TU: *Technische Universität*.

Schutzumschlag: TU Berlin/Archiphoto; **3:** PSK Wien/Archiphoto; **5:** Kisho Kurokawa Tokyo; **6:** Sakakura Ass. Tokyo; **8:** Foster Ass. London/Ian Lambot; **9:** PSK Wien/Archiphoto; NDB Amsterdam; **11:** NDB Amsterdam (3x); **12:** Arch. Kenneth Frampton New York City; **13:** W. Holzbauer Wien; **14:** P&T Architects and Engineers Hongkong (2x); **15:** Skidmore Owings & Merrill Chicago; YRM London (2x); Harry Seidler Sydney (2x); **16-17:** Foster Ass. London; **18:** Foster Ass. London/Richard Davies; **19:** Foster Ass. London/Ian Lambot; **20:** W. Holzbauer Wien; **21:** A. Alberts Amsterdam; **22:** Cornell University Archiv; **23:** Associated Press Amsterdam (2x); **25-29:** Maryland Historical Society Baltimore/Maryland; **30:** RIBA London; Archiphoto; **31:** B&U Amsterdam/Woodmansterne; RIBA London; **32:** RIBA London; **33-37:** PRO London; **39:** Royal Commission on Ancient and Historical Monuments Scotland (Copyright: Lawrence Blair Oliphant Blairgowrie); **40-41:** B&U Amsterdam/Michael Hendrikse; **42-53:** Bibliothèque de l'Opéra Paris/Archiphoto 19x); **52-53:** Archiphoto (4x); **54:** Archiphoto; ABC Press Amsterdam (2x); **55:** Archiphoto; TU Berlin-/Archiphoto; B&U Amsterdam; **56-63:** TH Berlin/Archiphoto; **64:** B&U Amsterdam/Lauros Giraudon; C.N.A.M. Paris/Archiphoto; **65-71:** C.N.A.M. Paris/Archiphoto; **67, 71:** Archiphoto (2x); **73-75:** Archiphoto (4x); **76-81:** PSK Wien/Archiphoto; **82:** B&U Amsterdam/Hans Wretling; B&U Amsterdam/Jan Halaska; **83-92:** Stockholms Stadsmuseum; **93:** Stadhuset Stockholm; **94:** Museokuva Helsinki (2x); **95, 97-98, 100:** Rautatie Hallitus/Museokuva (5x); **96, 99, 102, 103:** Suomen Rakennustaiteen Museo (6x); **104:** B&U Amsterdam; **105-111:** NDB Amsterdam/Frank den Oudsten; **112-113:** NDB Amsterdam; **115:** B&U Amsterdam; **116-123, 124:** The Tribune Company; **125:** Bouwkundig Weekblad 1923; **126:** B&U Amsterdam; C.I.F.I. Rom; **127-132:** C.I.F.I. Rom (15x); **130, 133 - 135:** Franscesco Montuori Rom (9x); **137:** Arch. Architext Haarlem; The Architectural Press London (2x); **138:** Archives Authority of New South Wales (5x); Sydney Opera House Trust; **139-140:** The Architectural Press London (6x); **141:** W. Holzbauer Wien; **142:** L. Prynn London; **143:** H. Krall London; **144:** TU Delft (2x); T. Bliss London (3x); **145:** B&U Amsterdam; Sydney Opera House Trust; B&U Amsterdam; **146:** Kyoto International Conference Hall (3x); **148:** Junzo Yoshimura Tokyo; **149:** Samon Sano Tokyo; **150:** M. Yendo Ass.; **151:** Nikken Sekkei Tokyo (2x); Sakakura Ass. Tokyo (2x); **152-155:** Ministry of Construction Government of Japan Tokyo (12x); Kisho Kurokawa (2x); **157:** Wilhelm Holzbauer Wien; Archiphoto; **158:** Bouwkundig Weekblad 1937; **159:** Arch. Duintjer Amsterdam (3x); NDB Amsterdam (1x); **160-161:** NDB Amsterdam/Frank den Oudsten; **162-163:** NDB Amsterdam; **164:** HWT Rotterdam; Van den Broek en Bakema Rotterdam; NDB Amsterdam (2x); **165:** E. Jelles Amsterdam/Paul Bessem; Hans Bosch Amsterdam; Herman Hertzberger Amsterdam; LRR Amsterdam; **166:** L.J. Heijdenrijk Amersfoort; **166-167:** W. Holzbauer Wien (4x); **168:** Archiphoto; **170-171:** William Alsop London; **172:** Centre Pompidou/Archiphoto (3x); Robert Stones London; Centre Pompidou/Archiphoto; HWT Rotterdam; **173:** Manfred Schiedhelm Berlin (2x); OD 205 Delft; **174-175:** Kisho Kurokawa Tokyo; **176:** Charles Vandenhove Lüttich; **177-178:** Centre Pompidou; **179:** B&U Amsterdam/Charles Rapho; Archiphoto; **180-183:** Library National Capitol Development Commission Canberra; **185:** The Tribune Company; **186:** Bouwkundig Weekblad 1923; The Tribune Company; **187-199:** Arch. Kenneth Frampton New York City.

Register

Zahlen mit nachfolgendem Stern verweisen auf Illustrationen und Bildtexte.

Aalto, Alvar (1898-1976) 21, 141
Aberg, Hjalmar 94, 97*, 99
Abramovitz 203
Adams, Arthur Frederick 118*, 120
—, John (1735-1826) 29
—, Thomas (1871-1940) 182
Adler, Friedrich (1827-1908) 54
Agache, D.A. 182
Ahlberg, Axel 87*
—, Hakon 187*, 188
Aillaud, Emile (1902) 168, 174
Alberts, Anton (1927) 21*
—, C.A. (1936) 165*
Alpar, I. 112
Alphand, J. 64, 68
Alsop, William (1947) 170*
Amsterdam, Frederiksplein 161
—, Börse 11*, 13, 106, 107, 110
—, Musiktheater 157*, 167
—, Nieuwe Kerk 158
—, Palast am Dam 156, 156*, 158, 159, 161, 166, 167
—, Paleis voor Volksvlijt 159
—, Pijp, de 161, 167
—, Rathaus 9*, 13*, 156*, 156-167
—, Waterlooplein 160, 166
Andersson, Erik 137*
Annapolis (Md.) 24
Antwerpen, Kathedrale 117
—, Lieve Vrouwekerk 65
Aran, Kemal 172*
Archigram 178
Arretche, Louis 171
Arup, Ove (1895), siehe: Arup & Partners, Ore
Arup & Partners, Ove 141, 142, 168, 176, 177
Ashihara, Yoshinobu (1918) 147, 150, 153, 153*
Ashworth, Henry Ingham 136, 138, 139, 140
Asplund, Gunnar (1885-1940) 141
Atelier d'Urbanisme et d'Architecture 171
Athene, Akropolis 9, 17
Auer, H. 112

Babylon, New 178
Bach, Karl Theodor (1858-?) 72, 75, 79*
Bakema, Jacob Berend (1914-1981) 164*
Baldwinson, A.N. 141
Baltard, Victor (1805-1874) 168, 170, 170*
Bamberger, Gustav 72
Barry, Charles (1795-1860) 30, 31*, 34, 35, 36*, 37, 38, 39*, 46

—, Edward Middleton (1830-1880, Sohn von Charles B.) 30, 38, 46
Basile, E. 112
Bauer, Leopold 72
Baumgarten, Paul (1900) 63
Bazel, Karel Petrus Cornelis de (1869-1923) 107, 113*
Beck, Edward S. 115, 119
Behrens, Peter (1868-1940) 62, 107, 193, 196, 202
Bélanger, François Joseph (1744-1818) 42
Belcher, J. (1841-1913) 112
Berghoef, Johannes Fake (1903) 158*, 159, 160, 161, 162*
Bergsten, Carl 82, 88, 88* 89, 91*
Berindey, I.D. 112
Berlage, Hendrik Petrus (1856-1934) 11*, 13, 106*, 107, 107*, 187, 193, 201
Berlin, AEG 196
—, Reichstag 54*, 54-63, 80
Bernini, Gianlorenzo (1598-1680) 10
Berthelin, Max 44*
Bianchi, Salvatore 127*, 128
Bijvoet, Bernard (1889-1979) 123*, 124, 156, 161, 167, 183, 185*, 186, 202
Bismarck, Otto von (1815-1898) 54, 58, 63
Bliss, Terence 144*
Bliss & Faville 116, 118*
Blom, Piet (1934) 165*
Blondel, Henri (1832-1897) 43, 45, 49
Bloomfield Hills (Mich.), Cranbrook 184
Böckmann, Wilhelm (1832-1902) 54, 59*
Bohnstedt, Ludwig (1822-1885) 56*, 58
Boileau, Louis H. 187*, 201
Boissevain & Osmond 136, 139, 139*, 140
Bonatz, Paul (1877-1956) 188, 201
Booth, George 184
Borsi, Franco 202
Bosch, Hans (1939) 165*
Botrel 41, 46, 48
Boucher 68
Boullée, Etienne-Louis (1728-1799) 42
Bourdais, Jules Desire 65*, 66, 67, 68, 69
Bragdon, Claude 184
Brang, Peter Paul 75, 77, 80
Brecher, N. 136, 139, 139*
Breuer, Marcel (1902-1981) 153
Broek, Johannes Hendrik van den (1898-1978) 164*
Broggi, Carlo 190*, 193, 196*, 202
Broggi, Vaccaro en Franzi 188, 189*, 196*
Brune, H. 64
Brunelleschi, Filippo (1377-1446) 9, 11*, 170

Buckler, John Chessell (1793-1894) 30, 33*, 34
Buffalo N.Y. Larkin-Gebäude 183
Bühlmann, Joseph (1844-1921) 58*
Bunning, Walter 138
Burnet, John (1857-1938) 187, 193, 201
Burnham, Daniel (1846-1912), siehe: Burnham & Co.
Burnham & Co. 116, 117*
Burton, Decimus (1800-1881) 66
Busse, August (1839-1896) 54, 60*

Cahill, J.J. 136, 139, 142
Calderini, Guglielmo 112
Calini, Leo 127, 129*, 131
Callet, F.E. (1791-1854) 170*
Campen, Jacob van (1595-1657) 156, 156*, 158, 161
Canberra 180*
—, Wettbewerb 181*, 182*
Candidus 33
Canterbury, Kathedrale 10
Capitant, René 171, 172
Cardeillac 41, 46
Cardelli, Aldo 127
Caré, Enrico 127
Caristie, Augustin Nicolas (1783-1862) 41, 46
Carnegie, Andrew (1835-1919) 105*, 107
Carnegie-Stiftung 105, 107, 110, 111
Carrère, John Merven (1858-1911) 112
Carrère & Hastings 112
Carshore, Andrew Mayfield 24, 25*, 26
Cassien-Bernard 68*, 69*
Castellazzi, Massimo 127, 130*, 131
Cavos, A. 43
Cavour, Camille Benso (1810-1861) 128
Ceradini, Giulio 127
Charpentier, Claude 171
Cheney, Howard 119
—, Sheldon 184
Chicago (Ill.) Bayard-Gebäude 184
—, Chicago River 114
—, Chicago Tribune-Gebäude 114*, 115-126, 182, 186
—, Equitable Building 114*
—, Wrigley Building 114*
Chicago Tribune 16, 116
Choisy, J.L.C. 173*
CIAM 150, 151
Ciriani, Henri 20
Clarke und Reeves 65*, 66
Clason, Isak Gustav (1856-1930) 82, 84, 87, 112
Coch, Georg (1842-1890) 73*
Colbert, Jean Baptiste (1619-1683) 10
Collcutt, Thomas Edward (1840-1924) 105
Collignon, Ed. 64, 68
Collins Williamson, John 22, 27
Considerant, Victor Prosper (1808-1893) 199
Constant, siehe: Nieuwenhuys, C.
Constant-Dufeux, S.C. 41, 46
Contamin, V. (1840-1893) 64, 68
Corbett, Harvey Wiley (1873-1954) 118*
Cordonnier, Louise Marie (1859-1938) 11*, 13, 105, 106*, 107*, 108, 110, 111, 112
Cornell, Elias 86
Cosenza, Luigi 127
Cottingham, Lewis Nockalls (1787-1847) 32*
Couder, J.B.A. 42
Cremer, Robert 59*
—, Wilhelm 54, 63*
Crépinet, A. 41, 46, 48

Crompton, Dennis (1935) 170*
Cunningham, W. 136, 139, 139*
Cust, Edward 30, 32, 34
Cuypers, Eduard (1859-1827, Vetter von Petrus Josephus Hubertus C.) 112
—, Petrus Josephus Hubertus (1827-1921) 105

Dam, Cees (1932) 13*, 156, 167
Davidson, H.F.D. 165*
De Gisors, H.A. (1796-1866) 41, 46
Debat, Félix 109*
Debret, François (1777-1850) 42
Delouvrier, Paul (1914) 170, 171, 172, 179
Demiray, Matin 172*
Den Haag, Friedenspalast 104*, 105-114
Deneke, Albert 187*, 188, 202
Deperthes, P.-J.-E. (1833-1898) 69*
Deudekom, M.C. van 164*
Diamond, James (?-1797) 26*, 27*
Dieltjen, E. 112
Dioskuren 193
Dratschevski, Colonel 94
Duban, Félix Louis Jacques (1797-1870) 41, 46
DuBois, Macy (1929) 164*
Duc, Joseph Louis (1802-1879) 41, 48
Duchâtel, Ch. M.T. 42, 43
Dudok, Willem Marinus (1884-1974) 21
Duiker, Johannes (1890-1935) 124, 183, 185*, 186, 202
Duintjer, Marinus (1908-1983) 159*, 160
Dumas fils, Alexandre (1824-1895, französischer Schriftsteller) 69
Dumb Bell-Wohnungen 10
Dunster und Staughton 140*
Dutert, Charles-Louis-Ferdinand (1845-1906) 64, 68, 69*

Edgel, G.H. 184
Eggert, Hermann 60, 61
Egle, Joseph von (1818-1899) 54
Eiffel, Gustave (1832-1923) 12, 64, 64*, 66*, 67, 67*, 68, 68*, 69, 69*, 70, 71*
Eijkman, P.H. (?-1914) 113
Eklund, Jarl 99*, 121*
Elliott, Andrew 23, 24
Ena, Nello 127
Ende, Hermann (1829-1907) 54, 59*
Enfant, Pierre Charles l' (1754-1825) 22*, 24, 182
Engel, Carl Ludwig (1778-1840) 96, 97
Eriksson, Niels Einar 198*
Étex, Antoine (1808-1888) 43*
Eudel, Paul 68
Eugénie, Kaiserin (1826-1920) 12, 44, 52
Eyck, Aldo van (1918) 160, 165, 167

Fadigati, Vasco 127, 130*, 131
Fagioli, Marco 127
Fahrenkamp, Emil (1885-1966) 187*, 188, 202
Fairfield, Robert 164*
Faszbender, Eugen 72, 75
Faugeron, Jean 171
Favini, Leonato 127, 132*
Ferstel, Heinrich von (1828-1883) 60*
—, Max Freiherr von (1859-?, Sohn von Heinrich von F.) 9*, 72, 75, 76, 81*
Fiorentino, Mario 127
Fischer-Essen, A. 188, 188*, 201, 202
Flegenheimer, Julien 190*, 200*, 202
Florence, Santa Maria del Fiore 9, 11*
Fontaine, Pierre François Leonard (1762-1853) 42
Forleo, Constantino 127

214

Formigé, Jean Cammille (1845-1926) 64, 68, 70*
Förster, Emil von 72
Forum, Zeitschrift 165
Foster, Norman (1935) 8*, 16*, 17*, 18*, 19*
Fourier, François Marie Charles (1772-1837) 197
Franchini, Gianfranco 168, 176
Francis, Frank 168, 174
Franz-Joseph I. (1830-1916) 72, 74*
Franzi, Luigi 189*, 196*
Frosterus, Sigurd (1876-1956) 98, 102, 103, 103*
Fun Palace 178

Gabriel, Ange-Jacques (1698-1782) 199
Gallen-Kallela, Akseli Valdemar (1865-1931) 95, 102
Galli, Adriano 127
Garden, Hugh M.G. (1873-1961), *siehe: Schmidt, Garden & Martin*
Garnaud, A.M. 41, 48
Garnier, Jean Louis Charles (1825-1898) 12, 41, 45, 47*, 48*, 49, 50*, 52, 53*, 69
–, Tony (1869-1948) 107
Gato, Carlo 187, 201
Gaudet, Julien 195
Gaulle, Charles de (1890-1970) 170, 171, 172, 173, 179
Gautier, Theophile 45*
Geddes, Robert (1923) 136, 139, 139*
Genf, Völkerbundspalais 12, 14, 181, 186, 190*, 192*, 194*, 201
Gerace, Claudio Longo 127, 130*, 131
Gerhardt, Paul 185*
Gerretsen, W.M. 165*
Gesellius, Herman (1874-1916) 102
–, Loja 102
Gesellius, Saarinen, Lindgren, Büro 102
Geste Architectural, Le 13, 177
Ghiberti, Lorenzo (1378-1455) 9
Giannelli, A. 127
Giedion, Sigfried 140
Giese, Ernst (1832-1903) 54
Gilbert, Cass 184
–, Emile Jacques, (1793-1874) 41, 46
Ginain, P.R.L. (1825-1898) 41, 48, 49
Glasgow, Daily-Express-Gebäude 183
Gleim, C.O. 97, 98
Göbel, Marius (1939) 165*
Goki-Kai 150
Goldberger, Paul 116, 120*
Goodhue, Bertram Grosvenor (1869-1924) 116, 184, 184*
Gool, F.J. van (1922) 156, 162
Goossens, Eugene 136
Gouder, Amédée 46*
Gounod, Charles (1818-1893) 69
Graham, Gordon 18
–, James Gillespie (1777-1855) 31, 37, 39*
Graham, Anderson, Probst & White, 114*
Granfelt, August 94
Granger, Alfred 115, 119, 120
Granholm, Bruno 97, 98
Granpré Molière, Marinus Jan (1883-1972) 159
Greco, Saul 127, 131, 132
Greenley, H. 105, 108
Grenman, Bertell 122
Griffin, Walter Burley (1876-1937) 121*, 181, 181*, 182
Gripenberg, Sebastian 94, 98
Groll, Jan F. 110*
Gropius, Martin (1824-1880) 57*

–, Walter (1883-1969) 123*, 124, 183, 191
Grossheim, Karl von (1841-1911) 54
Gruppe GIA 156, 166
Grut, Torben 90
Gugel, E. (1832-1905) 61
Guidetti, Louis 199*, 201
–, Pierre 199*, 201
Gulgonen, Ahmet 172*
Gunther, Walter 123*, 186*
Gyldén, Mathilde 102
Gyldén en Ullberg 99*

Hahmann, Friedrich 156, 166
–, Hanna 156, 166
Hall, Peter 136, 144
Haller, Martin (1835-1925) 46*, 54
Hallet, Stephen (?-1825) 26
Hamilton, Alexander (1755-1805) 23
–, David (1768-1843) 30, 34, 34*, 35
Hare, H.T. 112
Harrison 203
Hastings, Thomas (1860-1929) 112
Haussmann, Georges-Eugène Baron (1809-1891) 12, 41, 43, 44*, 170
Heffron, Robert 142
Heijdenrijk, Leo J. 166, 166*
Hejda, Wilhelm 121*
Helmle, Frank J. 118*
Helsinki 96
–, Bahnhof 94*, 94-104
–, Büro Pohjola 102
–, Nationaltheater 96
Hennebique, François (1842-1921) 67
Henry 68
Herrmann, Heinrich L.A. (1821-1889) 56*
Hersent 64
Hertzberger, Herman (1932) 165*
Hitchcock, Henry-Russell (1903-1987) 184, 186, 201
Hittorf, Jacob Ignaz (1792-1867) 40*, 41, 46
Hitzig, Friedrich (1811-1881) 58
Hoban, James (ca. 1762-1831) 22, 23*, 26, 27, 28, 29, 29*
Hocheder, C. 112
Hoffmann, Josef (1870-1956) 107, 187, 193, 201
Holabird, William (1854-1923) 115, 116, 117*, 120
Holt, G.H.M. (1904) 156, 159*, 161, 167
Holzbauer, Wilhelm (1930) 13, 13*, 20*, 141, 156, 157*, 160, 166*, 167, 167*
Hongkong, Hongkong and Shanghai Bank 8*, 14*, 15*, 18, 19*
Hood, Raymond M. (1881-1934) 115, 116*, 120, 122, 124, 183, 184, 185*
Hoogstad, Jan (1930) 164*, 172*
Horeau, Hector (1801-1872) 42
Horrix, Paul (?-1929) 113
Horta, Victor (1861-1947) 186, 193, 201
Howard, Ebenezer (1850-1928) 182
Howe, George (1886-1955) 124, 184
Howells, John Mead (1868-1959) 115, 116, 120, 122, 183, 184, 185
Huet, J. Ch. 42
Hulshoff, Allard Remco (1880-1958) 159
Hume, Joseph (1777-1855) 32
Hunt, Jarvis 116, 119, 119*
Hvittrask 102

Ihne, E. (1848-1917) 105
Immirzi, Vittorio 127, 130*, 131
Ito, Chubei 147
–, Shigero 147

Jacobsen, Arne (1902-1971) 21, 163*

Jeanneret, Charles-Edouard siehe: Le Corbusier
–, Pierre (1896-1971, Vetter von Le Corbusier) 14, 16, 181, 188, 191, 191*, 193, 194*, 195*, 201
Jefferson, Thomas (1734-1826) 22, 23, 23*, 24, 26, 28, 28*, 29
Jelles, E.J. (1932) 165*
Johnson, Philip (1906) 168, 174
Jordan, V.L. 141
Jung, Bertel 95*
Jung und Bomanson 99*

Kahn, Louis (1901-1974) 21
Kalevala 95
Karczewska, Eva 166
–, Jan 166
Karnebeek, H.A. van (1874-1942) 105
Kayser, Heinrich Josef (1842-1917) 54, 63*
Kikutake, Kiyonori (1928) 147, 150, 153, 154, 154*
Klerk, Michel de (1884-1923) 107
Klijnen, J. 202
Klingenberg, L. 11*
Kloos, Jan Piet (1905) 159*
Kloot Meijburg, Herman van der (1875-1961) 159
Klophaus, Rudolf, *siehe Putlitz, Klophaus und Schoch*
Koch, Michael 72
Koechlin, Maurice 66*, 67
Köln, Dom 65
Komter, Auke (1904-1982) 159, 159*, 160
Kondo, S. 163*
König, Carl (1841-1915) 105
Konstruktivisten 178
Kosel, Mansuet (1856-1919) 72
Kozielewski, Andrzej 166
Krall, H.D. 143*
Krausz, Franz von 72, 75, 78*, 79*
Kromhout, Willem (1864-1940) 107, 111*, 113
Kruger, Alb. H.W. 125*
Künstler, Josef 72
Kurokawa, Kisho N. (1934) 5*, 20, 147, 147*, 155*, 174*
Kyoto, City Hall 151
–, Kongreßhalle 146*, 147-155
–, Takara-ga-ike 149

Labrouste, Henri (1801-1875) 195
Laclotte, Michel 168, 174
Lange, Emil von 58*
Latrobe, Benjamin Henry (1764-1820) 22, 23*, 28, 29
Laurens, Henri (1885-1954) 141
Le Corbusier (1887-1965, ps. van C.E. Jeanneret) 16, 17, 141, 150, 151, 151*, 173, 181, 188, 191, 191*, 193, 194*, 195, 195*, 196, 197, 199, 199*, 201, 202, 203
Le Pelley 144*
Le Vau, Louis (1612-1670) 10
Lebas, Louis Hippolyte (1782-1867) 41, 46, 47, 48
Lebrun, Charles (1619-1690) 10
Lefèvre, Camille 188, 189*, 190*, 200*, 202
Lefuel, Hector M. (1810-1880) 41, 46
Lejeune, August 42*
Lemaresquier, Charles 187, 193, 201
Leningrad 193
Lenormand, L. 41, 46
Lescaze, William (1896-1969) 124
Lesueur, J.-B.-C. (1794-1883) 41, 46
Levallois-Perret 71

Liddell, Thomas (1800-1856) 30, 34
Liebaers, Herman 168, 174
Liebknecht, Karl (1871-1919) 54*
Lindahl en Thomé 94, 98*, 99
Lindberg, Hugo 94, 98
Lindgren, Armas (1874-1929) 102
Lindhagen, Carolus 82
Lindholm, Charles 82, 85*, 88, 90*
Linge, M.E. van 200*, 201
Littlemore, David 136
Littlewood, Joan 178
Lo Cigno, E. 127
Lockroy, Etienne Auguste Edouard (1838-1913) 67, 67*
Lombardi, Pietro 127
Lønberg-Holm, K. 124*, 124, 184, 186*
Londen, Bank of England 10
–, Buckingham Palace 32
–, Crystal Palace 66
–, Daily-Express-Gebäude 183
–, Houses of Parliament 10, 30*, 30-40
–, National Gallery 10, 34
–, Saint Stephen's Chapel 30, 32
–, Travellers Club 35
–, Wembley Park 70*
–, Westminster Palace 30, 32, 34
Lonnröt, Elias (1802-1884) 95
Loos, Adolf (1870-1933) 107, 185*, 186
Loschetter, L. 136, 139, 139*
Louis Naopleon (1778-1846) 156*, 158
Lubbe, Marinus van der (1909-1933) 63
Lugt, P.J. 160
Lund, N.O. 162
Luthmann, Julius Maria (1890-1973) 188, 198*, 201, 202
Lusson, L.A. 42
Luttwitz, Heribert Freiherr von 123*
Luxemburg, Rosa (1870-1919) 54*
Lyon, Gustave 196

Maaskant, Huig Aart (1907-1977) 156, 162
Maccari, A. 127
MacMahon, M.E.P.M. (1808-1893) 52
Madison, James (1750-1836) 29
Madrid, Escorial 9, 13, 17
Maillard, Henri-Pierre 168, 174
Maisonneuve, J.H. 166
Malmquist, S. 141
Malraux, André (1901-1976) 171, 173
Manchester, Daily-Express-Gebäude 183
–, Saint Paul's Church 35
Mancini, G. 109*
Marcel, A. 105, 108, 109*, 112
Mardall, Cyril S. (1909), *siehe: Yorke, Rosenberg & Mardall*
Marien, Hoym de 171
Marino, R. 127
Marion 68
Marot, Michel 171
Marseille, Unité d'Habitation 197
Martin, John Leslie (1908) 136, 139
Marzella, J. 136, 139, 139*, 140, 142*
Matsuda, Gumpei 147
Matthew, Robert (1906) 156, 162
Maupassant, Guy de (1850-1893) 69
Mayekawa, Kunio (1905) 147, 150, 151, 153, 154
Mazzoni, Angiolo 126*, 128, 128*, 130, 131, 131*, 132
McCormick, Robert R. 115, 119
Meier, Richard (1934) 20
Metabolismus 147*, 153, 154
Meyer, Adolf (1881-1929) 123*, 124
–, Hannes (1889-1954) 183, 188, 189*, 191, 196, 197*, 199, 201, 202

Michelangelo, Buonarroti (1475-1564) 170
Milane, Giuseppe 135*
Milburn, S.W. 144*
Milles, Carl Vilhelm Emil (1875-1955) 184
Mitterand, François (1916) 18
Molinos 64
Moneo, José Rafael (1937) 163*
Monteiro, J.L. 112
Montuori, Eugenio (1907) 127, 129*, 131, 134*
—, Franscesco (Sohn von Eugenio M.) 134*, 135*
Moore, Charles Willard (1925) 20
Moretti, Studio 134*
Morozzo della Rocca, Robaldo 127, 132*
Morris, Benjamin Wistar 116, 119*
Moser, Karl (1860-1936) 187, 193, 201
Moskau, Centrosoyus 193
—, Sowjetpalast 191*, 193, 195
Mouchez, Admiral 64
Muggia, Attilo 187, 201
Mussolini, Benito (1883-1945) 128, 130
Mutinelli, Carlo 127, 131*

Nachon 68*, 69*
Napoleon, Louis (1808-1873) 41, 43, 49, 52, 168, 170, 170*
Napoleon III, siehe: Napoleon, Louis
Narducci, R. 127
Nénot, Henri Paul (1853-1934) 105, 190*, 200*, 202
Neumann, Franz von 72, 75
Neureuthen, Gottfried von (1811-1886) 54
Neutra, Richard 202
Nève 67
New Babylon 178
New York (N.Y.) 10
—, Daily-News-Gebäude 124, 184
—, dumb bell-Wohnungen 10
—, Rockefeller Center 184
—, Woolworth-Gebäude 183
Nicolaas I, Zar (1796-1855) 37
Nicolaas II, Zar (1868-1918) 96, 105
Nicolosi, G. 127
Nielsen, Chr. (1910) 161, 162, 164, 167*
Niemann, George 72
Niemeyer, Oscar (1907) 168, 174
Nieuwenhuys, Constant 178
Notti, Anna di 135*
Nouguier, Emile 66*, 67
Nyrop, Martin (1849-1921) 82, 112
Nyström, Gustav 94, 98
—, Usko 94, 100*

Ohara, Soichiro 147
Öhnell, Richard 82, 83*, 84, 87
Östberg, Ragnar (1866-1945) 82, 83, 83*, 84, 86, 87, 90, 91, 92, 92*, 93*
Okumura, Katsuzo 147
Olbrich, Josef Maria (1867-1908) 76, 107
Olin, H.S. 105, 108
Onderdonk, Holmes 115, 119
Onur, Selahattin 172*
Otaka, Masato (1923) 147, 150, 153, 154, 155*
Otani, Sachio (1924) 146*, 147, 150, 152, 152*, 153, 154
Ott, Carlos 18, 20
Oud, Jacobus Johannes Pieter (1890-1963) 21, 124*

P&T Architects and Engineers 14*
Palladio, Andrea (1508-1580) 26, 28, 193
Pallotini, Mariano 127

Palmer en Turner, siehe: P&T Architects and Engineers
Paniconi, M. 127
Paris 18, 166
—, Beau Bourg 171
—, Bibliothèque Nationale 195
—, Centre Beaubourg, siehe: Centre G. Pompidou
—, Centre Georges Pompidou 5*, 14, 168*, 168-180
—, Champ-de-Mars 64*, 67*, 68*
—, Défense, la 173
—, Eiffelturm 64*, 71*, 178
—, Esplanade des Invalides 67*, 68*
—, Gare de l'Est 168
—, Halle de Blé 26
—, Hallen, die 168, 170*, 171, 172, 179
—, Kirche St. Eustachius 170*
—, Louvre 10, 13, 178
—, Museum des XX. Jhdts. 173
—, Neue Oper 12, 40*, 41-53
—, Palais de l'Industrie 67*, 68*
—, Palais de la Concorde 199*
—, Palais Royal 41
—, Parc de la Villette 18
—, Pavillon Suisse 196
—, Place de la Bastille 18, 20*
—, Plateau Beaubourg 13, 171, 173, 179*
—, Reseau Express Regional 171
—, Rungis 171
—, Salle Le Peletier 41, 42, 43, 49
—, Tête Défense 18, 21*
—, Théâtre Champs Elysées 195
—, Weltausstellung 1889, 12
Parkes, Cobden 136, 139, 140
Palmieri, G.C. 127
Pascoletti, Cesare 127, 132*
Patterson, Joseph Medill 115, 119
Peabody & Stearns 112
Pearlman, Wolfgang 172*
Percier, Charles (1764-1838) 42
Perrault, Claude (1613-1688) 10
Perret, Auguste (1874-1954) 107, 187*, 193, 195, 197, 199*, 201
Persius, Reinhold (1835-1912) 54
Petersburg, St., siehe: Leningrad
Petrignani, Achille 127, 131*
Peyre, Joseph (1730-1785) 42
Philadelphia (Penn.) 23, 24
—, Centennial Exposition 66
—, PSFS building 184
—, Rathaus 10
Philipps 64, 68
Piacentini, Marcello 201, 203
Piano, Renzo (1937) 13, 168, 176, 177, 177*, 178, 178*
Picon, Gaetan 168, 174
Pintonello, Achille 127, 130*, 131
Pius IX (1792-1878, G.M. Mastai-Ferretti) 128
Plumber and Sanitary Engineer 10
Pochet 68
Pomeranzeff, Alexander Nikanorowitsch (1848-?) 112
Pompidou, Georges Jean Raymond (1911-1974) 173, 178*, 179, 179*
Portzamparc, Christian de (1944) 20
Poyet, Bernard (1742-1824) 42
Price, Cedric (1934) 178
Priester, G. 165
Prix de Rome 10
Prouvé, Jean (1901) 168, 174
Provo 166
Prynn, Laurence 142*
Pugin, Augustus Welby (1812-1852) 30, 31*, 35, 37, 38, 39*

Putlitz, Erich zu, siehe: Putlitz, Klophaus und Schoch
Putlitz, Klophaus und Schoch 188, 198*, 201, 202

Qualls, G. 136, 139, 139*
Quaroni, Ludovici 127
Quentin, Robert 137*
Questel, Charles Auguste (1807-1888) 41, 46

Raczynski, Athanasius (1788-1874) 58, 61
Railton, William (1801-1877) 30, 34, 34*, 35*
Raimondo, G. di 127
Rasmussen, Steen Eiler 141
Raulin 69*
Ravesteyn, Sybold van (1889-1983) 159
Rebori, Andrew 116, 117*
Regard, Robert 168, 176
Regnoni, R. 127
Reichensperger, August (1808-1895) 62
Ricciardi, Guglielmo 127
Richardson 99*
Richelieu, Armand Jean Duplessis (1585-1642) 41
Rickman, Thomas (1776-1841) 32*
Ridolfi, Mario 127, 132*
Rietveld, Gerrit Thomas (1888-1964) 21
Rijnboutt, Kees (1934) 165*
Ritter, John 201, 202
Robert 68
Robinson, Charles Mulford 182
Roche, Martin (1855-1927) 115, 116, 117*, 120
Rochelle, La, Rathaus 13, 106
Rogers, James Gamble (1867-1947) 116, 117*
—, Richard (1933) 13, 168, 176, 177, 177*, 178, 178*
Rohault de Fleury, Charles (1801-1875) 12, 43, 44, 45*, 48, 49
Rome, Aggere di Servio Tullio, 129*, 131, 132*, 133
—, Galleria di Testa 133*
—, Piazza dei Cinquecento 134*
—, Santa Maria Maggiore 127
—, Stazione Termini 126*, 127-135
—, Thermen des Diokletian 127, 134*
Ronca, Bruno 127, 131*, 132
Roosevelt, Theodore (1858-1919) 111
Rosenberg, Eugene (1907), siehe: Yorke Rosenberg & Mardall
Rossi, Carlo Domenico 127, 132*
—, Eugenio 127
Rouyer 68
Rowe, Colin 199

Saarinen, Eero (1910-1961, Sohn von Eliel S.) 136, 139, 140, 141, 186
—, Eliel (1873-1950) 21, 94, 96*, 99, 102, 102*, 103*, 112, 112*, 115, 120, 120*, 122, 124, 139, 182, 182*, 183, 183*, 184, 185*, 202
Sackerman, Fritz 125*
Sadenius, Yrjö 96
Safdie, Moshe (1938) 172*
Sakakura, Junzo (1901-1969) 7*, 150, 151*
Sakanaga, Kanashige 151*
Sala, Francesco della 127
Salvatori, Raffaello 127
Sandberg, Willem Jacob Henri Berend (1897-1894) 168, 174
Sanders, Th. 11*
Sano, Yukio 149*

Sato, Takeo 147
Sauvestre, S. 64, 66*, 67, 67*, 68, 69*
Saverio de Merode, Bischof 127
Scalpelli, Alfredo 127
Schader, J. 156, 162
Scheerbart, Paul (1863-1915) 186
Schiedhelm, Manfred 173*
Schindler, Rudolf 202
Schinkel 188, 193
Schmidt, Friedrich von (1825-1891) 54
Schmidt, Garden & Martin 116, 118*
Schnieden, Heino (1835-1913) 57
Schoch, August, siehe: Putlitz, Klophaus & Schoch
Schoder, Thilo 121*
Scholar, F.E. (1874-?) 188
Schröder, Gerhard 125*
Schulze, W. (1938) 164*
Schupmann, Ludwig 54
Schutz, Kurt 123*, 186*
Schwechten, Franz (1841-1924) 54, 60*, 105, 108, 112
Scott, George Gilbert (1811-1878) 4*, 58
—, John Oldrid (1842-1913, Sohn von George Gilbert S.) 4*, 58
Sébillot 65*, 66, 67
Seeling, Heinrich (1852-1932) 54
Seidler, Harry (1923) 15*, 20
Sert, José Maria 203
Sevilla, Giralda 114*
Sibelius, Jean (1865-1957) finnischer Komponist) 102
Simonet, Jules Charles 44*
Sjöstrom, Einar 121*
Skagen, Christian 202
Skidmore, Owings & Merill 15*, 115*
Skowron, Franz 3*, 80*
Slutzky, Robert 199
Small Jr, Jacob 24, 25*
Small Sr, Jacob (?-1791) 24, 25*
Smirke, Robert (1781-1867) 30, 31*, 32
Soane, John (1753-1837) 34
Soeten, H. de 165*
Sommer, Oskar (1840-1894) 63*
Speer, Albert (1905-1981) 195, 203
Speidel, R. 188, 188*, 201
Speyser 68
Spreckelsen, Johan Otto von (-1987) 18, 21*
Springer, Johannes Ludovicus (1850-1915) 112
Staal, Arthur (1907, Sohn von Jan Frederik S.) 158*, 159, 160*
—, Jan Frederik (1879-1940) 158*, 159, 160*
Stalpaert, Daniël (1615-1684) 158
Statz, Vincenz (1819-1898) 54
Stern, Robert A.M. (1939) 184
Steur, Albert Johan van der (1895-1963, Sohn von J.A.G. van der S.) 159
—, J.A.G. van der (1865-1945) 105, 111
Stier, Hubert (1838-1907) 54
Stockholm, Justizpalast 83
—, Rathaus 82*, 82-93
—, Dampfmühlengelände (Eldkvarnen) 84, 91
Stones, Robert 172*
Strack, Johann Heinrich (1805-1880) 56
Streit, Andreas 72
Strengell, Gustav 102, 103
Subiotto, George 140*
Sullivan, Louis H. (1856-1924) 122, 124, 183, 184, 186
Sydney, Bennelong Point 137*, 138, 142*
—, Opernhaus 136*, 136-146

216

Takayama, Yoshizo 147
Tamm, G. 82
Tange, Kenzo (1913) 147, 147*, 150, 151, 152, 153, 154
Tarjanne, Onni, siehe: Törnqvist, Onni
Tauschenberg, E. 11*
Taut, Bruno (1880-1938) 123*, 124, 150, 183, 186*, 186
—, Max (1884-1967, Bruder von Bruno T.) 123*
Tavaststjerna, Alarik 100*
Tengbom, Ivar Justus (1878-1968) 82, 86*, 89, 91, 187, 193, 201
Tétaz, Jacques Martin 46*, 48
Thiersch, Friedrich von (1852-1921) 54, 60, 60*
Tijen, Willem van (1894-1974) 160
Tilburg, A.S. van (1942) 164*
Todd, Lionel 136
Tohata, Kenzo 147
Tokyo, Metropolitan Festival Hall 151
Tölk, Josef 72, 75, 78*, 79*
Tonelli, Alberto 127
Törnqvist, Onni 94, 95*, 96, 96*, 99
Torulf, Ernst 82, 86*, 89, 91
Töry, Emil 109*
Tour Soleil 65*, 66
Tracy, Charles Hanbury (1777-1858) 30, 33*, 34, 36
Tremmel, Ludwig (1875-?) 72, 75
Treub, Marie Willem Frederik (1858-1931) 11
Trevithick, Richard 65
Tropsch, Rudolf 121*
Tschumi, Bernard 18
Turijn, Mole Antonelliana 65
Tvedt, Nils 121*

Uemura, Koshiro 147
UIA, siehe: Union Internationale des Architectes
Ulrich, Christian 72
Union Internationale des Architectes 161
Uotila, Paavo 94, 97*, 99
Urbinati, M. 127
Urioste y Velada, D.J. 112
Utzon, Jørn (1918) 136, 137*, 138*, 139, 140, 141, 142, 143, 144, 145*, 174

Vaccaro, Giuseppe 189*, 196*
Vago, Giuseppe 189*, 190*, 200*, 202
Vandenhove, Charles 176*
Vegter, Joh. Jacobus Margarethus (1906-1982) 158*, 159, 160, 161, 162*
Velde, Henry van de (1863-1957) 98, 102, 107
Verlaine, Paul (1844-1896, französischer Dichter) 69
Vignola, Giacomo Barozzi da (1507-1573) 9
Viguet 44*
Villa Garches 197
Viollet-le-Duc, Eugène Emmanuel (1814-1879) 12, 44, 45*, 46, 48, 49, 49*, 52
Visentini, M. 127
Vitellozzi, Annibale 127, 130*, 131
Vivian, George (1800-1873) 30, 34
Vlugt, W. de (1872-1945) 159
Völkerbund, siehe Genf
Vorkink, Pieter (1878-1960) 159

Wagner, Otto (1841-1918) 61*, 72, 74, 74*, 75, 75*, 76, 76*, 77, 77*, 80, 99*, 105, 107, 108, 109*, 112
Walewski, A. de 41, 44, 46, 49
Wallace, Dwight G. 122

Wallot, Paul (1841-1912) 54, 55*, 57*, 60, 60*, 61, 62*
Ware, James E. 10
—, William Robert (1832-1915) 105
Washington, George (1732-1799) 22, 23, 24, 27, 65
Washington (D.C.) 22, 28, 182
—, Capitol 24, 28, 29
—, Obelisk 65
—, Washington Monument 10
—, Weißes Haus 22*, 22-29, 23*
Weidner, Paul 54
Weisman, W. 136, 139
Weissman, Adriaan Willem (1858-1923) 107
Wendt, F. 105, 108
Werkstatt für Massenform 125*
Werner, Anton von (1843-1915) 54
Westman, Carl (1866-1936) 82, 84*, 86, 88, 90, 91, 92, 93
Wickman, Gustav 82
Wielemans, Alexander 72
Wien 72
—, Franz Joseph-Kaserne 72
—, Georg-Coch-Platz 73*, 74
—, Lisztstraße 73*, 74
—, Postsparkasse 72-81, 73*
—, Ringstraße 72, 74, 75
—, Stadtbahn 75
Wiener, Karl von 72
Wijdeveld, Henricus Theodorus (1885-1987) 162*, 188, 189*, 201, 202
Wilhelm I. (1797-1888) 54, 62
Wilhelm II. (1859-1941) 62, 63
Wilkins, William (1778-1839) 34
Willem I., König (1772-1843) 158
Williams, Owen (1890-1969) 183
Winkler, Bernardo 156, 166
Winston, Denis 138
Wittwer, Hans (1894-1952) 188, 189*, 191, 197*, 201
Wolffenstein, Richard 54
Wouda, Hendrik (1885-1947) 198*, 201, 202
Wright, Frank Lloyd (1867-1959) 21, 141, 150, 182, 183, 184, 186
Wyatt, Benjamin Dean (1775-1850, Sohn von James W.) 30
Wyatville, Jeffry (1766-1840) 30

Yanagi, Hideo 152*
Yendo, Masayoshi 150*
Yeomans, John 136
Yorke Rosenberg & Mardall 15*
Yoshimura, Junzo 148*

Zanstra, Piet (1905) 156, 162
Zess, Hermann 125*
Zimmermann, Heinrich (1845-1935) 62
—, Johannes 110*
Zwarts, Moshe E. (1937) 165*
Zwiers, H.T. 158*, 160

NACHWEISE

BUCHIDEE
Jord den Hollander und Cees de Jong

GESTALTUNG
Vorm + kleur grafisch ontwerpers, Naarden
Cees de Jong und Ernst Schilp

TEXTERARBEITUNG
Maike Cannon, Ids Haagsma, Hilde de Haan und Harrie van der Meulen

BILDBESCHAFFUNG
Architext-Haarlem, Loek Polders

ENDREDAKTION NEDERLÄNDISCHER TEXT
Hans Post

ÜBERSETZUNGEN
Kerstin Bakker-Hesselblom (schwedisch); Mariko Delvoie (japanisch); Liisa Lindgren (finnisch); Harrie van der Meulen (französisch); H. Olsen (englisch und italienisch); Adrienne Dixon, Wendy Shaffer (englisch); Erwin Peters (deutsch)

BERATUNG UND VERMITTLUNG
Marjan Beek (allgemein); Han Tol (Bahnhof Rom); Mariko Delvoie (Kongreßhalle Kyoto); Wouter Hubers (allgemein); Harrie van der Meulen (Paris)

Ferner waren beim Zustandekommen dieses Buches die folgenden Instanzen und Personen behilflich:

AUSTRALIEN
Harry Seidler, Sydney; Sydney Opera House Trust (Paul Bentley); The Archives of New South Wales (Christine M. Shergold); National Capitol Development Commission of Canberra (A. Fitzgerald)

BELGIEN
Charles Vandenhove, Lüttich

FINNLAND
Museokuva, Helsinki (Ilara Järvinen); Rautatie Hallitus (Finnische Eisenbahnen), Helsinki (Olewi Lechtonen); Suomen Rakennustaiteen Museo (Finnisches Architekturmuseum), Helsinki (Sirkka Valanto, A.P.B. Wolf)

FRANKREICH
Bibliothèque de l'Opéra, Paris; Centre Georges Pompidou, Paris; Conseil Nationale de l'ordre des architectes (Jacques Tournier); Philippe Délis, Paris/Bordeaux; Paul Delouvrier, Fontainebleau; Bernard Dehertogh, Paris/Douaie; DLM,Paris (Christian Larras); Musée National des Techniques, Conservatoire national des Arts et Métiers (Dominique Diguet); Renzo Piano, Paris; Société nouvelle d'exploitation de la Tour Eiffel, Paris

GROSSBRITANNIEN
William Alsop, London; L. Blair Oliphant, Blairgowry, Schottland; Terence Bliss, London; John Foster Metcalfe, London; Foster Associates, London (Katy Harris); Hugh Krall, London; Laurence Prynn, London; Public Record Office, London; Richard Rogers Office, London; Robert Stones, London; The Architectural Press (Sheila Hind); The Royal Commission on the Ancient and Historical Monuments of Scotland (C.H. Cruft), Edinburgh, Schottland; The Royal Institute of British Architects, London; YRM International, Architects and Planners, London

HONGKONG
Foster Associates, Hongkong (C.R. Seddon); Hongkong and Shanghai Bank, Hongkong; Naonori Matsuda, Hongkong; Palmer and Turner, Hongkong

ITALIEN
Commune di Roma, repartitione Lavori Pubblici, Rom; Consiglio Nazionale degli Architetti, Rom; Francesco Montuori, Rom

JAPAN
A+V Publishing Co, Tokyo (Toshio Nakamura); Sakakura Kenchiku Keukyusho, Tokyo (Mr. Yamaki); Kisho Kurokawa Architects, Tokyo (Chihasu Senoo); Kyoto International Conference Hall (Nobuhiro Takuma), Kyoto; Fumihiko Maki, Tokyo; Ministry of Construction Government of Japan (Shigeki Takahashi), Tokyo; Nikken Sekkei, Tokyo (Shoji Hayashi); Sachio Otani, Tokyo; Process Magazine, Tokyo (Bunji Murotani); Hideo Yanagi, Tokyo; Yendo Associates, Tokyo; Junzo Yoshimura, Tokyo

NIEDERLANDE
Architectengemeenschap Van den Broek en Bakema, Rotterdam; Architectengroep Loerakker, Rijnboutt, Ruyssebaars, Amsterdam; Architectengroep Duintjer, Amsterdam (J.H. Kramer); J.H. Bosch, Amsterdam; Herman Hertzberger, Amsterdam; L.J. Heijdenrijk, Amersfoort; Hoogstad, Weeber, Van Tilburg, Rotterdam; E.J. Jelles, Amsterdam; Nederlands Documentatiecentrum voor de Bouwkunst, Amsterdam; Bibliotheek Technische Universiteit, Delft; Universiteitsbibliotheek Amsterdam; Koninklijke Bibliotheek, Den Haag; Maison Descartes, Amsterdam

ÖSTERREICH
Otto-Wagner-Archiv, Wien; Österreichische Postsparkasse, Wien (Doris Langeder); Wilhelm Holzbauer, Wien

USA
AIA, American Institute of Architects, New York, N.Y.; Maryland Historical Society, Baltimore, Md. (Jef Goldman); Skidmore, Owings & Merrill, Chicago; The White House, Washington, Office of the Curator (William G. Allman); Tribune Company, Chicago, Ill.

BUNDESREPUBLIK DEUTSCHLAND
Manfred Schiedhelm, Berlin-West; Technische Universität Berlin, Abteilung Plansammlung, Berlin-West (Dieter Radicke)

SCHWEDEN
Arkitekturmuseet, Stockholm (Ulla Eliasson); Stockholmer Stadtmuseum, Stockholm (Lars Johanneson)